中国人民大学法律文化研究中心
北京市法学会中国法律文化研究会 　主办

曾宪义法学教育与法律文化基金会　资助

《法律文化研究》编辑部

主　任： 马小红（中国人民大学）
副主任： 姜　栋（中国人民大学）
　　　　　 尤陈俊（中国人民大学）
　　　　　 李　伟（山东科技大学）

成　员（以姓氏拼音为序）：

曹　磊（中国人民大学）
柴　荣（北京师范大学）
陈新宇（清华大学）
邓建鹏（中央民族大学）
方　明（中国人民大学出版社）
高汉成（中国社会科学院法学研究所）
高仰光（中国人民大学）
顾文斌（东华理工大学）
何志辉（澳门科技大学）
黄春燕（山东政法学院）
黄东海（北京邮电大学）
姜　栋（中国人民大学）
姜晓敏（中国政法大学）
蒋旭杲（澳门科技大学）
金　欣（中国人民大学）

李德嘉（中国人民大学）
李　伟（山东科技大学）
马凤春（山东政法学院）
马小红（中国人民大学）
娜鹤雅（中国人民大学）
邱少晖（安庆师范学院）
芮素平（社会科学文献出版社）
王振东（中国人民大学）
吴佩林（西华师范大学）
尤陈俊（中国人民大学）
张琮军（中国民主法制出版社）
张世明（中国人民大学）
张勇凡（中国人民大学）
朱　腾（中国人民大学）

总主编 马小红

法律文化研究

RESEARCH ON LEGAL CULTURE

第九辑

香港法律文化专题

Symposium on Legal Culture of HongKong

主编 何志辉

社会科学文献出版社
SOCIAL SCIENCES ACADEMIC PRESS (CHINA)

原序
从传统中寻找力量

出版发行《法律文化研究》（年刊）酝酿已久，我们办刊的宗旨当然与如今许多已经面世的学术刊物是一致的，这就是繁荣法学的教育和研究、为现实中的法治实践提供历史的借鉴和理论的依据。说到"宗旨"两字，我想借用晋人杜预《左氏春秋传序》中的一段话来说明："其微显阐幽，裁成义类者，皆据旧例而发义，指行事以正褒贬。"即通过对历史上"旧例"、"行事"的考察，阐明社会发展的道理、端正人生的态度；记述历史、研究传统的宗旨就在于彰显复杂的历史表象背后所蕴含的深刻的"大义"。就法律文化研究而言，这个"大义"就是发掘、弘扬传统法的优秀精神，并代代相传。

然而，一部学术著作和学术刊物的生命力和影响力并不只取决于它的宗旨，在很大程度上，它是需要特色来立足的，需要用自身的特色力争最好地体现出宗旨。我们定名为《法律文化研究》（年刊）有这样几点考虑，第一，我们研究的对象是宽阔的，不只局限于"法律史"，从文化的角度，我们要探讨的甚至也不仅仅是"法"或"法律"。我们的研究对象包括法的本身与产生出不同模式的法的社会环境两个方面。因此，我们在考察法律的同时，要通过法律观察社会；在考察社会时，要体悟出不同国家和地区的法律特色之所在，以及这些特色形成的"所以然"。第二，在人类的历史长河中，传统文化的传承、不同文化间的交流与融合，构成了人类文明不断发展的主旋律。一个民族和国家的传统往往是文化的标志，"法律文化"研究的重点是研究不同民族和国家的不同法律传统及这些传统的传承；研究不同法律文化间的相同、相通、相异之处，以及法律文化的融合、发展规律。

因此，我们的特色在于发掘传统，利导传统，从传统中寻找力量。

在此，我们不能不对近代以来人们对中国传统法律文化的误解作一辩白。

与其他学科相比，法学界在传统文化方面的研究显得比较薄弱，其原因是复杂的。

首先，近代以来，学界在比较中西法律文化传统时对中国传统法律文化基本持否定的态度，"发明西人法律之学，以文明我中国"是当时学界的主流观点。对传统法律文化的反思、批判，一方面促进了中国法律的近代化进程，另一方面也造成了人们的误解，使许多人认为中国古代是"只有刑，没有法"的社会。

其次，近代以来人们习惯了以国力强弱为标准来评价文化的所谓"优劣"。有一些学者将西方的法律模式作为"文明"、"进步"的标尺，来评判不同国家和地区的法律。这种理论上的偏见，不仅阻碍了不同法律文化间的沟通与融合，而且造成了不同法律文化间的对抗和相互毁坏。在抛弃了中国古代法律制度体系后，人们对中国传统法律的理念也产生了史无前例的怀疑和否定。

最后，受社会思潮的影响，一些人过分注重法学研究的所谓"现实"性，而忽视研究的理论意义和学术价值，导致传统法律文化虚无主义的泛滥。

对一个民族和国家来说，历史和传统是不能抹掉的印记，更是不能被中断或被抛弃的标志。如果不带有偏见，我们可以发现中国传统法律文化中凝聚着人类共同的精神追求，凝聚着有利于人类发展的巨大智慧，因此在现实中我们不难寻找到传统法律文化与现代法律文明的契合点，也不难发现传统法律文化对我们的积极影响。

就法的理念而言，中西传统是不谋而合的。东西方法治文明都承认"正义"是法律的灵魂，"公正"是法律追求的目标。只不过古今中外不同的文化对正义、公正的理解以及实现正义和公正的途径不尽相同。法国启蒙思想家伏尔泰说："在别的国家法律用以治罪，而在中国其作用更大，用以褒奖善行。"西方文化传统侧重于强调法律对人之"恶性"的遏制，强调通过完善的制度设计和运行来实现社会公正与和谐。中国传统法律文化的主流更侧重于强调人们"善性"的弘扬、自觉的修养和在团体中的谦让，通过自律达到和谐的境界。在和谐中，正义、公正不只是理想，而且成为可望也可即的现实。

就法律制度而言，中国古代法律制度所体现出的一些符合人类社会发展、符合现代法治原则的精华也应该引起我们的关注。比如，尊老恤弱精神是传统法律的一个优秀之处。历代法律强调官府对穷苦民众的冤屈要格外关心，为他们"做主"。自汉文帝时开始，中国古代"养老"（或敬老）制度逐渐完善，国家对达到一定岁数的老者给予税役减免，官衙还赐予米、布、肉以示敬重。竞争中以强凌弱、以众暴寡在中国传统文化中被视为大恶，也是法律严惩的对象。这种对困难群体的体恤和关怀，不仅有利于社会矛盾的缓和，而且体现了法律的公正精神，与现代法律文明完全一致。再比如，中国古代法律中对环境开发利用的限制也值得我们借鉴。《礼记》中记载，人们应顺应季节的变化从事不同的工作和劳动，春天不得入山狩猎，不得下湖捕捞，不得进山林砍伐，以免毁坏山林和影响动植物生长。这一思想在"秦简"和其他王朝的法律典籍中被制度化、法律化。这种保护自然、保护环境的法律法规，反映的是"天人合一"的观念、对自然"敬畏"的观念及保护和善待一切生命的理念等，而这些观念与现代法治中的环境保护、可持续发展精神也是吻合的。

在现代法治的形成过程中，从理念到制度，我们并不缺乏可利用的本土资源，我们理应对中国源远流长的传统法律文化充满信心。我们进行研究的目的，也是希望能够充分发掘传统法律文化的价值，从中找到发展现代法治文明的内在力量。

我们也应该切忌将研究和弘扬传统法律文化理解为固守传统。任何一种传统的更新都不可能在故步自封中完成。只有在与现实社会相联系的淘汰与吸收中，传统才能充满活力，完成转型。传统法律文化也是如此，古今中外，概莫能外。

就中国法律而言，现代社会已经大不同于古代社会，我们的政治、经济环境和生活方式已经发生了巨大的变化，古代的一些法律制度和理念在确立和形成的当时虽然有其合理性，但随着时代的变迁，这些制度和理念有些已经失去了效用，有些甚至走向发展的反面，成为制约社会进步的阻力。在对传统法律文化进行改造和更新时，我们要注意积极地、有意识地淘汰这样的制度和理念，注意学习和引进外国的一些先进的法律文化，并不断总结引进外国法律文化的经验教训。近代以来，我们在引进和学习西方法律文化方面有过成功，也有过失败。比如，罪刑法定主义的确立就值得肯定。1764年，意大利法学家贝卡利亚出版了《论犯罪与刑罚》一书，对欧洲封建刑事法律制度的野蛮性和随意性提出了谴责，从理论上提出了一些进步的刑法学说，其中罪刑法定的原则影响最大。罪刑法定，即犯罪和刑罚应由法律明文规定，不能类推适用。近代以来，这一原则逐渐为各国刑法承认和贯彻。1948年联合国大会通过的《世界人权宣言》和1966年的《公民权利和政治权利国际公约》都规定了罪刑法定原则。罪刑法定主义的学说在清末传入中国，此后，在颁行的一些刑法中也得到原则上的承认。但是，由于种种原因，这一原则在司法实践中或难以贯彻实行，或类推适用一直被允许。直到1997年刑法修订，才明确规定了"法律明文规定为犯罪行为的，依照法律定罪处刑；法律没有明文规定为犯罪行为的，不得定罪处刑"。类推适用在立法上被彻底废止，司法实践则在努力的贯彻之中。罪刑法定原则的确立，对促进中国法律的发展和提升中国的国际形象有着重要的意义。

世界文明兴衰史雄辩地证明，一个民族、一种文明文化唯有在保持其文化的主体性的同时，以开放的胸襟吸收其他文明的优秀成果，不断吐故纳新，方能保持其旺盛的生命力，保持其永续发展的势头，并创造出更辉煌的文明成果。其实，近代西方法律传统转型时也经历过一个反思传统—淘汰旧制—融合东西—形成新的传统并加以弘扬的过程。在许多启蒙思想家的法学经典著作中，我们可以看到西方法学家对中国法律的赞扬和批判、分析和评价。孟德斯鸠《论法的精神》、伏尔泰《风俗论》、魁奈《中华帝国的专制制度》、梅因《古代法》、黑格尔《历史哲学》等都对中国的法律有着精湛的论述。即使现代，西方的法治传统仍然处在变化"扩容"之中，中国的一些理念不断地融入西方法治中。一些现代欧美法学家或研究者更是将中国法律制度作为专门的领域精心地进行研究。比如费正清《中国：传统与变迁》、C.莫里斯等《中华帝国的法律》、高道蕴《中国早期的法治思想?》以及欧中坦《千方百计上京城：清朝的京控》、史景迁《王氏之死》等。一些中国传统法律的理念，比如顺应而不是"征服"自然，弱者应该得到或享有社会公正，以和睦而不是对立为最终目标的调解，等等，在吸纳现代社会气息的基础上，在西方法治体系中被光大。如同历史上的佛教在印度本土式微而在中国的文化中被发扬一样，这些具有价值的思想和理念在中国却常常因为其是"传统"而受到漠视或批判。

因此，我们应该发扬兼容并蓄、与时俱进的精神，在融合中西、博采古今中改造和更新传统法律文化，完成传统法律文化的现代转型。

近代以来，中国传统法律文化的断裂是一个不争的事实，但是，另外一个不争的事实是，近年以来，中国传统文化越来越受到社会的广泛重视。不仅政府致力于保护各种文化遗产，学术界也从哲学、史学、社会学等各个方面对传统文化进行研究。中国人民大学首创全国第一所具有教学、科研实体性质的"国学院"，招收了本科学生和硕士研究生、博士研究生，受到国人的广泛关注；此前，武汉大学在哲学院建立了"国学班"，其后，北京大学建立了"国学研究院"和"国学教室"，中山大学设立了"国学研修班"，国家图书馆开办了"部级干部历史文化讲座"。鉴于各国人民对中国传统文化的热爱和兴趣，我国在世界许多国家和地区设立了近百所"孔子学院"。2005年年底，教育部哲学社会科学重大攻关项目"中国传统法律文化研究"（十卷）正式启动，这个项目也得到国家新闻出版总署的重视，批准该项目为国家重大图书出版项目，从而为传统法律文化的研究工作注入了新的推动力。我作为项目的首席专家深感责任重大。孔子曾言："人能弘道，非道弘人"，我们希望能从传统中寻找到力量，在异质文化中汲取到法治营养，并为"中国传统法律文化研究"（十卷）这个项目的顺利进行营造学术环境，努力将这一项目做成不负时代的学术精品。

《法律文化研究》是学术年刊，每年出版一辑，每辑约50万字，这是我们献给学人的一块学术园地，祈望得到方家与广大读者的关爱和赐教。

曾宪义
2005年

改版前言

《法律文化研究》自2005年至2010年已经出版六辑。时隔三年，我们改版续发，原因是多方面的。

本刊停发最为直接的原因是主编曾宪义教授的不幸去世。此外，近年来我本人新增的"做事"迟疑与拖沓的毛病以及出版社方面的出版困难也都是这项工作停顿的原因。

2004年我调入中国人民大学不久，曾老师告诉我他有一个计划，就是用文集的方式整合全国法史研究的资源，展示法史研究成果。不久曾老师就联系了中国人民大学出版社并签订了六辑出版合同。后来，作为教育部重大攻关项目"中国传统法律文化研究"的首席专家，曾老师明确将年刊与《百年回眸——法律史研究在中国》定位为重大攻关项目的配套工程。

在确定文集的名称时，曾老师斟酌再三，名称由"中国传统法律文化研究"改为"传统法律文化研究"，再改为"法律文化研究"。对此，曾老师在卷首语《从传统中寻找力量》中解释道："我们研究的对象是宽阔的，不只局限于'法律史'，从文化的角度，我们要探讨的甚至也不仅仅是'法'或'法律'。我们的研究对象包括法的本身与产生出不同模式的法的社会环境两个方面。因此，我们在考察法律的同时，要通过法律观察社会；在考察社会时，要体悟出不同国家和地区的法律特色之所在，以及这些特色形成的'所以然'。"

时光荏苒，转眼近十年过去了，当时我所感受到的只是曾老师对法史研究抱有的希望，而今天再读"卷首语"中的这段话，则更感到曾老师对法史研究方向或"出路"的深思熟虑。

感谢学界同人的支持与关注，《法律文化研究》自出版以来得到各位惠赐大作与坦诚赐教。近十年来"跨学科"、"多学科"研究方法的运用，已然使曾老师期冀的法律文化研究"不只局限于'法律史'"的愿望正在逐步成为现实，而唯有此"法律史"才能与时俱进，在学术与现实中发挥它应有的作用。我本人在编辑《法律文化研究》的过程中，在跟随曾老师的学习中，也认识到"学科"应是我们进入学术殿堂的"方便门"，而不应是学术发展的桎梏，研究没有"领地"与"边界"的限制，因为研究的对象是"问题"，研究的目的是解决学术和实践中的问题而不只是为了在形式上完善学科。

为此，在本刊再续时，我与学界一些先进、后锐商议，用一个更为恰当的方式反映法律文化研究的以往与现实，于是便有了这次的改版。改版后的《法律文化研究》，不再设固定的主编，每辑结合学术前沿集中于一个专题的研究，由专题申报者负责选稿并任该辑主编，每一辑都力求能反映出当前该专题研究所具有的最高学术水准与最新研究动向。每辑前言由该辑主编撰写"导读"，后附该辑专题研究著作与论文的索引。这样的形式不仅可以使研究集中于目前的热点、难点问题，而且可以使更多的学者在《法律文化研究》这个平台上发挥作用，同时出版社也可以摆脱出版负担过重等困境。

编委会与编辑部的工作机构设于中国人民大学法律文化研究中心与曾宪义法律教育与文化研究基金会。希望改版后的《法律文化研究》能一如既往地得到学界的赐稿与指教。

马小红
初稿于 2013 年仲夏
再稿于 2014 年孟春

目 录

主编导读
何志辉：香港法律文化：概念解析与研究维度 / 1

一 制度：建构与发展

苏亦工：殖民统治时期香港二元化法制之确立 / 3
刘蜀永：19世纪香港政法制度 / 24
黄文江：新界理民府官：沿革与职权 / 37
萧国健：香港新界乡事组织及乡约 / 46
陈弘毅：香港的宪治发展：从殖民统治区到特别行政区 / 51

二 规范：承接与嬗变

董茂云：论判例法在香港法中的主导地位 / 83
孟　红：英国刑法对中国香港地区刑法的影响 / 88
张晓锋：英国殖民统治时期香港地区新闻法制的历史考察 / 108
周家建：日治时期香港消闲娱乐的法规 / 126
王慧麟：香港废妾：殖民体制及现代性的暧昧 / 133

三 司法：文化与实践

尤韶华：香港司法机构的起源 / 153
郑宏泰　黄绍伦：纠纷与官司：利希慎的个案研究 / 169

邝智文：从属行政的司法与滥权的宪兵部门 / 191

顾敏康　徐永康　林来梵：香港司法文化的过去、现在与未来
　　——兼与内地司法文化比较 / 199

於兴中：香港法律中的"最终承认规则"：历史与前景 / 225

四　时代：秩序与价值

刘兆佳：怀柔殖民管治模式
　　——香港的独特民主路 / 247

吕大乐　吕青湖：矮化的公民概念：生活秩序与民间公共文化 / 267

强世功：国家认同与文化政治
　　——香港人的身份变迁与价值认同变迁 / 279

高旭晨：试论香港民主化的法治基础
　　——历史考察与现实分析 / 287

朱国斌：香港法律：在碰撞与挑战中延续创新 / 315

香港法律文化研究主要论著目录索引 / 321

编写说明 / 338

编辑部章程 / 340

征稿启事 / 342

注释体例 / 343

主编导读
香港法律文化：概念解析与研究维度

何志辉

一 概念解析：要素及关联

研究香港法律文化之首要任务，在于如何界定香港法律文化的内涵与范畴。由于这一概念容易被视为不证自明的话语，各方在具体言说时却又往往各有指涉，这种状况亟待通过关联元素的概念解析来加以辨识。

（一）文化

所谓"文化"源出 19 世纪英国人类学家爱德华·泰勒（Edward Tylor），其被视为一种使社会赖以存在的观念和能力，一种包括知识、信仰、艺术、道德、法律、习惯以及作为社会一分子所获得的任何其他能力的"复合的整体"。① 自此往后，人类学者往往将文化视为人类知识、信仰和行止融合而成的范式，因此其在最普遍意义上涵盖了语言、理念、信仰、习俗、机制和科学；至于文化的发展，则主要依赖于人类学习并将知识传输给后代的能力。② 受泰勒影响而不满足其过于宽泛的定义，后继者从更新的角度继续探究"文化"。随着实体性的文化现象被更多地触及，研究性的方法论也在不断翻新，由此导致"文化"概念的层出不穷。

历史哲学家对文化的探讨，为文化概念增添了文明多样性元素。受维柯（G. Vico）历史哲学影响的德国浪漫民族主义思想家赫尔德（J. G. Herder）

---

① 〔英〕爱德华·泰勒：《原始文化》，连树声译，广西师范大学出版社，2005，第 1 页。
② 〔荷兰〕施舟人：《中国文化基因库》，北京大学出版社，2002，第 10 页。

率先开始正视多元性的文明观。在文化哲学领域,他一方面揭示了文化在人类历史中的作用,强调社会发展的原因是内部因素和外部因素的交互作用,在承认自然环境对人类影响的同时,更认为社会内部的有机力量起着决定性的作用,指出文化是人们活动的产物,同时又是人们活动的刺激物,文化的进步乃是历史的规律;另一方面其对文化进步的动力问题做了极为透辟的分析,指出"需要、情势、机会"是推动人们沿着文明大道前进的动力,从而透过社会结构的诸层面而触及历史 – 文化变迁的根本动因。基于此,赫尔德第一次提出了关于文化发展中的继承性问题,指出各族人民的发展仿佛构成统一的链条,每个民族都利用前辈的成就并为继承者准备基础。他还认为文化传统从一个民族传到另一个民族,一切时代的一切民族都为建立人类文化大厦而进行过劳动,并特别强调应抛弃文化史研究中的欧洲中心论,指出亚洲人民对人类文明做出了巨大贡献,因此格外强调每个民族都有自身的独特文明,各民族文明并非同出一源,尤其是不能以欧洲文明作为衡量其他文明的普遍标准。[1]

时至今日,文化概念仍是见仁见智,仅在指涉范畴达成一些共识。文化概念有狭义和广义之分,前者主要指思想观念(即精神文化),包括体现这种思想观念及与其相适应的典章制度、组织机构;后者则不仅包容思想观念,还将其范围扩及在此基础上进行的物质生产活动及其产品,亦即前者被物化的外在形式(即物质文化)。本文对文化持广义理解,且认为"文化"必然同时包含着人类在社会历史发展过程中创造的物质财富和精神财富,是特定民族与社会中的物质文化、制度文化与精神文化三个维度的有机统一。[2]

(二) 法律文化

由文化概念衍生的法律文化概念,亦可分解为物质、制度与精神三个维度,且兼具实体性与方法性的意义。法律是人类文明中用以规范人类社会生活、调整人类社会关系的一种必不可少的手段,自身即构成人类文化的重要组成部分。就法学界对此所做的种种解释而言,繁杂程度并不亚于

---

[1] 关于赫尔德的文化史学及相关思想介绍,参见〔美〕唐纳德·R. 凯利《多面的历史:从希罗多德到赫尔德的历史探询》,陈恒、宋立宏译,三联书店,2006。
[2] 何志辉:《华洋共处与法律多元》,法律出版社,2014,第1~3页。

前述关于文化的定义。相对而言，比较法律文化学者的观点值得参考。有西方学者认为，法律文化是关于法律的性质，关于法律在社会与政治体中的地位，关于法律制度的专有组织和应用，以及关于法律实际或应该被如何制定、适用、研究、完善及教授的一整套植根深远、并为历史条件所制约的观念，而法律传统将法律制度与文化联系起来。① 东方学者则认为，法律文化表示的内容虽然主要是法律制度、设施等，但基本精神根植于人们的观念、意识中；东西方法律制度之所以不同，是由于法律所得以产生、发挥社会功能的文化背景不同。而这种文化背景的一个重要的、也可以说是基本的因素，就是人们的法律意识或法律观念。② 正是在这个意义上，人们理解法律的社会意识背景时往往将其称为法律意识，或者有时就称为法律文化。

综观各种对"法律文化"概念的解析，其中已基本达成共识的核心内容可归纳为法律文化是特定民族在长期的共同生活过程中所认同的、相对稳定的、与法和法律现象有关的制度和意识观念的全部内容，包含了作为民族社会或国家据以规范其社会生活及社会关系的思想观念，以及体现此种思想观念的制度和机构设置的所有层面。③ 就渊源而言，法律文化发端于人们的社会行为与主观创造，是人类在社会历史实践过程中创造出的一种精神财富；其产生、发展和影响无不带有浓厚的主观痕迹，无不是人们在特定环境与阶段的一种文化选择，在认同与归附的基础上再加以创新和发展。就范畴而言，法律文化则是社会群体关于权利与义务的价值选择、思维模式、情感模式和行为模式的总称，既包括内在的法律心理、法律意识、法律思想体系等意识形态，也包括人类创造的法律规范、法律制度、法律组织机构等外显的制度形态。在此意义上，考察特定民族、特定地区、特定阶段的法律文化，就既需要关注法律文化自身的价值形态，也要关注它赖以生存发展的制度因素。

（三）香港文化

由文化概念衍生的香港文化概念，则是从地域文化层面做出的一种综

---

① 〔美〕埃尔曼：《比较法律文化》，贺卫方等译，三联书店，1990，第20页。
② 刘作翔：《法律文化理论》，商务印书馆，2004，第52页。
③ 米也天：《澳门法制与大陆法系》，中国政法大学出版社，1996，第2页。

合理解。香港地处中国东南边陲，位居东亚中心地带，由香港岛、九龙半岛、新界及262个离岛组成，土地总面积约1104平方公里。因缘独特的地理位置，香港历来是南中国海对外交往的重要通道，如今更是驰名四海的国际航运中心、国际贸易中心、国际金融中心，有着中西文明长期碰撞、渗透、交融的独特发展历程，形成了自由开放、融汇中西、崇尚商业的国际化都市文化体系。学界关于香港文化的概念界定各执一端，但在其发展历程方面仍有若干共识。如从历史阶段及所涉关联因素看，香港文化发展大致可分为以下阶段。

其一是香港文化之早期发展，深受中华传统文化之影响。香港地区原为古代越族聚居之地，战国时期并入楚国，秦汉时期建制更有史籍可考，自秦汉至东晋初共500余年归番禺县管辖，东晋初至唐末共400余年属宝安县管辖，唐肃宗至明隆庆共800余年归东莞县管辖，明万历至19世纪英国逐步占领香港地区期间归新安县管辖。[1] 在此漫长的早期史中，香港地区越族土著文化受中原文化的深刻影响。即使香港岛及九龙半岛先后被割让、新界地区被强租，这里的居民仍以祖籍东莞、新安等县的本地人和来自岭南各地的移民为主，其文化繁衍仍在岭南文化这一历史脉络中。

其二是香港文化之近代发展，饱受西方殖民文化之浸染。英国自1841年侵占香港岛以来，通过军事征服、政治控制和经济掠夺，以及宗教活动、奴化教育、新闻传媒乃至日常生活教化等多种途径，对香港华人社会输入近代西方殖民主义的思想文化。这一过程延至"二战"结束才发生调整。在此期间，英国以宗主国身份和绝对对香港进行殖民管治，输入的殖民文化在阶级和种族歧视方面表现得尤为明显。有学者研究香港社会史时指出，近代香港的历史实际就是一部"殖民地时代华人血泪史"[2]，其中所述种种殖民文化状况及其贻害，至今令人掩卷深思。

其三是香港文化之现代发展，再受西方商业文化之熏染。步入20世纪以来，西方商业文化的全球扩展，在香港社会各个领域留下烙印。尤其"二战"之后，伴随国际局势之剧变，港英政府在时代潮流压力之下，调整怀柔管治政策，淡化殖民文化色彩，放宽自由贸易幅度，推行西式文化

---

[1] 刘蜀永主编《简明香港史》（新版），香港三联书店，2009，第7页。
[2] 翁静晶：《百年卖身的回忆——殖民地时代华人血泪史》，香港天地图书有限公司，2011。

教育，传播现代法治意识，由此缔造出高度繁荣的商业社会，文化发育也沾染了现代商业气息。

据此可见，近代以来香港文化的发展受其独特历史条件之影响，中华传统文化与西方近代文化在此交织、互渗、融汇、并存，以至脉络繁复、主义杂陈，既有封建主义与资本主义的对垒或纠缠，亦有爱国主义与殖民主义的抵牾与角力，在华人社会与管治阶层之间形成无处不在的张力，却又共同形塑和构建着多元文化的面貌，这对香港现代文化发展规模及趋向皆有巨大的影响。

（四）香港法律文化

分别辨识"文化"、"法律文化"与"香港文化"诸概念后，不难理解所谓"香港法律文化"既是一种两栖于法律与文化之间的知识/学科存在，亦是一套具有开放性、交互性与综合性的话语/实践体系。一方面，它可以被界定为香港文化中涉及法律制度、法律体系、法律观念等方面的特殊文化内容；另一方面，它又可以被界定为香港法律中涉及文化情感、文化认知、文化体察等方面的特殊法律内容。对香港法律文化研究而言，前者意味着它必然是香港法律研究的内在构成，后者意味着它也会是香港文化研究的有机部分，二者共同统摄于跨学科而具综合性的"香港学"。

需要指出的是，"香港学"在中国起步甚晚。1980年之前中国学界仅有少数学者涉足此地，遑论专题性质的香港法律文化研究。[①] 随着中英谈判解决香港问题及《中英联合声明》的签署，因应回归政治需要而使香港备受各界关注，与此相关的研究议题也不断拓展，"香港学"因缘际会而得以蓬勃发展。时至今日，该领域涌现更多的生力军，他们以更新的研究

---

① 以"香港法律文化"为题的中文专著，截至目前检索仅见一部，即冼伟文、朱耀伟《以法之名：后殖民香港法律文化研究》（台北学生书局，2000）。该书旨趣在于，法律作为控制所有个人及社会行为的制度，可说是当代社会最具影响力的文化机制，有关西方法律在非西方社会如何运作的研究主要集中于施行上的实际问题，西方法律对当地社会的文化和道德价值的影响一直少有深入探讨。本书以后殖民论述为主要理论框架，并采跨学科—批判法法律研究、社会学、文化研究等－角度审视这个课题，尝试带出法理、道德、公义等观念所可能牵涉的问题，不但可以揭示殖民法制对本土文化的宰制，为香港法律研究带来新视点，亦可弥补后殖民论述（多以社会文化为研究对象）的不足之处。鉴于其研究范畴及旨趣在于"后殖民"，故不列入本书探讨的典型文本。

方法、更专的研究素材、更大的研究视野,精耕细作于各有所好的领域,形成百花齐放的繁荣局面。① 其中与法律文化有直接或间接关联者,在中国内地学界以余绳武、刘存宽、刘蜀永、金应熙、刘泽生等为代表的文史学者,以李昌道、张学仁、董立坤、苏亦工、尤韶华等为代表的法政学者;在香港及海外学界以罗香林、王赓武、萧国健、丁新豹、吕大乐等为代表的文史学者,以刘兆佳、陈弘毅、顾敏康、朱国斌等为代表的法政学者,各有相关著述问世,产生不同程度影响;但就整体而言仍显单薄,亟待学界同仁通力协作。

有鉴于此,编者从上述"香港学"成果中采撷有关论述,汇总为不同维度的香港法律文化专题,冀望方便学界参考,促成更多同仁关注。专题以文章质量为基本标准,编选过程辅以如下规则:一是选材范围必须专事或旁涉法律文化领域,二是遴选对象为中文论文或著述节选(译文编选另行结集),三是每位作者仅择取一篇为代表,四是作者身份(学历背景及工作单位)兼顾内地及境外/海外情况,五是作者群体覆盖老、中、青三代,由此凸显研究领域的独特性与多元性,展现研究队伍的专业化与国际化。据此遴选20篇相关文章,依据编者对法律文化的理解,分别从制度、规范、司法、时代四个维度进行编排,兹予以简要导读。

二 制度:建构与发展

专题第一部分所选 5 篇文章,均出自"香港学"领域知名学者之手,所述内容关涉 19 世纪 40 年代英占香港岛至香港回归以来的香港政制文化及其变迁,尤其侧重关注港英殖民管治时期的政制架构、政法制度及民间规约,期望从中管窥香港法律文化在制度层面的发展状况。

(一)"二元化法制"与香港政制文化之端绪

在中国内地法学界,苏亦工教授关于香港法律文化(史)的研究素为学界称道,其代表作除堪称经典的《中法西用:中国传统法律及习惯在香

---

① 关于"香港学"所涉研究成果,详见本书附录《主要论著目录索引》。需要指出的是,索引所涉仅有少数篇目研究香港法律文化;但从广义的法律文化研究角度看,上述论著各有不同的参考价值。

港》之外,①还有后续系列论文结集收入《西瞻东顾:固有法律及其嬗变》。②苏氏对香港法律史的研究,以近代中西文化之接触与碰撞,尤其是东西方法律文化交流史为背景,着重探讨清代法律及习惯在近代香港的保留、适用与演变,重新界定中国传统法律与习惯在香港法律体系中的地位和作用。

苏亦工教授的论文《香港殖民地时期二元化法制之确立》③,旨在通过两份"义律公告"追溯香港史上聚讼纷纭的"二元化法律体系"问题,即一端在引进英国法基础上建立的占主导的普通法体系,另一端保留香港割让给英国以前适用的中国清代法律和习惯。该文首先梳理了围绕义律公告的相关争论,指出其对香港法制史产生了意义深远的影响,以致长期被人视为在香港政制和法制史上极为重要的宪法性文件。两道公告的效力问题(尤其是以义律当时的身份是否有权发出那样的公告,以及两道公告是否得到英国政府的承认)历来多有争议,学界观点大致可归纳为"权宜之计说"、"自始无效说"两派。由于两派皆从西方人的角度、从港英当局的立场出发,未从中国人的角度、特别是当地华人的处境和感情观察,亦忽视了它们在当时首先是一个外交问题和政治问题,因此应从当时和现时的角度再做观察,分析两个公告的特定历史背景以及它们实际产生的影响。

鉴于此,该文第二部分致力于分析义律公告与中国人的宪法观念,先以相关中文史料考辨了中国官方最初对义律公告的反应相当强烈,进而依常理推断普通中国人见到义律公告后通常可能的反应,认为中国人不会怀疑义律是否有资格代表英国当局发布这样的公告,当地华人居民很可能会将义律公告视为安民告示甚或是类似于"约法"一类的正式文件,因此它在许多华人眼里就是港英政府对华民的一种承诺或约法,因之而在一些重要案件中被用作支持中国法律及习惯的依据而反复加以讨论,据此可见其在香港法律史上确实发挥着某种宪法性的作用。

该文第三部分由此继续拓展,分析义律公告与香港二元化法制的命运,认为该公告不仅是法律文件,同时也是历史文件,有必要结合历史解

---

① 苏亦工:《中法西用:中国传统法律及习惯在香港》,社会科学文献出版社,2002。
② 苏亦工:《西瞻东顾:固有法律及其嬗变》,法律出版社,2015。
③ 苏亦工:《香港殖民地时期二元化法制之确立》,《二十一世纪》2000年8月号,总第60期。

释的方法并把它作为历史问题来看待。根据苏氏对公告发布前后背景的分析以及香港开埠早期英国对华政策的论证,可见英国当局不仅从未否认过义律公告所做的承诺,而且在相当长时间里执行了公告设定的华洋法律分治政策。因为义律承诺的内容并非他本人一时的心血来潮,而是反映了当时英国官方的普遍立场。但随着英国在华势力的日渐强大和稳定,中国法律及习惯的存在空间却在一步步萎缩,二元化法制逐渐向一元化法制靠拢。基于此,香港殖民法制史可以被简单地描述为英国法的逐渐扩张和中国法律及习惯日益萎缩的过程。

(二) 近代香港政法制度之概貌

义律公告开启19世纪40年代以来香港二元化法制之端绪,那么19世纪中后期香港法制建设整体状况究竟如何?以研究香港近代史著称的历史学者刘蜀永教授主编的《简明香港史》撰有专章"19世纪香港政法制度"予以概述。[①] 该章开篇明确指出,19世纪中期以来英国政府在香港采用的是权力集中、控制严密的直辖殖民地制度,进而分别从政治体制、法律体制和警务体制三方面展开。

关于19世纪香港的政治体制问题,首先要了解香港总督的职权与特点。维多利亚女王颁布的《英王制诰》(Letters Patent,即《香港宪章》)确定了香港的地位和政权性质,该份文件亦明确规定英国有权派驻香港总督并授予其广泛的统治权力,对设立行政局、立法局也做了原则规定。但具体规范行政局和立法局的组成、权力和运作程序,以及港督在两局中的地位和作用、议员的任免、如何做出决议和制定法律等,则是以英王名义颁发给第一任港督璞鼎查的指示《王室训令》(Royal Instructions)。依据上述文件,总督作为英国国王派驻香港的代表拥有极大的权力,但只能在英国政府规定的范围内为维护英国的殖民利益而行使。至于最早的四名港督也有若干共同特点,例如同时兼任驻华全权使臣和商务监督,把对华事务当作他们的首要任务,保护鸦片走私则是另一重要任务,且无不推行种族歧视政策。

至于行政局(旧译议政局)和立法局(旧译定例局),其是香港总督

---

① 刘蜀永主编《简明香港史》(新版),香港三联书店,2009,第44~58页。

的高级咨询机构，1844年开始进行工作。前者的主要任务是就各种重大决策向港督提供意见，并具有某种立法职能；后者的任务是协助港督制定法律和管理政府的财政开支。但港督对法律的制定有决定性的影响。《英王制诰》颁布以后，香港政府还先后设置了各种职官。依据《英王制诰》的规定，港督死亡、离港或由于其他原因不能行使职权时，由副总督代理；如尚未任命副总督，则由辅政司代行总督职权。历任副总督一般由驻港英军司令兼任，1902年英、日同盟成立后不再设置副总督一职。辅政司是港督在行政管理方面的主要助手，也是全体文职人员的首脑。华民政务司最初任务主要是负责全港人口登记，后被授予抚华道、太平绅士和警察司等头衔而扩大职权。因此我们需要了解香港法律体制和警务体制，并从以下方面加以认识。

其一是香港法律的依据与特点。由于香港长期处于英国殖民统治之下，香港法律基本上照搬英国普通法法系模式。香港的成文法包括三个部分：英国政府为香港制定的法律，适用于香港的英国本土法律，以及港英当局制定的法例。早期香港法律具有不同于英国法律的特点：相对而言更注重经济立法，以便更好地适应商业发展的需要；一些明显的犯罪行为，在香港不但不被视为有罪，反而得到法律的庇护；政府频频通过颁布法例强化殖民压迫，一些法例明显歧视华人，却又注重用"华律"治华人。

其二是香港法院的设立。1841年1月英军侵占香港岛后即在此设置巡埋府法院，以便审理香港华人的案件；驻华刑事和海事法院在1843年1月迁到香港，负责审理港岛、中国大陆和沿海100英里范围内英国臣民的刑事案件；1844年10月正式成立香港高等法院，撤销驻华刑事和海事法院，原来的巡理府法院改而负责审理较轻微的刑事案件。

其三是监狱制度，港英当局1841年在港岛兴建域多利监狱，初期监狱实行严格的种族主义制度，华囚和外国囚犯分开监禁并区别对待；滥捕华人的现象十分严重，造成监狱拥挤不堪。关于警务体制，香港警察制度在许多方面效法英国警察，部分重要的警察官员来自伦敦警察厅。早期香港警察由英警、印警和华警组成，皆由警察司指派英国警官统领。英警地位最高，印警次之，华警地位最低，物质待遇也高低悬殊。整体而言，早期香港警察的主要职能是威慑和管制广大华人，其编制扩充特别迅速，基本素质普遍低劣，至20世纪中期以来迭经整顿才扭转局面。

(三) 新界管理架构之特殊面相

19世纪末英国租借"新界"后，港英政府在当地设置了理民府官，在香港政府管治新界中扮演着举足轻重的角色。黄文江教授的论文《新界理民府官：沿革与职权》①，通过查阅相关历史档案对此予以详细考证。

该文首先考溯理民府官之沿革。1899年5月至7月，新界的行政总部设于大埔，骆克集各种大权于一手。骆克离职后，管理新界的官僚系统渐渐出现，巡理府及助理警察司两项职能最初由一人负责，在北、南约分设助理田土官，与助理警察司合作征收新界内的地税。1907年9月，巡理府及助理警察司在殖民地大臣指示下改名理民府官，北约助理田土官改称助理理民府官，南约助理田土官改称副理民府官。1920年，副理民府官改名南约理民府官。1920年至1941年间，北、南两约分别由两位理民府官管理。二战结束后，港督杨慕琦重掌香港，重新启动文官体系管治机制。官员缺乏管治经验及人手经常调动，使新界地区的管治情况甚为严重，政府于是合并两约理民府职能，称为新界理民府官。1948年，新界理民府官改名新界民政署署长，成为管理新界地区的最高官员。从1948年起，在新界民政署署长一职之下，复设三位由助理理民府官擢升而成的理民府官。1957年11月增设第四位理民府官，1958年中旬至1959年初增设第五位理民府官。1974年，新界民政署由新界政务司掌管，新设屯门及沙田理民府，理民府官增至七位。1982年11月，政府行政改组而成立政务总署，新界事务改由新界政务署长管理，各区理民府亦因应改为政务处。

该文对理民府官之职权亦有详细介绍。理民府官（1948年后改为新界民政署署长）成为港英政府管治新界的最重要官员，到1974年才出现改变。这套地方行政制度与香港其他地方大相径庭，由于理民府官在地方上拥有家长式的政治权力，更需要融入中国传统习俗文化，妥善履行照顾乡村习俗及利益的职责，而非强行套用西方法律。理民府官除担当地方上太平绅士的职能之外，还负责包括收集地税、土地管理、地区发展、生死注册、平衡香港法律与中国传统社会习俗中的矛盾，以及联络地区内各大氏

---

① 黄文江：《新界理民府官：沿革与职权》，载刘智鹏主编《展拓界址：英治新界早期历史探索》，香港中华书局，2010，第64~70页。

族的工作。日治时期后港英政府在新界的管理走向专门化,新界民政署署长（或其部下理民府官）的职权渐渐由其他政府部门所取代。随着香港整体地方行政制度的改革,新界理民府亦逐步转向与市区民政处看齐,理民府与民政主任的制度于1981年以来合二为一,1982年11月理民府与民政主任正式改组合并为政务处,理民府官的历史角色告一段落。

（四）新界乡事组织及乡约文化

新界的乡事组织及乡约,是早期香港历史文化的重要内容,也是香港法律文化所涉区域文化及基层治理的特殊内容。例如阮志博士的《中港边界的百年变迁：从沙头角莲麻坑村说起》[1],即对香港新界变迁中的乡约习惯等民间法律文化予以初步研究。在此领域卓有成就的萧国健教授新著《探本索微：香港早期历史论集》,亦有文章《香港新界的乡事组织及乡约》简述新界乡事组织及乡约文化[2],值得特别关注。

该文首先考溯了新界乡事组织的变迁。1898年以前,香港及新界等地区分乡、都、图及村等地方自治团体,由官谕选举区内绅耆或族中德高望重者掌事。推行保甲制,设地保及总理各一人,皆绅耆推举并获官谕。地保为地方警察之一种,总理负责协办乡村联盟、冬防及团练等事务,村务由耆老及族长管理。势力较弱之家族或村庄组成乡村联盟（乡约）,对抗邻近较强者。此为地方自治团体性质,官方不予规定,任由乡民自定呈报。该联盟无成文法根据,但有习惯乡规,合约由乡保及总理等执行。1899年后新界转归英治,初期行村代表制。各区父老或乡绅于非正式聚会商讨区内事务,处理与当局有关事情,父老被公认为地方领袖。二战之后,初期改行村代表制,各乡事委员会有其组织章程,执行委员会委员由各村代表互选,担任乡事委员会各项要职。1959年订立乡议局条例,乡议局（前身是新界农工商业研究总会）成为政府之法定咨询机构,与新界政务署（前民政署）经常保持密切联系。1977年新界乡事委员会与市区组织合并为地区咨询委员会,1981年改地区咨询委员会称区议会,1985年成立临时区域议局。

---

[1] 阮志：《中港边界的百年变迁：从沙头角莲麻坑村说起》,香港三联书店,2012。
[2] 萧国健：《探本索微：香港早期历史论集》,香港中华书局,2015,第214~222页。

该文随后简介了新界乡约的功能与组织，进一步呈现出香港法律文化的多元性、地方性与独特性。乡约为一依血缘关系或地缘关系并订有规约的民众组织，目的为御敌卫乡，劝善惩恶，广教化，厚风俗，护山林，或应付差徭等。乡约组织主要以地区范围为主，以宗族血缘范围为辅，城市以坊里相近者为一约，乡村以一图或一族为一约。清末新界地区势力较弱的家族或村庄，常会组织联盟，抗拒邻近较强者，采联防互卫。此等自治团体所包括之区域，任由乡民自愿组合。此类联盟无成文法之根据，但有乡规习例之约束，且有订立合约，由乡民自选之总理及地保等维持执行，并获官方认可监督。此类乡村联盟因有合约管束，故称乡约，可分两类：其一为小地区内村落之联盟，以保区内治安太平为主；另一为由数小地区之联盟，合组一较大区域之联盟。小区域内由数村落合组乡约，以保境安民、联防互助为目的。大地域合组之乡约，较著者有沙田九约及大埔七约。上述乡约组织合组之联盟，除保境安民、联防互助外，亦起改善区内之社会环境之作用，并经营墟市贸易，举办宗教庆典。

（五）香港宪制文化之整体发展

本辑压轴之作是陈弘毅教授的论文《香港的宪治发展：从殖民统治区到特别行政区》[①]。在 20 世纪 80 年代以前，作为英国殖民地的香港在经济发展上取得了可观的成绩，但在政治上没有民主。英国在香港殖民统治的特色，包括引进法治制度，并在一定程度上保障人权和自由。1984 年中英两国关于香港前途问题的《联合声明》签署后，香港政治体制开始民主化。该文是其回顾香港回归以来在法治、宪治等方面实践并予以法理评析的香港法研究成果之一。

该文首先梳理了宪治在香港的源起及演变。宪治虽然是现代西方文明的产物，但因其具有普遍意义而获得广泛的接纳，作为政治和法律理论和实务的典范。香港宪治的发展（特别是法治、司法独立和人权保障）是英国殖民统治的产物。香港长期以来享有的一定程度的宪治（但不是民主宪政），建基于一部殖民体制的宪法和殖民政府的实践和惯例。香港回归中国并成为特别行政区之后，其宪治基础转移为全国人大制定的《香港基本

---

① 陈弘毅：《香港特别行政区的法治轨迹》，中国民主法制出版社，2010，第 103~139 页。

法》。

该文首先回溯香港回归前之宪治法律发展史。自19世纪40年代至19世纪80年代，英国在香港殖民统治的法理依据，除清政府与大英帝国签订的三条不平等条约之外，还有英皇颁布的《英皇制诰》（或译《英王制诰》）和《皇室训令》（或译《王室训令》）两部宪法性文件。后两部文件与大英帝国在亚非等地区殖民地所用的宪法性文件类似，内容简陋，既没有明文保障人权，也没有设立民主选举的制度。虽然香港没有一部符合民主宪政理念的宪法性文件，但到20世纪70年代香港市民却能享受到了相当程度的公民权利，政府管治效率及其法治精神也在亚洲国家和地区之中名列前茅，这是20世纪80年代以后香港的民主化和宪政创新的起点。

进入20世纪80年代以来，中英两国政府就香港前途的问题展开谈判，中方向英方提出"一国两制"概念作为解决问题的关键。在20世纪90年代，遵循《中英联合声明》的基本精神，《香港基本法》着力勾画未来香港特区的政治体制，厘定特区政府与中央政府的关系，确保香港原有社会和经济制度、法律、法治传统、人权和公民自由得以延续下去，成为一部具有宪政主义色彩的宪法性文件。在此期间直至回归前夕，除《香港基本法》的制定和彭定康的政改方案外，香港另一项重大宪政发展是1991年《人权法案》的制定与《英皇制诰》的修改。香港回归之后，特区进入一个以《香港基本法》为根基的新秩序，融新旧制度元素于一炉的新时代；《人权法案》则开启了违宪审查的新时代，并出现一系列关于违宪审查的著名案例。《香港基本法》的实施实际上使违宪审查的空间更为广阔，司法机关作为基本法监护者的角色有增无减。

该文随后以《香港基本法》实施的总体情况为标准，把回归后的香港法制史分为四个阶段。首先是初试、碰撞与适应阶段（1997年至1999年），其时新法律秩序受到两个关于如何理解和实施基本法问题（即"临时立法会"合法性及港人内地所生子女的居港权问题）的困扰，1999年终审法院"澄清判词"事件和"人大释法"事件可视为回归初期两地法制相互碰撞并相互适应的表现。随之是权利保障体系的阐明阶段（2000年至2002年），特区法院在一系列案例中阐明了回归后香港新法律秩序的权利保障体系的架构。2003年至2004年"第23条立法震荡"是第三阶段，由于国安条例被"反对派"人士强烈反对，香港爆发回归以来最大规模的游行示威，特区政府宣布暂缓立法；"反对派"提出在 2007 年（第三届特首选举年）和 2008 年（第四届立法会选举年）"双普选"的要求，全国人大常委会第二次解释基本法并对选举问题作出相关决定，表明在 2007 年及 2008 年进行"双普选"并非适当时机。至于 2005 至 2008 年，则被作者视为权利保障体系进一步发展和普选时间表制定的新阶段，特区进一步民主化的前景得以明朗化，实行全面普选的时间表也得以确定。

该文据此总结认为，回溯香港回归后宪制性法律的发展历程可见，香港特区在"一国两制"框架下和基本法基础上的自治、法治、人权和自由都得到相当成功的实现，特区法院在此期间亦充分发挥了其作为香港法治、宪治、人权和自由监护者的角色，《香港基本法》已经显示出其作为规范性宪法性文件的生命力。

三　规范：承接与嬗变

专题第二部分所选 5 篇论文，则从规范维度探究香港法律文化之承接与嬗变，分别关注英美法系尤其是英国判例法在香港法中的主导地位，英国刑法传统及其对香港刑事法制的文化影响，香港本地新闻立法在港英殖民管治下的因应与调适，日治时期香港消闲娱乐法规的特殊背景及其运行，以及中国传统妻妾制度在战后香港法律发展中的文化困境及其解体因缘。

（一）判例法文化之主导地位

谈及香港法律文化尤其是港英政府时代的法律文化状况及特质，必然需要追溯英国法律传统及其在世界范围的传播与影响。这一议题在中国当代法学界广受瞩目，其中尤以从事外国法律史与比较法律文化的学者论述居多。董茂云教授以研究比较法律文化（尤其侧重法典法与判例法之比较）著称，其论文《论判例法在香港法中的主导地位》简明扼要地阐述了判例法传统对香港法的影响，[①] 是回归前夕内地学者论述香港法律文化的代表作品之一。

---

① 董茂云：《论判例法在香港法中的主导地位》，《政治与法律》1997 年第 1 期。

该文首先把英国法界定为分别由不同法院发展起来的普通法、衡平法、教会法以及商业习惯法（海商法）体系，认为其大部分属于判例法的范畴，从 19 世纪 80 年代起由一个较为统一的法院予以系统地加以适用和发展。尽管"议会主权"原则促成制定法效力优于判例法的格局，但就整个英国法体系中的实际渊源地位及法律意识形态地位而言，判例法较之制定法仍是第一位的。在港英政府统治时期，香港地区采用源于英国的普通法和衡平法，在此实施的普通法和衡平法原则主要来源于英格兰和威尔士法院的判例。

在此背景之下观察判例法在香港法律体系中的主导地位，一方面是香港对英国法传统的继受为判例法主导地位的确立奠定了基础。现代香港法之追随英国判例法不是表现为浅层的法律移植，而是表现为深层的传统继受，因此香港法同样包括遵循先例原则、判例方法和诉讼中心主义等内容。香港立法、司法界在长期实践中接受英国法传统，也就是接受着判例法传统；法官和律师均接受英国式法学教育，其法律思维与工作方式也都是判例法式。据此可见，"传统与人的统一"是判例法在香港法中占据主导地位的坚实基础。另一方面，香港英国式司法制度的建立与完善，英国式诉讼程序与习惯于判例法思维方式和工作方法的法官、律师相结合，则为进一步实现"制度、机构与人的统一"，为判例法主导地位的确立提供了保障。

基于上述分析，该文还对香港回归后判例法的地位问题作出了评估，认为包含着普通法和衡平法的香港判例将作为香港"原有法律"的一部分在"九七"后得到保留，但须接受法典化且是香港特区最高法律的《香港基本法》的审核；在香港保留实行的判例法在规则体系上与英国法及英国法院系统不再发生直接联系，但特区法院审案时可以参考其他普通法适用地区（包括英国）的司法判例；现行适用于香港的普通法和衡平法原则的修改，可遵循立法机构制定新法例和司法确立新原则的途径；终审法院作为香港特别行政区法院系统的最高审级，其判例效力自然高于现行的或将由香港特别行政区其他法院所作出的判例。该文据此最后断言，判例法传统虽将延续，但判例法的主导地位必将面临挑战。

（二）英国法影响与香港刑事法文化

如果说上文侧重从整体上把握英国法对香港法之文化影响，那么孟红教授的论文《英国刑法对中国香港地区刑法的影响》则是一次从刑事法这一局部切入的文化观察。① 该文作者对外来刑事法与近代中国之关系有深入研究，英国刑法对香港地区之文化影响则是其关心的议题之一。

该文首先分析英国刑法对殖民时期香港刑法的影响，简要考察香港近代刑法的发展及渊源。从1841年《义律公告》公布到1843年港英政府成立，是大清刑律和习惯与英国刑法并存时期，这一时期港英政府对英国人和外国人适用的英国刑法带有近代人权保障的色彩。港英政府成立及立法局设置后，开始制定包括刑法在内的香港本地法律，香港刑法与英国刑法基本同步发展。在此时期香港刑法渊源复杂多样，主要包括香港立法机构制定的刑事法律、适用于香港的英国刑事法律（制定法）、适用于香港的英国及其他英联邦国家刑事判例法、香港本地的刑事判例法、中国清朝的刑律和习惯以及对香港有约束力的国际条约中的刑事法律条款。上述众多渊源基本可分为制定法（香港政府制定的刑法、适用于香港的英国刑事制定法、清朝刑律）、普通法（香港、英国及其他英属地区普通法判例）、习惯法和国际公约。由此众多法律渊源构建成一个以英国刑法为立法蓝本，遵循英国刑法的原则和精神，呈现多元化、多层次之特点，严密、庞大而独立的香港刑法体系。

该文随后分析英国刑法对回归后香港刑法的影响，探究其面临以《香港基本法》为取向而进行调整与发展的问题。其一是在"一国两制"方针下对香港原有刑法的改革，在剔除带有殖民因素或与基本法内容相抵触的内容的基础上，香港刑法保持了原有法律的完整性、细密性、独立性。由此带来香港刑法的实质性变化，这些变化主要体现在刑事法律的宪政基础发生了变化，因适用于香港的英国刑事法律不属"香港原有法律"，新的香港刑法废除了香港立法局制定的带有殖民色彩的条款和刑事判例，且消除了中国清朝法律和习俗的影响。至于刑事法律渊源也随之变化，主要包括以下类型：予以保留的香港原有刑事法律，这是回归后香港刑法的主体；香港特别行政区立法机关制定的刑事法律，包括新制定的法律和对原有法律的修改；新编制的刑事判例；适用于香港特别行政区的全国性法律

---

① 孟红：《英国刑法对中国香港地区刑法的影响》，载何勤华主编《英美法系及其对中国的影响》，法律出版社，2009。

中的刑事条款;适用于香港特别行政区的国际公约中的刑事条款。

在上述考察与分析中,该文尤其注重分析英国法律文化对香港法律发展的影响,因为不仅原香港刑事制定法有些是在模仿英国相应规定的基础上制定的,香港的判例法也受英国判例法的影响,甚至香港刑法学也深受英国刑法学说的影响。由此可见,香港刑法发展的基本特点,即香港刑法不仅有着独立的发展轨迹,经历由从属性到独立性的转变,法律移植与本土化亦是香港刑法发展的主要途径,附着其上的殖民色彩逐渐由浓厚到淡薄,反之则是地域文化色彩更为鲜明。

(三) 英国法影响与香港新闻法文化

与上文旨趣相似而题材不同,张晓锋教授的《英国殖民统治时期香港地区新闻法制的历史考察》[①] 旨在通过大量一手文献资料,全面梳理港英政府的新闻立法活动,考察近代以来香港新闻法制的演变轨迹及由此形成的香港新闻法律文化。

该文将香港新闻法制发展历程分为四个阶段。第一阶段是新闻法制之起步期(1841~1900),随着香港近代报业的发展,港英政府移植英国法制模式而在香港建立一套以注册监管为主体的新闻法律制度。1844 年定例局通过第 2 号法例《书籍报刊出版及持有之规范条例》,这是香港有史以来第一部专门的新闻法规,其揭开了香港近代新闻法制史的帷幕。此后为加强对舆论的控制,港英当局先后颁布《修正报纸出版条例》(1860)、《印刷业及出版业条例》(1886)、《诽谤条例》(1887)及《书刊保存登记条例》(1888)等,从而奠定了近代香港新闻法制的基本框架。第二阶段是新闻法制之发展期(1900~1945),由于香港逐步成为思想言论交锋的战场,港英政府为维持殖民统治而多次颁布法令进行监管,香港新闻法制从注册监管向内容审查领域拓展。在此阶段的相关立法主要有《煽乱刊物条例》(1907)、《煽乱刊物条例》(1914)、《紧急管制规则》(1926)、《印刷业及出版业条例》(1927)、《违禁出版物条例》(1938)及《印刷业及出版业条例修正规则》(1941)等。第三阶段是新闻法制之延续期

---

① 张晓锋:《英国殖民统治时期香港地区新闻法制的历史考察》,《新闻与传播研究》2011年第 4 期。

(1945~1985)，港英政府固守其在香港的殖民统治而进一步延续有关新闻内容监管法规的制定。在此阶段的相关立法主要有《紧急措施（主要）施行规则》（1949）、《刊物管制综合条例》（1951）、《1967年紧急（防止煽动性标语）规例》（1967）、《书刊注册条例》（1976）等。第四阶段是新闻法制之调整期（1985~1997），港英当局采取"监管自由化"政策，调整和放松了有关新闻媒体管制的法令法规。在此阶段的相关立法主要有《本地报刊注册条例》（1987）、《广播事务管理局条例》（1987）、《官方机密条例》（1997）等。

该文除对香港新闻法制发展线索予以梳理外，还适时归纳不同阶段的发展特点。回溯第一阶段之立法特点，一是形成了"事前注册为主、事后追惩为辅"的内容体系，二是蕴含了"新闻自由为表、殖民专制为实"的法制本质。从本质上讲，这些法律法规是殖民地统治在新闻传播领域的移植和延伸，殖民主义色彩显而易见；但它们又吸收了英国法律文化的先进成分，从而开启了近代香港新闻法制的历史先河。第二阶段之立法特点，一是形成了"内容监管为主、注册监管为辅"的内容体系，二是确立了"新闻立法为体、新闻检查为用"的管制模式，绝大多数新闻法规旨在限制香港华人的言论出版自由、思想自由乃至政治活动，其历史局限性暴露无遗。第三阶段之立法特点，仍然具有"内容监管为主、注册监管为辅"的内容体系，但又表现出"立法严、执法宽"的政策特点，形成了"法律规范为主、道德约束为辅"的控制格局。第四阶段之立法特点，一是呈现出"自由为表、专制为核"的法制思维，二是形成了"立法主导凸显、行政主导弱化"的立法格局，新闻法律之颁行已相对趋于理性，更加呈现出新闻立法的长效性与价值性。综上所述，港英当局新闻立法呈现出由松趋紧、再转松的演变轨迹，由此建构的新闻法制体系或多或少带有殖民主义的烙印，但也包含着资本主义法制的开放元素和民主机制，因此法律制度的两面性始终贯穿期间。

（四）日治时期香港法律文化之变异

在香港法律发展历程中，日治（亦称日据、日占）时期日本法律强行植入香港社会的历史值得特别关注。随着相关文献资料的不断开掘，此段历史研究日益获得学界重视，刘智鹏、周家建《吞声忍语——日治时期香港人的集体回忆》、关礼雄《日占时期的香港》、邝智文《重光之路：日据香港与太平洋战争》、周家建《浊世消磨：日治时期香港人的休闲生活》、周家建、张顺光《坐困愁城：日占香港的大众生活》、唐卓敏《凄风苦雨：从文物看日占香港》、刘智鹏、丁新豹主编《日军在港战争罪行：战犯审判记录及其研究》等著述的相继出版，① 从不同角度展示了日据时期香港政治与法律方面的特殊面貌。其中，周家建博士的《日治时期香港消闲娱乐的法规》一文对消闲娱乐法律予以考察，② 呈现出日治时期香港法律文化畸变的特殊性。

周家建博士对日治时期香港人"浊世消磨"的休闲生活进行了全景描摹，在此背景下以专章篇幅研究日治政府的治港方针及消闲娱乐法规。日治政府在港实施行政主导体制，即以"占领地总督"为领导核心，下设参谋部、总务长官及华民代表组织三大机关。相比港英政府的架构，日治政府采取中央集权制度的架构相对简单，行政权及立法权归总督部管理。其时香港治安政策是以严刑峻法来维持，相关法规以"香港占领地总督部令"（香督令）为依归，消闲娱乐事宜及相关活动亦复如此。

该文随后论述日治时期香港无孔不入的娱乐税。其时只要在香港经营业务，营商者便要缴交"营业利益税"，娱乐场所经营者亦不例外。日治政府为增加税收以应付日常开支，亦开征多项与娱乐消遣有关的税项来扩阔税基，并陆续制订游兴饮食税、娱乐税、酒精含有饮料税方面的法规。另一方面，日治政府为方便掌控人民的思想，采取整合香港报业的方式监控新闻活动，并以行政手段操控无线电台及电影剧作，制定颁行《映画演剧检阅规则》（1942）、《关于禁止收听短波播音》（1942）等法规，借此防范不利政府和战时体制的资讯传播。据此可见，由于信息性的大众娱乐

---

① 刘智鹏、周家建：《吞声忍语——日治时期香港人的集体回忆》，香港中华书局，2009；关礼雄：《日占时期的香港》，香港三联书店，2015；邝智文：《重光之路：日据香港与太平洋战争》，香港天地图书有限公司，2015；周家建：《浊世消磨：日治时期香港人的休闲生活》，香港中华书局，2015；周家建、张顺光：《坐困愁城：日占香港的大众生活》，香港三联书店，2015；唐卓敏：《凄风苦雨：从文物看日占香港》，香港中华书局，2015；刘智鹏、丁新豹主编《日军在港战争罪行：战犯审判记录及其研究》，香港中华书局，2015。

② 周家建：《浊世消磨：日治时期香港人的休闲生活》，香港中华书局，2015，第248~259页。

具有广泛的影响力,因此日治政府需透过法规进行严密封锁及内容审查,以确保不利于统治政权的消息消灭于萌芽之中。

(五) 华人社会与法律文化之调适

随着香港华人社会研究的不断拓展,涉及法律文化层面的论著也日渐增长。例如刘智鹏主编的《香港早期华人菁英》[1] 对近代香港史上华人法律精英的简要介绍,翁静晶的《百年卖身的回忆——殖民地时代华人血泪史》[2] 对近代香港华人社会饱受殖民政府政策歧视和压制法律问题的追溯,黄兆辉《港产绅士:治港百年的半山区上文化》[3] 不少篇章涉及近代香港立法规制华人社会的问题,姚颖嘉《群力胜天:站前香港码头苦力与华人社区的管治》[4] 亦对近代香港码头苦力与华人社会治安问题予以研究。

在同类研究成果中,王慧麟博士《废妾四十年:殖民体制与现代性的暧昧》[5] 一文致力于分析香港华人社会废妾进程中的曲折,是研究香港法律文化置身于传统与现代、殖民与解殖的对垒状态及由此产生的冲突或作出的调适的一篇力作。

王慧麟论文关注的问题是,中国早在1931年已不承认妾之法律地位,1950年《中华人民共和国婚姻法》亦禁妾,同为华人地区的香港却迟至1971年才不再承认妾之法律地位,背后究竟有什么原因令香港政府不得不提出废妾。该文通过查阅英国档案及相关资料,首先辨析殖民主义与习惯法之关系,指出英国建立殖民地之法律制度,除搬来一套英国成文法之外,亦需要因地制宜将当地习惯法透过立法或者判例予以实施。英人在香港建立殖民政府进行管治时,中国婚姻法律(包括《大清律例》及相关习俗)已行之久远而根深蒂固,港英政府需要寻找、考察以至尊重中国习俗,以此获得华人支持并维持有效管治。至于1971年《婚姻制度(改革)条例》实施之前妾在香港法律的地位,并不完全体现于成文法例之中,而是通过法例及判例形成的,由此需要追溯清代法律中妾之地位。依据清代

---

[1] 刘智鹏主编《香港早期华人菁英》,香港中华书局,2011。
[2] 翁静晶:《百年卖身的回忆——殖民地时代华人血泪史》,香港天地图书出版公司,2011。
[3] 黄兆辉:《港产绅士:治港百年的半山区上文化》,香港超媒体出版有限公司,2014。
[4] 姚颖嘉:《群力胜天:站前香港码头苦力与华人社区的管治》,香港三联书店,2015。
[5] 王慧麟:《废妾四十年:殖民体制与现代性的暧昧》,载《思想19:香港:解殖与回归》,台北联经出版公司,2011,第141~158页。

家事法律，妻在家庭中地位高于妾，即使涉及婚姻之刑罚，妻之受刑也比妾严厉；婚姻嫁娶有律例规定，纳妾一般沿用习俗；在财产承继方面，妻与妾亦有区别。由于香港本地法律一直没有制定一套完整的婚姻法律，妾作为中国传统婚姻法律的构成部分得以保留下来。但在香港，妾的法律争议大抵指涉妾在家庭中的地位，香港法院也一直在寻找及建立与妾有关的中国法律及习俗。香港法院对妾之解释，基本是从《大清律例》入手而辅以专家证供，再按普通法有关婚姻的解释及与香港实际环境结合而成。

该文随后考溯香港废妾的动因。由于香港邻近地区婚姻改革，民国政府在1930年制定的民法严格推动一夫一妻制，1950年新中国制定的《婚姻法》实行一夫一妻登记婚姻制度，既不承认传统习俗婚姻，亦禁止纳妾。香港持守中国旧式婚姻而容许纳妾，不仅显得不合时宜，而且制造了更多的行政混乱。基于此，1948年10月港英政府委任史德邻（法律政策专员）为在香港实施的中国法律与习惯作全面检讨，其于1953年公布的报告建议禁止纳妾，任何新建立的夫妾关系将不会有法律效力。由于香港华人领袖非常反对该份建议，报告书的废妾建议无疾而终。香港废妾之政治压力来自英国。1957年英国国会议员就香港纳妾问题在国会提出质询，港督葛量洪回复殖民地部时归咎于华人社会的反对。此后迭经反复，废妾进展并不理想。在伦敦方面作出批评的压力下，香港政府于1965年提交一份报告草拟本，得到殖民地部首肯后于1967年发表《香港婚姻白皮书》，提出终极方案。由于香港发生左派暴动，香港政府立法部署遭到一定干扰。政治局势大抵稳定后，香港政府重新推动改革，于1971年通过婚姻改革条例草案。至此，1953年史德邻报告书试图全面改革中国法律与习俗的努力，迭经后续三份报告及一份白皮书，仅仅只是完成了婚姻改革。该文据此总结认为，香港废妾之实现，在于英国殖民地部基于中国法律之改变以及西方对于纳妾习俗之厌恶而迫使香港政府提出婚姻习俗改革，从而使香港婚姻法律最终走上尊重男女平等之普世价值的道路。

四　司法：文化与实践

香港在港英政府统治期间的司法文化，无论是法律渊源还是组织机构或者制度，都呈现出与中国内地不同的面貌和特征。香港回归以来，为适应"一国两制"方针的政治需要，香港原有的司法文化及时作出回应与调适。本辑侧重从时间维度角度展示香港司法文化，既包括香港司法制度的早期面貌、发展状况与未来趋势，亦包括近代以来香港社会中备受瞩目的重大讼案之所呈现的司法实践及其背后隐藏的社会矛盾与文化冲突等问题。

（一）近代香港司法体制溯源

关于香港司法文化（包括制度沿革、组织架构及司法实践）之研究，最早可追溯至凯希（J. W. Norton‐Kyshe）的《香港法律与法院史》（1898）[①]。该书从1841年英军占领香港岛及颁布《义律公告》开始，记叙港英政府统治时期香港社会的司法管辖权、香港早期司法机构的设立、发展及其实践，可谓香港法律史研究的开山之作。这部著作虽然是以编年史方式叙事且时间截至1898年，但由于汇编了大量来自当时香港法院、警署及监狱机构的资料数据，成为后世研究19世纪香港司法制度及实践的必备文献。

至于中国内地学者对此议题的研究，迟至20世纪90年代才渐次展开，相关成果主要有董立坤主编《香港法律和司法制度》（1992）[②]、朱国斌、黄辉等著《香港司法制度》（1997）[③]、董茂云、杜筠翊、李晓新《香港特别行政区法院研究》（2010）[④]、尤韶华《香港司法体制沿革》（2012）[⑤]，等等。上述中文著述大多侧重对司法组织架构的介绍，仅有尤韶华一书侧重对司法制度变迁的考溯，从中节选的《香港司法机构的起源》一文[⑥]，依据凯希《香港法律与法院史》及其他文献，对香港早期司法机构及其运作追根溯源，为学界进一步了解香港司法文化源流提供了

---

① J. W. Norton‐Kyshe, *The History of the Laws and Courts of Hong Kong*, London, 1898。该书1971年再版于香港，参见 J. W. Norton‐Kyshe, *The History of the Laws and Courts of Hong Kong*, Vetch and Lee Limited, 1971。
② 董立坤主编《香港法律和司法制度》，广东人民出版社，1992。
③ 朱国斌、黄辉等：《香港司法制度》，河南人民出版社，1997。
④ 董茂云、杜筠翊、李晓新：《香港特别行政区法院研究》，商务印书馆，2010。
⑤ 尤韶华：《香港司法体制沿革》，知识产权出版社，2012。
⑥ 尤韶华：《香港司法体制沿革》，知识产权出版社，2012，第38~60页。

便利。

《香港司法机构的起源》首先回溯香港早期司法机构的设立背景。在英军占领香港后，义律为建立对香港的管理而颁布两份《义律公告》，体现其在香港司法机构建立之前利用现有司法体系立即实现对香港实行司法管辖的指导思想。第一份公告在体现"以华治华"理念之际也通过规定"各种拷打除外"而显示出英国的法制理念，第二份公告进一步确定了对在港英国人及其他外国人的司法管辖方式。它们共同成为香港殖民地建立司法机构、行使司法管辖权的原始依据。依据该公告而设立香港裁判并任命首席裁判官，通过《香港首席裁判官委任状》行使司法权力，按照中国的法律、惯例和习俗处理本地居民的治安刑事案件，按照英国治安法律处理其他在港治安刑事案件。

该文随后分析香港裁判法庭的早期发展。英国在《南京条约》批准后颁布的《香港宪章》，宣布香港作为单独的被占领地，可以依法建立法院和享有完全的立法权。该宪章授权总督任命法官，包括听审并判决专员、治安法官（太平绅士）及其他必要的官员，以建立正当和公正的司法机构，使法律和条例得以实施。此后裁判法庭发生变更，重新任命司法人员，增加助理裁判官，首席裁判官作为立法会主要成员具有较高的地位。依据1843年6月发布的公告，英国枢密院命令设在广东的刑事和海事法庭迁往香港，以处理英国人在香港的犯罪案件。该命令规定了法庭程序，包括运用英国法院的程序，案件由临时商务总督会同12人陪审团审理，总监督作为主持法官以陪审团裁决为据开庭公布判决。该命令还允许根据本地现存情况的差异，在一定范围内与英国法院程序有所区别，并授权就此制订法庭规则，同时规定了规则生效、失效的方式。据此可见，裁判法庭应视为香港司法体制的起源，但其设置并无条例规定，职能、司法管辖权及运作程序载于裁判官委任状。

（二）近代香港司法实践观察

至于近代香港司法实践，前述西方学者凯希的《香港法律与法院史》以编年史方式收录了19世纪中后期的不少重要信息；中国内地学者囿于种种原因，在此方面并未作出更大拓展，相关著述也对此一笔带过或避而不谈。从香港学者郑宏泰、黄绍伦合著《一代烟王利希慎》节选而成的《纠纷与官司：利希慎的个案研究》一文，[①] 考溯民国初期香港华商利希慎之涉讼始末，可供管窥20世纪前期香港司法制度之运作状况。

该文对利希慎被控事件记述甚详。利希慎是近代香港著名华商，染指鸦片生意以来，家族财富急速增加，但因牵涉不同利害关系，一生招惹很多是非，十数年间官司不断，经常要与律师、法官及政府官员打交道，甚至多次踏足法庭，接受控辩双方盘问，或是听取诉讼结果，而且每次诉讼皆捷，举止轰动中外社会。与当时所见一般讼案不同，利希慎之涉讼旷日持久，备受各界瞩目，因为涉案人物既非泛泛之辈，更有政府部门及政府官员，涉案金额亦绝非区区少数，诉讼费用亦属天文数字。

该文首先详述1914年至1918年"诈骗及串谋官司"始末。1914年3月"裕兴有限公司"小股东透过两位律师入禀香港法庭，控告以利希慎及马持隆为首的两名主要股东以不实欺诈的手法诈骗其他股东，同时亦没依照香港公司法的规定召开股东会议或向公司注册处呈交周年报表，要求将该公司清盘。利希慎及该公司部分持相反立场的股东不甘示弱，透过律师向法庭提出反对，驳斥原告人指控失实。双方各执一词而各不相让，案件交由首席大法官排期审理。完成初步法律程序之后，1914年4月案件正式开审。针对原告提出的指控，被告逐一加以反驳，双方除分别呈交不同证人的书面供词外，还传召了一些证人到庭接受盘问，其他诸如账簿及收据等证据亦有呈堂，整个案件审讯长达29天。法官最终裁决原告不能提供充份确凿的证据，因而只能判控罪不成立；但又依据"公正及合理的原则"同意颁令清盘公司，并要求政府破产管理署将该公司接管。

该文随后详述由此衍生的连环波折。由于原告不满法庭裁决控罪不成立而衍生另一场诉讼，被告也不满判决清盘而向上诉法庭提出申诉。上诉法庭在1916年4月裁决驳回上诉申请，认为首席按察司颁令公司清盘的判决并无不妥。结果不但上诉一方感到失望，原告一方亦觉心有不服，牵扯其他问题，引来连环诉讼，旷日持久而再次轰动社会。由于法庭颁令将裕兴有限公司交由破产管理署接管，结果破产管理署署长正式展开司法程序，于1916年12月入禀最高法院向利希慎等追讨涉案财产，双方争执不断升级，案件迟迟未见了结。政府方面认同破产管理署署长的看法，被告

[①] 郑宏泰、黄绍伦：《一代烟王利希慎》，香港三联书店，2011，第170~196页。

代表律师对政府以公币支持私人商业纠纷深表不服,在主审法官搁置刑事检控问题之后,双方再就被告是否存在"虚假交易"问题展开反复争辩;期间又发生警方高调拘捕利希慎等并指控其管理公司期间串谋欺诈之罪的事情,使案情更为错综复杂而引人瞩目。直至1918年4月法院作出裁决,一致认为控罪不成立,消息轰动中外社会,被告一方喜不自胜,政府及原告则极感失望。港英政府方面因插手私人民事诉讼,被判支付"堂费"。这宗香港有史以来涉案人物或团体最广、审理时间最长、争拗最多、诉讼费用最重的案件,当然受到中外各界的高度瞩目。

该文最后还详述了利希慎于1928年涉讼的第二宗官司。因原告澳门官员罗保透过代表律师入禀香港法庭,指控曾在澳门经营鸦片生意多年的利希慎在1927年10月向澳门总督、立法局议员及律师等派发"陈情书"进行恶意攻击,要求禁止其行动,并赔偿名誉损失。该案牵涉港澳两地政商名人,到庭听审者不少,报章报道亦巨细无遗。被告代表律师响应原告各种指控,声称"陈情书"仅系针对政府部门或行政程序的有欠公允,而非针对个别人士。法官听完控辩双方不同观点与理据后,认为被告人的举动虽对原告人造成一定程度上的名声损害,但并没充分证据证明被告人的攻击为恶毒的,因此判决原告控罪不成立,从而终结这次轰动港澳两地的诽谤官司。

透过利希慎涉案之前前后后,近代香港司法制度及诉讼规则亦在实践层面呈现出方方面面的问题。从中可见香港司法文化之两面性,一面在于人们期望通过诉讼途径处理家庭、商业或政治等方面的纷争,期待法庭严格依据法律条文和遵循诉讼程序进行公正裁决,一面却又必然面临昂贵的诉讼成本及隐形的社会成本之负担,尤其在法律遇有灰色地带而取证又有局限时更增诉讼风险。这正如该文结语所言,以法律解决争执的方法虽然有很多可取之处,但同时又有很多障碍令人却步。

(三) 日治时期香港司法文化之变异

在20世纪香港史上,日治时期的司法制度值得特别一提。学界对于日治香港的历史已有不少研究,但在司法制度方面关注较少,邝智文博士《重光之路——日据香港与太平洋战争》有专门一节《从属行政的司法与滥权的宪兵部门》①，以简约的文字补足相关信息。

该文首先从整体评述日治时期的状况，认为战前香港司法相对独立、法治架构和精神健全，日治时期却只有法制（rule by law）而无法治（rule of law），司法和警权完全从属于军部和行政系统，是军政厅/总督部"法令统治"的延伸。总督部取代军政厅后，《军律令》、《军罚令》、《刑事审判规则》、《刑事紧急治罪条例》、《民事令》、《民事审判规则》、《刑务所规则》以及《香港占领地总督部军律会议所管辖既判决未判决囚犯拘禁办法》等法令相继发布，"军律会议"、民事审判机关及民事法庭皆由总督部法务部负责；以普通法（common law）为原则的香港法律被废除，取而代之的是以上的紧急法令。军律会议由总督委任三名军官组成，其中一人是法务军官，不设律师或陪审团。

该文还简略考察了日治时期的审判规则。其中，《刑事审判规则》规定所有刑事案件均交由军律会议处理，《民事审判规则》亦同样简陋。直至1943年10月15日，日治香港司法制度才略作改革，所有和军方有关的犯罪仍交由军律会议处理，但其他刑事和民事案件交法院审理，另成立检察厅，并从东京地方裁判所派出一名法官负责。需要指出的是，该文作者研究旨趣在日治香港与太平洋战争之关系，故而于此阶段的司法状况点到为止，其中蕴含不少议题值得学界继续拓展。

（四）香港司法文化的整体发展

香港司法文化研究固然需要追根溯源，但其现状及未来同样值得关注。尤其是随着香港与内地关系更趋紧密，司法文化的互动和交流也更具时代需求。在此方面，学界已有相当可观的研究成果，本辑遴选的代表作品是顾敏康、徐永康、林来梵合作的论文《香港司法文化的过去、现在与未来》②，该文旨在通过梳理香港司法文化的演变过程及其特征，兼与中国内地司法文化进行比较，借此分析两地司法文化的互动、交流及发展趋势，具有重要的理论和现实意义。

---

① 邝智文：《重光之路——日据香港与太平洋战争》，香港天地图书有限公司，2015，第83~90页。
② 顾敏康、徐永康、林来梵：《香港司法文化的过去、现在与未来》，《华东政法学院学报》2001年第6期。

该文首先概述香港法律渊源及其演变过程。香港回归前的主要渊源是中国传统法律与习俗、英国在香港适用的成文法、香港制定的成文法、英国以及香港的判例法，此外还有习惯与权威著作、香港参加的国际条约等补充渊源；回归后的法律渊源发生很大变化，香港法院适用的法律渊源主要有国际条约（含协议）、中国法律（仅限于基本法及列于附件三的全国性法律及在战争状态或紧急状态下由全国人大常委会命令在香港特区实施的有关全国性法律）、予以保留的香港原有法律、香港特区立法机关制定的法律。据此可见香港法官审理案件的法律渊源具有多元性，判例法在其中仍有优越性地位。

该文进而分析香港司法机关及其权限，梳理其复杂而曲折的演变历程：1843年刑事和海事等法庭由广州迁至香港，正式宣布香港法院成立；1844年香港立法局颁布《香港高等法院条例》，正式成立香港高等法院；1862年设立简易裁判法院处理小额债务诉讼，1872年这些案件又被收归高等法院管辖；1953年成立香港地方法院，负责民事案件和简易裁判权管辖；1975年成立上诉法院取代合议庭，伦敦枢密院是香港的终审法院。香港回归后司法体制再度发生变化，香港特区享有独立的司法权和终审权，原在香港实行的司法体制除因设立香港特区终审法院而产生变化外予以保留。从横向考察各司法机关的管辖权，可见不仅法院审级比较多，不同审级的法院数量也很多，主要有审裁处、死因裁判法庭、少年法庭、裁判司署、地方法院、最高法院原讼庭和最高法院上诉庭等。

该文随后通过比较中国内地司法制度，具体分析香港司法文化的独特表征。香港司法制度立基于司法实践的需要，以英国司法模式为蓝本而逐步形成，但又具有自身的鲜明特征。跟中国内地司法制度相比，香港的司法独立制度、司法审查制度以及陪审团制度尤其令人瞩目。

关于司法独立制度，香港几乎完全移植英国司法制度，高度强调司法独立精神，并从形式上及司法实践层面严格遵循；但这种独立性并非绝对，譬如港督有权通过任免法官、改变法院某些判决及通过立法来影响甚至操纵法院的司法权。关于司法审查制度，亦与英国传统类似，司法审查权由香港高等法院行使，审查对象主要针对下级法院，具体包括移交高等法院复审的命令，对香港行政部门的行政行为进行司法审查，监督各行政部门和独立管理机构制定的附属立法的执行并审查其内容是否违法。关于陪审团制度，也采用了英国陪审团制度，并发展出自己的特色。在高等法院审理的所有刑事案件，都须采用陪审团进行事实审，可见其在审讯过程中的重要作用。据此可见香港司法文化就整体而言，一是明显带有普通法系的特征，二是具有多元化特征，三是其形成过程具有典型的唯理性和建构主义特征。随着香港与内地交流互动的增长，两地司法将在相当长的时期内冲突与协调共存，但就长远趋势而言有望出现趋同化的发展趋势。

（五）"最终承认规则"与司法实践

本辑最后收录的文章是於兴中教授的论文《香港法律中的"最终承认规则"：历史与前景》[1]，该文所涉香港法律中的"最终承认规则"，是香港政治实践和学术研究所关注的一个重要问题，其重要性在1999年因为终审法院居港权判决引起的人大常委会释法事件而变得更为突出，关系到香港法律制度的合法性、香港宪政秩序的发展方向和同大陆宪法及法律制度的联系，乃至香港政治法律文化发展的前景等重大理论问题和现实需要，成为目前香港法制发展中的关键问题之一，亦是香港司法文化研究应予关注的重要议题之一。

该文首先界定香港法律中的"最终承认规则"，认为其应是与《香港基本法》体现的"一国两制"、"港人治港"、"高度自治"及"五十年不变"等特殊宪法性原则和香港政府官员、立法、司法、执法人员、律师、社会精英以及普通公民对这些特殊宪法原则的认同与接受相结合的一项规则。它包括两个层面：一是理想、原则、规范的层面，二是现实的层面，其理论来源是中国政府关于"一国两制"的思想和法理学界关于法律制度中的"承认规则"的学说。由此从"承认规则"概念入手，讨论回归前香港法律中的"最终承认规则"，借此对比现行香港法律制度中的"最终承认规则"，逐一评价《香港基本法》、《中华人民共和国宪法》、"一国两制"、"港人治港"等有可能成为香港法律中"承认规则"的规范性文件、政治原则及宪法性原则，指出回归后的香港法律制度虽然属于中华人民共和国法律制度的一部分，但其"承认规则"不同于中国法律制度中的"承认规则"。香港回归前由于沿用英国法律，香港法律中的"最终承认规则"

---

[1] 於兴中：《法治与文明秩序》，中国政法大学出版社，2006，第287~312页。

不在香港法律本身，而是在殖民地以外的英国法律体系中。香港回归以后，主权变化使香港法律的构成发生变化，譬如《香港基本法》取代之前适用于香港的宪法性文件，香港原有法律部分废止，设立香港特区立法机关并赋予其制定适用于香港的法律的权力，个别全国性法律适用于香港，因此香港法中"最终承认规则"也发生了变化。

由于没有既定模式可供遵循，两地法律制度本身也存在重大差异，学界关于香港法律制度中的"最终承认规则"形成分歧，或认为存在于包括基本法在内的香港法律内部，或认为其不在香港而在大陆，都是从实证主义和形式主义的立场出发，但都忽视"承认规则"实践性的一面，亦忽视香港原有法律中的"承认规则"。该文认为，香港法中的"最终承认规则"存在于"一国两制"、"港人治港"、"高度自治"及"五十年不变"等由《香港基本法》认可适用于香港的特殊宪法原则与香港政府官员、法律人员及其他工作人员对上述宪法原则的认同与接受之中，亦即同时包括对上述特殊宪法原则的确认及对它们的接受。这种"承认规则"具有多元性、民主性和创造性，是一种充满活力的规则，使中央和行政特区能在"一国两制"的前提下共同或分别担当香港法律中的最终权威，亦使之成为衡量香港法中某一规则是否具有法律效力的尺度。

五　时代：秩序与价值

在香港法律文化研究中，民主政治建设与法治发展关系之议题，既涉及香港独特的民主发展道路，亦涉及香港社会秩序的维系与民间公共文化的发育；既涉及香港社会内部对此体现的国家认同与文化认同，亦涉及香港社会外部对此作出的历史考察与现实分析。本辑选录的五篇论文对上述议题予以展开，各自所具的学术训练（该辑作者分别来自政治学、社会学与法学）则使同一议题呈现更为多元而具互补的丰富内涵。

（一）港英时代的怀柔殖民管治模式

以研究香港民主政治著称的政治学者刘兆佳教授在其著作《香港的独特民主路》中指出，香港的民主发展道路与其他国家和地区存在差异，回归之前不可能有实质意义的民主改革与发展，处理香港民主改革时必须保持理性、务实的态度，在确保国家和香港利益与发展都得到兼顾的前提下，在《香港基本法》和人大常委会的相关决定内推进，从而确保香港的民主发展过程稳步进行。从该书节选而成的《怀柔殖民管治模式》一文，则是对香港回归前之所经历的殖民管治文化的凝练概括。①

该文首先界定了所谓怀柔管治的基本特征，包括尊重法治、人权与自由，保护私有产权，有限职能政府，轻徭薄赋，让自由市场和公平竞争在经济领域中发挥主导作用，保持财政政策、货币政策和港元币值的稳定，尽量少介入和干预华人社会的生活、传统、习惯和宗教，尽量减少暴力镇压手段在管治中的角色，在施政上重视民意搜集和广泛咨询，尽可能避免扰民和加重民众负担，实行轻巧治理，等等。由于香港总督在"殖民地"政治架构中大权独揽，社会上也不存在挑战殖民政府的政治力量，因此这种怀柔管治并未改变香港政治体制的威权或独裁本质；另一方面，镇压手段的重要性从来不被英国人低估，而且在紧要关头会毫不犹豫地运用。英国人在香港的怀柔管治，对香港日后的民主发展有着深远而复杂的影响。由于怀柔管治显著降低了香港人的政治不满和怨气，缓和了香港人的民主诉求，限制了香港各式民主运动的规模，因此让各种政治保守势力有足够的时间、空间和机会去塑造香港的民主发展路向。

正是基于怀柔管治模式对香港民主发展所具有的历史意义，该文随即通过梳理这一模式的形成过程，分析其所涉及的宪制文化的诸多因素及其变迁层面的诸种缘由，进而评估香港独特的殖民管治背景对香港日后所走的民主发展道路的深刻影响。在该文看来，首先要确定的是英国人攫夺香港为其"殖民地"的目的。考溯鸦片战争以来的香港历史，可见英国割占香港是和殖民帝国的商业利益紧紧缠结的，但其所秉持的理由绝不限于商业和经济利益；而是通过极力突出一些崇高的使命来"合理化"殖民管治，并强调那些使命在建构殖民管治方式时的指导作用。香港作为英国"殖民地"，是英国人在对华及远东贸易的桥头堡，如何将香港建设为繁荣和稳定的商埠则是英国殖民者考虑的重中之重。为吸引欧洲商人和资本、招揽外来商绅与劳力，英国殖民者通过宣布香港为"自由港"并订立一系列相关的法律和政策，确定了推动自由贸易、保护私有财产、建构公平法

---

① 刘兆佳：《香港的独特民主路》，香港商务印书馆，2014，第1~28页。

治、维护新闻自由、崇尚宗教多元化、实施开明与轻巧管治为殖民管治的一些基本原则，借此形成与清政府专制管治状态的鲜明对比，亦在客观上促成香港法治、自由、人权、民生和经济状况的发育，以致所谓"先有'殖民地'，后有'殖民地人民'"成为香港作为英国殖民管治地区的最佳写照。

由于殖民管治的大前提是英国完全拥有对香港的"主权"，港英殖民政府牢牢掌握所有的政治权力，并以此对香港实行直接管治，因此英国一方面不容许中央政府和内地的地方政府插手香港事务，另一方面也不让中国的法律在香港实施。但在直接管治的框架下，英国人需要一批华人领袖充当殖民政府和华人社群的中间人，协助殖民者对华人进行管理和控制，进而争取华人对殖民管治的接受和支持。被殖民政府吸纳的华人领袖作为华人社会的重要人物，也在"社会吸纳政治"的过程中发挥重要作用。自19世纪70年代开始以来，香港的管治情况有所好转，殖民政府也开始找到合适的华人精英充当管治伙伴，将所谓"高等华人"逐渐纳入正式的管治架构当中。随着社会的变迁和政治形势的发展，怀柔管治策略下的殖民政府所倚重的"华人精英"也出现变化。随着笼络或吸纳"华人精英"的规模不断扩大和手法日趋娴熟，一整套搜寻、物色、鉴别、提拔、培训和晋升华人政治"同路人"的系统一步步建立起来，得到英国人赏识的"华人精英"也可取得一定的政治影响力。但该群体以商界和依附于商界的专业精英为主，他们所拥有的巨大利益使之成为殖民管治的忠实拥护者和捍卫者，其由于缺乏独立权力基础而在政治层面往往比英国人更保守。除了怀柔管治策略外，英国人也在有意无意之间进行与巩固殖民管治有关的政治主张或意识形态的建设工作。

该文还特别深刻地洞察到，正是通过多方面的措施及努力，当香港前途问题在20世纪70年代末出现的时候，香港殖民政府的怀柔管治策略和体系已经相当完备、牢固和成功，由此建立的制度体系、施政路向和公共政策更被视为香港繁荣和稳定的基石。据此可见这套怀柔管治模式对香港民主发展的复杂影响。人们容易认同并维系来自威权型殖民管治的一切价值，绝大部分人也在此状态下或多或少获得实际利益，普遍安于现状的心态必然会窒碍任何要求改变现状的呼声和行动，"华人精英"亦因长期依靠当权者的保护而对民主改革持保留或反对态度，以上种种因素都使香港民主发展必然遇到巨大阻力,从而导致香港探求民主化道路的过程在独特历史与现实条件下变得艰辛而曲折。该文因之寄望一切追求民主政治的人,强调维持理性、耐心、希望、锲而不舍和包容共济的精神不可或缺。

(二) 港英时代公共文化的发育

以研究香港社会文化著称的社会学者吕大乐教授,所著《那似曾相识的七十年代》(2012)并非法学著述,甚至也不能纳入政治学著述,却是一部值得法律文化研究者认真阅读的重要作品。该书内容涉及 20 世纪 70 年代香港经济社会发展的诸多面相,尤其对港督麦理浩执政期间所谓"黄金十年"的精湛分析,重塑人们关于标志着香港社会诞生的 20 世纪 70 年代的集体记忆。该书隐含所谓"似曾相识"乃是针对时代进行比较的整体判断,香港社会的"殖民性"迄今依然没有改变,20 世纪 70 年代麦理浩政策的"殖民性"就在骨子里,今日香港社会的种种现象仍可视为其时这种政策的产物。从中节选的《矮化的公民概念:生活秩序与民间公共文化》一文,[①] 是对 20 世纪 70 年代香港社会文化众生相的历史截图,它在相当程度上印证着香港殖民管治模式的阶段性与独特性,亦在相当程度上呈现出香港宪制性法律文化的历时性与共时性,为香港法律文化尤其是宪制变迁层面的文化研究提供了社会历史学与文化政治学的新视野及新路径。

该文首先指出,香港社会在 20 世纪 70 年代经历的一项重大转变,使它成为"生命共同体":除在市民大众中间形成一份认同之外,还在社会层面上出现一种新的秩序。要了解香港本土认同与意识的形成,不能忽略上述社会秩序及其带来的生活经验。至于这种社会秩序及相关的公德概念是如何形成的,该文认为虽不能简单归因于港英政府的单方努力,但必须承认政府关于"清洁香港"和"扑灭暴力罪行"两次大型社会动员的社会效应。由此需要辨识并予以肯定的就是,尽管那种由港英殖民政府所推动的社区参与、社区建设的政治过程并不会导致全面的公民权的出现,但对建构关于"公"的、市民责任感的概念看来却有一定成效,在殖民政府推动的有限度的公民权及公民意识之下,香港市民逐渐发展出一套民间公共

[①] 吕大乐:《那似曾相识的七十年代》,香港中华书局,2012,第 121~136 页。

文化并促成一种新的公共秩序的出现。

该文随后分别探讨 20 世纪 70 年代港英政府与香港社会在社区建设、社会动员、社区参与方面的发展状况。香港政府早在 1954 年提出有关社会福利的白皮书《香港社会福利工作之目标与政策》，将社区发展列为社会服务之一种，但政府并未形成一套社会发展的完整想法；其时社区建设的重点，只在于帮助市民（当中不少是移民）适应环境和提升社会整合度，尚未发展出对市民积极参与的期望。鉴于此，20 世纪 70 年代初的"清洁香港"及"扑灭暴力罪行"两次大型社会动员可谓港英政府处理香港社会老问题的新尝试。前者以一个全面的运动方式来进行，从而有别往昔零散的工作与宣传推广形式；该运动亦包括相关法例的制定，以加强政府检控"垃圾虫"的能力；该运动的创新之处，更在于将社区动员和参与也包括在内。后者旨在回应民间的忧虑（尤其是治安问题），进而试图在民众之中建立对政府的信心。这两场运动在一定程度上提高了香港人的责任感及公德心，一种对公共生活及相关秩序的观念亦开始形成，港英政府也开始更为自觉地发展社区参与。政府进行社会动员的途径是成立互委会及建立一个以地区为基础的政府与社会接触和沟通的架构，但这种以互委会为基础的社区建设和社区参与有相当明显的弱点，政府本身对互委会于组织层面上可能出现的政治成长也小心翼翼地予以提防。由于 20 世纪 70 年代香港社会的政治封闭程度基本上限制了互委会作为基层社区参与组织的进一步发展，港英政府不单无意推行民主化，连将部分权力下放或确认互委会作为基层代表也甚为抗拒，它想做的只是让市民通过社区参与来协助它的行政管理，其所期望的则是市民提高责任感之后不会有进一步的政治要求。至于香港社会由此形成的公共文化与生活秩序，究竟有多少来自官方动员或者民间自发，则是该文之外其他篇章关注的议题。

（三）回归前后的身份变迁

至于香港人的国家认同与文化政治问题，亦与前述两篇文章旨趣有内在关联。现代中国在经历从文明国家向民族国家的转型之际，一方面要发展出多元民族基础上的"中华民族"概念以奠定现代国家的民族认同，另一方面也要发展现代国籍法意义上的"中国人"概念以严格界定法律其身份。香港回归带来管治模式的转型，则在此背景下不仅触及香港人在

"公民身份"层面的问题,而且触及其在文化认同和政治认同层面的问题。这正是强世功教授的论文《国家认同与文化政治——香港人的身份变迁与价值认同变迁》之所关注的主旨。①

该文首先简述了香港人的身份变迁史。从种族意义上讲,香港绝大多数华人居民都是"汉人";从文化意义上讲,他们都属于地地道道的"华人"。在近代香港殖民管治的历程中,他们并未意识到与内地居民的区别。但在新中国成立之后,随着文化认同的基础发生移转,所谓"中国人"概念随之断裂,形成以认同中国历史文化中的儒家正统思想的"传统中国人"和信奉马克思主义并继承中国历史中革命传统的"新中国人"的认同分歧,香港人的身份认同也因此产生分歧,遂以相对兼顾法律属性和文化属性的中性称呼"香港华人"为自我认同,据此显示自己在文化身份和法律身份上与"中国人"的不同。

该文认为,所谓"香港人"作为独立的身份建构始于 20 世纪 60 年代,经由多方面特殊的历史背景和人为努力的政治建构而促成。在建构作为"他者"的大陆人的过程中,香港人确立了自我身份认同。香港回归带给香港人的共同命运,进一步加速"香港人"的归属认同及本土意识,"香港人"的社会建构至此基本完成,被界定为居住在香港、分享香港粤语文化的中国人。至于政治认同方面,香港人最初以"中国人"这一共同身份参与政治(例如反抗殖民主义),但随着社会阶层的分化而逐渐形成差异,并在 1949 年之后的政治认同分歧中,引发香港人在身份认同上的分歧。此种状况延至中英谈判香港问题,中央明确提出"港人治港"的口号,使"香港人"再从一个自然的社会文化群体变成政治群体,进而构成香港回归以来的根本政治问题。在统治权归属的政治意义上,"港人治港"的具体内容变成邓小平所强调的"爱国者治港",所谓"爱国者"则是围绕政治主权者所形成的政治概念。与之相伴的所谓"后殖民政治"问题,则是指殖民地在摆脱宗主国殖民统治之后所陷入的政治认同上的矛盾困境,从而在文化认同上陷入纠缠不清的复杂关系。基于此,中央按照《香港基本法》恢复行使对香港的主权,这必然导致香港"反对派"对中央行

---

① 强世功:《国家认同与文化政治——香港人的身份变迁与价值认同变迁》,《文化纵横》2010 年 12 月号,第 110 ~ 115 页。

使主权权力的挑战和质疑。为有效行使香港主权，中央强调"爱国者治港"这一基本法的政治原则，围绕"爱国者"的讨论直接触及后殖民政治的核心，并由这种政治认同分歧转化为关于"香港核心价值"的争论。

该文随后指出 2004 年香港部分人士联署发表的《捍卫香港价值宣言》，其核心思想在于将香港理解为一个"命运共同体"，一个为香港人提供"安身立命、追寻意义"的文化政治实体。这些体现香港优势的"香港核心价值"主要是港英政府时期建立起来的基本价值理念，因此遭到爱国爱港阵营视之为"去中国化"倾向的批评，导致"爱国主义"与"香港价值"之间形成潜在的敌对情绪。中央果断介入香港的政治话语，在爱国主义主基调下提出"沟通"、"包容"和"团结"的新政治话语，并获得香港主流民意的支持。至 2007 年香港行政长官发表《香港新方向》的施政报告，由此提出"新香港人"这一概念并引发香港社会的广泛争议。在该文看来，所谓"新香港人"并非与"旧香港人"截然对立，而是强调香港人面对香港回归祖国及中国崛起的现实，如何走出封闭的"小岛"心态，以务实精神调整文化心态和政治认同，借此从国家的角度定位香港并确立"中国香港"的观念。

（四）民主化与法治基础

香港民主化进程及由此遇到的种种问题，近年一直受到社会各界关注，学界对此所持立场亦各有别。一些人士对香港在民主化过程中与内地发生争执的情况持偏颇看法，由此对香港的民主化持否定或对立的态度，甚至进而贬低民主制度及其价值，这实际上只会加剧分歧各方的疏离感，抑制香港社会追求民主的正当行为。

有鉴于此，高旭晨教授的论文《试论香港民主化的法治基础——历史考察与现实分析》[1] 从历史与现实两方面入手，肯定香港民主化目标的正当性，并指出香港追随世界潮流实现民主化，必须建造与此相适应的法治基础；其固有法治是英国式的法治，不能完全适应香港民主化的现状，故应与时俱进地在"一国两制"总体原则下发展和完善其法治基础。

---

[1] 高旭晨：《试论香港民主化的法治基础——历史考察与现实分析》，《民主法制评论》2014 年卷。

该文首先通过回溯历史肯定民主的价值，认为民主实际是一种社会选择，民主制度应当建立在特定的法治基础之上；民主制度并非完美无缺的政治制度，但它最合乎一般民众的需要和追求，对于社会上大多数民众可以起到保障自由、保障生命、财产安全的作用。民主制度可以超越以所有制划分的社会制度，从而在资本主义制度和社会主义制度之间架构一座桥梁，这对实行"一国两制"的现代中国尤其具有意义。由此反观香港政治发展历程，可见回归前香港原有的法治中缺乏维护民主的成分，香港的民主化问题不仅是一个复杂的历史问题，也是一个复杂的现实问题。港英政府殖民管治下的香港民主化进程极为缓慢，到20世纪80年代仍基本处于停滞状态；至90年代英方基于政治目的而单边推行政改方案，但因违背中英联合声明的立场而受到中国方面的坚决抵制。据此可见，香港在回归之前的民主发展确实很不健全，不但社会民众的民主意识相对薄弱，相应的法治也未成为民主制度基础的条件。香港回归开启民主政治发展的新纪元，由于香港的宪政体制发生根本性的变化，它在民主化道路上开始稳健而坚实的推进过程。根据香港特别行政区的实际情况，循序渐进发展香港的民主制度，成为中央主张并支持在香港特区发展民主的一贯立场。

该文由此断言，推进香港民主制度的建立和发展，需要在"一国两制"的基础上推动香港法治与时俱进，使之成为香港民主化的坚实基础。香港回归以前的法治是一种纯粹英国式的法治，香港法律制度是在英国根据不平等条约对香港取得占有权的基础上构造出来的，所谓香港法律主要包括宪法性法律、英国国内法和香港本地制定的条例及附属立法三种类型，因此香港法治是一种具有独立品质的法律制度，是一种比较纯粹的普通法制度。由于以往香港的法治基础是西方式的，故在香港回归后会与新型香港社会出现抵牾，更与中国内地的法治基础多有不合。在"一国两制"原则之下，这种法治必须自我发展、自我完善、主动变更。如何实现香港的民主化，这就要求香港的法治与时俱进，以适应香港社会的新情况，成为香港民主化发展的基础。除必须坚持"一国两制"这一新的宪政条件以外，还应该在以下方面不断努力：一是处理好因香港与内地间因社会制度、政治体制不同而导致的差异；二是在法律层面上处理因法律传统不同而导致的争执；三是共同努力建立和完善基本法制度；四是调整社会心态以便消弭对立和取得共识。总之，尽管香港的法治水平已经达到一个较高的水准，但这并不意味着香港法治没有提升的空间；特别是在新的宪政框架下，香港的法治也要经历重新定位、重新识别、重新构造的过程。作为香港民主化基础的新法治，绝对不是抛弃原有传统的法治，而是在传统香港法治中加入新的元素，尊重新的现实并与时俱进之产物。

（五）香港法律的延续与创新

本辑收录的最后一篇论文是朱国斌教授的《香港法律：在碰撞与挑战中延续创新》。[1] 该文简要阐释的重要命题是，香港法律应在碰撞与挑战中延续创新。这一论点亦是香港法律文化研究面对现实及面向未来的题中之意。

该文首先指出香港法律制度在回归以来的延续性与创新性。在"一国两制"原则之下，香港特区保留了原有的普通法制度，它从理念到制度都与中国内地不同。通过多方努力完成的法律适应化过程，使香港法律进一步符合特别行政区的法律地位和身份。就司法机构而言，香港过去的司法机构基本得以延续；通过设立终审法院及允许特区法院法官可以援引其他普通法法域司法判例进行断案等途径，则不仅巩固了香港作为普通法法域的地位，也丰富和发展了普通法（判例法）本身。

法治发展的重要表征之一，是市民有权在法院质疑政府施政的合法性。绝大部分香港居民对香港的法治传统充满信心和信任，政府和人民在法律面前人人平等，政府滥权或滥政应受到法律的制裁，法官在裁判政府或普通当事人纷争的过程中以独立身份断案，这一切都是香港法治精神的体现。即使人大释法有别于普通法的实践，但它并没有动摇香港的法治根基。回溯香港回归以来的法制发展状况，香港法制业已完成平稳过渡，既经历了相应的考验和波折，也取得了丰富的经验和成就。据此可见，在香港基本法的统率下，香港特区法律制度一直在进步之中；同样在它的指引之下，法律制度将会迈向新的发展阶段。

---

[1] 朱国斌：《香江法政纵横：香港基本法学绪论》，法律出版社，2010，第42～47页。

六　结语

通过以上维度关于香港法律文化研究状况的述评，我们可以看到几个可喜的趋势：一是研究队伍由小到大。回溯 20 世纪 80 年代之前，一百余年间鲜有学者关注此地；香港回归催化"香港学"的蓬勃发展，香港法律文化领域不再人迹罕至，如今更有越来越多的同仁积极投身于此，形成老、中、青三代学者传承接力的规模。二是研究题材由泛到专。在相当时期内所见的香港法律研究或香港文化研究，对香港法律文化问题往往一掠而过，偶有涉及也不过是浅尝辄止，既缺乏明确的问题意识，亦缺乏精准的选题眼光；但随着法律文化在法学领域及文化领域的勃兴，香港文化的法律成分开始受到学界关注，香港法律的文化价值也逐步获得社会认可，研究方法横跨不同领域，研究素材也更趋专精。三是研究水准由浅到深。相比早期涉及香港法律文化的研究，香港回归以来学界在此方面的成果，无论是研究内容的广度还是深度，也无论是研究方法的多元性还是创新性，都显然不可同日而语。可以乐观地预期，作为香港法律与香港文化的交叉领域，香港法律文化研究必将迎来更为广阔的发展空间，为"香港学"及一切牵涉香港研究的领域带来更多、更广、更深、更专的新成果。

最后需要交代的是，文集编选原本不足挂齿，却同样极费心思斡旋，能有顺利出版之日，端赖各方师友襄助。首先应当感谢者，是慷慨授权惠赐大作的各位作者（以篇次为据）：苏亦工教授（清华大学）、刘蜀永教授（香港岭南大学）、黄文江教授（香港浸会大学）、萧国健教授（香港珠海学院）、陈弘毅教授（香港大学）、董茂云教授（复旦大学）、孟红教授（东南大学）、张晓锋教授（南京师范大学）、周家建助理教授（香港岭南大学）、王慧麟助理教授（香港大学）、尤韶华研究员（中国社会科学院）、郑宏泰教授（香港中文大学）、邝智文助理教授（香港浸会大学）、顾敏康教授（香港城市大学）、林来梵教授（清华大学）、於兴中教授（美国康奈尔大学）、刘兆佳教授（香港中文大学）、吕大乐教授（香港教育大学）、强世功教授（北京大学）、高旭晨研究员（中国社会科学院）、朱国斌教授（香港城市大学）。其他作者惠赐且拟出版的文章，将另行结集出版并适时致谢。除此之外，文集编选还受惠于张晋藩教授（中国政法大学）的殷切指点，受惠于刘蜀永教授（香港岭南大学）的温暖关怀，受惠于陈弘毅教授（香港大学）的无私提携，受惠于马小红教授（中国人民大学）的鼎力支持，受惠于芮素平先生（社会科学文献出版社）的悉心编校，这是必须说明并应特别致谢的。

"文章千古事，得失寸心知"。著述如斯，编选亦然。因经验不足而能力有限，此部专题并非白璧，难免出现编校疏漏，编者愿因之承担学术批评，并借此砥砺后续研究，共襄法律文化盛举。

2016-10-18 初稿
2016-11-22 二稿
2016-12-12 三稿

一 制度：建构与发展

殖民统治时期香港二元化法制之确立

苏亦工[*]

许多研究香港法律及历史的权威人士都认为，香港存在着一种二元化的法律体系（a dual legal system）。[①] 一元是在引进英国法基础上建立的普通法体系，这是主导的一元；另一元是保留香港割让给英国以前适用的中国清代的法律和习惯，这是次要的一元。关于后者，香港法律界一直存在着争议。表面上看，争议是围绕着中国固有法律及习惯在香港存在的基础——义律公告（Elliot's Proclamations）展开的，而说穿了，其实际上是如何保留，抑或是应否保留中国固有法律及习惯的问题。看来，义律公告不仅是我们解开这一争议的关键所在，进而也是我们面对香港迄今依然残留着的清代法律及习惯所无法回避的问题。[②]

一 围绕义律公告的争论

道光二十一年正月初三（1841年1月25日），英国远征军"硫黄"（Sulphur）号战舰率先在香港登陆，次日举行了升旗仪式，宣布正式占领

---

[*] 苏亦工，北京大学法学博士，现任清华大学法学院教授。
[①] 参见 Berry Fong - Chung Hsu, *The Common Law System in Chinese Context: Hong Kong in Transition* (Contr. Baker, Philip W. & Cotterrall, Roger B.), Armonk, M. E. Sharpe Incorporated, 1992, p. 10。
[②] 史维礼（Peter Wesley - Smith）说："'中国法律及习惯'，作为一种法源尽管一直在衰落，其中许多在1971年时预期已被废止，但是在当今的香港仍然发挥着重要的作用，未来的若干年里仍会如此。《基本法》规定，习惯法作为以往香港有效的法律部分将被维持，并且新界'固有居民的合法的传统权利和利益'将在特别行政区得到保护。"参见 Peter Wesley - Smith, *The Sources of Hong Kong Law*, Hong Kong University Press, 1994, p. 205。

香港。① 正月初十（2月1日），也就是在强行占领香港岛后不到一周，义律（Charles Elliot）和伯麦（J. J. Gordon Bremer）联名向当地居民发布如下公告：

> 至尔居民向来所有田亩房舍产业家私，概必如旧，断不轻动。凡有礼仪所关乡约律例，率准仍旧，亦无丝毫更改之谊。且为奉国主另降谕旨之先，拟应照《大清律例》规矩主治居民，除不得拷讯研鞠外，其余稍无所改。凡有长老治理乡里者，仍听如旧，惟须禀明英官治理可也。②

次日，义律又发布了内容大致相同的一份公告，重申前言。③ 这就是香港历史上著名的义律两公告。

150多年来，这两份公告对香港的历史，特别是香港法制史产生了意义深远的影响，因此历来被法学家们视为香港政制和法制史上极为重要的宪法性文件。正是根据这两份公告所传达的信息，许多权威人士认为，义律的目标是在香港建立起一种二元化的法律体系④：华人继续依从中国法律及习惯，英国及其他各国人士则接受英国法的统治。这种制度设计在某种程度上很像20世纪80年代邓小平先生对1997年回归后的香港所作的总体政治构想，即人们通常所称的"一国两制"。这里，我们未尝不可将义律公告中提出的方案，称作"一岛两制"。

这里必须强调指出的是，所谓"一岛两制"既非单纯的学术问题，也非学者们一厢情愿的遐想，更不是笔者的刻意渲染，而是，至少曾经是一种客观存在过的具体制度。在1915年判决的 Ho Tsz Tsun v. Ho Au Shi and

---

① 参见余绳武、刘存宽主编《十九世纪的香港》，中华书局，1994，第49页。
② 中国第一历史档案馆编《香港历史问题档案图录》，三联书店，1996，第58~59页。《香港与中国——历史文献资料汇编》第1卷，广角镜出版社，1984，第164~165页，亦收入该公告之中文本。核之第一份公告与前引抄件内容相同，但措辞略异，可能是据英文本的翻译件。英文见 Norton-Kyshe, *The History of the Laws and Courts of Hong Kong*, Vol. I, Vetch and Lee Limited, 1971, pp. 4~6。
③ 《香港与中国——历史文献资料汇编》第1卷，广角镜出版社，1984，第166~167页。
④ 参见前引 Berry Fong - Chung Hsu 一文。丁新豹则认为："这是香港历史上一篇极为重要的文告，它不单申称英国已拥有香港的主权、治权，还宣布了统治香港的方式——以华治华，奠定了间接通知（indirect rule）的基础。"参见丁新豹《香港早期之华人社会：1841~1870》，香港大学博士论文，1988，第73页。

others 案中①，首席法官戴维斯（Rees – Davies）判定：将英国法律适用于以往由习惯法调整的中国家庭制度，有违前述义律两道公告所作的保证（violate the assurance）。他还指出，这两道公告明确地建立了一种二元化的法律体制（"a dual prospective system of law" in the colony of Hong Kong）。这大概是有记载可考的正式讨论义律公告法律后果的第一件案例。稍后判决的 In the Estate of Chak Chiu Hang and others 案②，也原则上采纳了前案的意见。此后的若干年里，这种观点似乎一直为司法所接受。

然而，关于义律这两道公告的效力问题，历来是多有争议的。争议的焦点有二。

其一，公告中所使用的语言里有"pending Her Majesty's further pleasure"一句，直译是"取决于女王的进一步旨意"。在前述 Ho Tsz Tsun 案中，庭长认为，尽管义律公告须服从于女王政府的意志，但他从义律的第一道公告中发现了这样的词句："they are further secured in the free exercise of their religious rites, ceremonies"。庭长认为，对这些权利的承认，"没有明示服从于女王政府意志的约束，而且宽广得足以涵盖财产继承权利"。史德邻（G. E. Strickland）不同意庭长的这种解释，他认为：

> 很明显，在一个新割让的"殖民地"的情况下，新政权享有无拘无束（untrammeled）的立法权。并且，纵使义律被授权以任何方式使他所许诺的权利有效，也应以最清晰的方式阐明庭长所理解的那个意义上使其权利有效的意向。然而事实却是，紧接着前面引述的那些词句，公告又说官厅执政治民，概依中国法律风俗习惯办理，并准各乡耆老秉承英国官吏意旨管辖乡民，仍候国主裁夺。因此，再清楚不过了，义律的意思无非是要创设一种权宜的管理措施。③

在 1969 年的 In Re Tse Lai – chiu 案中，首席法官霍根（Hogan）接受了史德邻的观点，他认为义律公告的要旨表明二元法制的提出在当时不过是一种权宜之计，④ 未来如何将取决于殖民统治建立起来的更为长久的法

---

① ［1915］10 H. K. L. R. 69.
② ［1925］20 H. K. L. R. 1.
③ Strickland 报告，附录 I（Appendix I），第 96 页。
④ In Re Tse Lai – chiu, ［1969］H. K. L. R. 159.

律制度。这种观点我们姑且称作"权宜之计说"。

其二，以义律当时的身份是否有权发出那样的公告？以及那两道公告是否得到了英国政府的承认？[1]

海登（E. S. Haydon）[2]、埃文斯（D. M. Emrys Evans）[3] 和史维礼（Peter Wesley – Smith）[4] 等公认的香港法律权威们除了附和史德邻针对前述第一点争议的意见外，还着重提出了第二点疑义。史维礼教授指出：

> 根据第三和第四 Will[5]Ch. 93（1833）第 5 条和第 6 条的规定，英王有权任命贸易监督（Superintendents of trade），并授权他们管辖中国境内任何地方的英国臣民的贸易和商务。当律劳卑（Lord Napier）被任命为第一任贸易监督时，他被前述法令赋予了一项使命，即有权向英国船只征税，"收集贸易统计资料，保护英国商人的利益，裁断英国臣民间的纠纷，以及代表英国臣民与中国政府交涉"。[6]

不过征税只限于在中国境内而非"任何其他的地方"。义律 1835 年先后任第三和第二贸易监督，1836 年升任"首席贸易监督"。据说英国外文大臣巴麦尊（Viscount Palmerstone）致信义律的前任罗宾逊（G. B. Robinson）说此职位行将取消，于是义律自己签署为资深贸易监督（Senior Superintendent），继而又改称首席贸易监督（Chief Superintendent）。史维礼考证认为："没有记录表明义律获得了与律劳卑相同的使命或接到过类似的任命状（Warrant）。因此，他的职权是含糊不清的。"不过到 1839 年 12 月，巴麦尊向义律及麦特兰海军少将（Rear Admiral Frederick Lewis Maitland）传

---

[1] Peter Wesley – Smith, *The Sources of Hong Kong Law*, Hong Kong University Press, 1994, p. 207.
[2] 参见 E. S. Haydon, "The Choice of Chinese Customary Law in Hong Kong", 11 *I. C. L. Q.*, p. 231。
[3] 前香港大学法学院院长，其有关香港适用的中国法律及习惯的研究成果历来极受重视。
[4] 前香港大学法学院院长，现为香港大学法学院资深教授，香港法制史权威。
[5] 指 1833 年 8 月 28 日英王批注的且由英国国会通过的调整英国与中国（及印度）贸易的法案（Bill），此处指 3rd and 4th Will. IV. Ch. 93。参见 E. J. Eitel, *Europe in China：The History of Hong Kong from the Beginning to the Year* 1882, Oxford University Press, 1983, p. 27。
[6] Peter Wesley – Smith, *The Sources of Hong Kong Law*, Hong Kong University Press, 1994, p. 207.

达了女王政府的授权,任命义律为"全权大使"(Plenipotentiary)。授权两人可以共同或者各自行使与中国大臣磋商中英两国政府之间的事宜并有权签署条约或协议。① 埃文思(Evans)认为,作为贸易监督,义律的权力限于在"中华帝国"境内行使,如果香港此时已因征服而成为英国的土地,则义律的权力不能延伸至香港;而作为英王的全权大臣,义律并无文职政府的权力。② 一言以蔽之,无论义律以什么身份出现,他发布这两道公告均属越权行事,因此这两个公告宣示的内容是无效的。这种观点,我们不妨称作"自始无效说"。

刘易斯(D. J. Lewis)不同意上述解释,③ 他指出:义律在1841年发布这两道公告的意图显然并非权宜之计,相反,从总体上看,这两道公告的措辞恰恰反映了英国处理殖民政务的一贯态度:凡在别国攫夺的领土上插入一个英国人的社会,则该社会须依据英国法或殖民当局的立法进行统治;但同时,那里的土著居民仍主要由其自身的方式管理。

为了支持这个观点,刘易斯还列举了一些实例,譬如维多利亚时代(Reign of Victoria),港英当局曾尝试着推行"地保"(tepos)制度,许多立法局制定的法例并不适用于华人社区,具体的事例如1856年的遗嘱法例。刘易斯还特别指出,从历史的背景看,这两道公告的发布似乎更像要建立一个二元化的法制,而非一种权宜措施。他说,治外法权(extraterritoriality)的原则可能是义律构思这两个公告的重要考虑因素。他引述1833年英国通过的那道要求在中国境内(广州)建立一个刑事和海事法庭的法案,指出作为英国对华贸易监督,义律本人就曾为实现这一目标而付出过不少努力,鸦片战争的爆发从很大程度上说就是这种努力失败的结果。欧德礼曾说:"1841年的对华战争(错误的定性为鸦片战争)就是1833年那道英国法案的逻辑后果。"④ 刘易斯推论说,治外法权的原则很可能对义律产生了很大的启示作用,并成为他构筑香港二元化法制框架的概念基础。

① Peter Wesley-Smith, *The Sources of Hong Kong Law*, p.208. 注:此据所引档案中藏巴麦尊致义律的信,原文并未见到。
② Evans, "Common Law in Chinese Setting", *H. K. L. J.* (1971), p.13, Note 5.
③ Lewis, "A Requiem for Chinese Customary Law in Hong Kong", 32 *Int. Comp. L. Q.*, p.350.
④ E. J. Eitel, *Europe in China*: *The History of Hong Kong from the Beginning to the Year* 1882, Nabu Press, 2013, p.28.

客观地说，刘易斯的辩驳是非常有力的，但是看来并未说服大多数的西方权威们。特别是在义律发布那两道公告的权力受到质疑以后，史德邻和史维礼的看法变成了主流观点，所谓"二元法制"似乎从来就是一种海市蜃楼般的幻想，自始就不曾存在过。

关于"自始无效说"，我将在后面做专门的讨论，此处先简单谈谈"权宜之计说"。我们已经看到，关于此点的争议主要是因对公告中某些词句的不同理解而引发的。作为中国人，我们对义律公告具体词句的理解当然不及英国人权威，但是有两点因素应当考虑。

首先，前述 Ho Tsz Tsun 案中，庭长认为 "they are further secured in the free exercise of their religious rites, ceremonies" 一句不受女王政府意志的约束。换言之，即英王及港英政府立法机关无权取消香港原有的华人"礼教仪式风俗习惯及私有合法财产权益"。无独有偶，著名的香港史权威、语言学家欧德礼（E. J. Eitel）也持相似的观点。他曾指出，1841 年 2 月 1 日由军队总司令伯麦和英国全权大使义律联名发布的公告中：

> 所有住居香港的土著华人被告知，由于住居香港岛，该岛目前已成为英王的部分领土这个事实，他们全部变成了英王的臣民，必须对女王及其官员负有尊敬和服从的义务。进而，该公告还补充说，"以仁慈的女王陛下的名义"，在此保证居民们获得保护，不受任何敌人的扰害；并进一步承诺得以充分行使其宗教、礼教、仪式及社会习惯，并得享用其合法财产及其利益。必须注意，在这段规定中，不仅略去了惯常的保留——"女王陛下的进一步旨意"（until Her majesty's further pleasure），而且代之以肯定地确认：此项承诺系"以仁慈的女王陛下的名义"作出……此种承诺的吸引力超过了任何其他的东西，华人络绎不绝地来到香港并定居在这块岛上。同一公告还补充了前一个公告中有关香港华人的规则应在获得女王的进一步谕旨之前，依据中国法律、习惯及风俗管理（各种拷讯除外）。①

---

① E. J. Eitel, *Europe in China*: *The History of Hong Kong from the Beginning to the Year* 1882, Nabu Press, 2013, pp. 165 – 166. 欧德礼还说："关于此点，多年以后，女王政府的进一步旨意终于明了了（1858 年第 8 号法例），那时试图以向地保们发放官方工资来改善地保体制的工作。"

庭长是否从欧德礼的书中得到了启示不得而知，但二人对此段文字的相同理解绝不会是巧合。更何况，欧德礼自1862年来到香港后，在此生活长达35年之久，所著香港史名著《欧西在中土》（*Europe in China：The History of Hong Kong from the Beginning to the Year 1882*）亦完成于19世纪末，距义律公告发布之时相对较近，当时的历史氛围也应较为接近。根据历史研究的从旧原则，理应认为欧氏的理解更具权威性。

再者，1841年2月1日的义律公告是以中文发布给当地华人居民的，其中文本也应具有法律效力。中文本的相关规定是：

> 是以香港等处居民，现系归属大英国主之子民，故自应恭顺乐服国主派来之官，其官亦必保护尔等安全，不致一人致害。至尔居民向来所有田亩房舍产业家私，概必如旧，断不轻动。凡有礼仪所关乡约律例，率准仍旧，亦无丝毫更改之谊。且为奉国主另降谕旨之先，拟应照《大清律例》规矩主治居民，除不得拷讯研鞠外，其余稍无所改。凡有长老治理乡里者，仍听如旧，惟须禀明英官治理可也。倘有英民及外国人等致害居民，准尔即赴附近官前禀明，定即为尔查办。①

这段话从字面上看，只有"拟应照《大清律例》规矩主治居民"一句理论上可由"国主另降谕旨"变更，而"至尔居民向来所有田亩房舍产业家私，概必如旧，断不轻动。凡有礼仪所关乡约律例，率准仍旧，亦无丝毫更改之谊"等项许诺，是不能变更的。

当然，围绕义律公告效力的争议，双方均属持之有据，言之成理。然而，双方都是从西方人的角度、从港英当局的立场出发的，并未从中国人的角度，特别是当地华人的处境和感情观察这个问题。而且，双方对这两个公告效力的分析都是将之视为单纯的法律问题，而忽视了它们在当时首先是一个外交问题和政治问题，对后人来说则是一个历史问题而非单纯的法律问题，甚至可以说主要不是一个法律问题，尽管它事实上牵涉了法律问题。有鉴于此，我们似乎有必要换一个角度，从中国人的立场出发，从

---

① 《香港历史问题档案图录》，第58~59页。《香港与中国——历史文献资料汇编》第1卷第164~165页亦收入该公告之中文本。核之第一份公告与前引抄件内容相同，但措辞略异，可能是据英文本的翻译件。英文见 J. W. Norton-Kyshe, *The History of the Laws and Courts of Hong Kong*, Vol. 1, Vetch and Lee Limited, 1971, pp. 4-6。

当时和现时的角度对此问题做全新的观察,具体些说,我们需要分析义律发布这两个公告的特定历史背景以及它们实际产生的影响。

二 义律公告与中国人的宪法观念

埃文斯教授说他不清楚义律1841年2月初发布的两道公告是否真的传达给了当地中国居民,纵使确有其事,也没有证据表明是怎样传达的。① 我想,我们没有理由为此批评埃文斯教授及其同僚们的不求甚解。对于雄踞世界多个世纪之久的优势文化来说,的确没有多大必要了解生活在弱势文化中的失败者们的感受。更何况,身为中国人,对于那段创剧痛深的历史,我们自己以往又有多少了解呢?

据中国档案资料显示,署大鹏协副将赖恩爵见到义律公告后,立即抄报广东巡抚怡良,后者则立即紧急奏报道光皇帝并将抄件附上。怡良在奏折中表示了强烈的愤慨,② 道光帝览阅后极为震怒,在抄件"是以香港等处居民现系归属大英国主之子民"一句边用朱笔画上直线表示愤怒,③ 并发布上谕指出"朕君临天下,尺土一民,莫非国家所有……"④ 道光帝为此还立即下令将琦善革职拿问,押解进京并抄查其家产。另据梁廷枏记述:

> 先是正月,义律、伯麦合出新伪示,张于新安赤柱,晓其居民,称尔总督琦善,将香港地方让给英国……复以此语照会大鹏营副将赖恩爵,恩爵以呈怡良,则徐闻而发指,劝怡良实奏,谓人民土地皆君职,今未奉旨而私以予叛逆之夷,岂能宜缄默受过。⑤

根据上述材料的记载可以确信,至少义律的第一份公告已准确地传达

---

① Evans, "Common Law in Chinese Setting", [1971] H. K. L. J., p. 14.
② 《广东巡抚怡良奏报英人强占香港并擅出伪示等情折》,道光二十一年正月二十日(军录),见《鸦片战争档案史料》第Ⅲ辑,第92~93页。
③ 《香港历史问题档案图录》,第58~59页。该书收录有该抄件的彩色照片,道光帝勾画的线段清晰可辨。
④ 《清宣宗实录》卷346,中华书局,1986,第266页;并见前引丁新豹《香港早期之华人社会:1841~1870》,第74页。
⑤ 梁廷枏:《夷氛闻记》,邵循正点校,中华书局,1959,第59~60页。

给了当地中国居民，而且还被迅速地传递到地方官府手中。道光皇帝则至迟在公告发布后的第26天（1841年二月初六）即见到了公告的抄件。至于传达的方式，从前引公告抄件和怡良奏折看，显然是以中文张贴的。判断其以中文发布的根据有以下三点。

其一，据权威性的英文香港史著作《香港法律与法院史》记载，由义律和伯麦联名发布的公告是以当地华人居民为对象的。[①] 当时的香港华人通晓英文书面文字的虽非绝无其人，亦属凤毛麟角。若不以中文发布，无异于对牛弹琴。

其二，据怡良奏折，公告发布后，在华民中引起不小震动，乃至议论纷纷，早在赖恩爵抄报之前，即已传入广东巡抚怡良耳中。若非以中文发布，该公告不可能在民间迅速流传。

其三，档案中保存之抄件正文前有行书"照缮英逆义律佰麦在香港地方所出伪示"一句，公告落款则分别书写中西历纪年，均可为证。进而推断，抄件的格式亦当是照猫画虎，唯一缺乏的可能是原件中落款后的印记。[②]

肯定义律公告有中文本传布的意义在于，中文本也是具有法律效力的，对于华人来说，他们有权依据中文本的措辞在法庭上提出抗辩。

从上述材料中还可看出，中国官方对义律公告的反应是相当强烈的。现在的问题是，当地普通中国居民看了这两道公告后又会做何感想呢？这的确是个难题，150多年后当然不可能有当事者幸存下来供我们采访，更遗憾的是迄今亦未见到有这方面的文字记录保留下来。不过，设法了解中国人对待义律公告的态度可能会是件极有意义的事情，它或许能帮助我们从另一个侧面理解义律公告在香港法制史上实际发挥的作用。

笔者注意到，义律公告在香港一百多年的殖民统治历史上造成了一种相当奇异的现象。无论晚近的香港官方和法律权威对义律公告持何种态度，无论人们对之喜怒爱憎，都没有人敢于忽视它的存在和实际影响力。如前所述，尽管法律权威们一再声称义律公告乃权宜之计、不足为凭，但后者并未因此销声匿迹，不复为人提起。相反，不仅对义律公告持否定态

[①] J. W. Norton-Kyshe, *The History of the Laws and Courts of Hong Kong*, Vol. 1, Vetch and Lee Limited, 1971, p. 5.

[②] 《香港与中国》第165页，原件上当加盖有钤印。

度的学者们仍喋喋不休地讨论它们；即便是在史德邻报告发表之后，仍有法庭判决提及义律公告。正如乐迈士（Norman Miners）所说的那样：

> 这个公告迅即被英国外交大臣巴麦尊勋爵否定了，理由是香港尚未正式割让给英国。然而香港的法官们却在一系列重要案件中引证它以作为证明英王从最初开始即打算为这个"殖民地"建立两种不同的法律体系的证据，一种是为中国人的，另一种是为英国人或其他外国人的，即便是在立法局成立后已通过了必要的法例后仍复如此。①

例如，在1969年的 In re Tse Lai - chiu 案中，原告律师 Ignatius W. C. Wong 依据诺顿凯希《香港法律与法院史》一书的记载提出，1844年"以后的立法就是要对义律在其公告中所作的承诺赋予效力"。首席法官霍根（Hogan）引述了义律公告，合议庭中的另一位法官欧文斯（Mills - Owens）则不耐烦地说："我认为，讨论1844年最初立法之前的（义律）公告毫无意义。该两公告并未表明具有立法的效力。它们毕竟只是权宜之计。"② 此案中欧文斯法官表现出的不耐烦不足为奇，即便是像乐迈士这样精通香港制度的学者，③ 对此怪异现象也是大惑不解。他说：

> 对于像我这样的非法律人士（non - lawyer）来说还不完全清楚为什么一个已被英国政府否定了的宣告会被法庭视为政府意向的证据。但我是何许人也？岂敢怀疑那些学识渊深的大法官呢？④

迈乐士有此困惑绝非庸人自扰，这个奇特现象的确值得深思。既然西方人的正常逻辑不足以解释这种现象，我们不妨换一个角度，尝试着以中国人的习惯思维模式加以解释。

依常理推断，普通中国人见到义律公告后通常会有如下反应。

---

① Norman J. Miners, *The Government and Politics of Hong Kong*, Oxford University Press, 1981, p. 69.
② [1969] H. K. L. R., p. 194.
③ 乐迈士（Norman Miners）是香港大学政治系教授，其著作 *The Government and Politics of Hong Kong* 目前已出版至第5版后的增订本，被视为"香港政制的经典之作，脍炙人口"。参见陈弘毅《法治、启蒙与现代法的精神》，中国政法大学出版社，1998，第304页。
④ Norman J. Miners, *The Government and Politics of Hong Kong*, Oxford University Press, 1981, p. 74.

首先，中国人不会怀疑义律是否有资格代表英国当局发布这样的公告，中国人自然会相信义律有这种权力，而且肯定会将它看作英国政府向当地居民作出的一种承诺。至于公告中的"且为奉国主另降谕旨之先"、"仍候英廷裁夺"之类词句，在当时的中国人看来，不过是普通官文书中的套话，充其量只是等待一种象征性的批准程序而已。另外，我们还应意识到，时至今日，绝大多数中国人还是弄不清楚义律当时的身份。1879年，香港保良局上书港督时仍用"伊督宪"、"伊督"、"前督"之类官称称呼义律。① 1984 年香港广角镜出版社出版的《香港与中国——历史文献资料汇编》（第1集）也收录了义律公告，却把义律视为香港第一任总督。至于普通人更是可想而知了。更何况，鸦片战争是中国真正接触西方的开始，人们自然把他看成是英方的最高代表。如果套用英美法的代理制度（law of agency），我们可以将英国政府视作委托人（principal），义律视作代理人（agent），香港华人居民视作有合理预期（reasonable expectations）之第三方（the third party）。根据内在授权（inherent authority）规则，纵使义律公告确系越权行为，但由于香港华人没有可能，也毫无理由怀疑义律的身份及该公告许诺的内容，故不能以义律无权发布该公告为由而否认其效力。况且，对义律身份的质疑是 20 世纪后期的事情，而香港法庭此前从未怀疑过义律发布公告的资格，怎能时隔多年再提出这样的问题呢？

其次，当地华人居民很可能会将义律公告视为安民告示甚或类似于"约法"一类的正式文件。两千年来，中国文化中自发地生长出一种中国独有的"约法"观念。这种观念在民间长期流传，却极少引起学术界的重视。② 所谓"约法"观念，是指统治者向民众作出的一种承诺，理论上对其自身具有一定的约束力。通常在新王朝伊始，某些开国皇帝会向民众作

---

① 参见保良局史略编辑小组委员会编《香港保良局史略》，香港保良局出版，1968，第 220～221 页，"本局上书港督解释华人习俗"。
② 钱端升先生认为："宪法观念尤为西方文化的产物，而为中国固有文化之所无。"见《钱端升学术论著自选集》，第 131 页。对此观点，笔者不能苟同。钱先生试图从唐六典和明清会典中寻找中国宪法的蛛丝马迹，终因其"尽管可以说是一种根本的组织法，却不是人民的权利书"而不得不作罢。笔者以为，从规范的角度看，明清会典确有点宪法的含义，但观念的寻觅则不如约法的传统那样来得直接和清晰。

出若干许诺以换取民众对新王朝的支持和臣服。① 其中最著名的莫过于汉高祖初入关与关中父老约法三章，唐高祖与民约法十二条。② 辛亥革命后诞生的中国历史上第一部真正的宪法称作《中华民国临时约法》而不称宪法，显然也是刻意要表达这种传统的政府与民众约法的观念，以强调其对政府自身的约束力。仔细品味这一传统观念，我们可能会觉得与其说它近似西方的宪法观念，不如说更近似于一种契约观念。其实，西方的宪法观念与契约观念原本就同源，近代欧洲宪法观念的成长曾经受到社会契约论的强烈影响。在西方人看来"宪法不过是人民与政府间的契约而已，而契约就是普通人之间的宪法"。由此看来，中西传统宪法观念并非毫无共通之处。

当我们理解了中国传统的约法观念以后，再来观察一下香港华人对待义律公告的态度，恐怕就不会觉得有什么值得大惊小怪的了。显然，在许多华人眼里，义律公告就是港英政府对华民的一种承诺，是双方的一个约法。义律公告之所以会在一些重要案件中被当作支持中国法律及习惯的依据而反复加以讨论，大概都是由这种潜在的"约法"传统所鼓动的。凡是负责的，以维护正义为己任的法官，都不可能回避这个问题（例如1917年的"妹仔"案中，法庭引证义律公告否定了对当事人违法蓄奴的指控③）。就此意义而言，义律公告在香港确实发挥着某种宪法性的作用。乐迈士就认为，义律公告是具有宪法意义的文件。他指出：

> 更为普遍的是，在法庭以外，它（指义律公告）被华民视为由本"殖民地"政府作出的庄严的政策宣告，确立了可以正确判断未来官方行为的一个标准。1886年为应对灾异的爆发，一项公众卫生条例草案提出对住屋的适当通风空间设定最低限度的标准。华人组织了一次请愿活动，其中引证义律公告作为说明其传统房屋建筑方式不得受到

---

① 关于此点可参见张建国《试析汉初"约法三章"的法律效力》一文，载张建国《帝制时代的中国法》，法律出版社，1999，第33～48页。
② 当然，未必每个新王朝都会与民众约法。不过约法之例并不止于汉唐两代，晚清太平天国起义期间，由黄鼎凤率领的一支反清力量据说也曾发布过一个称作《约法十二章》的告谕，原文见《光明日报》1955年9月29日；另参见谢兴尧《黄鼎凤〈约法十二章告谕〉质疑》，《人民日报》1965年6月18日。
③ 参见苏亦工《中法西用——中国传统法律及习惯在香港》，社会科学文献出版社，2007，第三章第二节。

干扰的理由。当改革中国婚姻习惯的条例草案经过17年讨论,最终于1970年被提交到立法局时,一位非官守议员李曹秀群(Ellen Li)指责行政当局在坚守义律上校的承诺上故作玄虚,卖弄学问。①

另外,1973年一位作家在报纸上撰文抱怨对一个杀人犯暂缓执行刑罚时也引证了义律公告。②乐迈士总结说:"看来,每当华人的权利受到冒犯时,那个公告显然就成了最好的抗辩理由。最近似的宪法性对应物似乎是印度宪法的《指导原则》,它没有法定约束力,但指明了作者们所希望建立的社会类型。"③

三 义律公告与香港二元化法制的命运

早期的香港史权威著作如《香港法律与法院史》和《欧西在中土》均引述了义律两公告,但都没有质疑它们的效力,更没有怀疑过义律发布这两道公告的权力。④

据笔者掌握的材料,最早对义律公告的效力持否定倾向的就是前述的《史德邻报告》。不过,该报告没有提出任何可靠的依据,只是采用普通的法律文本解释方法。笔者以为,义律公告不仅是法律文件,同时也是历史文件,有必要把它们作为历史问题来看待。对历史问题的解释,不能单纯采取法律解释的方法,而必须结合历史解释的方法。一般来说,历史解释所采取的是从旧原则。当对某一历史事件或文献存在多种不同记载和解释时,应以距事件或文献最近的资料为依据,对义律公告的解释也应如此。史德邻在其主持的调查报告正文和附件1中提出的意见,应当说更多地反映了20世纪中叶港英司法当局的观点,未必符合19世纪的实情。埃文斯和史维礼大概也意识到了单纯的文本解释未免软弱无力,于是开始从历史

---

① Norman J. Miners, *The Government and Politics of Hong Kong*, Oxford University Press, 1981, pp. 69 - 70.
② 参见 *South China Morning Post*, May 19, 1973。
③ Norman J. Miners, *The Government and Politics of Hong Kong*, Oxford University Press, 1981, p. 70.
④ 前者见 J. W. Norton-Kyshe, *The History of the Laws and Courts of Hong Kong*, Vol. 1, Vetch and Lee Limited, 1971, pp. 4 - 6; 后者见 E. J. Eitel, *Europe in China: The History of Hong Kong from the Beginning to the Year* 1882, Nabu Press, 2013, pp. 163 - 166.

材料中发掘资源。

埃文斯提到 1841 年 5 月 14 日英国外交大臣巴麦尊致义律的函件，目前看来，这是否定义律公告效力的最权威证据。① 然而从该信中的某些词句看，巴麦尊提到的那份公告是否即指义律 1841 年 2 月 1 日发布的那份公告还颇可怀疑。

撇开这个疑点不谈，纵使巴麦尊信中所指确是 2 月 1 日的义律公告，但从该信全文来看，也丝毫未曾涉及义律公告所许诺的内容，而只是批评义律宣告的香港割让在程序上尚有瑕疵——未获中国皇帝的钦准。换言之，巴麦尊只是认为义律公告"为时过早"，并无反对其内容的意向。尤为重要的是，从事后的发展看，英国政府并未因义律违反程序的宣告而放弃占领香港，而是通过后续的谈判，以正式条约的方式追认了义律占领香港的事实。丁新豹指出："义律的策略是先做成既定事实，然后再寻找法理上的根据，这种'经验主义'的行事方式，是英国殖民主义者惯用解决问题的方法。"② 据此推断，《南京条约》的签订也可视为英国当局对义律公告的追认。

仔细研讨义律公告发布前后的背景以及香港开埠早期的英国对华政策，我们就会发现英国当局不仅从未否认过义律公告所作的承诺，而且在相当长的时间里执行着该公告所设定的华洋法律分治政策。

（一）香港割占前后的背景——二元化法制构想的由来

西方学者一般认为，英国当年夺取香港的目的并非在于对中国领土有多大的野心，而不过是要取得一个对华贸易的据点。大概是受葡人长期定居澳门的刺激，英国人也一直觊觎在中国沿海攫夺一处岛屿。不过，在选择从何处下手的问题上，英国内部却一直存在着分歧。当时主要有两派意见，一派看好香港，另一派则偏向舟山。义律属于前者。这恐怕既有主观上的故意，又有客观上的无奈。义律不是和平天使，也并非不懂得武力威吓的实时效应，但他更清楚英国的长远利益所在。他很清楚，英国的武力

---

① 此件目前仍完好保存在英国外交部档案中。埃文斯系从 Morse 著作阅见，参见 Morse, *International Relations of the Chinese Empire*, Vol.1, Global Oriental, 2004, p.647, 另参见 Evans, *Common Law in Chinese Setting*, [1971] *H. K. L. J.*, p.13。

② 参见前引丁新豹《香港早期之华人社会：1841～1870》，第 65～66 页。

固然强大,在鸦片战争期间,他曾巧妙地将英国在远东的有限武力发挥到极致;但他也明白,英国的优势武力在地理、气候及补给线过长等因素的障碍下还是打了不少折扣,以有限的兵力维持对舟山的武装占领已被事实证明为不可取。而且,如果过度使用武力而令中国人全面排外,反而无助于实现英国在华的长远目标。因此,义律处理香港问题的对策始终是坚持武力与谈判并用,使用武力无非是为了增加在谈判桌上的筹码。

在1841年2月11日与琦善举行第二轮谈判时,义律提出一个修正案,要求割让香港全岛作为交换,他提出在香港的中国人与侨居中国的英国人均可享受治外法权。[①] 可见,义律确实是将一岛两制、互相承认治外法权作为向中国讨价还价的诱饵。从有关的背景材料看,义律的目标是商业利益,因此他并不打算采取仇视中国的政策。在香港采取二元化法律体制,以治权换主权,取得中国当局在其他方面的让步,在义律看来也不失为以小换大的上算买卖。

(二) 以治权换主权——二元化法制框架的确立

如前所述,英国政府外交部没有批准义律的两道公告,并非因为不同意该两公告所确立的二元法律体制,而是因为程序。同样,中国政府在签署《南京条约》以前不承认英国对香港的占领,但该两公告中提出的华洋分治原则却是清政府所积极主张的,此事成为磋商《南京条约》时的一个重要议题。[②]

1841年8月12日,璞鼎查(Henry Pottinger)接替义律职务后发表公告,宣布义律此前有关香港事务的各项安排,除非英国政府另有指令,将继续保持有效。[③] 这当然也包括义律两公告中提出的华洋法律分治政策,璞鼎查在原则上同意了义律公告的许诺。然而,此时中英关于香港华人治权问题的争论已较义律公告所许诺的内容更广泛也更复杂。不仅要引入并普遍保留中国法律和社会习惯,还要由中国官员负责该

---

① 丁新豹《香港早期之华人社会:1841~1870》,第74~75页。
② G. B. Endacott, *A History of Hong Kong*, Oxford University Press, 1958, p. 40.
③ J. W. Norton-Kyshe, *The History of the Laws and Courts of Hong Kong*, Vol. 1, p. 10. 另见前引余绳武、刘存宽主编《十九世纪的香港》,第64页。璞鼎查获得此项任命是1841年5月15日。

法的运作。双方在前一点上没有异议，争论的焦点是由谁来执行中国法。①

1843年1月，璞鼎查在致英国外交大臣阿伯丁（Aberdeen）的报告中说：他已同意"香港华人应由他们自己的法律管辖，中国官员将为此目的驻居九龙"，但英国人将保留对该地的警察权。② 显然，"香港华人应由他们自己的法律管辖"正是义律公告的原有立场，而"中国官员将为此目的驻居九龙"是英方新的让步。

璞鼎查与中国谈判代表在华洋分治问题上已达成的协议也是有文字可查的，③ 中方在谈判中还特意提醒璞鼎查勿忘义律公告所作的"一岛两制"的承诺。④ 以往的香港史家虽然注意到这个史实，但忽视了它在国际法上的重要性。显然，在中方看来，义律公告不仅是香港地方政府向当地华人所作的承诺，而且是代表英国政府向中国所作的承诺，是国家间的行为。如果考虑到义律曾主动向琦善表示愿以保留香港华人的治外法权换取中方割让香港，我们就不会觉得中方采取这种立场有何不妥之处了。应当承认，香港华人治权问题原本就是中英围绕香港问题谈判中的一个重要议题，是具有国际法意义的，而不仅是香港的内政问题。20世纪的港英法官们在解释义律公告时则完全忽视了这一点。

围绕义律公告所许诺的"一岛两制"，英国国内也展开了激烈的讨论，最终接受了理藩部（Colonial）大臣斯坦利（Lord Stanley）的建议，即中国法律可以英国女王的名义在香港行用，并聘请中国地方官赴香港主持香港华人的司法事务，其费用由港英政府承担，中国人仍受自己的法律管辖。⑤ 值得注意的是，在上述争论过程中，也咨询过皇家法律顾问（The Law Offices of the Crown）的意见，后者反对"一岛两制"，主张坚持英国

---

① G. B. Endacott, *Government and People in Hong Kong 1841 - 1962*, Hong Kong University Press, 1964, p. 29.
② G. B. Endacott, *Government and People in Hong Kong 1841 - 1962*, Hong Kong University Press, 1964, p. 29.
③ 参见《璞鼎查1842年9月5日致伊里布、耆英、牛鉴照会》，载佐佐木正哉编《鸦片战争之研究（资料篇）》，第221~222页。
④ G. B. Endacott, *Government and People in Hong Kong 1841 - 1962*, Hong Kong University Press, 1964, pp. 29 - 30；丁新豹《香港早期之华人社会：1841~1870》，第80~81页。
⑤ G. B. Endacott, *Government and People in Hong Kong 1841 - 1962*, Hong Kong University Press, 1964, p. 31. 原由Lord Aberdeen提出的建议受到修正。

法的独尊地位。① 不过,法律当局的这个建议未被采纳。正像埃文斯所说,港英政府是否实行华洋分治,应从两个角度考虑,首先是保障和平和秩序的需要,其次才是提供一套稳固的市民(Civil)法律制度的需要。②

1843年4月,英国政府根据上述讨论结果,指令璞鼎查依中国法律和习惯并允中国法官派驻香港全权处理对华谈判事宜。③ 然而就在这个时候,璞鼎查忽然改变了主意,宣称香港华人必须服从英国的司法管辖。耆英对此提出了严正抗议。英国理藩部对璞鼎查的出尔反尔也感到恼火。史蒂芬(James Stephen)说:"依我看中国代表提出的辩驳是最有力的。"④ 但他又认为,此事理藩部的干预是徒劳的,应由外交部决定。他的态度也表明,英方也承认华人治权主要是外交问题而非该地的内部治理问题。

反观中国方面,当时也是将香港华人治权问题看作一个外交问题。据中国官方档案记载,中国政府在1841年义律强占港岛后的相当长一段时间里仍然行使着对华人的司法管辖权。再者,1842年几十月间关于香港华民法律管辖问题由清廷议和大臣而非广东地方当局提出,这说明香港华洋司法管辖权问题确已成了一个外交问题,并成为中英谈判中的重要议题。中国方面尚未放弃对香港华民的治权。

没有记录表明中国方面接受了璞鼎查的立场变化,《南京条约》等在此问题上的沉默也表明中英双方在此问题上没有达成共识。即便是根据英国人自己信奉的国际法准则,这种单方面的改变立场,如果没有另一方的认可,也是不具有国际法上的约束力的。

综合以上事实,可以概括地指出,1843年6月,璞鼎查在香港华人治权问题上的立场变化是单方面的背信弃义行为,连英国当局也觉得没有道理。至于英国政府最终决定的华人由华律管辖并留待日后香港地方当局作出进一步安排的方案,仍然改变了双方在谈判过程中在此问题上已经达成的共识。尽管如此,璞鼎查并未推翻义律公告在此问题上所作的承诺。我们在前引义律公告中已经看到,义律只承诺华人仍遵从中国法律及习惯,

---

① G. B. Endacott, *Government and People in Hong Kong 1841-1962*, Hong Kong University Press, 1964, p. 31.
② Evans, *Common Law in Chinese Setting*, [1971] *H. K. L. J.*, p. 15.
③ G. B. Endacott, *A History of Hong Kong*, Oxford University Press, 1958, p. 41.
④ G. B. Endacott, *A History of Hong Kong*, Oxford University Press, 1958, p. 41.

而由中国官员受理华人诉讼是璞鼎查在《南京条约》签订后与中方谈判时新作出的妥协。璞鼎查反悔的只是后者，这一退步恰恰回复到原来义律公告所作的承诺。

（三）开埠后的政策变化——二元化法制的失衡

通过前面的史实考证，我们已经可以肯定地说，英国政府从来没有否认过义律公告所承诺的内容。更进一步说，根据当时的情况，英国方面也根本不可能推翻义律公告所作的承诺。因为义律承诺的内容并非他本人一时的心血来潮，而是反映了当时英国官方的普遍立场。[①] 然而，随着英国在华势力的日渐强大和稳定，中国法律及习惯的存在空间却在一步步萎缩，二元化法制逐渐向一元化法制靠拢。

1843年底发生了香港开埠以来第一起审讯华人的案件，原告向新安县告状，总巡理府威廉·坚（William Caine）认为应将嫌疑犯交给新安县审讯，璞鼎查为了取得治权，坚持应由英国裁判聆讯。令璞鼎查感到庆幸的是，中国政府没有因港英当局私下聆讯华人而提出抗议。璞鼎查将此视为中国政府默认了港英当局对在港华民的治权。尤其重要的是，它使港英方面看到，保留中国法而无须任命中国官员来执行也是完全可能的。不过，终璞鼎查之任，中英在此问题上的争议并未了结。

接替璞鼎查出任香港总督的德庇时（John F. Davis）凭借其对中国政府的一贯了解，认为必须在开始时表现出足够的强硬方能逼使中方就范。在他看来，在华人治权问题上的让步很可能会重蹈澳门的覆辙，连主权也一并丧失。

1844年夏，德庇时拒绝了中方引渡一名香港华人回内地受审的要求，其目的就是要显示英方有权审理在港华人。[②] 同年11月20日，一名新安县书吏在港岛勒索渔民，被港英当局拘留。德庇时致函指责中方的行为侵犯了香港主权。耆英复函虽仍重申中国对在港华人的治权，但口气已不似

[①] 参见苏亦工《中法西用——中国传统法律及习惯在香港》，社会科学文献出版社，2007，第三章第一节。

[②] Davis to Aberdeen, 5th July, 1844, CO129/6, 转引自丁新豹《香港早期之华人社会：1841~1870》，第89~90页。

从前那般强硬。① 当时广州附近各县，天地会运动方兴未艾，有此后顾之忧，耆英不愿与英人交恶，再起衅端；而德庇时看透耆英老底，乘虚而入，一举取得了香港的主权与治权。②

尽管德庇时在华人治权问题上的立场较其前任更为强硬，但他似乎无意完全抛弃义律公告所作的许诺。他主持制定的 1844 年第 10 号法例《太平绅士条例》及第 15 号法例《高等法院条例》均规定高等法院可依据中国法例惩治华人罪犯。同年的第 13 号法例《华侨保甲条例》，则规定保留中国传统的保甲制度。

1848～1854 年，文翰（Samuel Bonham）任香港总督期间，再度倾向于给华人更大的便利以直接决定他们自己的事务。12 月 3 日通过的 1853 年第 3 号法例《华侨地保条例》③，目的是扩大华人地保的职权，由地保而不是英国法庭来解决华人的一般民事纠纷。然而上述措施颁布后，遭到了英人社区的强烈反对，主要理由据说是华人的公正观念要比英人的落后得多。这种反对力量无疑是港英当局背弃"一岛两制"承诺的重要原因之一。文翰去职未久，他所确立的政策和法律就随之夭折了。

不过，1857 年的第 6 号法例第 17 条允许继续任用地保，也允许在华人之间的民事纠纷中，出于当事人的自愿请求而由地保仲裁。但仲裁的结果必须获得华民政务司的批准后方能由法院执行。然而即便是这样的规定，还是极为短命，很快即被 1858 年的第 8 号法例《华侨管理及户口登记条例》取代。④ 后者虽然保留了任用地保的权力，但此时的地保仅限于发挥警察的职能，司法功能已被剥夺。埃文斯指出："专为香港华民建立独立的司法体系的尝试至此宣告终结。此后，除了新界的例外，唯一具有法律效力的解纷途径只能由英国法院提供。"⑤

1858 年，英国政府发布了一项非歧视性政策的声明，提出法律面前一律平等的政策，但实质是要求放弃"一岛两制"。不过，按照该政策，各地的土著法律仍应受到尽可能的尊重。安德葛（G. B. Endacott）评论说：

---

① 丁新豹《香港早期之华人社会：1841～1870》，第 90 页。
② 丁新豹《香港早期之华人社会：1841～1870》，第 92～97 页。
③ 马沅编《香港法例汇编》第 1 卷，华侨日报有限公司，第 8 页。
④ 马沅编《香港法例汇编》第 1 卷，华侨日报有限公司，第 10 页。
⑤ Evans, "Common Law in Chinese Setting", *H. K. L. J.* (1971), p. 20.

"以往华人为数较少,可以自行其是;此时人数日益增多,更大力度地规范和控制也就是不可避免的了。"①

义律当年许诺以华治华,实行间接统治,主要的考虑显然是英国当时在华立足未稳,需要取得当地华人的合作,也就是需要建立广泛的统一战线。19世纪50年代以后,形势发生了很大变化,一方面,英国在香港已站稳了脚跟,而中国国内又爆发了声势浩大的太平天国起义,此后内乱频仍,国力日衰;另一方面,中国民众的仇外情绪正在迅速滋长和蔓延。基于这种形势变化,港英当局感到,实行直接统治,抛弃以往承诺的条件已经具备了;同时,英国人也意识到,让那些并非心悦诚服地接受英国人占领的华人管理自己的事务,是对英国统治的潜在威胁。②

尽管港英政府对华人自治一直心存戒忌,但直至20世纪初,司法当局仍极少介入纯华人间的民事纠纷,这类问题通常由华人社区领袖或某些自发形成的组织自行解决。大概就像欧德礼所概括的那样,港英当局挤压中国法律及习惯存在空间的步骤是"谨小慎微和循序渐进"的,并且"主要是依赖英式教育、英语和英国生活方式潜移默化地影响",而非政府的强权。"尽管华人是这个世界上最温顺的民族,但处于公正政府的统治之下,一旦本地的行政和立法贸然与华人根深蒂固的民族习惯发生了不可调和的冲突,(他们)也会表现出异乎寻常的倔强。"③ 这个概括不错,香港殖民统治时期的法制史可以简单地描述为英国法的逐渐扩张和中国法律及习惯日益萎缩的过程。20世纪70年代陆续生效的一系列法例,事实上已经敲响了香港"中国法律及习惯的丧钟"④,直至有一天,它可能会最终消亡。

四 结论

1841年的义律两公告奠定了香港二元法制体系的基石,成为清代法律

---

① G. B. Endacott, *A History of Hong Kong*, Oxford University Press, 1958, pp. 124 – 125.
② Berry Fong - Chung Hsu, *The Common Law System in Chinese Context*: *Hong Kong in Transition*, M. E. Sharpe Incorporated, 1992, p. 14.
③ E. J. Eitel, *Europe in China*: *The History of Hong Kong from the Beginning to the Year* 1882, Oxford University Press, 1983, pp. 164 – 165.
④ Lewis, "A Requiem for Chinese Customary Law in Hong Kong", 32 *Int. Comp. L. Q.* 350., p. 347.

及习惯在香港保留和适用的最重要的法律依据。华人用华法，西人用英国法曾经在相当长的时间里塑造了香港法制的特色（至少是在家庭、婚姻等领域里），然而，在香港开埠百余年后，港英当局开始普遍怀疑义律公告的效力并试图改变二元法制的局面，代之以单一的英国法律模式。港英当局本有许多正当的、冠冕堂皇的理由这样做，但是他们更热衷于从根本上推翻二元法制的基础——义律公告，以便给人们造成一种实行二元法制原本就是一场历史误会的印象。最初的做法是寻章摘句，对公告的文本吹毛求疵；继后则是寻根究底，在义律发布公告的身份、资格以及英国政府的认可程序上大做文章。应当说，他们的目标已基本实现了。作为香港法制一元的中国法律及习惯，在这种怀疑和否定的气氛下正日渐衰亡，这似乎已成无可挽回的大趋势了。

但是，如果我们仔细考察有关史实就会发现，上述的怀疑和否定论调是难以成立的。无论是"权宜之计说"也好，"自始无效说"也好，无论用文本解释的方法还是历史考证的方法，要否认义律公告的效力都有牵强附会之嫌。

或问，肯定义律公告的有效性，能否证明保留中国法的合理性呢？答案可能是否定的。毕竟，当今的香港华人社会与一个世纪前大不相同了，教育的普及、社会的进步，使得古老、落后的清代法律及习惯显得极不协调，废止它们似乎并无多大道德上的障碍。然而，问题的要害并不在此，中国固有法是否有利于华人是一种价值判断，而义律公告是否有效则是事实判断。作为英国政府向香港华人的郑重承诺，义律公告的效力是绝对无可抵赖的。当然，时变世迁，社会发展，法律也相应地汰旧图新，这本是无可非议的，但不能为此就歪曲和篡改历史。改造甚或废止中国固有法并无不可，但应有正当的理由。港英当局在此问题上之所以显得畏首畏尾，恐怕就是受到义律公告的困扰。如果变革中国固有法律是出于华人社会维护自身利益的自主行为，情形就大不相同了。遗憾的是，素以法治、民主夸耀于世的英国殖民者在长达一个半世纪的统治里，并没有将这样的权力交给华人。

（原文载于香港中文大学《二十一世纪》2000年8月号，总第60期）

19世纪香港政法制度

刘蜀永[*]

从17世纪开始，英国在对外扩张的过程中，占据了大批的殖民地。据统计，1899年，英国的殖民地人口有3.09亿人，土地面积达930万平方英里。每天无论什么时候，总有一部分英国殖民地处在阳光的照耀之下，因而英国有"日不落帝国"之称。

英国的殖民地制度有直辖殖民地、自治殖民地等。因为华人占香港居民的绝大多数，英国政府担心少数英国人难以控制他们，便在香港采用了权力集中、控制严密的直辖殖民式制度。但是，英国在香港设立的"殖民地"不属于通常的殖民地范围，因为香港并不是一个国家，而是外国统治下的中国领土。

一 政治体制

（一）香港总督的职权与特点

1843年4月5日，维多利亚女王颁布了《英王制诰》（*Letters Patent*，即《香港宪章》），宣布设置香港"殖民地"，确定了香港的地位和政权性质。与此相关，《英王制诰》规定派驻香港总督，授予其广泛的统治权力，主要包括：（1）港督有咨询立法局后制定香港法律和法例的全权；（2）港督有权召开行政局会议，后者的任务是提供咨询，协助港督制定政策；（3）港督有执掌和使用香港"殖民地"公章的全权；（4）港督有代表英王授予私人或团体土地的全权；（5）港督有权委任按察司及太平绅士；

---

[*] 刘蜀永，中国社会科学院历史学硕士，现任香港岭南大学荣誉教授。

(6) 港督有将任何香港官员停职之权;(7) 港督有权赦免罪犯或减刑;(8) 港督有权豁免 50 镑以下之罚金;(9) 香港所有文武官员和居民都应服从港督。①

《英王制诰》规定了英国政府及香港总督统治香港的权限,对设立行政局、立法局也作了原则规定。

《王室训令》(Royal Instructions)是 1843 年 4 月 6 日以英王名义颁发给第一任港督璞鼎查的指示,主要涉及行政局和立法局的组成、权力和运作程序,以及港督在两局中的地位和作用、议员的任免、如何作出决议和制定法律等。② 《王室训令》是对《英王制诰》的补充,二者具有同等效力。

根据上述两个命令,香港总督作为英国国王派驻香港的代表,拥有极大的权力。香港所有的官吏、军民等都要服从他的管辖。他是行政局和立法局的当然主席。立法局通过的法案必须经过总督同意才能成为法律。他可以香港三军总司令的名义行事。此外,还有任命法官和其他政府官员、颁布特赦令等权力。英国学者迈乐文(M. J. Miners)在《香港政府与政治》(The Government and Politics of Hong Kong)一书中曾说:"港督的法定权力达到这样的程度:如果他愿意行使自己的全部权力的话,他可以使自己成为一个小小的独裁者。"③

但是,我们应该看到,香港总督只能在英国政府规定的范围内,为维护英国的殖民利益而行使他的权力。《英王制诰》规定英国政府有权删改废除或制定香港法律。按照政制的规定,港英政府的任何行动,均须由英国政府有关的大臣向英国国会负责。英国有关的大臣拥有向港督发号施令的权力。香港的对外关系也由英国政府直接负责。港督任命官员须经英国政府认可。港督要向英国政府报告工作,重大问题要向英国政府请示。港督处理问题时也要考虑公众舆论(主要是英商和华人上层人士的意见),避免因公众强烈不满招致英国政府调查和议会质询。

---

① 《英国议会文书:中国》第 24 卷,《1846~1860 年有关香港事务档》(British Paliamentary Papers: China, V.24, Correspondence relating to the Affairs of Hong Kong, 1846 – 1860, Irish University Press Area Studies Series),爱尔兰大学出版社,1971,第 230~232 页。
② 英国殖民地部档案 C. O. 381/35,第 17~52 页。
③ M. J. Miners, The Government and Politics of Hong Kong, Oxford University Press, 1981, p. 77.

1843年，璞鼎查（Henry Pottinger）担任第一任港督。早期香港总督兼任驻华全权使臣和商务监督，受殖民部和外交部双重管辖。从1859年开始，香港总督才专一处理香港事务。

最早的四名港督——璞鼎查、德庇时（John F. Davis）、文翰（George Bonham）和包令（John Bowring）有若干共同特点。

第一，他们无例外地同时兼任驻华全权使臣和商务监督，把对华事务当作他们的首要任务。例如，璞鼎查在签订中英《南京条约》后，又逼签《中英五口通商章程》和《虎门条约》，从清政府得到许多新的权益。德庇时为广州入城问题长期纠缠，1847年悍然带领海陆军从香港闯入珠江，炮轰沿江炮台，强迫耆英接受了他的要求。文翰于1853年前往南京访问太平军，"提醒"他们尊重英国在华的条约利益。包令于1854年向清政府提出全面修约的要求，企图实现中国全境开放通商和鸦片贸易"合法化"；1856年更制造了"亚罗号"事件，挑起第二次鸦片战争。

第二，保护鸦片走私是他们的一项重要任务。大鸦片商马地臣（James Matheson）曾写道：璞鼎查发表了一篇措辞激烈的反对鸦片走私的公告，只是说给英国的圣徒们听的。他从未打算照公告办事。他允许把鸦片运到岸上并存放在香港。① 德庇时更公开在港岛实行鸦片专卖制，以增加港英政府的财政收入。

早期历届香港总督无不推行种族歧视政策。到第八任港督轩尼诗（John Pope Hennessy），港英统治华人的方式才发生重大变化。轩尼诗本人有浓厚的自由主义和人道主义思想，又看到华商力量的崛起，因而坚持"把华人作为伙伴对待"，主张给华人以较合理的待遇。

（二）行政局和立法局

行政局（Excutive Council，旧译"议政局"）和立法局（Legislative Council，旧译"定例局"）是香港总督的高级咨询机构，1844年开始进行工作。

行政局的主要任务是就各种重大决策向港督提供意见，并具有某种立法职能。新的法令要先经行政局审查，批准草案后再交立法局讨论通过。

---

① James Pope Hennessy, *Half-Crown Colony: Hong Kong Notebook*, 1969, p.32.

该局聚集了港英最高层行政官员，可以说是协助港督决策的总参谋部。行政局每周开会一次，禁止旁听，会议事项也是保密的，但有些决定可以向外界公布。

港督主持行政局会议。港督因故不能出席会议时，由他指定的当然官守议员代为主持。港督在行使《英王制诰》赋予的权力时，应就一切事项征询行政局的意见，但急事、琐事或极端机密的事情除外。只有港督有权直接向行政局提出议题。若议员提出议题，需事前向港督提出书面请求，征得港督同意。港督不赞成全体或多数议员对某事的意见时，他有权按照自己的主张行事，但应将详情记入会议记事录，行政局每隔半年将记事录送呈国务大臣审阅。

行政局议员分为当然官守议员、委任官守议员和非官守议员。为了便于港督集权，在行政局成立的最初30年，仅有3名官守议员。

立法局的任务是协助港督制定法律和管理政府的财政开支。港督对法律的制定有决定性的影响。《王室训令》规定，港督作为立法局主席，投票表决时除拥有本身的一票外，在赞成票和反对票相等时，有权再投决定性的一票（casting vote）以保证自己的意图得到贯彻。即使立法局全体议员一致反对，他照样可以按照自己的意愿制定和颁布法令。除了必须得到英国政府赞同以外，港督的立法权不会受到任何限制。

立法局制定的法律，通称为"条例"（ordinances，19世纪时译作"法例"）。《王室训令》第25条规定，所有条例均冠以"香港总督参照立法局之意见并经该局同意而制定"的字样。通常一项法案需要一个月左右或更长时间经过"三读"才能完成立法程序。

立法局议员也分为当然官守议员、委任官守议员和非官守议员三类，总数多于行政局议员。早年立法局实际开始工作时，由香港总督、英军司令和首席裁判司3人组成，与行政局实际是同一班人马，两块招牌。在英商的一再要求下，经英国政府同意，港督文翰于1850年6月任命怡和洋行股东大卫·查顿（David Jardine）和哲美森洋行老板埃杰尔（J. F. Edger）为立法局议员。这是香港立法局设立非官守议员的开端。

占香港人口绝大多数的华人长期被排斥在立法局大门之外。1855年，港督包令主张部分非官守议员由选举产生。候选人必须是英国人，但每年向政府交租税10英镑的有产者不分种族均享有选举权。如此温和的改革方案，也遭到英国政府拒绝。殖民大臣拉布谢尔（H. Labouchere）竟说华人"非常缺乏最基本的道德要素"，拒绝给任何华人选举权。①

19世纪70年代，香港华商在转口贸易等方面已成为一支不可轻视的力量。他们从1878年即提出参政要求，上书港督说，香港华人在人数上以10∶1的比例超过了外国人，纳税金额也远远超过了外国人，应该允许华人参与管理公共事务。②后来，港督轩尼诗利用立法局议员吉布（H. B. Gibb）请假返回英国养病这一时机，提议让华人律师伍廷芳暂时占据立法局的这个席位。他还建议改组立法局，使伍廷芳能够比较长期地担任立法局议员。殖民大臣比奇（M. H. Beach）只同意伍廷芳担任立法局临时代理议员（任期不超过三年），不同意他担任常任议员。他说，如果立法局研究机密问题，伍廷芳在场诸多不便。③1880年1月19日，港英政府发布公告，宣布伍叙（伍廷芳）暂行代理吉布为立法局议员，伍廷芳因而成为香港第一位华人非官守议员。此后，黄胜、何启、韦玉相继成为立法局议员。但到1895年为止，华人在立法局只有象征性的一个席位，1896年才增至两个席位。

（三）港英政府的重要官员

1843年《英王制诰》颁布以后，港英政府先后设置了各种职官。据1845年1月《中国丛报》记载，当时港英政府的官员总督之下，有副总督、总督私人秘书、按察司、律政司（即检察长）、高等法院登记官、高等法院翻译官、辅政司、库务司（colonial treasurer，即司库）、考数司（auditor general，即审计长）、总巡理府、驻赤柱助理巡理府、总测量官（surveyor general）、船政厅兼海事法院法官、华民政务司（registrar general）兼税务官、总医官（colonial surgeon，旧译国家大医师）及驿务司（即邮政局长）等。④总巡理府一职于1862年废除，改设地位相同的巡

---

① 《拉布谢尔致包令函》，1856年7月29日，载《英国议会文书：中国》第24卷，《1846～1860年有关香港事务档》，第200～201页。
② 《华商呈文》，1878年10月，英国殖民地部档案 C. O. 129/187，第57页。
③ G. B. Endacott, *Government and People in Hong Kong 1841-1962*, Hong Kong University Press, 1964, p. 94.
④ 《中国丛报》（*Chinese Repository*）第14卷第1期（1845年1月），第13～14页。1913年，华民政务司的英文名称改为"Secretary for Chinese Affairs"。

理府数人。此外，1845年设置警察司，1856年设置视学官，1863年设置维多利亚监狱典狱长（superintendent of Victoria gaol），1883年设置洁净局，1886年设置进出口局（the Import and Export Department）。19世纪末英国租借"新界"后，在当地设置了理民官（district officer）。

1843年《英王制诰》规定，如港督死亡、离港或由于其他原因不能行使职权时，由副总督代理；如尚未任命副总督，则由辅政司代行总督职权（代理总督被称为administrator，即护督）。港英第一任副总督是驻港英军司令德忌笠少将（Major-General G. C. D'Aguilar）。以后历任副总督一般由驻港英军司令兼任。当时香港是英国在远东的重要军事基地，因而驻港英军司令有很高的地位。1902年英日同盟成立后，香港的军事价值不如从前，驻港英军司令的作用不如从前，于是副总督一职不再设置。

辅政司是港督在行政管理方面的主要助手，也是全体文职人员的首脑。早期香港的辅政司素质不高：例如，1846年出任辅政司的威廉·坚（W. Caine）是一个大肆索贿受贿的贪官；又如马撒尔（W. T. Mercer）是利用裙带关系于1854年爬上辅政司职位的。马撒尔于1857年返英休假时，推荐他的密友、腐败分子布烈治（W. T. Bridges）任代理辅政司。19世纪60年代，港英当局开始实行名为"官学生计划"的文官铨选制度，此后辅政司的水准逐渐提高，在政府中发挥的作用越来越大。各政府部门的工作均由辅政司监督和协调。从19世纪60年代起，港督离职时多指定辅政司任护督。这曾引起副总督的不满。1902年以后，当港督出缺时，由辅政司代行职权已成为不易之规。

华民政务司一职设于1844年，最初其主要任务是负责全港人口登记。1846年末，香港立法局通过该年第7号法例，授予华民政务司以抚华道、太平绅士和警察司等头衔，并规定他有权随时进入一切华人住宅和船艇进行搜查。[①] 从此，香港华人便处于华民政务司兼抚华道的全面监控之下。早期香港华民政务司素质低劣，高和尔（D. R. Caldwell）是一个突出的典型。他利用职权胡作非为，声名狼藉。1858年，香港律政司安士迪

---

① W. Tarrant, *Digest and Index of all the Ordinances of the Hong Kong Government to the Close of 1849*, Hong Kong: Noronha, 1850, pp. 135-139.

(T. C. Anstey) 曾对高和尔提出指控，列举了 19 条罪状，其中包括自营娼业、私通海盗、坐地分赃、贪污受贿、迫害无辜等。① 19 世纪 60 年代以后，华民政务司大都由官学生出身的官员担任，情况与高和尔有所不同，但其下属的中下级官员仍然腐败不堪。

二 法律体制

（一）香港法律的依据与特点

香港长期处于英国的殖民统治之下，英国统治者掌握了香港的司法权。香港法律基本上照搬英国模式，属于普通法法系。香港的成文法包括三个部分：一是英国政府为香港制定的法律；二是适用于香港的英国本土法律；三是港英当局制定的法例。

香港的宪法性文件由英国政府制定和颁布。基本的宪法性文件是：1843 年 4 月 5 日宣布对香港实行殖民统治的《英王制诰》和《王室训令》，1860 年 10 月 24 日将九龙并入香港的枢密院命令以及 1898 年 10 月 20 日把新界并入香港的枢密院命令。其中《英王制诰》最为重要。在法律方面，《英王制诰》规定英国政府有权删改、废除或制定香港法律。

香港立法局通过的 1845 年第 6 号法例规定，英国法律除对香港不适合者以外，在香港均有充分效力；同时规定香港高等法院的办案制度全部以英国法院为蓝本。

除成文法以外，判例也是香港法律的重要来源。"遵循先例"原则是普通法系的著名特点。依据这一原则，较高一级法院以往所作的判决构成先例，对下级法院处理类似案件具有绝对的约束力。英国枢密院司法委员会是香港的终审法院。因此，枢密院的判例，香港法院在审理同类案件时必须遵循。香港高等法院的判例，对巡理府法院也具有约束力。

早期香港的法律有以下几个特点。

第一，重视经济立法。为了适应商业发展的需要，早在 19 世纪五六十年代，港英政府便制定了一系列经济法规，例如 1854 年的《市场条例》，

---

① J. W. Norton-Kyshe, *The History of the Laws and Courts of Hong Kong*, Vol. 1, Hong Kong: Noronha, 1898, p. 504.

1856年的《购买地产条例》，1860年的《银行票据及诈骗法修正条例》、《受托人欺诈治罪条例》，1862年的《本港发明创造专利条例》，1863年的《防止假冒商品条例》，1864年的《破产条例》、《动产抵押条例》、《商贸修正条例》，1865年的《伪造货币治罪条例》，等等。这些法例反映了香港这一商业社会的资本主义性质，对香港经济的发展具有促进作用。

第二，一些明显的犯罪行为，不但不被视为有罪，反而得到法律的庇护。例如香港立法局曾经明文规定：凡是按章出钱，从官方取得熬制、出售鸦片、烟膏许可证者，便可合法地经营鸦片生意。又如，凡按章向当局缴费和登记的妓院，均被视为合法经营。麦当奴（R. G. MacDonnell）任港督期间，开设赌馆也是合法的。

第三，一些法例明显歧视华人。例如，1888年的《管理华人法例》明文规定：抚华道有权随时传讯任何华人房东和房客；华人除婚丧大事外，逢年过节也不准在大街上吹奏乐器或列队行走；华人未经抚华道批准，不得公演任何中国戏剧或张贴海报；华人晚上上街必须提灯，无通行证的华人晚间不准出门；未经港督许可，华人不得参加或举行任何公共集会；等等。在司法实践中，采用双重标准，即使触犯了法律，对不同种族的人处罚标准也不一致。例如，1850年英人斯蒂尔（Steele）持刀伤人，香港高等法院仅判处他监禁一年，"而在同一个刑事庭上，一名华人却因类似罪行被判处15年流放"[①]。

第四，通过颁布法例强化殖民压迫。宵禁就是其中一例。1842年10月，港英当局宣布禁止华人晚上11点后上街。1844年再宣布华人晚上11点以前出门，要提一个有店铺或自己名字的灯笼。第二次鸦片战争期间，香港总督包令于1857年1月6日颁布法例，宣布每晚8时至次日黎明前，任何华人若被发现处于其住所之外又未携带通行证，会受到罚款、拘役、鞭笞、戴枷示众等方式的惩罚。在同一时期内，巡逻兵在室外发现任何华人，若有理由怀疑其图谋不轨，该人又对盘查不加理会或拒绝回答，有权将其击毙。宵禁制度在香港延续五十多年之久，直到1897年6月才宣告废止。

第五，用"华律"治华人。1841年2月1日，即英国武力占领香港岛以后的第六天，英国驻华商务监督义律和远东舰队司令伯麦联名发布通

---

① J. W. Norton-Kyshe, *The History of the Laws and Courts of Hong Kong*, Vol. 1, pp. 276-289.

告，宣称对岛上的中国居民，将按照中国法律和风俗习惯治理。

英国殖民者一向指责中国法律"野蛮"、"残酷"，并以此作为向清政府勒索治外法权的借口。因此，他们声称用"华律"治华人，并非尊重中国法律和风俗习惯的表现，更非要改变英国法律至高无上的地位，而是试图在东方封建专制的基础上建立西方殖民统治。1845年3月，香港总督德庇时的一封信暴露了他们的真实意图。他写道：按照英国法律或习惯对中国罪犯从宽处理，只会招致他们的嘲笑。看来需要采取他们所习惯的惩罚方式，按照中国刑法统治他们。[①]

英国殖民者用"华律"治华人，就是采用鞭笞、戴木枷、站木笼等野蛮手段对付华人。英国占领香港岛初期，几乎每天都有公开鞭笞华人的事情发生。这种现象，直到轩尼诗担任港督期间才逐渐停止。

（二）法院的设立

1841年1月英军侵占香港岛后，港英当局即设置了巡理府法院（Chief Magistrate's Court）。这个法院主要是为审理香港华人的案件而设。1841年4月30日，英军第26步兵团上尉威廉·坚（W. Caine）出任总巡理府。他"除了军法以外，什么法律都不懂"，并以对华人滥施酷刑而闻名。

1843年1月，英国女王维多利亚一世决定将驻华刑事和海事法院迁到香港，负责审理港岛、中国大陆和沿海100英里范围内英国臣民的刑事案件。这是英国政府根据中英不平等条约在中国确立治外法权制度的开端。1844年3月4日，该法院开始工作，由港督兼驻华商务监督璞鼎查和副总督德忌笠担任法官，但仅开过一次庭。

1844年8月21日，香港立法局颁布1844年第15号法例，宣布设立香港高等法院并撤销驻华刑事和海事法院。10月1日，香港高等法院正式成立，休姆（J. W. Hulme）担任正按察司（Chief Justice，即首席大法官）。1873年起，高等法院增设陪席按察司（Puisne Judge）一名，作为正按察司的副手。

香港高等法院作为港岛最高的司法机关，负责审理当地一切重要案

[①] 《德庇时致斯坦利函》，1845年3月8日，英国殖民地部档案 C. O. 129/11，第157~158页。

件。同时，在英国统治香港初期，中国大陆各通商口岸较重要的英侨案件，由当地英国领事初审后，提交香港高等法院审判定案。因此，它一度成为英国在远东的司法中心。

香港高等法院成立后，原来的巡理府法院仍然存在，负责审理较轻微的刑事案件。

（三）监狱

为了强化殖民统治，港英当局早在1841年就在港岛兴建了一座花岗岩监狱——域多利监狱。这是香港开埠初期最先以耐久物料建造的建筑物。

初期香港的监狱实行严格的种族主义制度。华囚和外国囚犯分开监禁，平均每个外国囚犯所占的囚房面积比华囚大四五倍。在监狱中，华人会随时遭受鞭打。1860年6月，一名华囚因病不能做工，竟遭鞭笞，并罚以单独监禁，口粮减半，结果惨死狱中。

在麦当奴任港督期间，虐待华囚到了登峰造极的地步。他提出所谓威慑政策，大规模地对华囚实行放逐并在耳朵上刺剑形标志，减少华囚每日口粮，大大加强华囚劳动强度，同时更广泛地实行鞭刑，以九尾鞭代替藤鞭。坚尼地（Arthur E. Kennedy）任港督后，继续奉行麦当奴的政策。这十余年是香港鞭刑最盛的时期。

由于滥捕华人的现象十分严重，造成监狱拥挤不堪。港督德辅（William Des Voeux）在回忆录中曾说，域多利监狱异常拥挤，一间十分狭小的单人牢房经常关两个人。①

白人囚犯在一切方面都享受优待，连伙食也有不同的标准。香港监狱狱规十分严酷，但有些英国囚犯却不必遵守。例如，1863年4月代理典狱长赖亚尔（Ryall）举行婚礼，罪犯斯坦福（Stanford）竟身穿晚礼服前往赴宴，饮酒作乐通宵达旦。这与狱中华囚的处境形成了鲜明的对照。

三 警务体制

1829年英国政府在伦敦首先建立警察机构，其总部设在"苏格兰场"，

---

① Des Voeux, "My Colonisl Service in British Guiana", in St. Lucia, Trinidad. Fiji, *Australia, Newfoundland, and Hong Kong with interludes*, London: John Murray, 1903, p. 202.

后来这个地名变成了伦敦警察厅刑事调查部的代称。香港警察制度在许多方面效法英国警察，部分重要的警察官员来自伦敦警察厅。

英国占领香港岛初期，在当地实行军事管制。1841 年 4 月威廉·坚出任总巡理府时，香港尚无警察，只能从军队中借调一批士兵维持秩序。1843 年，威廉·坚几经努力才招募到 28 名警察。早年这些香港警察身着绿色制服，当地华人称他们为"绿衣"，也称"差人"。他们多是品行不端被淘汰的英印士兵和水手，或是流窜于太平洋各码头的无业游民。

1845 年春，港英政府聘请伦敦警官查尔斯·梅（Charles May）来港主持警务。他来港后着手增加警察，到 1849 年，全港共有警察 128 人。这批警察由英警、印警和华警组成。英警被港英当局视为香港警察的"精英"，他们的生活标准高，费用大，但不熟悉当地的风俗民情和语言。印警"尊重欧洲人"，服从英国人指挥，被认为基本可靠，但据说他们缺乏"机智"。华警没有语言障碍，熟悉当地风俗民情，但港英当局对他们的"忠诚"不够放心。

以上三部分警察皆由警察司指派英国警官统领。英警地位最高，印警次之，华警地位最低。在武器装备方面，英印警察皆可携带枪支，早期华警只携带一根木棍。三部分警察的物质待遇也高低悬殊。以 1865 年的人均工资为例，英国警佐为 432 元，警察为 312 元；印度警佐为 240 元，警察为 156 元；华人警佐为 144 元，警察为 88 元。①

早期香港警察有如下一些特点。

第一，威慑和管制广大华人是早期香港警察的主要职能。与这一职能相适应，香港警队成立之初就有一定的军事性。他们经常荷枪实弹，其模式类似英帝国在爱尔兰设立的武装保安队，与一般英国警察有所不同。

第二，香港警察的编制扩充特别迅速，按其与所辖人口及土地面积的比例来说规模特别庞大。1871 年，香港总商会在给殖民大臣金伯利（Earl of Kimberley）的信中说："本地拥有一支在人数上比任何一个大小相等的英国殖民地都多的警力。"②

---

① 《1865 年港英政府预算》，载《英国议会文书：中国》第 25 卷，《1862～1881 年有关香港事务档》，1871，第 93 页。
② 《香港总商会上金伯利伯爵书》，载《英国议会文书：中国》第 25 卷，《1862～1881 年有关香港事务档》，1871，第 348 页。

第三，早期香港警察的素质极其低劣，为非作歹，腐败不堪。

香港首任警察司查尔斯·梅就是一个腐败分子。1858年8月，港督包令曾向英国政府报告说，查尔斯·梅唯利是图，"靠做房地产投机生意及其他来源赚了一大笔钱"。他甚至敢在靠近警察署的地方开设妓院。港英政府为了保持体面，不得不出面干涉，"他才十分勉强地停止不干"①。这样一个贪官，非但未受任何惩处，反而得到重用，连续担任警察司16年，后又升任巡理府达17年之久。

警察索贿受贿的现象司空见惯。最普通的勒索方式是借故逮捕无辜平民，抢走他们的财物，拘留数日，然后宣布释放。从妓女身上榨财也是警察惯用的手段。向妓女非法征收所谓特别费，几乎成了他们一项重要的固定收入。不少警察甚至借查暗娼之名，蹂躏那些不幸坠入火坑的妇女。据统计，1869年染上性病的警察占全港警察总数的16.66%，1870年占13.75%；同期患性病的士兵占香港英军总数的6.83%和5.51%。②

有些警察实际上就是穿制服的匪徒。1856年2月香港商业区大火，80幢房屋化为灰烬，7人丧生，千百人流离失所。警察非但不奋力救火，反而趁火打劫。动手抢劫的大部分是印警，也有欧警。诺顿·凯希（J. W. Norton-Kyshe）就此事写道："警察在这次火灾中的行为实在可悲，揭发出的罪行，证明这一信念是正确的：干脆没有警察，倒比现在有警察要好些。""警力亟须改革，不能设想还有比香港警察更坏的警察。"③

1897年6月2日，在香港破获了一起私开赌场大案，贪污受贿的警察达128人之多，包括一名代理副警察司，13名英警、38名印警和76名华警。1898年诺顿·凯希在《香港法律与法院史》一书中写道："警察队伍几乎已腐朽到千疮百孔的程度，受贿之风不仅在低级警员中十分猖獗，而且有些警官和警佐长期以来一直接受赌馆老板的金钱。"④

然而，早年就是这样一支警队在维持治安，掌握着处置成千上万华人居民的权力。根据1845年12月香港立法局通过的《治安法例》，警

---

① G. B. Endacott, *A Biographical Sketch - book of Early Hong Kong*, Singapore Burapha University Press, 1962, p. 103.
② 《1870年香港医官报告》，载《英国议会文书：中国》第26卷，《1882~1899年有关香港事务档》，1871，第533页。
③ J. W. Norton-Kyshe, *The History of the Laws and Courts of Hong Kong*, Vol. 1, pp. 376 - 381.
④ J. W. Norton-Kyshe, *The History of the Laws and Courts of Hong Kong*, Vol. II, pp. 496 - 497.

察有权随时搜查一切华人住宅并逮捕他们认为不良的华人。该法例还规定，如华人"无事而扣他人门户或按门铃"、"赛会擅自打铎吹筒或放花炮"、"夜间无事云集多人"，以及仆役不服从雇主命令等，均由警察提拿问罪。

［原文载于刘蜀永主编《简明香港史》（新版），香港三联书店，2009，第44~58页］

新界理民府官：沿革与职权

黄文江[*]

"理民府官"[①] 在港英政府管治新界时曾扮演着一个举足轻重的角色。然而，"理民府官"的功能与职权经历了数次的改革，个中的转变颇为曲折。有鉴于此，笔者翻阅一些历史档案及相关的研究，就"理民府官"的沿革及其职权作一简单的介绍。

一 "理民府官"之沿革

1899年5月至7月，新界的行政总部设于大埔，集各种大权在手的是骆克（James Lockhart）。骆克离职后，管理新界的官僚系统才渐渐出现，夏理德（Edwin Hallifax）获委任为"警察裁判司"（Police Magistrate），而警队则由梅含理（Francis May）管辖；至于土地问题就由获委任为"助理

---

[*] 黄文江，香港浸会大学历史系副教授及中国研究课程主任，主要论著有《跨文化视野下的中国基督教史论集》、《香港社会与文化史论集》（合编）、《香港中华总商会百年史》（合著）、《王韬与近代世界》（合编），以及 For the Future: Sir Edward Youde and Educational Changes in Hong Kong、James Legge: A Pioneer at Crossroads of East and West、Health Policy and Disease in Colonial and Post - colonial Hong Kong, 1841 - 2003（合著）等。

[①] 就 District Officer 一职的中文译名，本文采"理民府官"。此一译名常见于乡议局资料及报章之中，可谓约定俗成。有些中文报章简称为"理民府"，但是这个译名容易令人产生混乱，因为 District Office 也译成为"理民府"。1975年，在政府出版的法律词汇中奠对照表中，District Officer 一职的中文译名为"理民官"，而 District Office 译作"理民府"，见香港中文大学编纂《英汉法律应用词汇》，香港政府印务局，1975，第749页。虽然有了这一个划分，但是其后政府出版的刊物中，不时仍称"理民官"为"理民府"，见《香港一九七六》，港英政府，1977，第191页。至于1975年以后的一些报章及资料中仍把 District Officer 译为"理民府官"或"理民府"。因为本文所涉及的时段为20世纪60年代及以前，故 District Officer 一律译作"理民府官"。

田土官"（Assistant Land Officer）的梅塞尔（Charles Messer）处理。到了1899年年底，夏理德兼任"助理警察司"（Assistant Superintendent of Police），取代梅含理管辖新界的治安问题。换言之，"巡理府"及"助理警察司"两项职能是由一人负责，他的办事处设于北约。1905年1月1日，政府又委任一位"助理田土官"，获委任的是伍德（John Wood），他的办事处设于南约。换言之，新界有两位"助理田土官"，分别处于北约及南约。当政府完成《集体官契》后，在北约的"助理警察司"及在北、南约的"助理田土官"一起合作征收新界内的地税。"警察裁判司"无权处理与土地有关的纠纷，"助理田土官"亦无权代行"巡理府"之职。征收新界地税一事由"巡理府"监督。①

1907年9月27日，在殖民大臣维克多布鲁斯（Victor Bruce）的指示下，政府把原来已结合在一起的"巡理府"及"助理警察司"改名为District Officer，② 中文译作"理民府官"，其办事处名为District Office，中文译为"理民府"，设于大埔。1908年，在北约的"理民府官"及南约的"助理田土官"皆获授权处理在新界内涉及不多于200元的小额钱债的民事纠纷。1909年，北约的"助理田土官"改称为"助理理民府官"（Assistant District Officer）。"理民府官"及"助理理民府官"皆分享相同的权力。③

南约的职能及官衔改变发生于1910年2月。④ 南约"助理田土官"的官职改称为"副理民府官"（Assistant District Officer），并开始设有警察裁判司。1911年4月，助理警察司也获委任至南约理民府。南约的"副理民府官"与北约的"理民府官"及"助理理民府官"享有相同权力。⑤ 不

---

① "Report of the New Territories, 1899 – 1912," *Hong Kong Sessional Paper* 1912, No. 12, Hong Kong: Hong Kong Government, 1912, p. 44.

② "Appointment No. 635," *Hong Kong Government Gazette*, 27 – 9 – 1907, p. 1214.

③ "Report on the New Territories 1909", *Administrative Reports for the Year* 1909, Hong Kong: Hong Kong Government, 1910, p. H1.

④ 据奥姆的报告书，此为九月，详见 G. N. Orme, "Report on the New Territories, 1899 – 1912," *Hong Kong Sessional Papers* 1912, No. 12, Hong Kong: Hong Kong Government, 1912, p. 45。但据另一份报告则称是二月，详见 "Report on the New Territories 1910," *Administrative Reports for the Year* 1910, Hong Kong: Hong Kong Government, 1911, p. 110。笔者以为后者的时间与建立制度的时间较近，可靠性较大，故采后者之说。

⑤ "Report of the New Territories, 1899 – 1912," *Hong Kong Sessional Paper* 1912, No. 12, Hong Kong: Hong Kong Government, 1912, p. 45.

过，南约副理民府官最初的职权只限与土地有关的一切事宜，如征收土地税。① 1920 年，"副理民府官"改名为"南约理民府官"（District Officer, Southern District）。② 1925 年起，部分原属南约的新界地段因被划分为"新九龙"，其裁判管辖权就由南约理民府转交九龙裁判法院处理。③ 1920 年至 1941 年间，北、南两约分别由两位理民府官管理（期间只有 1928 年 8 月至 1930 年 7 月是两约理民府结合的）。④

1945 年 8 月，英国从日本取回香港，由英军管治香港。到了 1946 年 5 月 1 日，港督杨慕琦（Mark Young）才重掌香港，这意味着文官体系的管治机制重新启动。在这段从军人暂管到文官体系重新管治的过渡期内，在管治香港的具体方案上出现了许多问题，缺乏管治新界经验的官员令新界地区的情况尤为严重。而且，在军人暂管期间，除了金钱短缺外，人手经常调动也使管治新界显得更为困难。在这种情况下，政府把两约理民府的职能合并，并称为"新界理民府官"（District Officer, New Territories）。在不到九个月的过渡期里，就先后有三位官员担任"新界理民府官"一职，而"助理理民府官"的位置出现了更多的变动。⑤ 到了 1947 年 7 月，出现了第三位"助理理民府官"。另一方面，"新界理民府官"把西贡墟从北约划入南约，又把元朗及昔日北约以西的地方从北约划出。概言之，三位"助理理民府官"就是协助"新界理民府官"治理以大埔为中心的北约、南约及元朗三个分区。⑥

到了 1948 年，"新界理民府官"易名为"新界民政署署长"（District Commissioner, New Territories），其职能并无什么改变，仍是管理新界地区的最高官员。从 1948 年起，在"新界民政署署长"一职之下，复设三位

---

① "Report on the New Territories 1910," *Administrative Reports for the Year* 1910, Hong Kong: Hong Kong Government, 1911, p. I10.
② "Report on the New Territories 1920," *Administrative Reports for the Year* 1920, Hong Kong: Hong Kong Government, 1921, p. J10.
③ "Notices No. 111," *The Hong Kong Government Gazette*, 21-2-1925, pp. 61-62.
④ *Hong Kong Annual Departmental Report by the District Commissioner, New Territories for the Financial Year* 1966-67, Hong Kong: Hong Kong Government Printer, 1967, p. 1.
⑤ J. Barrow, *Annual Report of the District Office, New Territories for the Year* 1.5.1946-31.3.1947, Hong Kong: Hong Kong Government, 1947, p. 1.
⑥ J. Barrow, *Annual Report of the District Office, New Territories for the Year* 1st April 1947-31st March 1948, Hong Kong: Hong Kong Government, 1948, p. 1.

"理民府官",他们是由"助理理民府官"擢升的,管理范围仍然是元朗、大埔及南约三个分区。① 1952年起,"新界民政署"(New Territories Administration)负责官地的租赁、审批农地使用及建筑事宜等。"理民府官"仍留有保存所属范围土地登记资料、处理征收地税(Crown rent)以及主持小额钱债法庭与土地法庭的职权。②

1957年11月,增设一名"理民府官",其办事处设在大屿山梅窝,亦属南约。换言之,管辖的地区仍为三区,即元朗、大埔及南约,而"理民府官"的人数为四位。③ 踏入20世纪50年代,香港人口增长迅速,因而对住宅用地需求甚为迫切,而且工业发展亦需大量土地,故政府推出"新市镇发展计划"(New Towns Development),荃湾就是第一个新市镇。由于新市镇发展涉及的事务很多,故政府在1958年中旬至1959年初于荃湾增设一名"理民府官",④ "理民府官"的人数增至五位。1968年12月,政府意识到不能单靠南约理民府管理所有新界南的事务,故将南约理民府分为西贡及离岛两个理民府,前者管辖西贡和牛尾海,后者则专责离岛。⑤ 到了1974年,新界民政署由新界政务司掌管,并新设屯门及沙田理民府,"理

---

① Geoffrey Hamilton, *Government Departments in Hong Kong*, 1841 – 1969, Hong Kong: Hong Kong Government Printer, 1969, p. 48. See also J. Barrow, *Hong Kong Annual Report of the District Commissioner, New Territories for the Year 1st April 1948 – 31st March 1949*, Hong Kong: Hong Kong Government, 1949, p. 3.

② Pui-yin Ho, *The Administrative History of Hong Kong Government Agencies 1841 – 2002*, Hong Kong: Hong Kong University Press, 2004, p. 28.

③ *Hong Kong Annual Report 1957*, Hong Kong, Hong Kong Government, 1957, p. 360.

④ James Hayes, *Tsuen Wan: Growth of a New Town and its People*, Hong Kong, Oxford University Press, 1993, p. 183. 不过,1967年及1971年的年度报告分别指出,荃湾理民府的设立时间为1956年及1958年。见 *Hong Kong Annual Departmental Report by the District Commissioner, New Territories for the Financial Year 1966 – 67*, Hong Kong: Hong Kong Government Printer, 1967, p. 2 及 *Hong Kong Annual Departmental Report by the District Commissioner, New Territories for the Financial Year 1970 – 71*, Hong Kong: Hong Kong Government Printer, 1971, p. 2。虽然南约理民府与荃湾理民府的办公室同为加士居道36号,但是直至1958年5月有关荃湾工业用地的拍卖仍以南约理民府名义举行,首次以荃湾理民府之名义举行的拍卖则为1959年1月29日。见 "Auction Sale of Crown Land at the District Office Tsuen Wan," *South China Morning Post*, 19-1-1959, p. 19。故此,本文认为荃湾理民府的设立时间为1958年5月至1959年1月。

⑤ *Hong Kong Annual Departmental Report by the District Commissioner, New Territories for the Financial Year 1968 – 69*, Hong Kong: Hong Kong Government Printer, 1969, p. 3.

民府官"的人数亦增至七位。① 1982年11月,"政府行政改组,成立政务总署,新界事务改由新界政务署长管理。而各区的理民府,亦因应改为政务处"。②

二 "理民府官"之职权

"理民府官"及1948年后的新界民政署署长成为港英政府管治新界的最重要官员,③ 这样的结构到1974年发生了改变。换言之,新界与香港其他地方的地方行政制度是大相径庭的。据政治学学者迈乐文研究,新界不少居民称理民府官为"父母官",这与清朝中国平民百姓对地方官的称呼是一样的,这称呼意味着理民府官在地方上拥有家长式的政治权力。④ 政治学学者郑宇硕更指出理民府官的职能可看成与"副全权总督"(Semi-omnipotent Viceroy)无异。⑤ 故此,"父母官"一词不单代表理民府官需要处理平常的家庭纠纷,更表示其需要融入中国传统习俗文化,而非强行套用西方法律。1949年至1956年助理辅政司兼南约理民府裁判司高志(Austin Coates)便透过理解"洗澡"暗示"裸露"、"看见"意指"身体接触"的委婉表达,再巧妙地以"结婚"代替"负起责任",从而成功地解决因未婚少女怀孕而促成的纠纷。⑥ 不过,曾任南约理民府官的许舒则认为,"父母官"一词实际上是乡民提醒理民府应妥善履行照顾乡村习俗及利益的职责,当中略有责备之意。⑦

---

① 《香港:1973年的回顾》,香港政府印务局,1974,第184页;《香港:1974年的回顾》,香港政府印务局,1975,第184页;*Hong Kong Annual Departmental Report by the District Commissioner, New Territories for the Financial Year 1973 - 74*, Hong Kong: Hong Kong Government Printer, 1974, p. 1。
② 《荃湾二百年:历史文化今昔》,荃湾区议会出版,1991,第17页。
③ Shu - ming Huang, "Impacts of British Colonial Administration on Hong Kong's Land Tenure System," *New Asia Academic Bulletin* 6 (1986): 6.
④ Norman J. Miners, *The Government and Politics of Hong Kong* (4th ed), Hong Kong: Oxford University Press, 1986, p. 38.
⑤ Joseph Y. S. Cheng, "Elite Participation in Development Administration in the New Territories of Hong Kong", *The Journal of Commonwealth and Comparative Politics* 22: 3 (November 1984): 277.
⑥ Austin Coates, *Myself a Mandarin: Memoirs of a Special Magistrate*, Hong Kong: Oxford University Press, 1968, pp. 203 - 211.
⑦ James Hayes, "The New Territories Twenty Years Ago: From the Notebooks of a District Officer," *Hong Kong Journal of Public Administration* 2: 1 (June 1980): 62.

综合而言，理民府官除了担当地方上太平绅士的职能之外，他们负责的工作包括收集地税、土地管理、地区发展、生死注册、平衡香港法律与中国传统社会习俗中的矛盾，以及联络地区内各大氏族。① 根据现时港英政府档案处保存的少量理民府官文书资料，理民府官似乎主要处理原居民的土地业权及使用权等问题。② 此外，在理民府成立之初，港督卜力（Henry Blake）便指示"要尽量保留和利用乡村组织"，尤其是"透过乡村的仲裁机构解决当地案件"。虽然乡村仲裁机构因欠缺透明度很快被巡理府取代，但乡村领袖对稳定当地治安，以及在风俗、风水、继承权等方面的知识皆有助于理民府管治。③ 故此，理民府官需要积极与乡绅领袖建立良好关系，便成了政府管治新界的政策纲领。④ 因此，两位曾任南约理民府官的戈裴侣（Walter Schofield）及许舒（James Hayes）的私人通信便显示理民府官与乡村领袖（Headmen）交往频繁。这些乡村领袖的领导地位并非由理民府官所委任，而是由他们所属的地区组织或团体认可，但这并非意味着其由公开选举所产生。姑且勿论领袖身份的产生方法，他们确是地方上有势力的人物。因此理民府官可透过他们有效地调查一些问题及顺利地处理地方事务。⑤

---

① Patrick Hase, "The Work of the District Officer and His Role in New Town Development", in *The New Territories and its Future*: *Proceedings of a Symposium of the Royal Asiatic Society*, Hong Kong: Royal Asiatic Society Hong Kong Branch, 1982, p. 51 – 52. 又见 *Cheng*, *Op. Cit.*, pp. 277 – 278; 又见 G. B. Endacott, *Government and People in Hong Kong 1841 – 1962*, Hong Kong: Hong Kong University Press, 1964, p. 134。

② 其中两个例子为 "Lot 5300, S. D., 1 – District Officer South, recommends that the Lot should be classified as building land." （Serial Number: 99 – 16/Record ID: HKRS58 – 1 – 99 – 16）及 " Mr. Cheng Tsz In's Permits to maintain sheds on Lot 2226 and 2260, S. D., 1 – Cancellation of old permits formerly issued by District Officer, South, issue of new permits for the above including an additional shed on Lot 2265 S. D." （Serial Number: 139 – 34/Record ID: HKRS58 – 1 – 139 – 34.）。

③ "Report of the New Territories, 1899 – 1912," *Hong Kong Sessional Paper* 1912, No. 12, Hong Kong: Hong Kong Government, 1912, p. 45.

④ Patrick Hase, *The Six – day war of 1899*: *Hong Kong In the Age of Imperialism*, Hong Kong: Hong Kong University Press, 2008, 190.

⑤ A Letter dated 27 July 1962, from W. Schofield to James Hayes, "Letters of E. W. Hamilton, W. Schofield, and N. L. Smith, containing their reminiscences of the New Territories, Southern District between 1920 & 1924." （HKMS/83, private manuscript, Public Records Office, Hong Kong.）

日治时期后，港英政府在新界的管理走向专门化。新界民政署署长（或其部下"理民府官"）的职权渐渐被其他政府部门所取代。政治学者黄钜鸿对这些转变做了清楚的说明：裁判司的功能（包括刑事及民事诉讼）交回裁判司署负责（1954年）、居民册籍及生死注册的工作交回注册总署负责（1958年）及有关公共卫生的工作改由市政事务署负责（1960年）。踏入20世纪60年代，理民府的工作包括下列十三项：（1）搜集政治情报；（2）代表新界利益；（3）协调有关政府部门活动；（4）解释及争取新界居民支持政府施政计划；（5）管理土地；（6）治理难民临时居住问题；（7）鼓励地方发展；（8）仲裁纷争；（9）协助推行教育；（10）组织灾害善后工作；（11）社会福利工作；（12）与英军联络；（13）协办区内康乐事务及青少年活动。①

同时，巡视乡村视察发展状况以及聆听居民意见也是理民府的重要工作。② 早在20世纪30年代，由于熟悉土地法律的田土官鲜有认识乡村处理土地问题的传统习俗，理民府官便需要亲身到地区，与村民商讨相关的金钱及土地赔偿。③ 及至战后，政府积极发展新市镇，加上新界对公共服务如供水、供电、教育、道路、医疗等的需求殷切，理民府官更需要恒常视察。④

不过，由于理民府官只限于处理土地事宜，未能直接及即时满足地区需要。⑤ 及至20世纪60年代中旬，港督戴麟趾（David Trench）也意识到

---

① 黄钜鸿：《新界的静默革命：八十年代新界市镇化之发展》，载郑宇硕编《八十年代的香港：转型期的香港》，香港大学出版社，1981，第27~28页。另参考以下两份资料：Patrick Hase, "The District Office", ed. Elizabeth Sinn, *Hong Kong, British Crown Colony*, Hong Kong: Centre of Asia Studies, The University of Hong Kong, 2001, pp. 123 - 146 与 Denis Bray, *Hong Kong Metamorphosis*, Hong Kong: Hong Kong University Press, 2001, pp. 47 - 70。
② James Hayes, "The New Territories Twenty Years Ago: From the Notebooks of a District Officer," *Hong Kong Journal of Public Administration* 2: 1 (June 1980): 63.
③ W. Schofield, "Memories of the District Officer South, New Territories of Hong Kong," *Journal of the Royal Asiatic Society Hong Kong Branch* 17 (1997): 153.
④ James Hayes, "The New Territories Twenty Years Ago: From the Notebooks of a District Officer," *Hong Kong Journal of Public Administration* 2: 1 (June 1980): 63 - 66；《南约理民府长官韦辉约晤车约乡民代表 据谓政府有意积极发展新界 乡民表示有权利始能负义务》，《工商日报》1949年8月20日。
⑤ 《大埔理民府访四区绅会团拜商地方建设》，《华侨日报》1973年2月8日。

纾解民意及加强官民沟通的需要，"六七暴动"的爆发更强化了他实践这些观念的动力。① 民政司何礼文（David Holmes）便提议除了要提供予年青人参与公共事务的平台，更要让理民府在内的咨询架构有实际的行政权力，摆脱官僚体制，加强行政效能。② 因此，早于1966年11月完成的狄坚信报告书（The Dickinson Report）便建议政府以荃湾的理民府为地区行政的改革试点，将之扩充为处理公共服务、社会福利等事务的议会。③ 可是，由于戴麟趾认为报告的建议"比他预想的行前了一步"，④ 故决定于1968年5月10日在市区推行较温和、以理民官为蓝本的民政主任计划：由本地的年轻华人担任民政主任，透过联络街坊组织及小区领袖向小区阐述政府措施，并协调政府各部门加快行政效能。⑤

随着香港整体地方行政制度的改革，"新界的理民府亦逐步转向与市区民政处看齐"。⑥ 在急速都市化下，新市镇居民对于小区发展的期望和需求也随之上升，更希望有平台表达对社区发展的意见，⑦ 传统的管治方式逐渐不能应付当中的需求。故此，地区咨询委员会（District Advisory Boards）便于1977年成立，负责评估政府政策对社区的影响，以及鼓励政府按照地方需要施政。⑧ 同时，由于"以前理民府直接处理的事务，如土地登记、买卖、收地、发展、城市计划等工作，都已有独立的部门如地政

---

① "David Trench to Sir Arthur Galsworthy," FCO 40/235, 4-3-1969.
② "Minor Constitutional Changes in Hong Kong: The Urban Council and other Possibilities," FCO 40/237, 25-4-1969.
③ *Report of the Working Party on Local Administration*, Hong Kong: Hong Kong Government Printer, 1966, p. 18, p. 21.
④ "Transcript of Interviews with Sir David Trench", 23rd-24th April, 1987, Mss. Ind. Ocn. S. 337, Commonwealth and African Studies Collection, University of Oxford, 163. 值得指出的是，外交及联邦事务部一直支持狄坚信报告书的建议，在荃湾建立新议会。1970年7月，外交及联邦事务大臣休姆（Alec Douglas-Home）甚至质疑戴麟趾是否刻意排除此项建议。详见"Saving Despatch No. 272: Alec Douglas-Home to David Trench", FCO 40/305, 30-7-1970。
⑤ "City District Officer Scheme Hong Kong: Progress Report to 10th October, 1968," FCO 40/235, 10-10-1968.
⑥ 黄国华：《地方行政制度》，载郑宇硕主编《香港政制及政治》，天地图书出版公司，1987，第122页。
⑦ *Hong Kong Annual Departmental Report by the District Commissioner, New Territories for the Financial Year* 1973-74, Hong Kong: Hong Kong Government Printer, 1974, p. 1.
⑧ 《绿皮书：香港地方行政的模式》，香港政府印务局，1980，第4页。

署、拓展处、城市规划署等去独立工作",① 政府已有意重整地方政制。故此，政府于1980年发表《绿皮书：香港地方行政的模式》，就提升地区行政效率以及加强地区参与两大原则，咨询公众有关设立区议会的意见。② 由于政府收集的市民意见大多支持相关建议，故于1981年1月发表《香港地方行政白皮书》，决定将理民府与民政主任的制度合二为一，将香港划分为18区，每区设一区议会（District Board），以建立积极响应民意的地方政制。③ 1982年11月，政府正式进行改组，将理民府与民政主任合并为政务处（英文仍为District Office），它"仍然是每一个分区，负责各政府部门统筹和沟通联络的机构"。④ 同年，首届区议会选举正式举行。"理民府官"的历史角色告一段落。

（本文初稿完成于1998年，载于《历史教育论坛》第5期，香港浸会大学历史系出版，1998，第34~38页；后收录于刘智鹏主编《展拓界址：英治新界早期历史探索》，香港中华书局，2010，第64~70页。作者十分感谢朱维理先生协助补充本文的若干内容）

---

① 《荃湾二百年：历史文化今昔》，荃湾区议会出版，1991，第17页。
② 《绿皮书：香港地方行政的模式》，香港政府印务局，1980，第5~6页。
③ 《香港地方行政白皮书》，香港政府印务局，1981，第5~6页。
④ 《荃湾二百年：历史文化今昔》，荃湾区议会出版，1991，第17页。

香港新界乡事组织及乡约

萧国健[*]

一 香港新界乡事组织

清代香港及新界等地区位于广东省新安县境内，境内村庄属官富巡检司管辖，分官富司管属村庄及官富司管属客籍村庄。

（一）1898年以前香港及新界等地区之乡治

1898年以前，香港及新界等地区分乡、都、图及村等地方自治团体，由官谕选举区内绅耆或族中之德高望重者掌事。行保甲制：以十户为一排，十排为一甲，十甲为一保（里），设一地保及一总理，皆绅耆推举，并获官谕。

地保亦称乡保，属胥役，为地方警察之一种，负责查复禀请乡贤、名宦及节孝等之入祀，查报候选与候补官吏及赴考生员之身家，协助捕捉案犯，查察不善之徒，看管未决囚犯，验伤、验尸，并作报告，协办保甲、乡村联盟、冬防及团练等事务，和查报田园及赋役。

总理须为人正直，有家室及正业，负责协办乡村联盟、冬防及团练等事务，编审保甲，发给门牌，协助乡保办理调处管理区内人民之钱谷、户籍及婚嫁等事情，转达官方命令于区内及管理公共事业。

村务由耆老（村长、父老）及族长（族正）管理。耆老（村长、父老）须有资产、学识及民望，负责约束村民，禀报不善之徒，与乡保、总

---

[*] 萧国健，香港珠海学院中国历史研究所暨中国文学系教授，香港历史文化研究中心主任。

理协办村内条约，遇冬防及团练时，协助总理即抽村内壮丁，帮助丈量委员丈量田地。族长由族人自选，无官谕，负察举族内良莠及约束族内子弟之责。

势力较弱之家族或村庄组成乡村联盟（乡约），对抗邻近较强者。此为地方自治团体性质，官方不予规定，任由乡民自定呈报。该联盟无成文法根据，但有习惯乡规，合约由乡保及总理等执行，重要事务由村长、父老及族长办理。境内主庙为集会场所，共管墟市内之贸易利益，以神诞及打醮作联系活动。

（二）1899年后初期之村代表制

1899年后，新界转归英治，初期行村代表制。各区父老或乡绅于非正式聚会，商讨区内事务，处理与当局有关事情，父老被公认为地方领袖，被村民尊敬，为有相当影响力之人物，负责管理乡村大小事务。

（三）新界乡事委员会

此制度成立于战后初期，源出于村代表制：各乡事委员会有其组织章程，执行委员会委员由各村代表互选，担任乡事委员会各项要职，各乡事委员会主席为区议会之当然议员，出任区议会之工作小组主席。各乡事委员会委员协助推行新市镇之社区建立工作（如筹办文娱康乐活动），与政务署（前理民府）经常保持联系密切。其时，新界共有27乡、651村，各村由户主选举一或多位代表，共900多人，组成二十七乡事委员会。

（四）新界乡议局

新界乡议局之前身为新界农工商业研究总会，1926年，香港总督金文泰爵士改其名为新界乡议局，当时职权较现时为大：普通民事案件皆其办理。日治期间工作曾一度停顿，战后恢复。

1959年订立乡议局条例，乡议局成为政府之法定咨询机构，与新界政务署（前民政署）经常保持密切联系，今仍之。

（五）区域市政局

1977年，新界乡事委员会与市区组织（如互助委员会、分区灭罪委员会文康兴趣小组）合并组成地区咨询委员会。1981年改地区咨询委员会为区议会，成员包括官守及非官守之委任议员、市政局议员或乡事委员会主席。1985年成立临时区域议局，成员共24名，包括12名委任议员，9名从非市区之区域议会间接选出，3名为当然议员（乡议局主席及两名副主席）。

1986年更名区域市政局，与乡议局密切联系。区域市政局3名委任议员亦为乡议局成员，辖九行政区：离岛、北区、沙田、西贡、大埔、荃湾、葵青（1985年自荃湾分出）、屯门及元朗，各行政区下设分区，每区设分区委员会。

二　新界地区之乡约

（一）乡约的功能与组织

乡约为一依血缘关系或地缘关系，并订有规约之民众组织，[1] 目的为御敌卫乡，劝善惩恶，广教化，厚风俗，护山林，或应付差徭等。[2] 朝廷曾屡颁圣谕，通过乡约，推广于乡村社会。随着清朝统治之稳固，乡约之地位愈为稳固。[3] 乡约被赋予宣讲规约、支持教育与科举、应付差徭、经营乡约共同财产及买田置地等权利。乡约强化德治、厉行道德教化，乡约把传统道德和朝廷统治思想传递到官府政治力量所不及之地方，有效维系皇权之权威性与统治秩序。

乡约组织主要以地区范围为主，以宗族血缘范围为辅，城市以坊里相近者为一约，乡村以一图或一族为一约。其村人少者附大村，族小人少者附大族，合为一约。各类编一册，听约正约束。[4] 乡约之负责人为约正及约副，一般择德高望重之长者或居家先达缙绅一人为约正，二人为约副，通知礼文者数人为约赞，导行礼仪为司讲，陈说圣谕，又以读书童子十余人歌咏诗歌，其余士民俱赴约听讲。[5]

清末，新界地区势力较弱之家族或村庄，常会组织联盟，抗拒邻近之

---

[1] 陈柯云：《略论明清徽州乡约组织》，《中国史研究》1990年第4期。
[2] 黄强：《中国保甲实验新编》，正中书局，1936，第21页。
[3] 陆世仪：《论治邑》，载王日根《明清民间社会的秩序》，岳麓书社，2003，第403页。
[4] 卞利：《明清时期徽州的乡约简论》，《安徽大学学报（哲学社会科学版）》2002年第6期。
[5] 卞利：《明清时期徽州的乡约简论》，《安徽大学学报（哲学社会科学版）》2002年第6期。

较强者，联防互卫。此等自治团体所包括之区域，任由乡民自愿组合，官府对之并无限定，任由其自定呈报。此类联盟无成文法之根据，但有乡规习例之约束，且有订立合约，由乡民自选之总理及地保等维持执行，并获官方认可监督。

此类乡村联盟分两大类：其一为小地区内村落之联盟，以保区内治安太平为主；其二为数小地区之联盟，合组一较大区域之联盟，其目的除保境安民外，亦有为改善区内之社会环境及交通，并有经营墟市，发展贸易之意。此类联盟因有合约之管束，故称乡"约"。

（二）小区域及大地域之乡约

小区域内，由数村落合组乡约，以保境安民、联防互助为目的，包括如下。

衙前围七约：由衙前围、衙前塱、沙埔、隔坑、石鼓垒、打鼓岭及大磡七村组成。

西贡八乡：由大网仔、大埔仔、石坑、铁钳坑、氹芴、黄毛应、坪墩及蛇头等村组成。

沙田沙田头约：包括塑茔坑及沙田头二村。

大埔汀角约：由汀角、上山寮、下山寮、犁壁山、芦慈田、龙尾及大尾督七村组成。

由数小地区所组成之数乡约组织合组之联盟，除保境安民、联防互助外，亦起改善区内社会环境之作用，并经营墟市贸易，举小宗教庆典。此类大地域合组之乡约，较著者有沙田九约及大埔七约。

沙田九约，包括如下。

大围约：只由大围一村组成。

田心约：只由田心一村组成。

径口约：包括上径口、下径口及显田村。

隔田约：包括山下围及隔田村。

排头约：包括上禾輋、下禾輋及铜锣湾。

火炭约：包括百子窝、禾寮坑、落路下、黄竹洋、山尾、河沥背、石寮洞、坳背湾、长沥尾、马料、马料水、龟地、赤泥坪及面房。

沙田头约：包括塑茔坑及沙田头村。

沙田约：包括茅笪、十二笏、新塘村、元洲角、王屋村及灰窑下。

小沥源约：包括插桅杆、牛皮沙、见咀、观音山、茂草岩、老鼠田、芙蓉别、黄坭头、大峯、花蕊坑、石鼓垄、南山及大蓝寮。

该约共有40余村，下分九分约，以车公庙为主庙，供奉车大元帅，十年一届建醮酬神，约内各村亦多参与，此举直接促进各村之联系，发扬互助精神。此俗至今仍存。

大埔七约，包括如下。

泰亨约：包括灰沙围、青砖围（中心围）及祠堂村。

林村约：保商白牛石、下白牛石、梧桐寨、寨乸、大芒峯、麻布尾、水窝、坪朗、大菴村、龙丫排、田寮下、塘上村、新塘、新村、社山、钟屋村、新屋仔、放马莆、坑下莆、较寮下、围头、南华莆、莲澳李屋及莲澳郑屋。

翕和约：包括老泮涌、南坑、凤园、上黄宜澳、下黄宜澳、大埔窖、上碗窑、下碗窑、荔枝山、元墩下、打铁岘、半山洲、燕岩及新屋。

集合约：包括沙洞张屋村及李屋村、吓坑村、詹坑村、詹屋村、船湾陈屋陈及李屋村、黄鱼滩村、霞地吓村、沙栏村、沙头角村、围吓村、洞梓村、井头村及丫山村。

樟树滩约：包括樟树滩及大埔尾。

汀角约：包括汀角、上山寮、下山寮、犁壁山、芦慈田、龙尾及大尾督。

粉岭约：包括粉岭围及粉岭楼。

该约共有60余村，下分七分约，1891年组成七约乡公所，创立太和市，并建立文武庙，作为办公场所，处理乡事。太和市现称大埔墟，墟内文武庙仍存，惟七约大楼已于1990年落成，七约乡公所办公室亦已迁该大楼内。

（原文载于萧国健《探本索微：香港早期历史论集》，香港中华书局，2015，第214~222页）

香港的宪治发展：从殖民统治区到特别行政区

陈弘毅[*]

一　前言

在过去二十年，宪政的事业在东亚和东南亚地区大有进展，[①] 而香港是其中一个值得研究的实践个案。

我国已故领导人邓小平在20世纪70年代末提出"一国两制"这个概念时，[②] 原意是促进台湾地区与祖国大陆的和平统一，但台湾方面拒绝接受这个安排。[③] 1984年，中英两国签署《关于香港问题的联合声明》，英

---

[*] 陈弘毅，美国哈佛大学法学硕士，现任香港大学法律学院教授。
[①] 东亚和东南亚的有关个案可理解为亨廷顿所谓的 "第三波民主" 的一部分，参见 Samuel P. Huntington, *The Third Wave*: *Democratization in the Late Twentieth Century*, Norman and London: University of Oklahoma Press, 1991; Larry Diamond and Marc F. Plattner (eds), *The Global Resurgence of Democracy*, Baltimore: John Hopkins University Press, 1993; Dennis Austin (ed), *Liberal Democracy in Non - Western States*, St. Paul: Professors World Peace Academy, 1995；田弘茂等编《巩固第三波民主》，业强出版公司，1997；田弘茂等编《新兴民主的机遇与挑战》，业强出版公司，1997；倪炎元《东亚威权政体之转型：比较台湾与南韩的民主化历程》，月旦出版公司，1995。
[②] 参见赵春义编《　国两制概论》，吉林大学出版社，1988；赵小芒等《一个国家　两种制度》，解放军出版社，1989；中共中央文献研究室编《一国两制重要文献选编》，中央文献出版社，1997；《邓小平论 "一国两制"》，三联书店，2004。
[③] 参见 Ying - jeou Ma, "Policy Towards the Chinese Mainland: Taipei's View", in Steve Tsang (ed), *In the Shadow of China*: *Political Developments in Taiwan Since 1949*, Hong Kong: Hong Kong University Press, 1993, chapter 8；耶鲁两岸学会《迈向21世纪的两岸关系》，时报文化，1995；石之瑜《两岸关系论》，扬智文化，1998；许宗力《宪法与法治国行政》，元照出版公司，1999，第239页。

国政府承诺于 1997 年把香港交还中华人民共和国, 于是香港成了实行"一国两制"的首个试验场。①

香港岛于 1842 年割让予大英帝国。在英国殖民统治下的香港, 政府采用的是一种软性的威权主义。政治权力紧握于由伦敦委任的香港总督手中, 全体立法局议员均由他任命。与此同时, 香港沿袭了英格兰的普通法法治和司法独立的传统; 20 世纪 60 年代后期的暴动过后, 香港人权保障的水平也逐渐提高。②

在 20 世纪 50 年代至 70 年代, 香港的经济发展蓬勃, 成为"亚洲四小龙"之一。③ 80 年代, 香港出现民主化的曙光, 香港的立法局在 1985 年首次有部分议席由选举产生。④ 1990 年, 我国全国人大制定了《中华人民共和国香港特别行政区基本法》, 此法于 1997 年在香港实施。1991 年, 香港立法局通过了《香港人权法案条例》, 开启了香港法制史上的"违宪审查"时代, 香港法院开始建立起一套关于人权法的案例。同年, 香港亦举行了立法局选举, 首次有部分议席由"直接选举"(全民普选)产生。1997 年回归祖国后, 新成立的香港法院在香港终审法院的领导下继续在宪法性诉讼案件中发挥着重要作用, 而立法会(相当于回归前的"立法局")中由

---

① 葡萄牙统治下的澳门 1999 年也在"一国两制"的框架下回归中国, 可参见谭志强《澳门主权问题始末 (1553~1993)》, 永业出版公司, 1994;《澳门基本法文献集》, 澳门日报出版社, 1993; 骆伟建:《澳门特别行政区基本法概论》, 澳门基金会, 2000; 萧蔚云等编《依法治澳与稳定发展: 基本法实施两周年纪念研讨会论文集》, 澳门科技大学出版, 2002。

② 关于香港的历史, 可参阅 G. B. Endacott, *A History of Hong Kong*, Hong Kong: Oxford University Press, 2nd ed 1964; G. B. Endacott, *Government and People in Hong Kong 1841 - 1962*, Hong Kong: Hong Kong University Press, 1964; Frank Welsh, *A History of Hong Kong*, London: HarperCollins, 1993; Steve Tsang, *A Modern History of Hong Kong*, Hong Kong: Hong Kong University Press, 2004; 刘蜀永编《简明香港史》, 香港三联书店, 1998; 蔡荣芳:《香港人之香港史 1841~1945》, 牛津大学出版社, 2001; 王赓武编《香港史新编》, 香港三联书店, 1997。

③ 参见 Ezra F. Vogel, *The Four Little Dragons*, Cambridge, Mass: Harvard University Press, 1991。

④ 关于香港的民主化, 可参阅 Kathleen Cheek - Milby, *A Legislature Comes of Age: Hong Kong's Search for Influence and Identity*, Hong Kong: Oxford University Press, 1995; Lo Shiu - hing, *The Politics of Democratization in Hong Kong*, Basingstoke and London: Macmillan Press, 1997; Alvin Y. So, *Hong Kong's Embattled Democracy*, Baltimore: John Hopkins University Press, 1999; 刘兆佳:《过渡期香港政治》, 广角镜出版社, 1996; 黄文娟:《香港的宪制与政治》, 国家发展基金会, 1997。

全民直接选举产生的议席的比例则逐步增加。

宪法的主要元素包括法治、宪法（或宪法性法律）至上、分权制衡、司法独立及人权保障，尤其是确保权力的行使受到法律的约束，选举按既定规则进行，最高领导人的政治权力有序地转移。广义的宪政主义概念不单可以用来讨论一个国家的情况，也可用来讨论像香港一样的具有高度自治权的地区。20 世纪 80 年代以来，香港在宪政建设方面取得了一定的成绩。

二 宪治在香港的源起及演变

宪治虽然是现代西方文明的产物，但与科学一样，它具有普遍意义，已广泛为全人类所接纳，作为政治和法律的理论和实务的典范。在过去两个世纪，宪治的运作模式已被移植到全球每一个角落。拥有 部宪法，成了现代主权国家的特征之一；不同政治意识形态的国家，无论是奉行资本主义，抑或社会主义，都宣称其宪法在其国土上有至高无上的权威。宪治，就正如科学、民主、人权一样，被视为现代化的指标之一。

然而，近代史告诉我们，统治者经常对其国家的宪法和宪治口惠而不实。真正实施宪治，并不容易；不少发展中国家尝试模仿西方，在本土建立宪治，但却以失败告终。比较宪法学学者 Karl Loewenstein[①] 在考察不同国家的情况后，曾把宪法区分为三种：名义性宪法（nominal constitutions）、文字性宪法（semantic constitutions）和规范性宪法（normative constitutions）。名义性宪法与该国的政治制度的现实脱节，仅为一纸空言；文字性宪法提供一些关于该国的政治制度及其运作的有用资讯，但并不能约束从政者的行为。规范性宪法真正决定当权者如何产生，它能真正监督权力的行使和不同权力机关之间的关系；从政者均认真地看待宪法的条文，并自愿接受其约束。由此可见，规范性宪法的存在乃宪治得以成功实施的重要元素。

---

① Karl Loewenstein, *Political Power and the Government Process*, Chicago: University of Chicago Press, 1957, pp. 147 – 153.

正如 Nino 指出，宪治一词"有不同的含义，其深浅度不一"。① 这些含义包括（1）法治（政府依法施政）；（2）宪法性条文高于一般立法；（3）法律应具有某些特性，如普遍性、确定性、公开性、无追溯力和不偏不倚地执行；（4）权力分立和司法独立；（5）个人权利的保障；（6）司法审查；（7）民主。可是，这个分析并未厘清宪治中上述各项元素的相互关系。就本文的讨论而言，宪治可理解为以下两种制度的结合：一个奉行法治原则（包括上述第 1、3 和 6 项元素）的法律制度，加上一个实行权力分立和内部制衡的政治制度，而此两者的结合确保人权得到尊重和保障。② 宪治的实施有程度之分，因为人权保障有程度之分。公民的政治权利乃人权的一种，一个充分实现公民政治权利的政体，便是民主政体。从这个角度看，"民主"是"宪治"的最高层次的体现。③

香港宪治的发展（特别是法治、司法独立和人权保障）是英国殖民统治的产物。④ 长期以来，香港享有的一定程度的宪政（但不是民主宪政）乃建基于一部殖民体制的宪法和殖民政府的实践与惯例，直至 1997 年 7 月 1 日，香港回归中国，成为一个特别行政区，香港的宪政的基础乃转移为我国

---

① Carlos Santiago Nino, *The Constitution of Deliberative Democracy*, New Haven: Yale University Press, 1996, p. 3.
② 参见陈弘毅《法理学的世界》，中国政法大学出版社，2003，第 108，119~120 页。
③ 以英国为例，英国在 17 世纪末（即"光荣革命"后）已初步完成宪政的建设，成为一个君主立宪的国家，但其民主化在 20 世纪才完成。参见 Carl J. Friedrich, *Constitutional Government and Democracy: Theory and Practice in Europe and America*, Boston: Ginn & Co., rev. edition, 1950, p. 2, p. 31, p. 45, p. 50, p. 128; John Canning (ed), *The Illustrated Macaulay's History of England*, London: Weidenfeld and Nicolson, 1988; W. A. Speck, *A Concise History of Britain 1707 – 1975*, Cambridge: Cambridge University Press, 1993; 布勒德（S. Reed Brett）：《英国宪政史谭》，陈世第译，中国政法大学出版社，2003；比几斯渴脱著、清代翰墨林编著印书局编译《英国国会史》，中国政法大学出版社，2002。
④ 关于香港被殖民时期（尤其是 20 世纪 80 年代）的宪法、政治与法律制度，可参阅 Norman Miners, *The Government and Politics of Hong Kong*, Hong Kong: Oxford University Press, 4th ed. 1986; Peter Wesley - Smith, "Constitutional and Administrative Law in Hong Kong", *China and Hong Kong Law Studies*, volume I, 1987, volume II, 1988; Peter Harris, *Hong Kong: A Study in Bureaucracy and Politics*, Hong Kong: Macmillan, 1988; Peter Wesley - Smith, *An Introduction to the Hong Kong Legal System*, Hong Kong: Oxford University Press, 1987。

的全国人民代表大会制定的《中华人民共和国香港特别行政区基本法》。[①]

直至 20 世纪 80 年代，英国在香港的殖民统治的法理依据，除了清朝政府与大英帝国签订的三条（分别关于香港岛、九龙半岛的割让和"新界"的租借）"不平等条约"外，[②] 便是由英皇颁布的《英皇制诰》（Letters Patent）和《皇室训令》（Royal Instructions）[③]。这两部宪法性文件与大英帝国在亚、非等地区的殖民地所用的宪法性文件类似，[④] 它们都是在 19 世纪写成的文件，内容相当简陋，可以体现出宪政主义的条文不多。港督手握大权，施政时由行政局和立法局辅助，两局的成员（包括身为殖民政府官员的"官守议员"和由社会人士出任的"非官守议员"）都是由港督挑选委任。除了一个市政机构（称"市政局"，负责公众健康、环境卫生和管理文娱康乐设施等工作）是由狭窄的选民基础产生外，[⑤] 并没有其他民主选举。[⑥] 港英政府的统治模式是所谓"行政吸纳政治"[⑦]，即由港督委任香港商界和专业界的精英人士进入行政局和立法局，以及各种咨询委员会，以便在政策制定时作出咨询，寻求共识。正如在英国的其他殖民地一样，英国把其普通法传统、法治模式、司法独立的精神和区分为律师（solicitors）与大律师（barristers）的法律职业模式移植到香港。[⑧] 《英皇制

[①] 参见肖蔚云编《一国两制与香港特别行政区基本法》，文化教育出版社，1990；王叔文编《香港特别行政区基本法导论》（修订版），中共中央党校出版社，1997；王泰铨《基本法》，三民书局，1995；Yash Ghai, *Hong Kong's New Constitutional Order*, Hong Kong: Hong Kong University Press, 2nd ed., 1999。

[②] 参见刘蜀永《香港的历史》，新华出版社，1996，第 2~4 章及附录 1；余绳武、刘存宽编《19 世纪的香港》，麒麟书业，1994；Peter Wesley-Smith, *Unequal Treaty 1898-1997*, Hong Kong: Oxford University Press, revised edition, 1998。

[③] 参见 Norman Miners, *The Government and Politics of Hong Kong*, 第 5 章及附录；Peter Wesley-Smith, *Constitutional and Administrative Law in Hong Kong*, volume I, chapter 4。

[④] 参见 Kenneth Roberts-Wray, *Commonwealth and Colonial Law*, London: Stevens & Sons, 1966；Albert H. Y. Chen, "From Colony to Special Administrative Region: Hong Kong's Constitutional Journey", in Raymond Wacks (ed), *The Future of the Law in Hong Kong*, Hong Kong: Oxford University Press, 1989, p. 76, at pp. 76-79。

[⑤] 参见范振汝《香港特别行政区的选举制度》，三联书店，2006，第 39~43 页。

[⑥] 关于香港原有的政治体制，参见 Norman Miners, *The Government and Politics of Hong Kong*，及 Steve Tsang (ed), *Government and Politics: A Documentary History of Hong Kong*, Hong Kong: Hong Kong University Press, 1995。

[⑦] Ambrose King（金耀基），"Administrative Absorption of Politics in Hong Kong", 成名编《港英政府与政治》，牛津大学出版社，2003，第 69 页。

[⑧] 参见 Wesley-Smith, *An Introduction to the Hong Kong Legal System*, 第 11 章。《英皇制

诰》和《皇室训令》等殖民地宪法文件中没有人权法案,不少香港法例对言论自由、结社自由和集会游行等自由作出了远超于英国本土法律的限制,虽然政府在实践中并不经常地严格执行这些法例。①

然而,吊诡的是——有人更认为是奇迹的是,虽然香港没有一部符合民主宪政理念的宪法性文件,但到了20世纪70年代,英国殖民管治下的香港市民却能享受到了相当程度的公民权利(包括人身自由、言论自由、新闻自由、出版自由、结社自由和示威自由)。② 20世纪70年代以来,港英政府的管治效率及其法治精神,在亚洲国家和地区之中名列前茅。③ 公民享有多少自由和人权是宪政主义实施的重要指标之一,而香港在20世纪70年代的人权记录比"亚洲四小龙"的其他三者(即新加坡、台湾和南韩)为佳。在 A Modern History of Hong Kong 一书中,历史学家 Steve Tsang 把20世纪80年代初期——也就是中英两国开始就香港前途问题进行谈判时——的港英政府形容为"以中国政治传统的标准来说的最佳政府":

  港英政府在它以往的记录的基础上逐步回应1945年后的转变,创造出一种吊诡的情况。一方面,它在本质上仍是一个英国殖民政府,另一方面,它却符合了儒家传统中一个理想政府须具备的基本条件,即施政效率高、公平、廉洁、实行仁政(纵使是家长式的管治),并且不干扰一般市民的生活。④

这段文字或许有点言过其实,但可以肯定的是,20世纪80年代初期,绝大部分香港人对香港当时的政治现状大致满意。到了20世纪70年代,

---

① 参见陈弘毅《香港法制与基本法》,广角镜出版社,1986,第45页;陈文敏《人权在香港》,广角镜出版社,1990;Raymond Wacks (ed) Civil Liberties in Hong Kong, Hong Kong: Oxford University Press, 1988; Nihal Jayawickrama, "Public Law", in Raymond Wacks (ed), The Law in Hong Kong 1969-1989, Hong Kong: Oxford University Press, 1989, Chapter 2。

② 关于东亚和东南亚各国的人权历史和现况,参见 Kenneth Christie and Denny Roy, The Politics of Human Rights in East Asia, London: Pluto Press, 2001; Randall Peerenboom, Carole J. Petersen and Albert H. Y. Chen (eds), Human Rights in Asia, London: Routledge, 2006。

③ 关于东亚和东南亚各国的法治的历史和现况,参见 The Rule of Law: Perspectives from the Pacific Rim, Washington, DC: Mansfield Center for Pacific Affairs, 2000; Randall Peerenboom (ed), Asian Discourses of Rule of Law, London: Routledge Curzon, 2004。

④ Steve Tsang, A Modern History of Hong Kong, Hong Kong: Hong Kong University Press, 2004, p.197.

港督麦理浩（MacLehose）推出新的劳工、社会政策和福利政策，① 又成立廉政公署以厉行反贪污，② 港英政府的认受性更进一步提高。战后出生的新一代香港人与他们从大陆逃难来港的上一辈的情况不同，新生一代从未在中国大陆生活，他们以香港为家，"香港人"这一自我身份认同感开始建立。③ 香港没有像台湾一样出现过独立运动，因为英国在香港的殖民管治享有稳定的社会基础：绝大多数香港人都自愿接受英国的管治；香港没有所谓"异见人士"（虽然有反对政府个别政策的压力团体，④ 但没有旨在推翻港英政府的组织或意识形态）或政治因犯（虽然在香港的中国共产党党员和爱国人士长期受到港英政府的监视和歧视⑤）。港英政权的稳固性，⑥ 可以解释为什么港英政府愿意给予香港人较多的人权和自由。

总的来说，到了20世纪80年代初期，香港是一个在亚洲地区里令人羡慕的法治社会和开放社会，市民享有一定程度的公民权利，而且经济蓬勃发展；但这一切却是建基于英国的殖民统治和一些简陋的宪法性文件之上的。这些文件没有明文保障人权，也没有设立民主选举的制度。这个情

---

① Steve Tsang, *A Modern History of Hong Kong*, p. 192; Joe England and John Rear, *Industrial Relations and Law in Hong Kong*, Hong Kong: Oxford University Press, 1981, pp. 21 – 23, 203 – 205; Nelson W. S. Chow, "A Review of Social Policies in Hong Kong", in Alex Y. H. Kwan and David K. K. Chan (eds), *Hong Kong Society: A Reader*, Hong Kong: Writers' & Publishers' Cooperative, 1986, Chapter 6.

② 参见 H. J. Lethbridge, *Hard Graft in Hong Kong: Scandal, Corruption and the ICAC*, Hong Kong: Oxford University Press, 1985。

③ 参见 Steve Tsang, *A Modern History of Hong Kong*, pp. 190 – 196；吕大乐《香港故事——"香港意识"的历史发展》，高承恕、陈介玄编《香港：文明的延续与断裂?》，联经出版公司，1997，第1页；谷淑美：《文化、身份与政治》，谢均才编《我们的地方 我们的时间 香港社会新编》，牛津大学出版社，2002，第12章；David Faure, "Reflections on Being Chinese in Hong Kong", in Judith M. Brown and Rosemary Foot (eds), *Hong Kong's Transitions, 1842 – 1997*, Basingstoke: Macmillan Press, 1997, Chapter 5。

④ 参见 Norman Miners, *The Government and Politics of Hong Kong*, Hong Kong, Oxford University Press, 4th ed. 1986, chapter 13；吕大乐：《压力团体政治与政治参与——本地经验的观察》，郑宇硕编《过渡期的香港》，香港三联书店，1989。

⑤ 关于香港的右派（亲国民党）和左派（亲中共）政治势力及其与港英政府的关系，可参阅许之远《1997香港之变》，展承文化出版公司，1997，第2章；余绳武、刘蜀永编《20世纪的香港》，麒麟书业，1995，第8、9章。

⑥ 参见 Norman Miners, *The Government and Politics of Hong Kong*, Hong Kong: Oxford University Press, 4th ed. 1986, Chapter 3; Lau Siu – kai, *Society and Politics in Hong Kong*, Hong Kong: Chinese University Press, 1982; Ambrose Y. C. King and Rance P. L. Lee (eds), *Social Life and Development in Hong Kong*, Hong Kong: Chinese University Press, 1981.

况，便是20世纪80年代以后香港的民主化和宪政创新的起点。

三 20世纪80年代以来香港的宪政创新

1976年毛泽东逝世，邓小平在20世纪70年代末成为中国共产党的领导人，其决定实施"改革开放"政策。为了促进两岸的和平统一，邓小平提出"一国两制"的创新性概念。根据"一国两制"的构想，大陆和台湾实现和平统一后，原来在台湾实行的资本主义与在大陆实行的社会主义将和平共存，台湾地区实施在中国主权下的高度自治，在统一后保留其原有的社会、经济和其他制度。1982年底通过的新的《中华人民共和国宪法》（即中华人民共和国第四部宪法）第31条为在中国境内设立"特别行政区"提供了宪法依据，规定在特别行政区内可实行与中国大陆不同的制度。

1982年9月，中英两国政府就香港前途的问题展开谈判。[1] 究其原因，不是中国主动向英国提出要求要收回香港的主权，而是英国政府在20世纪80年代初期开始担心，1997年后，港英政府在已成为香港这个城市的重要部分的"新界"地区的管治将再没有法理基础（香港岛和九龙半岛分别在1842年和1860年永久割让予英国，但清政府在1898年只把"新界"租予英国99年），所以希望争取中国政府同意让英国在1997年后继续管治整个香港。

中国政府认为，英国在香港的殖民统治所建基的三个条约都是"不平等条约"，对中国政府没有约束力。回顾中国近代史，中国在鸦片战争中战败而被迫割让香港，与中华民族在整个近代史中饱受西方列强的欺负和侮辱密不可分，怀着强烈的民族主义情感的中国共产党，坚决拒绝了英国政府关于继续合法地管治香港的要求。虽然"一国两制"原为台湾而设，但在与英国谈判香港前途的过程中，中方向英方提出这个概念，作为解决

---

[1] 关于中英谈判及香港回归的历程，参阅齐鹏飞《邓小平与香港回归》，华夏出版社，2004；李后：《回归的历程》，三联书店，1997；钟士元：《香港回归历程》，香港中文大学出版社，2001；Steve Tsang, *Hong Kong: An Appointment with China*, London: I. B. Tauris, 1997; Mark Roberti, *The Fall of Hong Kong: China's Triumph and Britain's Betrayal*, New York: John Wiley & Sons, 1994。

香港前途问题的关键。

中方的构思是，整个香港在1997年7月回归中国，成为中国的一个"特别行政区"（下称"特区"）。香港特区将享有高度自治权，实行"港人治港"；香港原有的社会、经济及法律等制度及香港市民的生活方式和人权自由将维持不变，中国政府不会在香港实行社会主义或大陆的其他制度，共产党干部不会加入香港特区政府。"一国两制"的方针政策及中国政府就1997年后的香港特区作出的承诺将会写进《香港特别行政区基本法》（下称《基本法》），作为香港的宪制性文件。经过近两年艰辛的谈判，英国政府别无选择，只有接受中方的建议。在1984年，双方终于签订中英两国《关于香港问题的联合声明》。

《基本法》的起草自1985年开始，1990年获全国人民代表大会通过，这无疑是中华人民共和国法制史上最重要的宪法性文件之一。[1]《基本法》作为香港特区的"小宪法"，勾画出香港的政治体制，厘清香港特区政府与中央人民政府的关系，并确保香港原有的社会和经济制度、法律、法治传统、人权和公民自由得以延续下去。要成功达到这些目的，并使"一国两制"成功落实，《基本法》必须是一部"规范性的宪法性文件"（套用Loewenstein的用语）。

为了完成起草《基本法》的工作，全国人大常委会委任了一个由内地和香港人士组成的"基本法起草委员会"，又在香港成立了"基本法咨询委员会"，成员包括社会上不同界别和阶层的人士。[2]《基本法》的第一稿[即《基本法（草案）征求意见稿》]在1988年4月公布，经过广泛咨询，《基本法》的第二稿[即《基本法（草案）》]对初稿作出了不少修订，并在1989年2月公布，再进行咨询。最终的定稿在1990年4月由全国人民代表大会通过，准备于1997年实施。

在《基本法》的草拟过程中，最具争议性的课题包括香港特区的政治

---

[1] 参见肖蔚云编《一国两制与香港特别行政区基本法》，文化教育出版社，1990；许崇德《中华人民共和国宪法史》，福建人民出版社，2003；张结凤等《不变，五十年？中英港角力基本法》，浪潮出版社，1991；Peter Wesley‑Smith and Albert H. Y. Chen (eds), *The Basic Law and Hong Kong's Future*, Hong Kong: Butterworths, 1988; Ming K. Chan and David J. Clark (eds), *The Hong Kong Basic Law*, Hong Kong: Hong Kong University Press, 1991。

[2] 参见肖蔚云编《一国两制与香港特别行政区基本法》，文化教育出版社，1990；以及Emily Lau, "The Early History of the Drafting Process", in Peter Wesley‑Smith and Albert H. Y. Chen (eds), *The Basic Law and Hong Kong's Future*, Hong Kong: Butterworths, 1988, Chapter 6。

体制应民主到什么程度，以及中央政府对香港事务享有多大的权力。① 正如上文提及的，战后出生的香港人有较强的"香港人"的自我身份认同感，但直至20世纪80年代初期，香港既没有出现过争取香港独立的运动，也没有争取香港回归中国的运动（上述1967年的暴动除外）。中英两国政府在1982年就香港前途问题展开谈判，当时的政治精英、学术界和民意领袖的意见主要有以下两种：一部分人期望香港能维持现状；另一些则赞成香港回归中国并根据"一国两制"的构想实行高度自治，但同时坚持高度自治必须以民主为依归。这种"民主回归"的思想一方面支持"港人治港"的原则，另一方面强调治港的港人必须由全体香港市民选举产生。②

《基本法》的起草与港英政府在《联合声明》签署后推行的政制改革基本上是同步进行的，两者产生了互动。港英政府政制改革的进程大致如下。③ 1982年，各区区议会（地方层次的咨询组织）正式成立，其成员部分由政府委任，部分在区内由普选产生。与此同时，市政局的选民基础扩大至全民。1985年，立法局的部分议席首次由选举产生（以前全体议员都是由港督委任），虽然这仍未是普选，而是各"功能组别"的选举，如商界（界定为香港总商会的成员和香港中华总商会的成员），工业界（香港工业总会的成员和香港中华厂商联合会的成员），金融界（香港银行工会的成员），劳工界（由所有已注册的工会组成）以及分别由所有律师、医生、工程师、教师组成的功能组别等。同时，区议会、市政局和新成立的（为新界地区而设的）区域市政局亦可选出代表进入

---

① 参见司徒华、李柱铭《对基本法的基本看法》，香港出版，1988；William McGurn (ed.), *Basic Law, Basic Questions*, Hong Kong: Review Publishing Company, 1988。
② 参见《民主改革与港人治港——"汇点"文件集》，曙光图书，1984；郑赤琰《收回主权与香港前途》，广角镜出版社，1982。
③ 参见 Athleen Cheek-Milby, *A Legislature Comes of Age: Hong Kong's Search for Influence and Identity*, Hong Kong: Oxford University Press, 1995; Lo Shiu-hing, *The Politics of Democratization in Hong Kong*, Basingstoke and London: Macmillan Press, 1997; Alvin Y. So, *Hong Kong's Embattled Democracy*, Baltimore: John Hopkins University Press, 1999；刘兆佳《过渡期香港政治》，广角镜出版社，1996；黄文娟《香港的宪制与政治》，国家发展基金会，1997；雷竞璇《香港政治与政制初探》，香港商务印书馆，1987；李明堃《变迁中的香港政治和社会》，香港商务印书馆，1987；郑宇硕、雷竞璇《香港政治与选举》，牛津大学出版社，1995；蔡子强等《选举与议会政治：政党崛起后的香港崭新政治面貌》，香港人文科学出版社，1995；蔡子强《香港选举制度透视》，明报出版社，1998；马岳、蔡子强《选举制度的政治效果：港式比例代表制的经验》，香港城市大学出版社，2003。

立法局。①

1987年，港英政府再开展政制发展的咨询，②社会上出现了激烈的辩论，争议的焦点在于1988年的立法局选举应否开放部分议席在各地区由直接选举（即全民普选）产生。政界中的"民主派"、学术界和不少社团都致力于推动在1988年举行立法局的局部直选，但中国政府、香港的爱国人士和商界对在香港急速引进直接选举有所保留，认为《基本法》尚未草拟完成，应由《基本法》作出规定的1997年后香港的政制模式尚未有定论，故港英政府不应单方面改变香港的政治制度，以免造成既成事实强加于将来的香港特别行政区。最终港英政府作出妥协，宣布1988年不在立法局引入直选，但承诺会在1991年进行立法局首次的局部直选。③

1990年由全国人大通过的《基本法》没有否决实现全民直接选举的可能性，它规定要"根据香港特别行政区的具体情况和循序渐进的原则"发展香港的政治体制，最终达至全民普选行政长官和立法会全体议员的目标。④然而，这个最终目标并不会在香港特区于1997年成立后的短期内实现。《基本法》和相关的第一届特区政府的产生办法⑤规定，首两任行政长官分别由四百人的推选委员会和由功能组别选举产生的八百人的选举委员会选举。立法会方面，全民分区普选的议员人数将由第一届立法会的20席（全体议员人数是60人），增加至第二届的24席和第三届的30席，其余议席主要由功能组别选举产生（第三届立法会的其余议席全部由功能组别选举产生，而首两届立法会有部分议席由选举委员会选举产生）。⑥

《基本法》可算是一部具有宪治色彩的宪法性文件：它规定了人权的保障，容许立法机关根据若干选举规则，自由和开放地选举产生，并设立了特区行政长官与立法会之间的分权制衡机制。⑦基本法起草委员会主任委员姬

---

① 参见《代议政制白皮书——代议政制在香港的进一步发展》，香港政府印务局，1984。
② 参见《绿皮书·一九八七年代议政制发展检讨》，香港政府印务局，1987。
③ 参见《白皮书：代议政制今后的发展》，香港政府印务局，1988。
④ 参见《基本法》第45、68条。该法第45条规定，参加普选的行政长官候选人须"由一个有广泛代表性的提名委员会按民主程序提名"。
⑤ 《全国人民代表大会关于香港特别行政区第一届政府和立法会产生办法的决定》，1990年4月4日通过。
⑥ 《基本法》附件一、二。
⑦ 《基本法》第49~52条。

鹏飞在1990年向全国人大提交《基本法》草案时曾表示，香港特别行政区的"行政机关和立法机关之间的关系应该是既互相制衡又互相配合"[①]。举例来说，《基本法》规定行政长官可拒绝签署立法会已通过的法案，并把法案发回立法会重议。[②] 如果立法会以全体议员的三分之二多数再次通过原案，行政长官必须签署法案或解散立法会。[③] 如果立法会遭解散，而重选后的立法会仍以全体议员的三分之二多数通过该法案，行政长官必须签署该法案，否则必须辞职。[④] 此外，《基本法》第64条规定行政机关须向立法机关负责。

　　《基本法》在1990年制定，但要等到1997年香港特别行政区成立时才正式实施。1990年后，香港政治体制改革的争议并未因《基本法》草拟完毕而停止。如上所述，在1991年，部分立法局议席首次由全民直接选举产生。[⑤] 1992年，新任港督彭定康（Christopher Patten）推出激进的政治体制改革方案，大幅增加功能组别的选民基础，使在功能组别中符合投票资格的人数由原来的少于十万人增加至超过二百万人。[⑥] 中方谴责该方案违反《联合声明》、《基本法》和中英两国政府在1990年通过书信来往就香港政制发展问题取得的共识。[⑦] 1993年4月至11月，中英两国政府举行了十七轮的谈判以解决分歧，但最终谈判破裂。[⑧] 港督彭定康单方面把政改方案提交立法局审议，[⑨] 以些微的多数票获得通过，1995年的立法局选举便是根据这个政改方案进行的。[⑩] 于是中国政府决定放弃1990年与英方达成共识的"直通车方案"（即1995年选出的立法局可于

[①]　《中华人民共和国香港特别行政区基本法》，香港三联书店，1991，第67页。
[②]　《基本法》第49条。
[③]　《基本法》第49、50条。
[④]　《基本法》第52条。
[⑤]　参见 Lau Siu‑kai and Louie Kin‑sheun (eds), *Hong Kong Tried Democracy: The 1991 Elections in Hong Kong*, Hong Kong: Hong Kong Institute of Asia‑Pacific Studies, Chinese University of Hong Kong, 1993.
[⑥]　参见 Alvin Y. So, *Hong Kong's Embattled Democracy*, Baltimore: John Hopkins University Press, 1999, Chapter 7；黄文娟：《香港的宪制与政治》，国家发展基金会，1997，第8章。
[⑦]　参见开放杂志社编《中英世纪之争：彭定康政改方案论战集》，开放杂志社，1994。
[⑧]　参见赖其之编《关于香港94~95选举安排问题会谈的前前后后》，广宇出版社，1994。
[⑨]　参见《香港代议政制》（香港政府印务局，1994年2月）。
[⑩]　参见 Kuan Hsin‑chi et al. (eds), *The 1995 Legislative Council Elections in Hong Kong*, Hong Kong: Hong Kong Institute of Asia‑Pacific Studies, Chinese University of Hong Kong, 1996.

1997年自动过渡为香港特别行政区第一届立法会），转而"另起炉灶"[1]，在1997年成立"临时立法会"，负责处理特区刚成立时的立法工作，然后在1998年才根据《基本法》的条款选出特区第一届立法会。[2]

20世纪90年代，除了《基本法》的制定和彭定康的政改方案外，香港另一个重大发展是1991年《香港人权法案条例》（下称《人权法案》）的制定。[3] 港英政府希望通过《人权法案》增强港人对香港前途和其人权保障的信心。英国政府早在1976年已把其参加的《公民权利和政治权利国际公约》（下称《公约》）的适用范围伸延至香港，而《人权法案》则把《公约》的条款转化为香港本地的法律；在香港立法局通过《人权法案》的同时，英国政府对香港的宪法性文件《英皇制诰》亦作出相应的修改，规定香港的立法须符合《公约》确定的人权标准。[4]《人权法案》制定后，港英政府全面检讨当时的香港法例，并向立法局提出多项修订，以确保香港法律修改为符合《人权法案》所确定的标准。[5] 立法局又通过了一些新法例，包括保障个人私隐的法例和禁止性别歧视的法例，[6] 借此贯彻执行《人权法案》。

由于有了《人权法案》以及修订后的《英皇制诰》的相关条款，香港法院开始有权审查法律和行政措施，以决定它是否抵触《人权法案》或《公约》内订下的人权保障标准；如有违反，法院可裁定有关条文或措施为违宪及无效。1991年以来，香港法院就如何行使这种违

---

[1] 参见雷竞璇《评估北京"另起炉灶"策略之进展与预期后果》，载田弘茂编《一九九七过渡与台港关系》，业强出版公司，1996，第10章。

[2] 参见 Kuan Hsin-chi et al. (eds), *Power Transfer and Electoral Politics: The First Legislative Election in the Hong Kong Special Administrative Region*, Hong Kong: Chinese University Press, 1999。

[3] 参见 Johannes Chan and Yash Ghai (eds), *The Hong Kong Bill of Rights: A Comparative Approach*, Hong Kong: Butterworths Asia, 1993。

[4] 参见 Andrew Byrnes and Johannes Chan (eds), *Public Law and Human Rights: A Hong Kong Sourcebook*, Hong Kong: Butterworths, 1993。

[5] 参见 Andrew Byrnes, "And Some Have Bills of Rights Thrust Upon Them: The Experience of Hong Kong's Bill of Rights", in Philip Alston (ed), *Promoting Human Rights Through Bills of Rights: Comparative Perspectives*, Oxford: Oxford University Press, 2000, Chapter 9 (p.318) at pp.342-348。

[6] 例如《个人资料（私隐）条例》、《性别歧视条例》、《残疾歧视条例》等。

宪审查权订立了一系列的案例。① 1997 年后，香港法院根据《基本法》继续行使着对香港法律的违宪审查权，《基本法》第 39 条（该条确保《公约》在香港回归中国后仍适用于香港）被理解为法院继续以《公约》所订立的人权标准来审查香港的立法基础。② 如下所述，在 1997 年回归后，香港法院的违宪审查权有增无减，其适用范围从违反《公约》的人权标准的情况扩展到违反《基本法》的任何其他条款的情况。

总的来说，在 1997 年，香港进入一个以《中华人民共和国香港特别行政区基本法》为根基的新宪治秩序。在这个独特的宪治秩序里，新、旧制度的元素共冶一炉，新旧秩序的交替中既有延续性，也有创新性。虽然《基本法》是全新的一部宪法性文件，但它尝试保留香港原有的法律、社会和经济制度，以及其正在民主化过程中的政治制度。

四　香港的宪法性解释传统

如果说一部宪法性文件是一棵生长中的大树，那么作为权威的释宪者的法官便是负责看护大树健康成长的园丁。因此，法院被称为宪法的监护者，也就受之无愧。在过去的十七年里，香港法院自觉地担当这个角色，并已成功地扮演和进入这个角色。

正如其他有成文宪法的普通法国家（如澳洲、印度、加拿大和美国）一样，③ 香港的违宪审查制度不是集中的，各级法院在审理案件时，都有权审查涉案的法律、规例或行政行为是否因违宪而无效。在香港，并不存

---

① 参见 Byrnes, "And Some Have Bills of Rights Thrust Upon Them: The Experience of Hong Kong's Bill of Rights", in Philip Alston (ed), *Promoting Human Rights Through Bills of Rights: Comparative Perspectives*; Yash Ghai, "Sentinels of Liberty or Sheep in Woolf's Clothing? Judicial Politics and the Hong Kong Bill of Rights", (1997) 60 *Modern Law Review* 459; 陈弘毅：《〈香港特别行政区基本法〉的理念、实施与解释》，刘孔中、陈新民编《宪法解释之理论与实务》第 3 辑下册，中研院社科所，2002，第 371、387~391 页。

② 有关主要判例包括 HKSAR v. Ng Kung Siu (1999) 2 HKCFAR 442; Gurung Kesh Bahadur v. Director of Immigration (2002) 5 HKCFAR 480; Leung Kwok Hung v. HKSAR [2005] 3 HKLRD 164。本文论及的香港法院判例均见于香港法院网站 http: //legalref. judiciary. gov. hk。

③ 参见 Mauro Cappelletti, *Judicial Review in the Contemporary World*, Indianapolis: Bobbs-Merrill, 1971; Mauro Cappelletti, *The Judicial Process in Comparative Perspective*, Oxford: Clarendon Press, 1989。

在专门以请求法院作出宪法解释的宪法诉讼,法院只会在审理普通案件时[例如刑事案件、民事案件或涉及政府行政行为的司法审查(在香港一般称为"司法复核"(judicial review)案件],处理当中牵涉的宪法性争议。香港法院在处理一宗涉及宪法性问题的诉讼时,其主要任务在于判决诉讼当事人谁胜谁负(例如,刑事案件中被告人被控的罪名是否成立;就某行政行为申请司法审查的人可否胜诉,有关行政决定是否应予撤销;民事案件中的原告人能否胜诉,并获得损害赔偿),而裁定涉案的法规或行政行为是否合宪,只是为了达到上述判决而需要履行的附带任务。但是,如果一件案件的案情事实真的涉及宪法性问题,法院就必须就有关的宪法性争议作出裁决,不能回避。

现在让我们研究香港的宪法性案例和宪法性解释。如上文所述,在1991年制定《人权法案》以前,香港殖民性宪法文件的内容简陋,规范政府部门之间权力制衡的条文不多,保障人权的条款也付之阙如。因此,宪法性诉讼的空间非常有限。《人权法案》颁布前,主要的宪法性案例中处理的问题可举例如下。

(1)政府把某法律草案提交立法局开始进行立法程序后,法院是否有权基于下列理由,终止立法局对该法案进行的审议;有关理由是,鉴于本法案的性质,根据《皇室训令》(作为香港殖民体制下的宪法的一部分),立法局无权通过这个法案。[①]

(2)涉及新界土地权益的某条法例和相关的政府行为,是否因违反清政府与英国在1898年签订的关于把新界地区租借予英国的条约中的条款而无效。[②]

(3)根据香港宪法,委任裁判官(magistrate,即基层法院的法官)的权力原本属于港督,但在实践中裁判官是由首席大法官任命的,这些任命是否因港督并未合法地和有效地把其委任裁判官的权力转授予首席大法官而无效。[③]

(4)根据《公务员事务规例》(*Civil Service Regulations*)和《"殖民地"规例》(*Colonial Regulations*),政府是否有权把罢工的公务员暂时停

---

① *Rediffusion v Attorney General* [1970] AC 1136.
② *Winfat Enterprise v Attorney General* [1983] HKLR 211.
③ *Attorney General v David Chiu Tat-cheong* [1992] 2 HKLR 84.

职及暂停支付其薪金。①

以上例子显示，在殖民体制的宪法之下，虽然提出宪法性诉讼的空间有限，但英国式的法治还是被认真对待的，诉讼当事人愿意把宪法性问题交由法院裁决，在法庭上尝试挑战法律或政府行为的合宪性，这反映出他们对香港的司法独立有一定信心。除了这些关于法律或政府行为是否违宪的诉讼外，在1991年制定《人权法案》前，② 香港已有不少行政法上的诉讼，挑战行政行为是否违法，又或质疑由行政部门或官员制定的附属法例（subordinate legislation）是否因超出其主体法例（primary legislation，即由立法局通过的法律）所给予该部门或官员的授权范围而无效。

1991年，香港制定《人权法案》，开启了违宪审查的新时代。③ 在此之前，香港法院理论上已有权在诉讼中审查某本地法例是否违反《英皇制诰》或其他适用于议会的立法权力的宪法性限制。然而，如上所述，《英皇制诰》的实质内容有限，可用于挑战法例的宪法性理据不多，结果并没有出现法例被裁定违宪而无效的案例。1991年后，原讼人、与讼人或被告人开始可以以涉案的法例违反《人权法案》为理由，来挑战法例的合宪性。

1997年回归前，香港法院关于违宪审查的案例中，最著名的是上诉法院在1991年判决的"冼有明案"④。在本案中，被指违宪的是《危险药品条例》中若干有利于控方的证据法上的推定（presumption）条款。有关条款规定，如果被告人藏有0.5克以上的毒品，他将会被推定为藏有这些毒品作贩毒用途（藏有毒品作贩毒用途是一项比藏毒本身更为严重的罪行），

---

① *Lam Yuk - ming v Attorney General* [1980] HKLR 815.
② 参见 Wesley - Smith, *Constitutional and Administrative Law in Hong Kong*, chapter 16 - 18; Nihal Jayawickrama, "Public Law", in Raymond Wacks (ed), *The Law in Hong Kong* 1969 - 1989, Hong Kong: Oxford University Press, 1989, Chapter 2; David Clark, *Hong Kong Administrative Law*, Singapore: Butterworths, 1989。关于《人权法案》通过后的香港行政法，参见 Peter Wesley - Smith, *Constitutional and Administrative Law*, Hong Kong: Longman Asia, 1995, Chapters 8 - 9; David Clark and Gerard McCoy, *Hong Kong Administrative Law*, Hong Kong: Butterworths, 2nd ed. 1993。
③ 参见 Johannes Chan and Yash Ghai (eds), *The Hong Kong Bill of Rights: A Comparative Approach*, Hong Kong: Butterworths Asia, 1993; 陈弘毅:《〈香港特别行政区基本法〉的理念、实施与解释》，刘孔中、陈新民编《宪法解释之理论与实务》第3辑下册，中研院社科所，2002，第384~391页; Albert H. Y. Chen, "The Interpretation of the Basic Law", (2000) 30 *Hong Kong Law Journal* 380, pp. 417 - 420。
④ *R v Sin Yau - ming* (1991) 1 HKPLR 88, [1992] 1 HKCLR 127.

除非被告人能予以反证。香港法院过往多援引英国和香港的判例来作出裁决，但在本案中，上诉法院援引了大量其他判例（特别是加拿大人权法的判例，尤其是这些判例所订立的"比例原则"（proportionality test），据此裁定该推定条款违反《人权法案》和《公民权利和政治权利国际公约》中的"无罪推定"原则（presumption of innocence），因而是无效的。这个案例作出以来，香港法例中不少类似的推定条款都受到法院的审查，在一些案例中更被裁定为违宪和无效。大部分有关《人权法案》的案例都与刑法和刑事诉讼法有关，其他主要的案例则涉及新闻自由、集会自由、在选举中的投票权和参选权等。①

1997 年 7 月 1 日，香港回归中国，成为中华人民共和国境内的一个特别行政区，《基本法》亦正式实施。如上所述，《基本法》的实施实际上使违宪审查的空间更为广阔，司法机关作为《基本法》的监护者的角色有增无减。香港特别行政区成立了终审法院，取代伦敦的枢密院（Privy Council）作为香港最高级的司法机关。② 1997 年《基本法》实施以来，香港法院处理的宪法性诉讼不再限于《人权法案》或《公约》保障的权利范围，也涉及不在这两份文件之内、但受到《基本法》明文保障的权利，包括在香港的居留权③、旅行和出入香港的权利④、新界原居民的权

---

① 参见 Johannes Chan and Yash Ghai（eds），*The Hong Kong Bill of Rights：A Comparative Approach*，Hong Kong：Butterworths Asia，1993；Yash Ghai，"Sentinels of Liberty or Sheep in Woolf's Clothing? Judicial Politics and the Hong Kong Bill of Rights"，（1997）60 *Modern Law Review* 459；Johannes M. M. Chan，"Hong Kong's Bill of Rights：Its Reception of and Contribution to International and Comparative Jurisprudence"，（1998）47 *International and Comparative Law Quarterly* 306。

② 参见《基本法》第 81~82 条及《香港终审法院条例》。关于终审法院成立的背景，参见 Lo Shiu Hing，"The Politics of the Debate over the Court of Final Appeal in Hong Kong"，（2000）161 *China Quarterly* 221。

③ 其中最轰动的是终审法院在 1999 年 1 月 29 日判决的 *Ng Ka - ling v Director of Immigration*（吴嘉玲诉入境事务处处长）、[1999] 1 HKLRD 315 和 *Chan Kam - nga v Director of Immigration*（陈锦雅诉入境事务处处长）[1999] 1 HKLRD 304。全国人民代表大会常务委员会其后应香港政府的请求行使《基本法》第 158 条赋予的权力解释《基本法》中两项有关的条文，推翻了终审法院在这两宗案件里对这些条文作出的解释。人大常委会的解释适用于该解释颁布后香港法院要处理的案件，而不影响这两宗案件里的诉讼当事人。参见佳日思等编《居港权引发的宪法争议》，香港大学出版社，2000。

④ 例如 *Gurung Kesh Bahadur v. Director of Immigration*（2002）5 HKCFAR 480，*Official Receiver v Chan Wing Hing*（FACV Nos. 7 and 8 of 2006，Court of Final Appeal，20 July 2006）。

利①和公务员享有不低于 1997 年前的服务条件的权利。② 就 1997 年前已在《人权法案》下得到宪法性保障的权利来说，香港法院在 1997 年后也作出了不少重要的裁决，涉及的问题包括言论和表达自由③、集会游行自由④、参与政治事务的权利⑤、平等权和不受歧视的权利⑥、人身自由⑦、得到公正法律程序对待的权利⑧、免受残酷和不人道惩罚的权利⑨、隐私权和免受秘密监视的权利⑩等。

五　香港回归后的法制史

现在让我们回顾过去十一年《基本法》实施的历史进程，尤其是一些重要的案例、事件和发展。以《基本法》实施的总体情况为标准，笔者认为我们可以把过去十一年的香港法制史分为四个阶段或时段。

（一）1997~1999 年：初试、碰撞与适应

1997 年 7 月 1 日香港特别行政区成立后，新诞生的法律秩序便立刻受到关于如何理解和实施《基本法》的问题的困扰：关于"临时立法会"的合法性问题，和关于港人在中国内地所生子女的居港权问题。在这里我们先介绍这两个问题产生的背景，然后叙述有关的诉讼及其后果。

根据与《基本法》同日通过的《全国人民代表大会关于香港特别行政区第一届政府和立法会产生办法的决定》⑪，香港特别行政区第一届立法会由选举产生，全体议员 60 人中的 20 人由市民分区普选产生，其余由功能

---

① 例如 Secretary for Justice v Chan Wah（2000）3 HKCFAR 459。
② Secretary for Justice v Lau Kwok Fai［2005］3 HKLRD 88。
③ 例如 HKSAR v. Ng Kung Siu（1999）2 HKCFAR 442。
④ 例如 Leung Kwok Hung v. HKSAR［2005］3 HKLRD 164。
⑤ Chan Shu Ying v Chief Executive of the HKSAR［2001］1 HKLRD 405。
⑥ 例如 Equal Opportunities Commission v Director of Education［2001］2 HKLRD 690。
⑦ 例如 Shum Kwok Sher v HKSAR（2002）5 HKCFAR 381。
⑧ 例如 Stock Exchange of Hong Kong Limited v New World Development Company Limited（FACV No. 22 of 2005；Court of Final Appeal, 6 April 2006）。
⑨ Lau Cheong v HKSAR（2002）5 HKCFAR 415。
⑩ Koo Sze Yiu v Chief Executive of the HKSAR（FACV Nos. 12 and 13 of 2006；Court of Final Appeal, 12 July 2006）。
⑪ 《基本法》附件二也提到这个决定。

团体和选举委员会选举产生。这个决定同时确立了所谓"直通车"的安排，即如果1995年香港立法局的选举模式符合决定和《基本法》，那么1995年选出的议员基本上可自动过渡成为香港特别行政区第一届立法会的议员。这个"直通车"安排是中英两国在1990年《基本法》通过之前通过谈判达成的共识。

如上所述，1992年彭定康接任香港总督后，推出违反《基本法》和中英两国在1990年达成的共识的政治体制改革方案，我国政府决定放弃"直通车"安排，转而"另起炉灶"：在1997年先成立香港特别行政区临时立法会，成员由负责推选第一届行政长官的四百人推选委员会选举产生，然后在1998年才按照上述决定选举产生第一届立法会。但《基本法》和决定都未有提及有别于第一届立法会的临时立法会，香港的一些"反对派"人士据此主张临时立法会的成立没有法律依据。

至于"居港权"问题，背景则是《基本法》实施前后港人在内地所生子女的法律地位的转变。在《基本法》实施之前的殖民统治时代，香港居民在中国内地所生的子女并不享有来港居留的权利，他们只能向内地的出入境管理当局申请移居香港的"单程通行证"，但通常要轮候多年才能来港定居。《基本法》第24条则规定，享有居港权的香港特别行政区"永久性居民"包括香港永久性居民"在香港以外所生的中国籍子女"，这类人士大都是在中国内地出生和长大的。

第24条的这些规定有其不清晰之处。例如，如果某人在内地出生时，其父母均非香港永久性居民或甚至未来港定居，但其父或母后来成了香港永久性居民，那么该人现在是否为香港永久性居民？又例如，如果某人从中国内地"偷渡"来港或以旅游或探亲为理由来港后逾期居留，但却能向香港当局证明其符合"永久性居民"的条件，那么香港当局是否还有权把他遣返中国内地？

临时立法会在1997年7月为了实施《基本法》第24条而对原有的《入境条例》作出修订。修订后的《入境条例》对上述问题均提供了答案。条例规定，港人在香港以外所生的中国籍子女，其出生时其父或母必须已取得香港永久性居民身份，否则该名子女不具有香港永久性居民身份。至于"偷渡"来港者，则不可行使其居留权，因为条例规定，即使某名内地居民因其身为港人子女而根据《基本法》第24条享有香港永久性居民身份，他仍须先取得内地机关签发的"单程通行证"和香港入境事务处签发的"居留权证明书"，才能来港定居，否则可被遣返。但是，一些争取居港权的人士认为上述规定都是违反《基本法》的，剥夺了《基本法》所赋予他们的权利，于是提起诉讼。

香港终审法院 1999 年 1 月 29 日在"吴嘉玲诉入境事务处处长"[①] 和"陈锦雅诉入境事务处处长"[②] 两案中对上述"临时立法会问题"和"居港权问题"作出了终局裁决。终审法院处理的是上述规定是否违宪（即违反《基本法》）的问题，这涉及对《基本法》第 22 及 24 条的解释。由于有关规定是由临时立法会制定的，所以案中也涉及临时立法会的合法性问题。终审法院裁定上述规定的部分内容是违宪和无效的。就临时立法会的合法性问题，终审法院的结论和上诉法院在 1997 年 7 月的"马维琨案"[③] 的结论一样，肯定了临时立法会的合法性，但终审法院同时否定了上诉法院在"马维琨案"中表达的观点（即香港法院无权审查中央权力机关的行为是否违反《基本法》），终审法院认为香港法院的违宪审查权的适用范围，既包括香港立法，也包括中央权力机关就香港事务作出的立法行为。

由于终审法院在"吴嘉玲案"中对香港法院就中央国家权力机关的行为的违宪审查权的论述有所偏差，引起不少批评。1999 年 2 月 26 日，终审法院应律政司的要求就其 1 月 29 日的判词作出了"澄清"，表明该判词"并没有质疑人大常委会根据第 158 条所具有解释《基本法》的权力"，"也没有质疑全国人大及人大常委会依据《基本法》的条文和《基本法》所规定的程序行使任何权力"[④]。

但事情还没有了结。香港政府十分关注该判决对香港造成的人口压力，并在 1999 年 4 月 28 日公布了评估报告：如果终审法院对《基本法》有关条文的解释是对的话，那么在未来十年内，便会有一百六十七万大陆居民有资格来香港定居[⑤]，香港政府认为这样大量的移民是香港社会和其经济资源所无法承受的，于是香港政府终于在 5 月 21 日向国务院提交报

---

① *Ng Ka Ling v Director of Immigration* [1999] 1 HKLRD 315.
② *Chan Kam Nga v Director of Immigration* [1999] 1 HKLRD 304.
③ *HKSAR v Ma Wai Kwan* [1997] HKLJD 761.
④ [1999] 1 HKLRD 577 – 8（英文版），579 – 580（中文版）。
⑤ 其中包括即时享有居留权的 69 万人（所谓"第一代"人士），而当"第一代"人士移居香港及住满 7 年后，其现有子女（所谓"第二代"人士）98 万人亦将有资格来港。

告，建议由全国人大常委会对《基本法》有关条文作出解释。人大常委会于 6 月 26 日颁布解释①，基本上否定了终审法院的解释，间接重新肯定《入境条例》有关条文的合宪性。但是，香港一些"反对派"人士强烈反对这次人大释法，认为它对香港的法治造成了打击。

笔者不同意这种观点。正如香港终审法院在 1999 年 12 月的"刘港榕诉入境事务处处长"②案的判词中承认的，根据《基本法》第 158 条，人大常委会确实有权在任何它认为适当的情况下颁布关于《基本法》的个别条文的解释，亦即是说，其解释权不限于香港终审法院在诉讼过程中根据第 158 条第 3 款提请人大常委会释法的情况。此外，第 158 条又订明，人大释法只对法院日后的判案工作有约束力，并不影响释法前终审法院已判决的案件对其当事人的结果。因此，这次人大释法只是"一国两制"下香港的新法律秩序的产物，不应视为对香港法制的冲击。总括来说，1999 年的终审法院"澄清"判词事件和"人大释法"事件可以理解为是回归初期《基本法》的实施过程中，香港和内地两地法制的相互碰撞并开始相互适应的表现。

（二）2000~2002 年：权利保障体系的阐明

现代法治和宪政的主要目的之一是保障人权，使人民和公民社会的基本权利和自由得到国家的承认和尊重。《基本法》中不少条文——尤其是《基本法》第 3 章——便是关于人权保障的。香港在殖民统治时代的人权保障主要建基于从英国移植过来的法治、司法独立传统和英伦普通法传统的案例法中对个人基本权利和自由（如人身自由以至财产权）的不成文（即并非以成文宪法文件提供的）保障，直至 1991 年，这种不成文保障的制度才改为成文保障。如上所述，1991 年 6 月，香港立法局通过了政府起草的《香港人权法案条例》③，把 1976 年起英国在国际法层面引用于香港的《公民权利和政治权利国际公约》，引入成为香港本地的立法中。

---

① 参见《中华人民共和国香港特别行政区基本法及相关文件》，香港三联书店，2007，第 82 页。
② *Lau Kong Yung v Director of Immigration* [1997] 3 HKLRD 778.
③ 《香港法例》第 383 章（以下简称《人权法案》）。本文提到的香港法例均见于 http://www.doj.gov.hk/chi/laws。

1997年《基本法》生效后，香港的人权保障制度不单以《香港人权法案条例》为基础，更直接建基于《基本法》。从1999年底到2002年，香港特别行政区法院在一系列案例中阐明了香港回归后新法律秩序的权利保障体系的架构。

首先是1999年12月终审法院对"香港特别行政区诉吴恭劭及利建润"[①]（即所谓"国旗案"）案的判决。案中两名被告人在一次示威中使用了自制的、经有意损毁和涂污的中华人民共和国国旗和香港特别行政区区旗，结果被控触犯临时立法会在回归时制定的《国旗及国徽条例》[②]和《区旗及区徽条例》[③]中关于禁止侮辱国旗和区旗的规定。[④]被告人的抗辩理由是，这些规定违反了《基本法》、《公民权利和政治权利国际公约》（此公约根据《基本法》第39条在香港实施）和《香港人权法案条例》所保障的言论和表达自由原则，因而是违宪和无效的。终审法院在判词中指出，侮辱国旗的行为是在语言文字以外的表达意见的行为，故人权法中的言论和表达自由原则是适用的，问题是案中被质疑的法规对表达自由的限制是否确有必要及符合"比例原则"。

终审法院认为，为了保护国旗和区旗的重大象征意义而对表达自由作出某些限制，是"公共秩序"所需要的，而案中被质疑的法规对表达自由的限制并不过分——人民虽然不被允许以侮辱国旗和区旗的方式来表达其意见，但他们仍可透过其他方式表达类似的意见；因此，这样的对表达自由的限制是与其背后的正当目的相称的，没有违反比例原则。

另一宗有重大政治和社会意义的案件是终审法院于2000年12月22日对"律政司司长诉陈华及谢群生"[⑤]案的判决。案中两名原告人是居于香港新界的村民，他们提出了司法审查的申请，认为他们所住的两个乡村以他们是"非原居民"为理由排除他们对村代表的选举权和被选举权，是违反人权法和无效的。本案有广泛的宪制性意义，因香港新界的约六百个乡村大多都有类似本案的两个村的选举安排。根据香港法律，[⑥]新界居民有

[①] HKSAR v Ng Kung Siu（1999）2 HKCFAR 442（英文判词）及469（中文判词）。
[②] 1997年第116号条例。
[③] 1997年第117号条例。
[④] 参见《国旗及国徽条例》第7条、《区旗及区徽条例》第7条。
[⑤] Secretary for Justice v Chan Wah（2000）3 HKCFAR 459。
[⑥] 参见《地租（评估及征收）条例》（《香港法例》第515章）。

"原居民"和"非原居民"之分,原居民是指在1898年新界被租借给英国时已存在的乡村的居民经父系传下来的后代。《基本法》特别保障了这些原居民的权益。① 终审法院指出,随着社会和人口结构的转变,新界乡村居民中的非原居民的数目已大大增加。终审法院裁定,案中被质疑的村代表选举安排是违法的,以原告人为非原居民为理由排除其选举权或被选举权,违反了《公民权利和政治权利国际公约》第25条的规定。

2001年高等法院判决的"平等机会委员会诉教育署署长"② 一案也是值得注意的。案中被质疑为违宪的是香港政府教育署长期以来在为完成小学学业的学生分配中学学位时采用的一项政策。对全香港学生成绩的统计显示,在小学毕业时,女生的平均成绩比同龄的男生为佳。为了平衡中学(尤其是"名校")里男生和女生的比例,教育署在处理男、女生的成绩时根据其性别作出一些调整,结果是相同成绩的男生和女生中,男生入读其首选中学的机会较女生高。平等机会委员会(本身是政府成立的机构)应一些女生家长要求入禀法院,控诉教育署这项行政措施违宪和违法。结果法院裁定,这个措施的确有违男女平等和禁止性别歧视的原则,应予废止。

以上三案所呈现的是由《基本法》第39条、《公民权利和政治权利国际公约》及《香港人权法案条例》所构成的权利保障体系,而2002年终审法院对"Bahadur诉入境事务处处长"③ 案的判决则显示,即使某项权利并非载于此公约或人权法案,只要它是《基本法》明文规定的权利,便会获得法院同样积极的保障。Bahadur案所涉及的是香港居民(尤其是非永久性居民)的"旅行和出入境的自由"④。此外,2001年7月,终审法院对"入境事务处处长诉庄丰源"⑤ 案的判决指出,香港法院可沿用普通法的法律解释方法来解释《基本法》,但如人大常委会已对《基本法》有关条文正式作出解释,则香港法院必须遵从。"庄丰源案"裁定在香港特别行政区出生的中国公民,即使其父母当时并非在港合法定居,仍属香港永

---

① 例如第122条给予他们的农村土地地租上的优惠,第40条更规定"新界"原居民的合法传统权益受香港特别行政区的保护。
② *Equal Opportunities Commission v Director of Education* [2001] 2 HKLRD 690.
③ *Bahadur v Director of Immigration* (2002) 5 HKCFAR 480.
④ 参见《基本法》第31条。
⑤ *Director of Immigration v Chong Fung Yuen* [2001] 2 HKLRD 533.

久性居民,享有居港权。该案判决后,内地孕妇来港产子大幅增加,到了2007年,特区政府和内地政府采取了行政措施予以限制。

(三) 2003~2004年:第23条立法的震荡

2002年9月,刚成立不久的(由董建华连任行政长官的)第二届特区政府推出《实施基本法第23条咨询文件》(以下简称《咨询文件》)。第23条规定,"香港特别行政区应自行立法禁止"若干危害国家安全的犯罪行为,包括叛国、分裂国家、煽动叛乱、颠覆、窃取国家机密等。

《咨询文件》在社会上引起广泛的讨论,政府在咨询期届满后,对《咨询文件》中的建议作出了调整(基本上是作出从宽的修订),并在2003年2月向立法会提交《国家安全(立法条文)条例草案》(国安条例)。2003年春天,"沙士"(SARS,即非典型性肺炎)在香港爆发,整个社会忙于抗疫,国安条例的内容及其在立法会的进程并未受到市民的关注。

到了6月,瘟疫已过,关于国安条例的争议进入高峰,"反对派"人士强烈反对条例草案中一些被指为过于严厉的条文,在传媒的广泛报道和"反对派"的积极鼓动之下,香港在2003年7月1日爆发了回归以来最大型的游行示威。2003年7月7日,特区政府宣布暂缓立法,以后再作广泛咨询,从长计议。

平心而论,国安条例草案的内容大部分是合情合理的,它没有把中国内地的"危害国家安全罪"引进香港,而是在参照国际人权标准和外国有关法律的基础上,为香港特别行政区"量身订制"一套国家安全法,并且对原来港英殖民时代的(并在1997年后仍然存在的、相当严厉的)有关法律作出从宽的修订(例如收窄原有的"煽动叛乱罪"的范围)[①]。

后来,"反对派"又提出在2007年(第三届特首选举年)和2008年(第四届立法会选举年)进行"双普选"的要求。《基本法》的规定是,香港特别行政区根据其"实际情况","循序渐进"地发展民主,"最终"达至对行政长官和立法会全部议员的普选。为了澄清这些原则应如何贯彻

[①] 参见 Fu Hualing et al. (eds), *National Security and Fundamental Freedoms: Hong Kong's Article 23 Under Scrutiny*, Hong Kong: Hong Kong University Press, 2005。

实施,全国人大常委会在 2004 年 4 月第二次解释《基本法》和对选举问题作出相关决定,这表明在 2007 年、2008 年进行"双普选"并非适当时机。中央这次行动的法理依据是,香港特别行政区的高度自治权不包括改变现行政治体制和选举制度的权力,香港政治体制改革的主导权属于中央,中央有权全程(包括在启动政改时、而非只在最后的"批准"或"备案"阶段)参与。

(四)2005~2008 年:权利保障体系的进一步发展和普选时间表的制定

2005 年,全国人大常委会进行了第三次释法。事缘董建华先生于 2005 年春辞职,关于其继任人的任期问题引起争议。《基本法》规定特首任期为 5 年,其并未明文规定因上一任特首辞职而需选出新特首时新特首的任期。特区政府与中央磋商后向立法会提出立法修订建议,把因原特首辞职而再选出的新特首的任期规定为前任特首的剩余任期。"反对派"人士反对这个修订草案,更有个别议员向法院提起司法复核之诉,要求法院宣布该草案违宪。特区政府乃提请人大常委会释法。人大常委会在 2005 年 4 月再度释法,确立"剩余任期"之说,理由是负责选举特首的选举委员会的任期也是 5 年,而且《基本法》预设了在 2007 年选出第三届特首。

2005 年~2008 年作为回归以来法治和宪政实践的最后阶段,除了出现第三次释法之外,其主要特征是特区权利保障体系的进一步发展。有关的案例不少,最值得留意的有以下三个。

2005 年 7 月,终审法院在"梁国雄诉香港特别行政区"[1] 案中裁定,《公安条例》中要求主办集会或游行的团体事先通知警方(否则构成刑事罪行)的规定没有违宪。但该条例的一个规定是,警方在接到通知后有权以"ordre public"[这个法文词语连同它的英语版本"public order"皆见于《公民权利和政治权利国际公约》第 21 条(关于集会自由),并被照搬到香港的《公安条例》之中]为理由禁止有关集会游行或对它施加限制;终审法院认为,这个规定是违宪和无效的,因为"ordre public"这个概念覆盖的范围太大,而且意思含糊,未能符合法律的明确性原则。《公安条

---

[1] *Leung Kwok Hung v HKSAR*(2005)8 HKCFAR 229.

例》的另一规定是，警方可以"public order"（公众秩序——意指维持治安，防止暴乱）、公共安全或国家安全为理由，禁止集会游行或对其施加限制；终审法院裁定这个规定没有违宪。

关于《基本法》所明文保障的"通讯秘密"和人权法保障的隐私权，自 2005 年起，香港法院先后在两宗案件中质疑执法机关采用秘密监察手段（例如偷听和对嫌疑人的言行偷偷录音、录映）以调查案件的合宪性，这最终导致高等法院在 2006 年 2 月的"梁国雄诉香港特别行政区行政长官"案中，[①] 裁定现行的关于截听电话的法例及关于其他秘密监察行动的行政指令均属违宪，并在香港法制史上首次给予政府六个月的宽限期，以修改法例，而非像以往的违宪审查判例那样，即时宣判违宪的法规为无效。这个创新性的做法，是香港法院在司法补救工作上的一个突破，它在案件上诉到终审法院时得到该法院的肯定。[②]

在"梁威廉诉律政司司长"[③] 一案里，一位少年男同性恋者以性别歧视（包括性倾向歧视）、平等权、隐私权受到侵犯为理由，对现行刑法的一些条文提出司法复核、违宪审查之诉。被挑战的主要条文规定，两男士（在双方同意下）发生肛交，如其中一人（或两者）低于 21 岁，则两人均犯了严重罪行，可处终身监禁。高等法院上诉庭同意原讼庭的判决，即此规定因违宪而无效，因为它对男同性恋者有歧视性：根据香港法律，异性恋者（在双方同意下）发生性行为，只要双方都年满 16 岁，便不构成犯罪。法院认为，政府在该案中未提供足够的论据以说明这些法律对异性恋者和男同性恋者的不平等对待是合理的、能够证成的。在本案中，法院动用其违宪审查权推翻的立法，属于社会伦理道德的范畴，该判决在社会上引起一些非议。但是，以违宪审查方式保障人权的一个重要功能，是防止少数人的基本权利受到代表大多数人的立法机关的侵犯；从这个角度看，

[①] Leung Kwok Hung v Chief Executive of the HKSAR（HCAL 107/2005；2006 年 2 月 9 日）。
[②] Koo Sze Yiu v Chief Executive of the HKSAR [2006] 3 HKLRD 455（Koo 和 Leung 乃同一件案件的不同名称，Koo 和 Leung 均为此案的原告）。终审法院也同意给政府和立法机关 6 个月的时间去修改有关法律，但和下级法院不同的是，终审法院拒绝颁令宣告有关法律在这 6 个月内仍然有效，其只颁令说对有关法律的违宪宣告不即时生效，而是 6 个月后（从原讼庭的判决日期起计算）才生效。意思是如果政府在这 6 个月内倚赖有关法律作出任何行动，行动虽不算违反法院在本案的颁令，但有关的其他法律风险须由政府承担。
[③] Leung v Secretary for Justice [2006] 4 HKLRD 211.

"梁威廉诉律政司司长"案并非全无积极意义。

2005年~2008年香港另一方面的重大发展,便是对香港特别行政区政治体制的进一步民主化的探索。如上所述,2004年4月6日,全国人大常委会通过《关于〈中华人民共和国香港特别行政区基本法〉附件一第七条和附件二第三条的解释》,对行政长官和立法机关产生办法的修改启动程序作出规定,包括要求香港特别行政区在启动有关修改程序之前,先由行政长官就"是否需要进行修改"向全国人大常委会提出报告,然后由全国人大常委会根据《基本法》的有关规定予以确定。2004年4月15日,行政长官董建华先生提交了《关于香港特别行政区2007年行政长官和2008年立法会产生办法是否需要修改的报告》。2004年4月26日,全国人大常委会在审议这份报告后,通过《关于香港特别行政区2007年行政长官和2008年立法会产生办法有关问题的决定》,规范了该产生办法在2007年和2008年可以修改的范围。2005年10月19日,行政长官曾荫权先生领导下的特区政府发表《政制发展专责小组第五号报告:二零零七年行政长官及二零零八年立法会产生办法建议方案》,方案于2005年12月21日在香港立法会付诸表决,但因得不到《基本法》附件一与附件二所要求的三分之二的多数票而未能通过。

2007年7月11日,已当选香港特别行政区第三任行政长官的曾荫权先生履行其竞选承诺,发表《政制发展绿皮书》,就香港如何实现《基本法》规定的普选行政长官和立法机关全部议员的最终目标进行咨询,咨询范围包括普选模式、达至普选的路线图和时间表等。2007年12月12日,行政长官就咨询结果向全国人大常委会提交报告。2007年12月29日,全国人大常委会作出《关于香港特别行政区2012年行政长官和立法会产生办法及有关普选问题的决定》,规范了该产生办法在2012年可以修改的范围,并表明2017年香港的行政长官可由普选产生,此后立法会全部议员也可由普选产生。这样,香港特别行政区进一步民主化的前景便得以明朗化,实行全面普选的时间表也得以确定。

六 结论

"一国两制"是中华人民共和国史无前例的新事物,也是香港在英国殖民统治终结后迈入的新时代、大时代。所谓"实践是检验真理的唯一标准",经过过去十年的实践,邓小平等上一代中国领导人设计的"一国两制"、"港人治港"的构想是否行得通,有目共睹。笔者认为总体来说,这十一年的实践是成功的。

从宪政实践的角度看,笔者认为这十一年经验可作以下四点总结。

首先,香港特别行政区在"一国两制"框架下和《基本法》基础上的自治、法治、人权和自由都得到相当成功的实现。不单是港人本身、即使是国际上也普遍承认,中央人民政府十分尊重香港特别行政区的高度自治权,没有干预特区政府的决策或施政。香港的行政执法、独立司法和廉政制度健全,回归前原有的法治传统继续保持活力。正如中英《联合声明》所承诺的,回归后港人的生活方式不变,香港的人权和自由水平绝对没有像一些人在1997年前担心的那样出现倒退。

第二,全国人大常委会三度解释《基本法》和《基本法》第23条的立法事件确实是香港回归以来在法制领域以至整个社会引起争议和震荡的最重要事件。上文已叙述了这些事件的来龙去脉,从中可以看到,人大释法是香港特别行政区法律秩序本身的一部分,三次释法背后都有其理据,并非中央权力机关任意行使其权力或破坏香港的法治或自治。香港法院在一般案件的诉讼过程中适用和解释《基本法》和其他香港法律的权力并没有受到干扰、剥夺或减损。至于第23条立法,其用意并非削减港人原有的人权和自由,这次立法之所以引起这么大的恐慌和社会动荡,主要应归咎于特区政府当时处理手法的失当。

第三,香港特别行政区法院十一年来很好地充当了它作为香港的法治、人权和自由的监护者的角色,其重要性、积极性和活跃程度与回归前相比,有增无减。笔者在1997年曾写道:

> 在九七过渡后,香港法院在香港法制以至政制中的功能将有增无减……1997年后的香港法院有宽阔的空间去发展香港的法律……香港法院所面临的挑战是如何采取一种中庸之道,一方面勇于坚持它们的独立司法权和敢于发挥它们法定的管辖权,借以维护法治和权利保障等原则;另一方面,不采取过高的姿态,以避免法院的角色过于政治化。[①]

---

① 陈弘毅:《九七回归的法学反思》,《21世纪》总第41期,第138、149~150页。

从香港法院过去十一年的重要判例（包括本文没有机会介绍的判例）[1]来看，法院的确成功地掌握了此中庸之道，在面对中央权力机关时，不卑不亢，在处理香港内部人权与社会整体利益的平衡时，既不过于激进也不过于保守，恰到好处。

最后，如果我们引用上文所述的 Lowenstein 曾提及的关于名义性宪法、文字性宪法和规范性宪法的区分，那么 1997 年以来在香港实施的《基本法》应可算是规范性的宪法性文件。套用 H. LA. Hart 的"内在观点"(internal point of view)[2] 的概念，参与实施《基本法》的官员和各方人士都从内在观点出发（即以自愿地、真诚地、认同的心态）接受了这部宪法性文件作为规范政治权力的获取、转移和行使的"游戏规则"。人民享有言论、集会、结社、游行示威等自由，政府亦定期举行公正的选举。人民可以通过诉讼，要求法院维护宪法性文件所赋予他们的神圣的公民权利。法院在解释宪法性文件时，采用了国际上先进的宪政原理，并赢得了法律界以至社会大众的敬重。这些事实，都是一部规范性的宪法文件正在发挥其生命力的凭证。

（原文载于陈弘毅《香港特别行政区的法治轨迹》，中国民主法制出版社，2010，第 103～139 页）

---

[1] 参见 Albert H. Y. Chen, "Constitutional Adjudication in Post–1997 Hong Kong", (2006) 15 *Pacific Rim Law and Policy Journal* 627–682。

[2] 参见 H. L. A. Hart, *The Concept of Law*, Oxford: Oxford University Press, 2nd ed, 1994。

二 规范：承接与嬗变

论判例法在香港法中的主导地位

董茂云[*]

现行香港法追随英国，研究香港判例法必须从英国法谈起。英国法是历史发展的产物：分别由各种不同法院发展起来的普通法、衡平法、教会法以及商业习惯法（海商法），从19世纪80年代起开始归由一个较为统一的法院系统地加以适用和发展；它们大部分属于判例法的范畴，成为与议会及行政机关颁布的制定法相对称的渊源。随着英国"议会主权"原则的确立，制定法的效力被认为优于判例法，然而就整个英国法体系中的实际渊源地位及法律意识形态地位而言，则"判例法是第一位的，制定法是第二位的"[①]。时至今日，制定法在英国的比重已大大增加，实际作用也大大提高，但这些变迁并不能动摇判例法的根本地位，对判例法先天的"宠爱"之情仍蕴藏于人们深层的法律观念里，蕴藏于英国深层的法律文化中。

同历史上曾受英国奴役的国家和地区一样，香港地区采用的是移植自英国的普通法和衡平法。1976年前的历次《最高法院条例》笼统地规定了香港对英国法的适用。1966年的《英国法适用条例》[②] 开始对普通法和衡平法、制定法的适用问题分别作出规定。现在香港实施的普通法和衡平法原则主要来源于英格兰和威尔士法院的判例，但与英国不同的是，英国适用普通法和衡平法是基于它们的"自然效力"，而香港适用普通法和衡平法则是基于制定法的规定。一些制定法企图解决英国判例法在香港的适宜

---

[*] 董茂云，中国人民大学法学博士，复旦大学法学院教授。
[①] 〔日〕高柳贤三：《英美法源理论》，杨磊、黎晓译，西南政法学院印刷，1983，第26页。
[②] 《英国法适用条例》（1966年第2号），收入《香港法律汇编》第88章，后经1969年第36号，1970年第26号和第32号，1971年第1、26、53、60号条例多次修改。

性问题,也就是哪些普通法和衡平法原则不适合香港的情况及其居民,因而不适用于香港,但在实际解释中颇有争议。目前基本可以确定的是以下几点。

第一,如果实行某项英国法律会带来明显的"不公正和压迫",则该项英国法律不适宜香港的地方情况及其居民。关于"不公正和压迫"原则是1875年海峡殖民地(英属南洋旧称,包括新加坡、马来西亚和槟榔屿)最高法院(设在新加坡)在关于"周忠农(音译)诉斯波提司沃德"一案中所确定的,这一原则得到英国枢密院的批准,并被香港法院采纳。①

第二,普通法在环境需要时可以修改,但以香港通过本地立法机构进行的修改为限。②虽然香港的制定法并没有规定英国哪一级法院的判决可以作为判例适用于香港,但根据香港合议庭的意见,只有英国上议院和枢密院司法委员会的判例,才能构成对香港具有约束力的判例法。在英国普通法的基础上,香港法院在审判实践中形成了本地的判例法。从普通法作为一套具有内在逻辑联系的法院的司法主张而言,香港法院所作的判例应视为普通法的一部分。罗勃特大法官曾指出:"当然,存在着香港的普通法,它大部分应包括——但不仅仅局限于——英国普通法。"③香港各级法院中适用判例法的准则是:上诉庭的判决是其他所有法院都要依循的,但上诉庭不必遵从自己从前确有失误的判例;高等法院的判决,对地方法院、裁判司署有约束力,但是一位高等法院的法官并不一定要依循另一位高等法院法官的判决;地方法院和裁判司署,一般来说,它们的判决无判例拘束力。

香港法作为一个法律体系来看,判例法居于主导地位。这是基于以下原因。

(一)香港对英国法传统的继受,为判例法主导地位的确立奠定了基础

根据英国法的传统理论,判例法是英国法的基础,制定法只是对判例法所作的补充和修正。尽管制定法日益增多,且制定法的效力优于判例法,但在司法实践中制定法往往还要通过法院判决来加以解释,重新予以

---

① 肖蔚云:《一国两制与香港基本法律制度》,北京大学出版社,1990,第65页。
② 参见1966年《英国法适用条例》及修正后的1971年《英国法适用条例》。
③ Lam Yuk-ming V. Attorney General (1980), HKLJ815, 822.

肯定。今天的香港法追随英国，这并不表现为浅层的法律移植，而是表现为深层的传统继受。英国法传统包括遵循先例原则、判例方法和诉讼中心主义等。遵循先例原则的基本含义是，法官在他审理判决案件时，不仅要考虑到先例，即其他法官在已决案件中对与此相同或密切相关的问题作出的判决中所适用的原则，而且要受到已有判例的约束，接受并遵循先例所确定的原则。

判例的效力来自长期的沿用与普遍的接受。遵循先例传统便是维系判例法生命及主导地位的实践原则。遵循先例无论在英国还是香港，均被视为利用前人智慧、保持法律适用性及使法律具有可预见性的必不可少的途径。[1] 判例法方法仍是遵循先例原则的自然演化。诉讼中心主义表现为从司法救济方法的有无来看待实体法权利，从而使程序优先得到推崇，即凡按一套清楚公正的程序得出的审判结果，"必须接纳为公正结论"[2]。

英国法传统归结起来无疑是判例法传统。香港立法、司法界在长期实践中接受了英国法传统，也就是接受了判例法传统。法官和律师均受过英国式的法学教育，且长期使用英语，他们的法律思维与工作方式也都判例法式了。其实，作为香港社会中特殊阶层的法官和律师，已成为"判例法传统"的一个自然组成部分。这种"传统与人的统一"无疑是判例法在香港法中占据主导地位的坚实基础。

（二）香港的英国式的司法制度，为判例法主导地位的确立提供了保障

尽管香港司法的终审权在英国的枢密院，尚没有形成真正独立的司法体系。但香港毕竟形成了与英国枢密院司法委员会相衔接的英国式的、具有严格等级的法院系统。"港英政府实施的司法制度，包括法理、法律的援用、法院设置及其审判活动以至检控、陪审、律师和司法行政等方面，不论形式与内容均照英国的模式加上'殖民地'的特点。"[3] 英国式的法院系统，诉讼程序与习惯于判例法思维方式和工作方法的法官、律师相结

---

[1] 李昌道、龚晓航、唐海虹：《香港政制与法制》，上海社会科学院出版社，1991，第84页。
[2] 庄金锋等编《香港法律问题资料选编》，上海大学法律系印刷，1986，第200页。
[3] 何美欢：《香港合同法》（上册），北京大学出版社，1995，第22页。

合，实现了"制度、机构与人的统一"，这些因素为确立判例法的主导地位提供了保障。

由于英国枢密院司法委员会拥有香港的终审权，枢密院实际上成为香港法院系统的最高审级，枢密院通过对香港法院上诉案件的判决，约束香港所有法庭。枢密院认为："尽管基于《英国法律适用范围条例》而适用普通法，上议院的判决不会自动约束香港法庭。但是它的说服力是很强的，因为枢密院就从香港法庭上诉的判决约束香港法院。枢密院通常不会作与以上议院身份已作出的不同的判决，除非牵涉香港或香港居民特殊的情况，不适合跟随英国法律的发展路线。"[①]

在不受当地习俗或成文法影响的英国法律问题上，上议院的判决可以约束枢密院，因此可以说上议院的判决通过枢密院约束香港法院。由于上议院是英国法院系统的最高审级，枢密院是香港法院的最高审级，因此判例的约束关系使英国的法院系统和香港的法院系统紧密地联结起来。通过两个各成体系、等级严格的法院系统的特殊联结及英国枢密院对香港终审权的行使，香港判例法形成了对英、港双重法院系统的特殊依赖，这为判例法在香港法中的主导地位提供了特殊保障。

依据普通法制度，在香港，法院对现成制定法的解释是"至高无上"的，最具权威性，一切法律的解释最终都以法院的解释为准。[②]

香港本地判例法大体分两类：一类是普通法和衡平法在香港适用形成的判决，一类是对香港的条例、附属规则以及在香港适用的英国国会法令加以解释。法院拥有权威性最高的法律解释权本身，也为判例法在香港法中的主导性地位提供了保障。法院掌握对制定法的解释权，这实际上导致制定法需要通过判例的检核才能发生作用。

随着"九七"的临近，一个问题提了出来："九七"后的香港判例法还会保持它的主导地位吗？

基于《中英关于香港问题的联合声明》和《中华人民共和国香港特别行政区基本法》（以下简称《基本法》），笔者认为可以明确以下几点。

第一，包含着普通法和衡平法的香港判例将作为香港"原有法律"的

---

① 李昌道、龚晓航、唐海虹：《香港政制与法制》，第84页。
② 李昌道、龚晓航、唐海虹：《香港政制与法制》，第82页。

一部分在"九七"后得到保留，但须接受中华人民共和国的一部法典化的法律——《基本法》的审核。《基本法》是香港历史上第一部真正法典化的法律，它是未来香港特别行政区的最高法律。

第二，"九七"后在香港保留实行的普通法和衡平法原则已为我国法律所接纳，是中国法律的一部分，在规则体系上它与英国法及英国法院系统已不发生直接联系。但香港特别行政区法院审案时可以参考其他普通法适用地区（包括英国）的司法判例。香港特别行政区成立的终审法院，还可根据需要邀请其他普通法适用地区（包括英国）的法官参加审判。

第三，现行适用于香港的普通法和衡平法原则的修改可通过立法和司法两条途径，即或由香港特别行政区立法机构制定新的法例，或由香港特别行政区终审法院在一个案例中确立新的原则。

第四，香港特别行政区的终审权属于新成立的终审法院，其他司法体制及陪审制原则、刑民诉讼原则均得以保留。终审法院作为香港特别行政区法院系统的最高审级，其判例效力自然高于现行的或将由香港特别行政区其他法院所作出的判例。因此，终审法院将来的活动及实际作用将对判例法是否能在"九七"后的香港保持主导地位产生重大影响。

第五，香港法院传统的具有权威性的法律解释权，因《基本法》条款的解释问题而有所变化。根据《基本法》，全国人大常委会拥有对《基本法》的解释权，而全国人大常委会授权特别行政区法院在审理案件时对有关《基本法》的条款自行解释。但涉及中央人民政府管理事务或中央与特别行政区关系的条款时，应在终局判决前，由终审法院报请全国人大常委会作出解释。香港特别行政区法院在引用该条款时，应以全国人大常委会的解释为准。

第六，根据《基本法》成立的香港特别行政区立法会，将是香港历史上第一个真正的港人代表机构，第一个真正独立的立法机构。为了修正香港原有法律中与《基本法》相抵触的内容及完善香港特别行政区的新型法制，香港特别行政区立法机构——立法会，将根据《基本法》承担起艰巨的立法任务。制定法的比重和作用将大大提高。

最后可以推测的是：传统虽将延续，但判例法的主导地位则面临挑战。

（原文载于《政治与法律》1997年第1期，第52~54页）

英国刑法对中国香港地区刑法的影响

孟　红[*]

一　英国刑法对殖民时期的香港刑法的影响

（一）香港地区近代刑法的发展轨迹

香港是中国的领土，在清朝由当时的广东省新安县管辖，适用中国的法律，主要是 1647 年（顺治四年）制定的、后进一步补充完善的《大清律例》。[①] 由于《大清律例》以刑为主，所以，也是当时适用的主要刑法。由中国古代刑法的共性决定，《大清律例》无罪刑法定可言。

从 1841 年《义律公告》公布到 1843 年港英政府成立，是中国清朝的刑律和习惯与英国刑法的并存时期。1840 年 6 月英国发动第一次鸦片战争，并于 1841 年 1 月 20 日宣布占领香港岛。1842 年 8 月 29 日签订的《中英南京条约》第 3 条规定："将香港一岛给予大英国君主及嗣后世袭王位者常远据守主掌，任便立法治理"，该条约规定英国对香港实行殖民统治，并赋予英国在香港岛享有立法权。在此之前，英国在占领香港岛后即于 1841 年 2 月 2 日，由英国驻华全权钦使兼商务总监查理士·义律在香港发布《义律公告》，宣布设立香港的统治机构和行使法律的准则，即：

---

[*] 孟红，华东政法大学法学博士，现任东南大学法学院教授。

[①] 清王朝建立后，于顺治四年（1647 年）、雍正三年（1725 年）和乾隆五年（1740 年）先后颁布了《大清律集解附例》、《大清律集解》和《大清律例》三部正式的成文法典。自乾隆五年定本后，律文不再增损，例则不断增补。参见何勤华《清代法律渊源考》，《中国社会科学》2001 年第 2 期。

> 按照中国之法律和习惯统治香港岛原居民和此间所有中国人,废除严刑拷打。香港英国籍罪犯及外港岛原居民和非中国人犯,将按现时在中国施行之刑事暨海军法审判,香港岛所有英籍人和外国人均受英国法律保护。①

可见《义律公告》以属人、属地混合原则设立准据法,即对香港岛原居民及中国人适用中国法律,对在香港的英国人和其他外国人适用英国法律。这种准据法原则在 1844 年香港《最高法院条例》中再次得到确认。② 由于英国当时已经完成工业革命进入近代资本主义时期,其国内法带有资本主义法性质,资本主义时期倡导的人权保障在刑法中已得到一定确定,所以,在香港对英国人和外国人适用的英国刑法带有人权保障的因素。虽然适用的对象有限,但作为当时香港法的组成部分,这使此时香港刑法区别于当时清朝政府实行的《大清律例》等封建制法律(区分对象,有限度地实行罪刑法定)。

1843 年 4 月 5 日,英国以《英皇制诰》(Letters Patent)形式发布《香港宪章》(Hong Kong Charter),正式宣布对香港实行殖民统治。③ 英国政府据此授予港督制定法律的权力。同年 6 月 26 日,港英政府正式成立,并设立了辅助港督立法的机构——立法局,开始制定香港本地法律,包括刑法。这是香港独立立法的开始。受英国近现代刑法思想和刑事立法的影响,香港刑法与英国刑法基本同步发展。

(二) 香港地区近代刑法的渊源

香港割让之初,一度因人口增多、人员复杂、规则不健全等原因出现了秩序混乱的局面,杀人越货、纠党打劫、偷窃诈骗等十分猖獗,为维护殖民统治,港英政府制定了大量的刑事法律。并且为弥补本港立法之不

---

① 史深良,《香港政制纵横谈》,三联书店,1992,第 237 页。
② 1844 年香港《最高法院条例》第 5 条规定:"1843 年 4 月 5 日香港成立本地之立法机构后,现行之英国法律将在英国实施,但不适合本地情况或本地居民及上述立法机构另行立法取代者除外。"参见李宗锷主编《香港日用法律大全》,商务印书馆,1995,第 71 页。
③ 1856 年 10 月和 1898 年 6 月,英国又强迫清政府签订了《中英北京条约》和《展拓香港界址专条》,将九龙半岛南端割让给英国;将九龙半岛的其余大片土地,直至深圳河以南,以及附近 230 多个岛屿(以上地区后称为"新界")租给英国,期限为 99 年。从此,英国对香港实行殖民统治。

足,在1844年制定的《最高法院条例》规定,香港可以直接适用英国法律。由于香港在此期间由英国统治,属于普通法系的成员,所以,判例法是香港刑法中的当然部分。

此时期香港刑法的渊源复杂多样,主要包括:香港立法机构制定的刑事法律、适用于香港的英国刑事法律(制定法)、适用于香港的英国及其他英联邦国家刑事判例法、香港本地的刑事判例法、中国清朝的刑律和习惯以及对香港有约束力的国际条约中的刑事法律条款。上述众多渊源基本可分为:制定法(港英政府制定的刑法、适用于香港的英国刑事制定法、清朝刑律)、普通法(香港、英国及其他英属地区普通法判例)、习惯法和国际公约。

1. 制定法

(1)香港立法机构制定的刑事法律①

香港立法局是依据《英皇制诰》设立的协助港督制定法律的机构,从其成立时起至香港回归前,制定了大量的刑事条例。这些刑事条例以英国刑法为蓝本,遵循英国刑事立法的原则和精神,基本上包括了香港的刑事法律关系中所要解决的全部问题,是香港刑法的主干,如《刑事罪行条例》、《侵害人身条例》、《杀人罪条例》、《公安条例》、《盗窃罪条例》、《防止贪污条例》、《赌博条例》、《偷渡条例》、《复杂商业罪行条例》、《防止贿赂条例》、《舞弊及非法行为条例》、《简易程序治罪条例》、《刑事诉讼条例》、《监狱条例》等。

除了专门的刑事条例外,还有一些非刑事条例中关于犯罪和刑罚的规定,以及专门针对特定对象规定的条例:前者如《危险药物条例》、《保护妇孺条例》、《道路交通条例》、《武器条例》、《不良出版物条例》、《吸烟条例》、《社团条例》等;后者如《少年犯条例》、《逃犯条例》等。香港回归前颁布的这些条例许多内容沿袭的是英国的同类法令,也有些是根据香港本地的具体情况制定的,具有本土化的趋势。由于香港刑法追随英国刑法,接受英国刑法特有的概念、术语和历史传统,因此,香港刑法的原则和犯罪概念、犯罪要素、刑事责任、犯罪分类、刑罚种类等,与英国刑法惊人的相同、相通和相似。

---

① 包括刑事条例和含有犯罪及其处罚内容的附属立法。

(2) 适用于香港的英国刑事法律

英国对香港实行殖民统治，原则上英国的法律都可适用于香港。但自 1844 年香港《最高法院条例》规定英国法律可直接适用于香港后，哪些法律、如何适用始终是个问题，毕竟香港与英国有许多不同，香港此期间虽被英国实行殖民统治，但居民大多是华人，中国传统法律观念和法律制度的影响根深蒂固。1865 年英国议会制定的《殖民地法律效力法例》对英国成文法在殖民地的适用作出规定：凡英国议会或枢密院制定或作出的有关殖民地事务的法例、命令，在殖民地均可适用；殖民地的条例如果与适用于该殖民地的英国议会立法相抵触时，应属无效。[1] 1873 年的香港《最高法院条例》第 5 条对香港适用英国法律的基本原则作了明确规定，即"自本港获取立法权之时即自 1843 年 4 月 5 日，所有英国现行法律均适用于本港，但各该法律不适合本港地方环境或其人民或经由该立法机关明令修订者不在此列"。[2] 1894 年香港《最高法院条例》第 5 条也规定："1843 年 4 月 5 日香港成立本地立法机构后，既有之英国法律将在香港执行，但不包括不适合本地情况或本地居民的英国法律，亦不包括上述立法机构另立新法取代之的英国法律。"[3] 这样，英国法律在香港的适用与香港地方的具体情况就结合了起来。

1965 年，港英政府制定的《英国法律适用条例》进一步明确规定，对 1843 年港英政府成立前的英国法律，香港立法局可以根据社会环境和居民的需要进行修改和删节；对 1843 年后英国制定的限于香港适用的法律，港英政府无权选择，只能由英国枢密院命令或英国议会通过法律去决定。[1] 该条例还明确规定在香港适用的英国法律包括：(1) 英国政府颁发的直接适用于香港的法律；(2) 英国国会立法；(3) 英国的普通法和衡平法。上述规定均是英国刑事法律适用于香港的法律依据。

在此期间，在香港适用的英国刑事法律主要有：1689 年《"殖民地"囚犯转移法例》、1792 年《诽谤法令》、1849 年和 1860 年《海事法庭罪犯

---

[1] 赵秉志主编《香港法律制度》，中国人民公安大学出版社，1997，第 36 页。
[2] 参见广东省人民检察院编《香港法律与司法制度资料》第 1 册，第 113 页。转引自杨春洗、刘生荣、王新建编著《香港刑法与罪案》，人民法院出版社，1996，第 10 页。
[3] 赵秉志主编《香港刑法学》，河南人民出版社，1997，第 12 页。
[4] 杨春洗、刘生荣、王新建编著《香港刑法与罪案》，第 8 页。

（殖民地）法例》、1850 年《海盗法》、1857 年《引渡条例》、1890 年《"殖民地"海事法庭法例》、1907 年和 1918 年《"殖民地"囚犯遣解命令》等。可见，英国刑法对香港刑法的影响，随着香港本地刑法的完善而逐渐减少，其影响主要是刑法精神、原则和制度，而不是条文本身的直接适用。

（3）清朝刑事法律

由香港特定的历史条件所决定，清朝刑事法律（包括习惯）在香港刑法的形成发展中有重大影响，甚至一直作为有效的法律形式在香港存在。尤其港英政府的立法机构成立之初，本地法律没有建立起来，英国法律又不完全能够适用时，清朝刑事法律成为对当地居民适用的当然法律。当然，清朝刑事法律对香港刑法的影响随着香港刑法的发展更趋向文明与科学而越来越小，只是一个补充性渊源。

大清刑律在此时期对香港刑法的影响主要表现为以下几点。第一，作为生效的法律被直接引用，并作为处理刑事案件的依据。1990 年一名中国内地 14 岁少年在香港被以非法入境罪起诉，其辩护律师引用 1898 年中英《展拓香港界址专条》中的条文，说明被告人不属于非法入境，得到法庭支持，裁定被告人无罪，这一案例成为清朝法律得以被直接引用的最好例证。[①] 第二，在处理刑事案件时考虑大清刑律相关内容对人们刑法观念的影响。1934 年香港法院以谋杀罪判处将正在通奸的其妻与奸夫杀死的被告人死刑，引起香港华人不满，根据《大清律例》，杀死奸夫淫妇，罪不至死。最后由港督签发赦免令赦免被告人死刑。[②] 第三，香港将大清刑律的规定通过立法或判例确定下来，成为其刑法的内容。历次《最高法院条例》规定，英国法适用于香港时"不适合本地情况和本地居民的除外"，这就包含允许大清刑律适用的意思。中国传统的法律意识和刑法观念更是深植于香港的中国人的思想中，如对少年犯重教养轻刑罚、对老年犯从宽处刑、刑罚上的报应观念等，这些观念不会轻易被同化掉。因此，在适用刑法上不能不考虑中国固有的法律和习俗，在刑法中保留一些中国法律的内容，它成为香港刑法的必要补充。

[①] 杨春洗、刘生荣、王新建编著《香港刑法与罪案》，第 8 页。
[②] 陈文敏：《论香港应否恢复死刑》，《明报月刊》1989 年第 3 期。

2. 判例法

判例法是香港刑事法律的重要组成部分，尤其在早期，由于制定法不足，有关犯罪和处罚基本上是由判例法调整的。法官在审理案件时，按照"遵循先例"原则，从英国、英属殖民地和香港本身的先前判例中寻找定罪量刑的标准和依据。随着香港刑事制定法的增多与完备，判例法中的许多刑事规范已经为成文法所代替。但是，成文法并未完全取代判例法，判例法仍然是香港刑法的重要组成部分，有些自然犯罪如谋杀罪，仍由判例法确定，涉及成文法的适用时，对某些概念的理解常常借助于判例法。

(1) 适用于香港的英国及英联邦刑事判例法

在香港刑法发展早期，英国刑事判例法是主要的刑法渊源，除去不适宜香港地区的情况及其居民者外，其余均适用于香港。《英国法律适用条例》第3条也规定"普通法和衡平法的原则均在香港有效"。虽然这一规定中对于英国哪一级法院的判决可以作为先例适用于香港没有规定，但根据英国司法体制，通常认为英国上议院和枢密院司法委员会的判例才对香港法院有约束力。此外，作为英联邦成员，香港对英联邦其他成员国和地区的判例，给予充分的尊重和参考。如其在对普通法的解释上与香港法院采取相同方法，也对香港法院有约束力。

(2) 香港本地的刑事判例法

香港自1905年起才开始建立自己的案例记录制度，由香港最高法院上诉法庭的一位法官和律师、法律学者组成专门编辑部，将有价值的重要案例收集到《判例汇报》中，以补充英国及其他普通法国家的判例，其中刑事判例占有相当比例。该部分判例与其他可适用于香港的刑事判例一起在香港刑事司法实践中发挥着重要作用。

香港刑事判例法是以英国普通法为基础发展起来的，在适用中坚持"遵循先例"原则，即法官在对其审理的案件作出判决时，必须考虑有关法院在已决案件中对与此相同或密切相关的问题作出的判决中所适用的原则，并受其约束。除非这个判例依据的法律后来被废除，否则必须遵循。

回归前香港法院适用刑事判例的准则包括如下几点。[①] (1) 香港的所有法院都必须遵循英国枢密院司法委员会的判例。(2) 香港的所有法院都

---

① 刘丁炳：《香港刑法的遵循先例原则及其改革》，《政法学习》1995年第2期。

必须遵循英国上议院的判例。(3) 香港的所有法院对于英联邦其他国家和地区法院的判例，一般都予尊重，并加以采用，但以其法院在解释普通法上所采取的方法与香港法院基本相同者为限；否则，其判例只可作为香港法院的参考。(4) 香港所有法院必须遵循最高法院上诉庭（又称上诉法院）的判决，但上诉庭不一定要遵循自己以往的判决（假如该项判决被认为的确失误的话）。(5) 最高法院原讼庭（又称高等法院）的判决，对地方法院、裁判司署（又称裁判官法院）有约束力；但是，原讼庭法官并不一定要遵循另一原讼庭法官的判决。(6) 香港的地方法院必须遵循香港最高法院上诉庭和最高法院原讼庭的判例。地方法院在受理上诉案件时必须遵循其作为上诉的终审法院所作出的判例，但对其作为第一审法院或上诉审法院所作出的判决则不要求遵循。(7) 香港的裁判司署应遵循香港最高法院上诉庭和最高法院原讼庭的判例，但不必遵循裁判司署和地方法院的判例。(8) 下级法院判例对上级法院没有约束力。

可见，此时期香港刑法适用刑事判例，从种类说包括三种。(1) 英国的判例。"香港法院无疑是受到英国枢密院和上议院的判决的约束"，[1] 这是香港最高法院合议庭在1969年聆讯一案件时所作的陈述。(2) 英联邦其他国家和地区的判例。香港是普通法适用地区，按照普通法的原则，英联邦其他国家和地区的判例，也可以适用于香港。(3) 香港自身的判例。

从适用判例的形式看，包括如下三种。(1) 遵循纵向先例。就香港法院对刑事案件的管辖体系而言，分为最高法院（包括上诉法院和高等法院）、地方法院和裁判司署。上诉法院是其最高审级，所以，遵循先例就体现为，香港上诉法院的判例对其下级法院都具有约束力，即高等法院服从上诉法院的判例，地方法院和裁判司署服从高等法院和上诉法院的判例。由于香港属于英国的殖民统治地区，香港法院刑事案件的终审权掌握在英国枢密院司法委员会手中，因而香港所有的法院必须绝对遵循英国枢密院司法委员会的判例。(2) 遵循横向先例。香港的所有法院，包括其上诉法院，应当遵循英国上议院的判例。因为，一方面上议院是英国的最高一级法院，英国的普通法也在香港适用，所以，香港法院的法官们自认为

---

[1] 〔新西兰〕瓦莱里·安·彭林顿：《香港的法律》，毛华、叶美媛等译，上海翻译出版公司，1985，第10页。

有义务在习惯法事务方面遵循上议院的判例；另一方面上议院的法官，大部分也是枢密院司法委员会的成员，因而也会以同样方式进行判决，所以，如有案件上诉到枢密院司法委员会，不同意上议院的判例也是没有用的。英国其他法院的判例，一般对香港无约束力，而只有说服力。至于英联邦其他国家和地区的法院，虽然与香港法院之间并不具有审级上的制约关系，但是它们同属于普通法适用地区，因而香港法院对英联邦其他国家和地区的判例，一般也予尊重。（3）遵循自身先例。这包括两种情况：其一，香港上诉法院应遵循自身先前所作的判决；其二，地方法院如果审理上诉案件，对其自身先前审理上诉案件时作出的判决，应当予以遵循。否则，地方法院不受其先前作出的判决的约束。[①]

当然，遵循先例是判例法的基本原则，在司法实践中应严格遵守，但并非没有例外。在英国，法官在面对具体案件时，会利用"区别"技术，找出本案与先例之间的不同之处，而不用先例；或认为先例在裁判中没有注意到既有的制定法和权威著作对此的指导作用；或是认为如果遵循先例，可能导致"不公正"，"限制法律发展"时，则可以不遵守先例。香港和英国一样，在遵循先例原则的适用中，也有例外情况。其一，英国上议院的判决对香港法院有约束力，但是更多的意见认为其判决只有同香港的案件情况极为相似时，才对香港法院有约束力；其二，英联邦其他国家和地区的判例一般只有说服力，只有当其对普通法的解释方法与香港一致时，香港法院才予以采用；其三，香港的下级法院如果有充分的理由说明以前上诉法院的判例明显错误时，可不遵守其判例（香港回归前的审判机关结构图见图1）。[②]

由判例确定的刑法基本内容包括以下几个方面。

第一，关于违法性认识：首席大法官罗伯特说：虽然事实上一般公民通常不知道法律，亦不明知其行为是错误的，但他被推定为知道法律，因而也就被推定为知道其客观上已经触犯刑事法律的行为是错误的。[③]

第二，积极作为义务的来源：由被告人与被害人之间关系而产生（父母和监护人有义务保护他们照顾下的孩子的生命和健康；夫妻有义务保护

[①] 宣炳昭：《香港刑法导论》，中国法制出版社，1997，第33页。
[②] 宣炳昭：《香港刑法导论》，第36~37页。
[③] 罗德立主编《香港刑法》（英文版），北京大学出版社，1995，第10页。

```
                    ┌──────────────┐
                    │  英国上议院   │
                    └──────────────┘
                           ↑
                ┌────────────────────┐
                │ 英国枢密院司法委员会 │
                └────────────────────┘
                           ↑
                    ┌──────────────┐
                    │   最高法院    │
                    └──────────────┘
                       ↗        ↖
     ┌──────────────────┐    ┌──────────────────┐
     │上诉庭（又称上诉法院）│    │原讼庭（又称高等法院）│
     └──────────────────┘    └──────────────────┘
              ↑                       ↑
        ┌──────────┐         ┌────────────────────┐
        │ 地方法院  │         │裁判司署（又称裁判官法院）│
        └──────────┘         └────────────────────┘
```

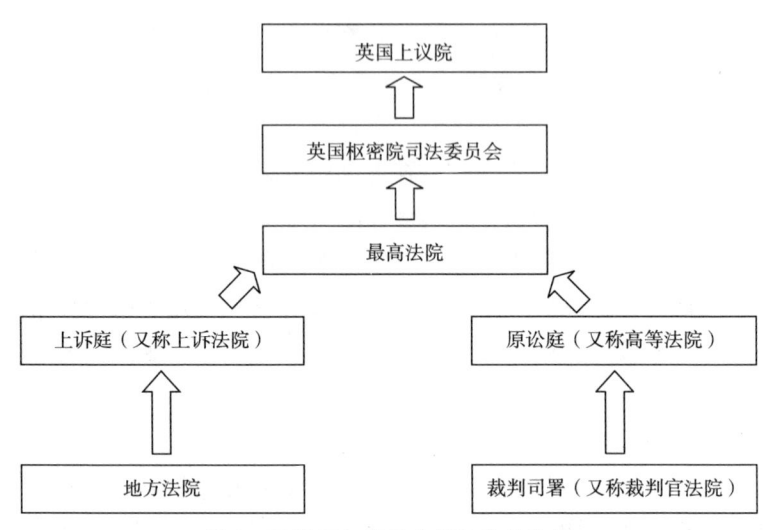

图 1　香港回归前的审判机关结构图

其不能自立的配偶或伴侣）；被告人的职业产生作为义务；自愿承担帮助某人的责任产生作为义务；对危险物的控制产生采取合理措施之作为义务。①

第三，判断非被告人的行为介入并促使结果发生之情况是否中断了被告人的行为，因而成为结果发生的原因的规则：介入行为不是自然事件、介入行为是被告人犯罪时可合理预见的、被告人必须针对被害人的实际情况而承担相应的责任。

第四，作为合法辩护理由的防卫人身行为，没有规定在成文法里，而是由普通法调整的。要以防卫人身行为作为影响刑事责任的因素，必须具备的条件是：从攻击行为看，必须是真实的，或是被告人以为是明显的，且攻击行为必须无正当理由；从防卫行为看，对攻击的回击必须是为了防卫本人或他人所必须且是合理的回击。至于何为必须，何为合理，香港判例法均有确定。

第五，合法辩护理由中的婚姻强制，是普通法中设立的对妻子有利的特别辩护理由，妻子在丈夫在场或受丈夫强制的情况下犯罪，可以减轻或免除刑事责任。法律推定妻子在丈夫在场时犯罪，是在丈夫强制下实施

---

① 罗德立主编《香港刑法》（英文版），第 82~83 页。

的。1993年《刑事诉讼程序条例》第100条规定废除了该推定。

第六，教唆、共谋、未遂等不完整罪的规定及处罚原则，移植了英国普通法中的相应内容。如关于未遂罪的构成条件之一的"企图实施犯罪行为"，其判断标准是由判例法确定的：最后行为标准和排除歧义标准。前者是指被告人实施了"直接联系"或者"实际接近"既遂的行为；后者是指如果被告人实施的行为是实施特定犯罪的一个步骤，与该犯罪直接紧密联系，且实施这一行为不能被合理地认为是为了其他目的，而是为了实施特定之犯罪。

第七，谋杀罪中"谋杀"的含义，是由判例确定的。根据普通法的定义，所谓谋杀，是指"一个人在头脑清醒，到了有能力明辨是非的年纪，心存恶意，非法杀害一个活生生而有权受英皇保护的人，而受害人在事后一年零一日内死亡"。这一定义是17世纪初由爱德华·柯克勋爵提出的，至今仍沿用。[①]

在香港刑法中，成文法与判例法并存，但并非并重，在实际的操作和法律效力上，刑事条例高于刑事判例。

3. 国际公约

对香港适用的国际公约大致可分为两类：一是香港以自己的名义参加并签订的多边条约或双边协定；二是香港未以自己名义参加但相关条约或协定适用于香港，如英国缔结和批准的多边条约，在附加特别领土适用条款后适用于香港，英国与其他国家签订的双边协定适用于香港，以及英国以香港名义缔结的只适用于香港的条约。这些国际公约中的刑事条款也是香港刑法的渊源。1997年回归前已有超过200项国际条约和协议适用于香港，其中约有59个条约含有刑事条款，多个多边协议涉及刑事司法协助。国际条约并不当然在香港直接适用，在香港立法施行之前，不算是香港本地法律的一部分，但仍可影响普通法的发展。举例来说，法庭可引用某条约，以助解释法例。

总之，香港地区刑法在一百多年的发展中构建成一个多元化、多层次、比较严密的庞大独立体系。它以英国刑法为立法蓝本，遵循英国刑法

[①] 第3至7项内容，分别参见赵秉志主编《香港刑法学》，河南人民出版社，1997，第39、71、77、104、157页。

的原则和精神，在一定程度上受英国刑法的制约和支配，因英国刑法的变化而改变；但又是一个比较完备的独立体系，立法局根据香港本地特点在保留有英国刑法内容的基础上，增加了许多本地法的内容，较好地解决了外来法律本土化的问题。

二 英国刑法对回归后香港刑法的影响

1997年7月1日，中国政府对香港地区恢复行使主权。根据《中华人民共和国香港特别行政区基本法》（以下简称《基本法》）第8条的规定，香港原有法律，即普通法、衡平法、条例、附属立法和习惯法，除同《基本法》相抵触或经香港特别行政区的立法机关作出修改者外，予以保留。据专家们对香港法律进行初审得出的结论，回归前香港约有20多个法例与《基本法》相抵触，有十几个法例与《基本法》部分抵触。[①] 在这些法例中香港刑法占有很大一部分内容。这还不包括在过渡时期港英当局新修订的，在主权回归后还要重新恢复的刑事法律。所以，回归后的香港刑法面临着以《基本法》为取向，进行调整与发展的问题。

（一）对香港原刑法的改革

1. 改革的依据

《基本法》是根据宪法制定的体现"一个国家，两种制度"方针的全国性法律，是香港特别行政区一切活动的基本准则。因此，改革香港刑法应以《基本法》为依据。香港《基本法》第2条规定："全国人民代表大会授权香港特别行政区依照本法的规定实行高度自治，享有行政管理权、立法权、独立的司法权和终审权。"第18条第2款规定："全国性法律除列于本法附件三者外，不在香港特别行政区实施。"该条第4款规定："全国人民代表大会常务委员会决定宣布战争状态或因香港特别行政区内发生香港特别行政区不能控制的危及国家统一或安全的动乱，而决定香港特别行政区进入紧急状态，中央人民政府可发布命令将有关全国性法律在香港特别行政区实施。"这些规定都是对香港刑法进行改革的依据。

---

① 陈弘毅：《香港回归后法制的延续与转变》，《信报：财经月刊》1999年第2期。

2. 改革的指导思想

《基本法》序言中指出：按照"一个国家，两种制度"的方针，不在香港实行社会主义制度和政策。"一个国家，两种制度"是香港特别行政区一切活动的指导思想，无疑也是香港刑法改革的指导思想。首先，根据"一个国家，两种制度"的方针，只能由中华人民共和国中央人民政府统一行使国家主权，国家的主权，统一和领土完整必须得到维护。它要求改革香港刑法，剔除其中的英国殖民因素，而把危害中华人民共和国国家主权、统一和领土完整的行为规定为犯罪并予以刑罚处罚。其次，"一个国家，两种制度"还要求必须保障香港特别行政区的高度自治权。它要求改革香港刑法，必须尊重香港的独立刑事立法权，正确处理香港刑法与全国刑法的关系。

3. 改革的机构

根据《基本法》规定，香港拥有高度自治权，刑法的修改当然属于香港政府的权力，具体由立法会行使。但是，对哪些原有规定与《基本法》相抵触而不能在回归后继续有效，全国人大常委会也有权宣布。《基本法》第160条规定，全国人大常委会可宣布香港原有法律中哪些因抵触《基本法》，而不能过渡至1997年以后。据此，全国人大常委会1997年2月23日颁布了《关于根据〈中华人民共和国香港特别行政区基本法〉第一百六十条处理香港原有法律的决定》，并在决定的三个附件中列举了应失效的条例和一些词语解释或适用的替换规则。

4. 改革的范围

根据《基本法》第8条的规定，香港原有法律，即普通法、衡平法、条例、附属立法和习惯法，除同《基本法》相抵触或经香港特别行政区的立法机关作出修改者外，予以保留。因此，香港只能对原刑法中的英国殖民因素和其他同《基本法》相抵触的部分作出修改，其余的应予以保留，以后是否修改，应根据香港社会的实际需要，由香港特别行政区立法机构决定，而不是由中央政府强制规定。此外，《基本法》第23条还规定："香港行政区应自行立法禁止任何叛国、分裂国家、煽动叛乱、颠覆中央人民政府及窃取国家机密的行为，禁止外国的政治性组织或团体在香港特别行政区进行政治活动，禁止香港特别行政区的政治组织或团体与外国的政治组织或团体建立联系"。根据这条规定，香港特别行政区应以立法形式将背叛祖国、分裂国家、煽动叛乱、阴谋颠覆中央人民政府、窃取国家机密、非法进行政治活动和破坏国防等行为规定为犯罪并予以刑罚处罚。

香港刑法在废除或修订过程中，遵守《基本法》的原则。在剔除带有殖民因素或与《基本法》相抵触的内容的基础上，保持了原有法律的完整性、细密性、独立性。具体来说，香港刑法的实质性变化包括以下几个方面。

1. 刑事法律的宪政基础发生变化

回归前香港刑法的根本规范与英国法律制度的根本规范基本相同，这个根本规范承认，所有明示或默示在香港适用的国会立法，在香港都有法律效力；同时承认英皇特权立法，包括为港英政府提供宪政基础的《英皇制诰》和《皇室训令》。但回归后，《中华人民共和国宪法》成为所有香港法律的终极渊源。香港所有刑事法律（包括普通法）都不得违背《基本法》；而《基本法》的效力则来源于《中华人民共和国宪法》。

2. 适用于香港的英国刑事法律不属于"香港原有法律"，不在基本法保留之列，而不能在香港特区实施

在香港适用的英国刑事法律是英国殖民统治者统治香港的重要工具，带有浓厚的殖民色彩，必须停止使用。由于终止英国法律在香港特区的适用会导致香港刑法产生"法律真空"。为了避免这一情况的出现，保持香港政制、法制的稳定，现在采取的方式是在不违反基本法原则、中英联合声明和废除殖民条款这一原则的基础上，实行立法主体换位，通过立法本土化方式，将英国制定而适用于香港的法律变成香港立法机关制定的法律继续适用。

3. 废除香港立法局制定的带有殖民色彩的刑法和刑事判例

香港立法局制定的刑法中有关维护英国殖民统治的条文占有重要地位，如《刑事罪行条例》第一项罪便是叛逆罪。该项罪名规定：杀害或伤害英国女王或将其监禁或软禁者；对女王进行战争，意图推翻女王的统治；煽动外国人以武力入侵英国或其任何领地者，以任何方式协助正在与女王作战的敌人者，即构成叛逆罪，经起诉定罪后应处死刑。《刑事罪行条例》的第二部分"其他反对王室的罪行"中也有类似的规定。可见，香港刑法中这些充满殖民色彩的规定已无法与中国特别行政区的法律达成和谐。所以，必须代之以维护中国主权、统一和领土完整的法律。

4. 消除中国清朝法律和习俗的影响

中华人民共和国政府不承认清朝政府颁布的《大清律例》。一百五十多年来，清朝的法律和习惯已逐渐渗透到香港的司法判例中或被改造后写进香港条例中。这些判例不利于香港的现代化进程，不利于香港法律文化的发展。

（二）回归后香港刑法的渊源

回归后的香港法律制度根据《基本法》的规定而发生了一些变化，刑事法律渊源也随之变化，其主要渊源有：（1）予以保留的香港原有刑事法律。这是回归后香港刑法的主体。无论制定法还是判例法，只要不与《基本法》相抵触，仍继续有效；（2）香港特别行政区立法机关制定的刑事法律，包括新制定的法律和对原有法律的修改；（3）新编制的刑事判例；（4）适用于香港特别行政区的全国性法律中的刑事条款；（5）适用于香港特别行政区的国际公约中的刑事条款。在回归后的香港刑法渊源中，有两个问题需要讨论。

一是香港原有刑法中的英国刑法问题。原香港刑法受英国刑法的影响颇大，英国刑事制定法和判例法是香港刑法的渊源之一。回归后，英国刑事制定法和判例法不再是香港刑法的当然渊源，但香港刑法中的英国刑法内容并不能一下子消除。

原香港刑事制定法有些是在模仿英国相应规定的基础上制定的，如1848年《反贪污条例》，就是仿效英国同类法律制定的；香港刑法中的严格责任犯罪是由英国普通法判例发展而来；香港《释义通则条例》仿效英国1899年的《解释法》对"人"的含义作出解释，该条例第3条规定，"人"包括法团或并非法团组织的任何公共机构和众人组成的团体，即使这些词语出现于规定罪行或与罪行有关的条文内，或出现于追收罚金或追收补偿的条文内，本定义亦适用。这就是根据英国刑法确定的关于法人刑事责任原则作出的规定。

香港的判例法也受英国判例法的影响，如香港刑法中的"故意"由英国汉考克和香克兰（Hancock and Shank cand［1986］AC455）、尼德里克（Nedrick［1986］3 All ER 1）等判例确定其含义，说明故意的含义中包括目的、欲望，但又与两者不完全相同。① 香港刑法中的"轻率"主要产生于英国判例坎宁安（Cunningham [1957] 2QB396）和伦敦市警察局诉考德威尔（Metropolitan Police Commissioner v Caldwell [1982] AC341）两案。② 香港刑法中的教唆、共谋、未遂的概念，都移植了英国普通法中的相关内容。

香港刑法学也深受英国刑法学说的影响，如刑法关于犯罪的分类，英国刑法以 1967 年颁布的《刑事法令》为界限，之前一般将犯罪分为叛逆罪、重罪和轻罪；之后则分为应予逮捕罪和不予逮捕罪（从审判的角度划分，则为应予起诉罪、简易审判罪和既可起诉又可速决罪）；英国刑法奉行"没有犯罪意图的行为，不能构成犯罪"。香港刑法也奉行这一原则，并在制定法和判例法中适用；甚至英国的刑事政策也对香港刑法有影响，如英国 1965 年终止死刑适用，1969 年正式废除死刑。香港自 1966 年至 1993 年虽仍有死刑判决，但均通过赦免而没有实际执行，直到 1993 年《1993 年刑事罪行（修改）条例》正式废除死刑。所以，从法律的表现形式上讲，英国刑法（包括制定法和判例法）不再是香港刑法的一部分，但从一些制度来源的角度讲，英国刑法的影响将持续存在。

二是全国性刑法在香港的适用问题。全国性刑法包括：刑法典，即全国人民代表大会制定的《中华人民共和国刑法》；单行刑法，即全国人民代表大会或全国人大常委会对有关犯罪和刑罚问题的专门规定；附属刑法，即全国人民代表大会或其常务委员会制定的非刑事法律中的刑法规范。

全国性的刑法，本应在中华人民共和国领域内适用，这是国家主权的表现，但是，由于政治制度的特殊性和国际法的一般原则，全国性刑法的适用也有例外情形。所以，1997 年《中华人民共和国刑法》第 6 条规定："凡在中华人民共和国领域内犯罪的，除法律有特别规定的以外，都适用本法。"因为香港《基本法》就香港法律的适用作出了特别规定，因此，

---

① 罗德立主编《香港刑法》（英文版），北京大学出版社，1995，第 29 页。赵秉志主编《香港刑法学》，河南人民出版社，1997，第 33 页。参见刘佳《香港刑法及其走向略析》，《首都师范大学学报（社会科学版）》1997 年第 3 期。
② 赵秉志主编《香港刑法学》，河南人民出版社，1997，第 33 页。

全国性刑法不是香港刑法的当然渊源。但全国性刑法仍保留了在香港特别行政区适用的可能。

香港《基本法》第18条第4款规定："全国人民代表大会常务委员会决定宣布战争状态或因香港特别行政区内发生香港特别行政区不能控制的危及国家统一或安全的动乱，而决定香港特别行政区进入紧急状态，中央人民政府可发布命令将有关全国性法律在香港特别行政区实施。"据此，全国性刑法在香港特别行政区能否适用，应分为正常状态和非常状态两种情况来讨论。

在正常状态下，全国性刑事法律，不在香港特别行政区实施。在非常状态下，全国性有关法律可以在香港特别行政区实施。"全国性有关法律"，应当理解为包括全国性刑事法律在内。全国性刑法在香港特别行政区实施，必须以法定的非常状态的存在为其前提。"非常状态"具有以下特点：（1）法定性。即非常状态是香港基本法所规定的非常状态，也即法定非常状态；（2）特定性。即非常状态是指特定的事由，一是战争状态，二是紧急状态。"紧急状态"的具体含义，是指在"香港特别行政区内发生香港特别行政区不能控制的危及国家统一和安全的动乱"；（3）命令性。即指在非常状态下，中央人民政府可发布命令将有关全国性法律在香港特别行政区实施。非常状态下，全国性刑法可以在香港特别行政区实施，就是指中央司法机关对香港特别行政区处于非常状态下发生的危害国家统一和安全等各种犯罪行为有管辖权，可以适用全国性刑事法律对之定罪量刑。

此外，根据香港《基本法》第19条第3款的规定，对于发生在香港特别行政区的，危害国防和妨害外交的犯罪行为，无论是在正常情况下，还是在非常状态下，全国性刑事法律均可予以适用。因为，在正常状态下，国家对于这类犯罪行为可以采取国家行为，而香港特别行政区法院对国防、外交等国家行为无管辖权。香港特别行政区法院在审理案件中遇到有涉及国防、外交等国家行为的事实问题，应取得行政长官就该问题发出的证明文件，上述文件对法院有约束力。行政长官在发出证明文件前，须取得中央人民政府的证明书。在非常状态下，对于上述行为，中央司法机关有权管辖，可以适用全国性刑事法律。

(三) 回归后香港刑法的基本走向[①]

1. 由复杂化向简单化方向发展。香港刑法是一个多层次、多元结构的法律体系，既有英国法律、香港本地法律，又有中国清朝法律和习惯法。这种多元结构表现为成文法与判例法的并用。1997 年以后，香港刑法的多元结构改变，在成文法上仅存有以《基本法》为宪制基础，由香港特别行政区立法会制定或认可的刑事法例。香港原刑事法例成为香港刑法的主干。判例法来源简单化，本港判例成为主要法源。

2. 由从属化向主体化方向发展。英国统治香港时期，英国刑事法律在香港居于主导地位，香港本地刑事条例从属于英国刑法，英国掌握着主要立法权。香港回归后，港人具有高度的自治权，包括独立的立法权。香港特别行政区立法机关有独立制定和修改香港特别行政区刑事法律的权力。所以，香港立法机关成为刑事立法权的主体。

3. 立法主体向集中和广泛代表性发展（查基本法）。英国统治香港时期，香港刑事立法权较为分散，成文法的立法权分别由英国议会和港督行使，立法局只是一个港督立法的辅助机构，不具有独立性。而且在长达一个多世纪的时间里，立法局议员一直由港督委任，直到 1985 年立法局才出现间接产生的民选议员，1991 年才首次出现直接选举的议员。[②] 回归后，根据《基本法》的规定，立法会成为香港独立的最高立法机构，由 60 名经选举产生的议员组成，[③] 具有广泛的代表性，可以反映不同利益集团的要求。

三 香港刑法的发展特点

1. 独立的发展轨迹

香港虽然自古是中国领土，但由于较早地脱离了中国政府的实际管

---

① 刘佳：《香港刑法及其走向略析》，《首都师范大学学报（社会科学版）》1997 年第 3 期。
② 赵秉志主编《香港法律制度》，中国人民公安大学出版社，1997，第 86 页。
③ 由功能团体选出的议员在第一、二、三届均为 30 人；由选举委员会选出的议员在第一、二届分别为 10 人、6 人，第三届取消选举委员会选举；由分区直接选举产生的议员在第一、二、三届分别为 20 人、24 人和 30 人。参见赵秉志主编《香港法律制度》，中国人民公安大学出版社，1997，第 94 页。

治，因而在法律渊源上与中国大陆相差甚远。香港刑法无论在形式上还是内容上，受曾为其宗主国的英国刑法影响至深。英国刑法属于普通法系，判例法是其法律的主要渊源，这就决定了香港刑法也属于普通法系，并具有该支系法律的一般特征。香港没有一部统一的刑法典，其刑法由各个单行的刑事条例、其他单行条例中有关犯罪和刑罚的规定，以及刑事判例组成，制定法与判例法相辅相成，使刑法的确定性与灵活性结合起来。香港刑事实体法与程序法相互渗透和影响，如香港1950年修订的《刑事诉讼条例》专门规定了胁从犯与教唆犯的构成、分类和处罚等实体内容，而在《刑事罪行条例》中，则规定了诉讼程序、诉讼证据、起诉期限及权限等程序内容。

2. 由从属性到独立性

回归前的香港刑法对英国刑法具有从属性。具体表现在如下几点。第一，在刑事立法的地位上，香港本地刑事立法具有从属性。英国王室对香港享有完全的、充分的立法权，香港立法机关及其权力是英王特许成立和授予的。因此，香港立法机关及其制定的法律对英国王室和国会处于从属地位。港英政府制定的刑事法律必须受《英王制诰》的指导。英国议会有权撤销香港立法局通过的法案。第二，在法律效力上，适用于香港的英国制定法在香港具有最高的法律效力，香港地方刑事立法不得与之相抵触，否则无效。第三，香港的刑事立法以英国刑法为蓝本，遵循英国刑事立法的原则与精神，其刑法中的犯罪概念、犯罪要素、刑事责任、罪名设立、刑罚种类等，以及普通法上的"动机"、"阴谋"等词语的含义，与英国刑法相同或相近。第四，英国刑法的变化一般总要对香港刑法产生影响，香港刑法总要作出相应的改变。如香港1972年《刑事诉讼程序条例》（修订）法案在篇首明确规定："本法案将刑事诉讼程序条例修订，以便将英国1967年刑事法与1967年刑事诉讼的若干条文加插于本港法律内。"[①] 第五，香港刑法在名称上只能称为"条例"，而不能称为"法"。

回归后的香港刑法表现出强烈的独立性，由"一国两制"的政策决定，《基本法》确定香港具有高度自治权，包括刑事立法和司法的自治权，不受全国人大制定的刑事法律的约束（特殊时期除外）。

---

① 杨春洗、刘生荣、王新建编著《香港刑法与罪案》，人民法院出版社，1996，第59页。

3. 法律移植与本土化是香港刑法发展的主要途径

由香港刑法对英国刑法的从属性以及香港刑法的普通法系属性所决定，香港没有一部统一的刑法典，其刑法由各个单行的刑事条例、其他单行条例中有关犯罪和刑罚的规定，以及刑事判例组成，从渊源上看包括：香港立法机构制定的刑事法律、适用于香港的英国刑事制定法、清朝刑事法律、适用于香港的英国及英联邦刑事判例法、香港本地的刑事判例法和国际公约等。香港刑法以英国刑法为立法蓝本，遵循英国刑法的原则和精神，在一定程度上受英国刑法的制约和支配，因英国刑法的变化而改变；但又是一个比较完备的独立体系，立法局根据香港本地特点在保留英国刑法内容的基础上，增加了许多本地法的内容。较好地解决了外来法律本土化的问题。

4. 殖民色彩逐渐由浓厚到淡薄

香港刑法是在英国占领香港后产生和发展起来的，最初具有明显的殖民性质，这主要表现在以下几点。第一，英国的刑事法律原则上适用于香港；第二，香港立法机关制定的刑法对英国刑法具有从属地位；第三，在内容上香港刑法严格保护英国皇室的利益。在"叛逆罪"中香港刑法把攻击女皇或皇家直系亲属的行为，以及发动内战、协助女皇的敌人和杀害执行任务中的公职人员或法官的行为，规定为最严重的犯罪，同时，还规定了其他侵害女王和皇室利益的犯罪。第四，在刑事案件裁判的效力上，香港刑法受英国枢密院司法委员会制约，对香港上诉法院判决不服的可上诉至该委员会。第五，香港官方语言为英语，法律和法庭以英文为法定语言。

回归后的香港刑法去除了有关侵犯女王和王室利益的犯罪，排除了英国刑法的适用，规定刑事诉讼的最高审判机关为香港终审法院。《基本法》还确定中文与英文同为法律的正式语言，注重法律和司法活动的双语化。英国刑法的殖民影响只能零星存在于法律形式和个别法律内容中。

5. 鲜明的地域性

香港刑法是以地区为划分标准的刑事法律，而非以国家为标准。香港刑法只适用于香港地区。由于历史的原因，1840 年鸦片战争后英国对香港实行殖民统治，在 1997 年回归祖国前，香港始终处在英国管理之下。英国的制定法、判例法始终是香港刑法的主要渊源，香港本地的制定法不能与英国法律相违背。1997年7月1日,香港回归祖国,但按照"一国两制"方针及《基本法》的规定,享有高度自治权的香港,仍保有自己独立于大陆主体刑法之外的刑法,其刑法适用的地域范围仍仅限于香港特别行政区所辖区域。

6. 历史延续性较强

香港刑法是在英国占领后,随着英国法的引入逐步发展起来的,它贯彻着英国刑法的精神而在香港这个华人社会扎下根来。它的形成和演变至今已经历了150多年,形成了一个相对独立、比较完备的刑法体系。

(原文载于何勤华主编《英美法系及其对中国的影响》,法律出版社,2009)

英国殖民统治时期香港地区新闻法制的历史考察

张晓锋[*]

1841年1月26日，英国军队强行登陆并凭借武力在事实上占据香港，到1997年7月1日回归祖国，英国对香港实行殖民统治长达一个半世纪。为了管制新闻事业和维护殖民统治，英国在香港移植并建立了一套独特的新闻法律制度。本文通过对大量第一手文献资料的整理，全面梳理了港英政府的新闻立法活动，考察香港新闻法制的演变轨迹。

一 英人占据初期香港新闻法制的起步（1841～1900）

19世纪中叶，以英国为首的西方帝国主义国家发动了两次鸦片战争，英国先后逼迫清政府签订了《南京条约》（1842年）、《北京条约》（1860年）和《展拓香港界址专条》（1898年）三个不平等条约，英皇同枢密院依据这三个条约颁布了《香港宪章》（1843年）、《九龙敕令》（1861年）、《新界敕令》（1898年）和《城寨敕令》（1900年），从而奠定了殖民统治香港的基本格局。与此同时，随着香港近代报业的发展，港英政府移植英国法制模式在香港建立了一套以注册监管为主体的新闻法律制度，引领香港迈入近代新闻法制的起步期。

1844年1月11日，英国在香港的立法机构——定例局（即立法局前身）正式成立，开始按照英国的法律体系制定香港法律。2月28日，定例局通过第1号法例——《"殖民地"香港之法律》，同时通过第2号

---

[*] 张晓锋，复旦大学新闻学博士，现任南京师范大学新闻与传播学院教授。

法例——《书籍报刊出版及持有之规范条例》[1]，由首任香港总督璞鼎查颁布，4月1日起正式施行。法例规定办报只需要进行备案性质的注册，无须缴纳保证金，如不签署登记声明，则会受到相应的处罚。这是英国统治时期香港地区的首部成文新闻法规，也是香港有史以来第一部专门的新闻法规，其揭开了香港近代新闻法制史的帷幕。

到19世纪五六十年代，办报开始在香港兴盛，仅1841年至1860年，香港所出版的英文和中文报刊的总和超过全国其他地区的总和。[2] 当时，因报章揭露港英政府官员贪污和滥用职权而引起诉讼的现象时有发生，令政府十分恼火，遂采取立法手段对报界施压。1860年，港英政府对《书籍报刊出版及持有之规范条例》进行修正，于11月30日颁布了《修正报纸出版条例》。[3] 该法例首创了香港地区报刊管制的担保人和保证金制度，提高了在香港办报的准入门槛，利于港英当局对舆论的控制。在早期，管制诽谤诉讼的法律依据是在香港生效的英国本土的《诽谤法》。1854年12月，香港高等法院曾宣布英国议会通过的《诽谤法修正案》等9项法例在香港施行。[4] 诽谤法案以及《修正报纸出版条例》的施行，使报界对于政府官员的批评有所减少，但效果甚微。1860年一位英国上议院议员在议会上指出，"在英国所有'属土'中，没有一个的诽谤情况像香港那样泛滥及臭名昭著"。[5] 面对频发的诽谤案，港英政府于1887年2月26日颁布《诽谤条例》[6]，取代英国的《诽谤法修正案》。该条例对香港地区违反诽谤与侵害名誉类犯罪规定的出版物作出了明确的管制规定。

随着香港报业的蓬勃发展，港英当局意识到有必要进一步加强管制。

---

[1] *Ordinance to Regulate the Printing of Books and Papers and Keeping of Printing Presses*, The Friend of China and Hong Kong Gazette, March 2, 1844, pp. 264 - 265. 该条例也译作《监管书籍及报刊印刷及设置印刷机条例》，参见梁伟贤、陈文敏主编《传播法新论》，香港商务印书馆，1995，第44页。

[2] 黄瑚：《中国新闻事业发展史》，复旦大学出版社，2001，第78页。

[3] *The Amendment Newspapers Ordinance*, The Hong Kong Government Gazette, December 1, 1860, pp. 258 - 259.

[4] Hong Kong Government Gazette, December 4, 1854, pp. 201 - 202.

[5] 转引自李少南《香港的中西报业》，王赓武主编《香港史新编》（下册），香港三联书店，1997，第501页。

[6] *The Defamation and Libel Ordinance*, The Hong Kong Government Gazette, February 26, 1887, pp. 187 - 188. 也译作《诽谤暨妨害名誉条例》，参见马沅编译《香港法律汇编》（第1卷），华侨日报有限公司，1953，第223~224页。

1886年7月12日，港英政府颁布《印刷业及出版业条例》[①]，同时废止《书籍报刊出版及持有之规范条例》和《修正报纸出版条例》。《印刷业及出版业条例》增加了印刷人和出版人的透明度、提高了保证金、确立了报刊查阅登记制，这表明政府对报刊的监管趋于严厉。1888年2月15日，港英政府颁布《书刊保存登记条例》。[②] 至此，《印刷业及出版业条例》和《书刊保存登记条例》一起，奠定了香港新闻法制的基本框架，并成为日后法例修订的依据。[③]

此一阶段，港英政府还颁布了《邮政局条例》（1887年）、《电讯条例》（1894年）等相关法例，这些法例均持较为宽松的管制立场，没有对报刊实施审查的规定，这与当时香港殖民统治的政治与社会环境是基本吻合的。

纵观英人据港初期50多年间所颁布的新闻法令，呈现出两个特点。首先，形成了"事前注册为主、事后追惩为辅"的内容体系。英人据港之初的香港报业，资本以外资为主，华资为辅；语言以英文为主，中文为辅；内容以商业行情和信息为主，政治新闻和评论为辅；读者以洋商、官员和华商为主，普通香港华人读者为辅。特殊时代背景所孕育的近代香港新闻业没有也根本不可能对港英殖民统治构成挑战，港英当局实际上也无须对新闻业实施严厉的监管。因此，港英当局将注册登记制度的建立作为当时新闻立法的重点，只是规定报刊的印刷、出版、发行与保管等程序，报刊若不登记将会受到相应的惩处，同时辅以具有惩罚性色彩的诽谤条例。

其次，蕴含了"新闻自由为表、殖民专制为实"的法制本质。英人据港以后，施行英国的法律制度，英式新闻自由的理念也随之移植至香港，这体现于以注册登记为主的法制内容与形式之上。然而，"香港移植外来

---

① *The Printers and Publishers Ordinance*, The Hong Kong Government Gazette, March 27, 1886, pp. 219 – 223. 该条例也译作《承印人与出版人条例》，参见梁伟贤、陈文敏主编《传播法新论》，第44页。

② *The Copies of Books Preservation and Registration Ordinance*, The Hong Kong Government Gazette, 18th February, 1888, pp. 168 – 169. 该条例也有记载为《殖民地书籍注册条例》（*The Colonial Books Registration Ordinance*），参见梁伟贤、陈文敏主编《传播法新论》，第346页。

③ 梁伟贤、陈文敏主编《传播法新论》，第346页。

法是英国殖民政策的副产品"①；建立在掠夺和侵略本性之上的立法动机，总督直接主导的立法程序，英国本土法律和港英法例在香港享有的至高无上的法律地位，再加上由警察总署或高等法院负责报刊登记的程序，这些因素使得香港的新闻法律制度刻上了深深的殖民主义烙印，只是这一特点往往被在香港办报较为自由宽松的表象所掩盖。

应该说，英据初期的香港新闻法制具有两面性，从本质上讲，这些法律法规是殖民统治在新闻传播领域的移植和延伸，殖民主义色彩显而易见；但同时，这些法律又吸收了英国法律文化的先进成分，开启了近代香港新闻法制的历史先河，草创阶段的历史地位亦不容抹杀。

二　英人占据中期香港新闻法制的发展（1900～1945）

自1900年到二战以后香港沦陷期结束的近50年间，香港地区新闻法制步入发展期。这一时期，中国内地局势动荡，各种社会力量纷纷到号称"自由港"的香港创办报刊，香港成为思想言论斗争的重要战场。慑于革命舆论的强大威力，港英政府为了维持其殖民统治，一次又一次地颁布法令对报刊内容实施严格管制，香港地区的新闻法制从注册监管向内容审查领域拓展。

香港地区实施新闻内容管制肇始于20世纪初。1907年6月，资产阶级革命派机关报《中国日报》所经销的上海《民报》特刊——《天讨》，刊发了一幅清朝皇帝被削去半个头颅的漫画，港英政府认为这幅漫画损害跟"友邦"的关系，于是将其没收。针对《中国日报》和其他中文报刊的反清宣传，1907年10月11日，港英政府颁布《煽乱刊物条例》，② 条例规定，"任何在香港境内印刷、出版、销售或是散发的，含有可能引发中国社会混乱或是唆使他人犯罪内容的印刷或手写的报纸、书刊或其他出版物者，将依法被判有罪"。这是港英当局管制中文报纸言论自由的开始。次年，港督颁布《禁止煽乱刊物入境规则》，③ 在流通环节上对可能从中国内

---

① 徐静琳：《演进中的香港法》，上海大学出版社，2002，第411页。
② The Seditious Publishing Ordinance, The Hong Kong Government Gazette, October 11, 1907, p. 1288. 有关该法例的名称有不同的记载，有记载为《禁止报章登载煽惑友邦作乱之文字专律》，参见方汉奇《中国近代报刊史》（下），山西人民出版社，1981，第515页。也有记载为《中国刊物（禁止）条例》，参见梁伟贤、陈文敏主编《传播法新论》，第47、347页。
③ The Hong Kong Government Gazette, 1st May, 1908, p. 534. 该规则名称为作者所加。

地输入香港的所谓"煽乱刊物"实施监控。

1914年至1918年,香港因与英国的关系不可避免地被卷入第一次世界大战,香港一方面担负着为协约国提供战争费等资源的任务,另一方面又必须服务于英国的战时政策,对可能影响战事、不利于协约国的消息实施管制。1914年4月23日,港英政府颁布《煽乱刊物条例》(本条例不同于本书P111页的《煽乱刊物条例》,两部条例仅是中文译名相同——编者注),① 首次明确规定:在香港出版的刊物,不得刊载有损香港或内地治安和政局稳定的内容。次年3月5日,颁布《煽乱刊物(持有)条例》②,修正1914年颁布的《煽乱刊物条例》,扩大管制范围。与此同时,港英当局为了维持香港在殖民统治下"文明"的外表,先后颁布了《淫亵刊物条例》(1914年)③和《淫亵展览物条例》(1918年)④,试图遏制色情刊物的泛滥。

1926年6月19日,省港大罢工爆发。罢工组织呼吁言论、出版自由,其不但没有得到港英当局的响应,反而遭到了更加严厉的压制。21日,总督司徒拔宣布紧急戒严。⑤ 25日,港英政府颁布《紧急管制规则》,强调未经批准,任何人不得印刷、出版、散布包含中文的报纸、标语牌或小册子,或者引进或自办相关刊物。⑥ 港英政府在华民政务司设立专门的新闻检查处,对华文报纸、邮件和电报实行审查。上述《规则》成为港英政府实施新闻检查的法律依据。

从1927年到1937年,中国内地发生国共内战,舆论争斗延伸到香港,催化了港英政府加强出版物监管的立法进程。港英当局于1927年12月23日颁布新的《印刷业及出版业条例》,⑦ 同时废除1886年的《印刷业及出版业条例》。该条例扩充了"报刊"的定义范围,将周期从26天扩展到1

---

① *Sedition Publications Ordinance*, The Hong Kong Government Gazette, April 24, 1914, pp. 130 – 132.
② *Sedition Publications (Possession) Ordinance*, The Hong Kong Government Gazette, March 5, 1915, pp. 119 – 120.
③ *Obscene Publications Ordinance*, The Hong Kong Government Gazette, June 5, 1914, pp. 196 – 197.
④ *Indecent Exhibitions Ordinance*, The Hong Kong Government Gazette, May 31, 1918, pp. 229 – 230.
⑤ 余绳武、刘存宽主编《20世纪的香港》,中国大百科全书出版社,1995,第106页。
⑥ *Regulations under the Emergency Regulations Ordinance 1922*, The Hong Kong Government Gazette, June 25, 1925, pp. 318 – 319.
⑦ *The Printers and Publishers Ordinance*, The Hong Kong Government Gazette, December 23, 1927, pp. 563 – 569.

个月；增加了报刊注册时负责的人员，东主、印刷商、出版商以及总编辑均需注册登记；调整了报刊管理体系，港督会同行政局、警务处长、裁判司等均有权对刊物印刷、出版的相应流程实施管制；取消保证金制度。此后，港英政府又根据当时报业发展状况及管制需要多次修订《印刷业及出版业条例》：1930年，恢复保证金制度；[1] 1933年，扩大管制范围，将报刊的发行间隔从不超过"1个月"调整为"3个月"；[2] 1934年，加强港督会同行政局管制报刊的权力范围；[3] 1937年，又一次修正。[4] 通过若干次的修订，港英政府明显强化了对印刷、出版业的管制。港英当局表面上允许不同政党报刊在香港创办和论争，对中国事务的评论不加干预，但以这些报刊言论不危及港英政府的管治权威为底线。

1937年抗日战争全面爆发以后，战争风云迅速波及香港，港英当局制定了一系列新闻法规以钳制抗日舆论。港英政府于1938年9月2日颁布了《煽乱条例》和《违禁出版物条例》，[5] 禁止传播和扩散有"煽乱意图"和"不良"的出版物。同年10月7日，港英政府颁布《紧急措施规例》，[6] 规定未经华民政务司同意，不得参加集会、发表煽乱言辞或散布煽乱刊物。12月22日，港英政府又颁布《修正煽乱条例》。[7] 1940年1月13日，港督颁布《传播物控制令》，[8] 规定凡未经检查的报刊、书籍、图片等各类

---

[1] The Printers and Publishers Amendment Ordinance 1930, The Hong Kong Government Gazette, March 3, 1930, pp. 7 – 8.

[2] The Printers and Publishers Amendment Ordinance 1933, The Hong Kong Government Gazette, February 17, 1933, p. 93.

[3] The Printers and Publishers Amendment Ordinance 1934, The Hong Kong Government Gazette, September 14, 1934, p. 733.

[4] The Printers and Publishers Amendment Ordinance 1937, The Hong Kong Government Gazette, July 30, 1937, p. 594.

[5] Sedition Ordinance, The Hong Kong Government Gazette, September 2, 1938, pp. 649 – 650; The Prohibited Publication Ordinance, The Hong Kong Government Gazette, September 2, 1938, pp. 652 – 653.

[6] Regulations under the Emergency Regulations Ordinance 1922, The Hong Kong Government Gazette, October 7, 1938, pp. 728 – 729.

[7] Sedition Amendment Ordinance, The Hong Kong Government Gazette, December 23, 1938, pp. 923 – 933.

[8] Control of Communication Order, The Hong Kong Government Gazette, December 23, 1938, pp. 932 – 933. 也有译作《禁止擅运刊物令》，参见马光仁《中国近代新闻法制史》，上海社会科学院出版社，2007，第239、348页。

传播物均禁止向境内外流通。1941 年 8 月 29 日,港英政府颁布《印刷业及出版业条例修正规则》,在原条例第 4 部分增添一条:"如果登记官认为必要,他可以为维护公共安全、防御战争或者有效诉讼,或者为维持社区的供应与服务等而拒绝任何报刊的登记申请。"① 依托这些法规,港英当局实施严密的新闻检查。在当时,"出入香港的电文、书信、通讯等都逃不过检查员的眼睛、笔和剪刀。到了 1941 年,这方面的检查就更加严密,举凡涉及政治、军事及'诋毁'日本或影响时局的言论和通讯,一律被剪掉"。② 港英政府正是通过这些法令的授权,进一步控制舆论,企图使香港的局势不因抗战而发生变化,达到其稳固殖民统治的目的。

在此阶段,港英当局还于 1903 年颁布了《无线电报条例》,1926 年修订颁布了《邮政局条例》,1936 年修订颁布了《电讯条例》,以及列有附表的《无线电讯规则》和《许可证条件》,《无线电讯规则》首次对诞生于 20 世纪上半叶的广播媒介作出相关规定。

此外,1941 年到 1945 年是日军占领香港的"沦陷"期,日本殖民统治者在香港施行日本法律。1941 年和 1942 年,日本殖民者先后颁布《新闻事业令》和《映画演剧检阅规则》等,这些成为日本军政厅和总督府在香港对报刊和电影实施统治的主要法令。短暂的三年零八个月,成为英人据港 150 年间英国法律的"空窗期"。

纵观此阶段颁布的新闻法令法规,呈现出以下特点。

首先,形成了"内容监管为主、注册监管为辅"的内容体系。20 世纪上半叶,中国内地风云变幻的情势对香港的冲击明显趋深,而港英当局的新闻管制也明显趋严,表现为:立法密度明显趋高,此阶段颁布的新闻法规是前一阶段颁布法规的 4 倍多;立法内容日趋全面,几乎涵盖了从注册登记到印刷发行的所有环节。港英当局对当时的舆论时时警惕,处处设防,对传播内容实施全方位的审查和控制,令新闻界遭到空前的压制。据《港英政府公报》记载,仅 1941 年 6 月至 11 月的半年时间里,香港就至少有《生活》、《星岛周报》、《国风日报》等 12 种报刊遭

---

① 《印刷业及出版业条例修正规则》,The Hong Kong Government Gazette,August 29,1941,p. 1332。

② 关礼雄:《日占时期的香港》,香港三联书店,1995,第 24 页。

到取缔或被迫停刊,① 平均每月有2种。

其次,确立了"新闻立法为体、新闻检查为用"的管制模式。统治者的利益成为影响新闻业发展的决定性因素,当新闻舆论影响到港英当局的殖民统治利益时,当局便会通过立法的形式冠冕堂皇地管制新闻媒体、实施新闻检查,新闻法制成为港英政府管制舆论的"合法外衣"。港英当局曾在第一次世界大战、省港大罢工和抗战时期实施三次新闻检查。② 比如1939年8月,港英政府在华民政务司设立"华文报纸新闻检查处",由一位主任及三位委员组成。"从每天晚上7时到翌日凌晨,各委员分三班工作。不论任何中文报纸、杂志,在出版之前要先选清样两份送到检查处,一份留在报社作存底,一份经检查后交回报社。由负责检查的委员认可,签字作实,才能发表。"③ 新闻立法与新闻检查相互利用,主要目的是通过对中文报刊的事先检查使当时报刊的舆论力量难以施展,这也"和英国人自诩的法治精神不合"④。

值得注意的是,此阶段香港新闻法制的历史局限性暴露无遗。出于殖民统治的需要而建立起来的香港法律体系充满了奴役和歧视色彩,由于警惕中国内地革命风潮的可能蔓延,港英当局颁布的绝大多数新闻法规限制了占香港总人口95%以上的华人的言论出版自由、思想自由乃至政治活动,使华文媒体禁锢重重。因此,当时香港虽然成为祖国内地舆论战场的延伸阵地,但香港的报刊只能在上述法规的夹缝中求生存。

三 英人占据后期香港新闻法制的延续(1945~1985)

从二战结束英国乘势恢复在香港的殖民统治,到1985年5月27日《中英关于香港问题的联合声明》正式生效前,香港迈入英国殖民统治的后期,港英政府"固守"其在香港的殖民统治,"在一种恐惧管治权威受

---

① 这些报刊取缔或停刊的记载,参见《港英政府宪报》1941年6月6日、6月13日、6月20日、8月8日、8月22日、9月19日、11月7日等。
② 李少南:《香港的中西报业》,载王赓武主编《香港史新编》(下册),香港三联书店,1997,第526页。
③ 谢永光:《香港抗战风云录》,天地图书有限公司,1995,第72页。
④ 邹韬奋:《新闻检查》,《韬奋文集》第3卷,三联书店,1955,第147页。

到挑战和威胁的情况下"①，进一步延续了有关新闻内容监管法规的制定。英国加紧了对香港的建设，香港的社会政治、经济与文化环境发生较大的变化，香港的新闻业也蓬勃发展，而港英政府却一反常态地"制定出一套与英国本土新闻自由背道而驰的出版法"②。

抗战胜利以后，国际国内的形势发生了急剧的变化，尤其新中国成立以后，港英当局不仅迅速调整了对华政策，同时也调整了新闻媒体的监管法规。1949 年，港英当局颁布第 8 号法例，修订 1922 年《紧急措施条例》，赋予"港督会同行政会议在紧急状态下可以颁布各种法令"③ 的权力。12 月 28 日，总督葛洪量根据特别授权颁布行政法规《紧急措施（主要）施行规则》。④ 该规则虽不是专门的新闻法规，但第二章的第 5 条到第 28 条对出版物及通讯的检查与管制制定了十分详尽的施行要求，规定港英政府可以强令报纸刊载官方的消息和执行新闻检查。此后，港英政府还曾援引《紧急措施条例》颁布过相关法规。1967 年 5 月，"反英抗暴"斗争爆发后，港英政府一度宣布进入紧急状态。5 月 24 日，颁布紧急法例，防止煽动性广播；6 月 1 日，颁布《1967 年紧急（防止煽动性标语）规例》；6 月 24 日，颁布《1967 年紧急（预防恐吓）法例》，禁止举行带有威胁性的集会；7 月 20 日，颁布法例，禁止口头或文字的谣言传播。⑤ 此外，还于 7 月 22 日、8 月 1 日和 9 月 5 日三次修正《紧急措施（主要）规则》。⑥ 这些紧急状态下制定并颁布的法令，虽属于一般性法律，但其对于新闻业的影响却非常大，是香港新闻法制史上不容忽视的"非专门性"新闻法规。

为了防止中国内地的革命思潮蔓延至香港，20 世纪上半叶颁布的《煽乱条例》、《煽乱刊物条例》和《印刷业及出版业条例》等已经无法适应和满足港英政府对于新闻媒体及舆论的控制需要。1951 年 5 月 17 日，港

---

① 梁伟贤、陈文敏主编《传播法新论》，第 48 页。
② 梁伟贤、陈文敏主编《传播法新论》，第 354 页。
③ *Emergency Regulations Ordinance*, Laws of Hong Kong CAP. 241, Hong Kong Government Printer, 1950, pp. 451 - 453.
④ 《紧急措施（主要）施行规则》（*Emergency Principle Regulations*），载《香港年鉴（第四回）》（中卷），华侨日报有限公司，1951，第 19 ~ 37 页。
⑤ 陈昕、郭志坤主编《香港全纪录（卷二：1960 ~ 1997 年）》，中华书局，1998，第 79 ~ 80 页。
⑥ 《香港年鉴（第二十一回）》（第 3 篇），华侨日报有限公司，1968，第 40 ~ 41 页。

英政府颁布《刊物管制综合条例》,① 该条例"是由于 1949 年中国共产党夺得政权前后,左派报纸纷纷在港成立,港英政府感到有加以控制的必要而订立的法例"。② 该法例包含"总则"、"报纸登记及发行规则"、"印刷机(领照营业)规则"、"新闻通讯社规则"和"印刷品(管制)规则"五个部分,五部分共同构建起了新闻业管制的完整体系。该法例大大限制了出版自由,规定港英政府可以管制一切在香港的报刊、通讯社和印刷所。"它把过去订立的相关法例重新整理充实,成为一条承前启后、最全面、最严密的监管新闻出版业的法例。"③

香港自 1957 年创办电视以后,电视的影响日益扩大。原先管制电子传播的依据《电讯条例》已经无法满足需要。1964 年 1 月 6 日,港英政府通过《电视条例》,首次"提供了对商业电视广播的法定管制"④。对广播牌照、持股限制、播放技术条件、节目等作出规定,强化了当局对于电子媒介的监管权。同年 12 月,港英当局颁布《电视(节目标准)规则》和《电视(广告)规则》。⑤ 1973 年 1 月 29 日,立法局三读通过 1973 年《电视(修订)法案》,⑥ 该法案对持牌人等作出更加明确的规定,进一步落实了总督会同行政局在管制电视牌照方面的权力。

由于香港特殊的社会环境,战后一些趣味不高的软性新闻、色情内容和揭秘新闻等风行一时。香港报业公会在 1959 年 3 月 18 日的年会上指出:"香港黄色小报刊数量惊人,此种情形,足以影响整个报业之声誉。"⑦ 面对这样一种越来越严重的现象,港英政府有意识地加强了管制。1949 年将 1918 年颁布的《不雅物品展示条例》改为《不雅物品展示及色情刊物综合条例》,1959 年则改为《不雅物品展示(修订)条例》。1975 年,港英

---

① 《刊物管制综合条例》(Control of Publication Consolidation Ordinance),载马沅编译《香港法律汇编》(第 4 卷),华侨日报有限公司,1953,第 158~161 页;又译作《出版物管制综合条例》、《充实出版物管制条例》。
② 陈韬文:《权力结构、经济发展与新闻体制:香港和新加坡的比较》,《现代传播》1997 年第 3 期。
③ 李谷城:《香港报业百年沧桑》,明报出版社有限公司,2000,第 190 页。
④ 梁伟贤:《九七前香港新闻法例的变动趋势》,《法学评论》1989 年第 3 期。
⑤ 《香港年鉴(第十九回)》(第 3 篇),华侨日报有限公司,1966,第 73~74 页。
⑥ 《电视(修订)法案》,载《香港年鉴(第二十七回)》(第 3 篇),华侨日报有限公司,1974,第 28~29 页。
⑦ 转引自张圭阳《金庸与明报传奇》,允晨文化实业有限公司,2005,第 31 页。

当局于 8 月 15 日颁布了《不良出版物条例》,[①] 除了继续禁止"不雅的"、"色情的"和"厌恶的"出版物以外,该条例首次明确规定,禁止任何对青少年(16 岁以下人士)有损害的"不良出版物"。希望借此对色情及淫亵刊物的泛滥起到阻遏作用。

港英当局曾于 1950 年对 1888 年的《书刊注册条例》进行修订,到 1976 年 9 月 26 日,港英政府再次制定并颁布《书刊注册条例》。[②] 与报刊、通讯社注册需要以出版社机构整体办理注册登记不同的是,书刊的注册以个别出版物单本为单位进行登记。注册程序较之报刊注册而言也较简单,只需要出版人办理相关手续即可。

此外,英人据港后期还颁布了《英国电影条例》(1947)、《电影检查规则》(1953)、《不良医药广告条例》(1953)、《公安条例》(1967)、《失实陈述条例》(1969)、《版权(香港)宪令》(1972)、《版权条例》(1973)等与新闻传播活动有关的法规,丰富了香港地区新闻传播的法律体系。

此阶段的新闻法制也延续了前一阶段的基本特点,即具有"内容监管为主、注册监管为辅"的内容体系。与前二阶段相比,此阶段的新闻法制还有以下特点。

首先,表现出"立法严、执法宽"的政策特点。为了建立、维护和保持在香港的殖民统治,港英政府采取了柔性的殖民策略。一方面,在立法过程和法律内容上十分严厉。1951 年的《刊物管制综合条例》被认为是港英统治时期最严厉的新闻法。在该条例颁布后,港英当局曾两度援引该法例,一是 1952 年"三一事件"中《大公报》遭停刊,二是 1967 年"反英抗暴"运动中 3 家本地报刊遭停刊。另一方面,港英颁布的严苛新闻法令几乎是"备而不用"。虽然各类规定十分严苛,但只要办理注册登记手续便可在香港创办任何类型或内容的刊物。二战以后,香港报业呈现出百花齐放之势,政党报、商业报、文化报、小报等共存于市场,反映了港英当局宽松办报的执法实际现状。1951~1961 年间,香港注册报刊 173 家,其中时事新闻类 132 家;1962~1972 年间共 197 家,其中时事新闻类 148 家;1973~1983

[①] 《不良出版物条例》(Objectionable Publications Ordinance),载《香港年鉴(第二十九回)》(第 3 篇),华侨日报有限公司,1976,第 30 页。

[②] Books Registration Ordinance, Laws of Hong Kong CAP. 142, 1-2, Hong Kong Government Printer, 1989, pp. 1-2.

年间共190家,其中时事新闻类73家。在《刊物管制综合条例》颁布后的30多年间,香港共注册报刊560家,平均每年注册近17家。①

其次,形成了"法律规范为主、道德约束为辅"的控制格局。延续时期的香港新闻法制不仅从法律上赋予各种新闻传播机构及其行为的规范化要求,同时也提出了不少有关道德领域的要求。《刊物管制综合条例》禁止损害社会风化、亵渎社会公德等犯罪行为,《不良出版物条例》重点检查有损社会道德的刊物,《电视(节目标准)规则》要求传播"提倡道德或有益社会之节目"。法律和道德规范相辅相成,相互促进,有利于法治秩序的构建。

当然,虽然不少法令几乎是"备而不用",但"对香港的办报人来说,那些富有弹性的规定,已足以构成相当的精神威胁了"②。新闻媒体受到无形的压力,在实施监督时,必然会有所顾忌。可见,在香港新闻法制逐渐进步的情况下,其负面影响仍客观存在。

四 英人占据末期香港新闻法制的调整(1985~1997)

自1985年中英《联合声明》生效,到1997年6月30日中国政府恢复对香港行使主权之前,是英国殖民统治香港的末期。港英当局为掩盖其殖民专制本质,采取"监管自由化"政策,打着新闻自由的"幌子"调整和放松了有关新闻媒体管制的法令法规。

中英《联合声明》生效以后,英国政府表面上与中国展开有关香港问题的谈判和合作,实质上则推行了一系列"非殖民化"③措施,企图阻挠

---

① 参见梁伟贤、陈文敏主编《传播法新论》,第27页。
② 林友兰:《香港报业发展史》,世界书局,1977,第118页。
③ 所谓"非殖民化"(decolonization)政策,是指当英国在其某个殖民地的独立日期即将届临之际,会在殖民后期迅速将殖民地的一些政府部门分割,逐渐改由独立管理委员会负责,目的是将权力下放,让原本政府拥有的一些权力改由公营机构负责,容许一些公营机构借机独立,这是英国在"非殖民化"过程中的一贯政策。见郑镜明《英国"非殖民化"与BBC模式的移植经验》,《信报财经月刊》1998年5月,第73~76页。"非殖民化"和"民族解放运动"是一个历史过程的两个方面,"民族解放运动"强调的是民族主义者争取民族独立的活动,"非殖民化"则强调殖民国家在殖民帝国瓦解过程中的活动。前者强调殖民帝国的衰亡是民族主义力量强大和斗争的结果,后者强调殖民国家应给予殖民地独立的主观能动性。参见张顺洪《大英帝国的瓦解——英国的非殖民化与香港问题》,社会科学文献出版社,1997,第1页。

香港的顺利回归。不顾中方的反对，英国人"别有用心"地在香港推行所谓"民主化"改革，港英当局连续推出"代议政制"、"居英权计划"、"人权法案"、"政改方案"等议题，设置了一道道障碍，中英之间也展开了激烈的较量，这些"非殖民化"举措一次又一次地被中国政府挫败。表面上看来，这些"非殖民化"措施表明港英当局作出了一些顺应社会潮流的改革，采取民主化进程逐步放弃直接行使殖民统治权，但另一方面港英政府却将自己培养起来的政治精英逐步推向领导地位，从而最大限度地保护了宗主国的经济和战略利益。实质上看，港英当局则是"要把香港变成一个独立或半独立的政治实体，延长撤退后英国对香港的殖民影响"[①]，这是港英当局一种以退为进的"再殖民化"，是一种希冀进一步巩固港英殖民统治的"伪民主化"，与中英《联合声明》精神背道而驰。这是过渡期香港新闻法制调整的基本背景和主要原因。

进入回归过渡期，港英政府开始检讨几乎"备而不用"的1951年《刊物管制综合条例》。1986年12月19日，港英政府同时公布《1986年刊物管制综合（修订）条例草案》和《1986年公安（修订）条例草案》。前者拟取消管制和查禁报刊的条款，以减少对新闻自由的限制。[②] 港英政府也建议，撤销原条例中有关恶意报道可能惊动或扰乱公众舆论的条文，并将之加入修订的《公安条例》中作为补充条款。[③] 对此，社会各界意见不一，这使得原定于1987年1月21日立法局对草案的二读三读一再推迟。直到3月11日，立法局才将两草案付诸二读，有14位议员发言支持，12位反对，2位弃权。二读通过后，立即进入委员会审议，经过激烈讨论，三读通过两修订的条例。[④]

1987年3月，港英当局颁布《本地报刊注册条例》，[⑤] 包括附属的《报刊注册及发行规则》和《新闻通讯社注册规则》，大大简化了报刊注册程序，撤销了《刊物管制综合条例》及有关对内容的限制性条款。与此同时，有关"虚假新闻"条文的争议一直不断。1988年12月9日，布政司

[①] 刘曼容：《香港政治制度与香港社会》，广东人民出版社，2009，第44页。
[②] 《香港年鉴（第四十一回）》（第3篇），华侨日报有限公司，1988，第4～5页。
[③] 《香港年鉴（第四十一回）》（第3篇），华侨日报有限公司，1988，第5页。
[④] 《立法局会议过程正式纪录》，香港政府印务局，1987年3月11日，第641～698页。
[⑤] *Registration of Local Newspapers Ordinance*, Laws of Hong Kong CAP. 268, Hong Kong Government Printer, 1987, pp. 1–7.

霍德建议撤销该条款。1989年1月19日，港英当局最后正式撤销了《公安条例》中关于"虚假新闻"的第27条。至此，香港新闻法制进入了彻底放松对内容监管的阶段。

色情刊物充斥市场一直令香港社会各界关注。1985年11月12日，香港记者协会曾发表报告书，呼吁撤销现行出版法例、对《不良出版物条例》作重大修订。① 1986年8月15日，港英政府刊登宪报，公布《1986年管制淫亵、暴力及不雅物品条例草案》。② 次年9月1日港英政府颁布《管制淫亵及不雅物品条例》③，正式取代《不良出版物条例》，同时生效的还有《管制淫亵及不雅物品规例》和《管制淫亵及不雅物品规则》，④ 从而形成了完整的淫亵及不雅物品监管体系。

香港广播电视事业发展一日千里，成为市民生活日益紧密的一部分。原先广播电视的管理机构、管理政策已经不能适应现状。1987年7月8日，立法局通过1987年《广播事务管理局条例》，⑤ 9月1日生效。条例决定设立广播事务管理局，并制定其法定权力和职责，负责监管香港所有电视及广播。根据条例规定，广播事务管理局制定并颁布了《电视业务守则——节目标准》、《电台业务守则——节目标准》、《卫星电视业务守则——节目标准》、《卫星电台业务守则——节目标准》和《收费电视业务守则——节目标准》，使广播电视节目的日常运行有（行政）法可依。

鉴于商营电视台和电台的经营牌照分别于1988年和1989年底期满，港英政府从1984年起便开始讨论牌照期满后的广播政策。为了"维护今后本港的电视广播事业的独立自主性"⑥，1988年7月20日，立法局三读通过《电视（修订）条例》，对有关持牌控股（控制）权、专利税征收和

---

① 《一年来之香港报业》，载《香港年鉴（第三十九回）》（第3篇），华侨日报有限公司，1986，第112页。
② 《香港年鉴（第四十回）》（第4篇），华侨日报有限公司，1987，第5~6页。
③ Control of Obscene and Indecent Articles Ordinance, Laws of Hong Kong CAP. 390, Hong Kong Government Printer, 1987, pp. 1-21.
④ Control of Obscene and Indecent Articles Regulations, Control of Obscene and Indecent Articles Rules, Laws of Hong Kong CAP. 390, Hong Kong Government Printer, 1987, pp. A1-A2, B1-B27.
⑤ 《立法局会议过程正式纪录》，香港政府印务局，1987年7月8日，第1192~1194、第1203页。
⑥ 《谭王鸣议员致辞》，载《立法局会议过程正式纪录》，香港政府印务局，1988年7月20日，第1232页。

广告播映等作出重点修订。港英政府一贯奉行"积极不干预"政策,广播电视法规主要在宏观上对频道资源调配提出指导。

除上述新闻法规外,过渡时期港英当局还修订和颁布了其他一些法规,如 1987 年的《电影检查条例》及其后的修订,基本确立了香港的电影管制体系。1997 年 6 月 27 日颁布的《官方机密条例》,将英国 1911 年至 1989 年《官方机密法令》适用于香港的条文本地化,其中有关资料保护的规定要求新闻报道不得与该条例的规定相抵触。

当然,在过渡期对香港地区新闻法制影响最大的莫过于《香港人权法案条例》。1991 年 6 月 5 日,港英当局在未同中方磋商的情况下,单方面通过了《香港人权法案条例》。6 日,中国外交部发表声明,严正指出:"英方不顾中国政府多次申明的原则立场,执意要在香港制定一个对香港特别行政区基本法的贯彻产生不利影响的人权法案。对此,中方表示遗憾,并保留在 1997 年后适当时候按基本法的有关规定,对香港的现行法律包括人权法案进行审查的权力。"① 事实上,后来香港上诉法院在相关审理中也曾经指出,修订的《英皇制诰》有如下作用:"《英皇制诰》禁止立法机关在立法时违反在香港适用的《公民权利和政治权利国际公约》,从而使《人权法案》享有凌驾性地位。《人权法案》是在香港适用的《公约》的体现。因此,任何与《人权法案》相抵触的立法都是违宪的,法院作为宪法的监护者将会予以推翻。"② 这项规定赋予了《人权法案》具有凌驾于香港其他法律之上的法律地位,"把香港带进违宪审查的时代"③。此后,港英当局以《人权法案》为依据,对其他香港法律进行大"审查":以"抵触"《人权法案》为由,废除了 50 多项条例,同时以"贯彻"《人权法案》为由,新制定了一批法律。④

纵观过渡时期港英当局的新闻法制建设与调整状况,主要表现出以下特点。

首先,呈现出"自由为表、专制为核"的法制思维。香港回归之前,

---

① 转引自陈昕、郭志坤主编《香港全纪录(卷二:1960~1997 年)》,香港中华书局,1998 年版,第 395 页。
② 香港上诉法院在 R v Chan Chak-fan 案([1994] 3 HKG 145, 153)的判词。转引自陈弘毅《香港特别行政区的法治轨迹》,中国民主法制出版社,2010,第 45 页。
③ 陈弘毅:《香港特别行政区的法治轨迹》,中国民主法制出版社,2010,第 45 页。
④ 徐静琳:《演进中的香港法》,上海大学出版社,2002,第 220 页。

港英当局为洗刷其不民主形象，掩盖其殖民专制的本质，大力鼓吹新闻自由，加速修订和颁布有关法令，使新法例更加宽松和带自由化色彩。港英当局以"不管制"替代传统的"管制"，取消了对新闻媒介在传播内容、过程、行为、渠道等方面的诸多限制，而实行市场准入的"放任"和自由化机制（对于属于公共资源的电子媒介频道仍实施审批制）。尤其是《香港人权法案条例》，表面上放宽了对言论及新闻自由的法律规范，但实质上却是港英当局实施其"非殖民化"政策而在上层建筑领域的表现，究其本质，乃是港英当局希望在香港回归以后建立起一个"没有英国人的英国社会"，渗透更多更大的思想意识力量，在撤退后延续英国殖民统治的影响。而另一方面，虽然经过修订大部分与新闻传播有关的法例都变得越来越宽松，但仍有少数法例制约香港的新闻自由。港英政府继续保持《紧急措施条例》，这意味着一旦进入紧急状态，港督仍然可以下令实施新闻预检制度，禁止刊物的进出口，命令传播媒介刊载官方消息。在表面上放松管制，在实质上加强渗透，港英当局双管齐下，在过渡时期构筑了一套有利于维护殖民统治形象的新闻法律制度，这套法律制度只是戴着保障香港居民权利的高帽，而行延续殖民统治影响之实。

其次，形成了"立法主导凸显、行政主导弱化"的立法格局。长期以来，香港一直实行港督集权、行政主导的模式，绝大多数法律都由"总督会同行政局制定"。由于香港的新闻法制基本是英国的翻版，因此，通过行政手段建构的香港的新闻法制，其本质无非在于为香港新闻业设计一条符合港英政府意志的发展轨迹，均以维护殖民统治当局及其宗主国的利益为宗旨。

进入过渡期，伴随着港英当局政制改革的进程，香港的新闻立法也逐渐偏向于由立法主导，在一定程度上改变了过去以政代法、以政领法的格局。新闻法律的颁布与施行虽然仍然有工具性与功利性的一面，但已经相对趋于理性，更加呈现出新闻立法的长效性与价值性，更多地从法治化建设的需要出发。

五 结语

英国殖民统治香港 150 余年间，港英当局制定了名目繁多的新闻法规，呈现出由松趋紧、再转松的演变轨迹，法律制度的两面性始终贯穿期间。一方面，港英当局所建构的新闻法制体系是殖民统治的产物，或多或少地带有殖民主义的烙印。虽然英国是世界上最先倡导言论出版自由的国家，但是，"长期以来为维护殖民统治，统治者并未……对香港实施宽松的新闻自由，只是在香港新闻工作者斗争下，统治者才像'挤牙膏'似的，逐步放松。"[1] 在香港回归过渡期，中国政府努力落实中英《联合声明》的基本精神，于1990年4月4日颁布了《中华人民共和国香港特别行政区基本法》，为香港回归祖国后的继续稳定、繁荣提供了最根本的法律保障。"基本法体现了中国既要收回政权，又致力维持香港繁荣稳定的决心，也是港人实践一国两制的宪制文件。"[2]《基本法》明确了香港回归后新闻法制的基本方向，其第27条规定："香港居民享有言论、新闻、出版的自由，结社、集会、游行、示威的自由，组织和参加工会、罢工的权利和自由。"[3] 殖民时期的香港虽然制定了为数不少的新闻法律条文，但从来都没有一条是有关言论出版、新闻自由的保障性规定。不管港英政府如何修订、调整和"洗刷"，其殖民统治的根本性质没有变，其缺乏民主的实质没有变，其150多年的根深蒂固影响并非一时之功即可彻底荡涤。

另一方面，香港新闻法制中包含了资本主义法制的开放元素和相对的民主机制。港英当局通过移植和修正，建构了法制较为健全、司法相对独立、保障基本到位的新闻法制体系。香港新闻法制总体上是趋于宽松的，客观上顺应了香港新闻业发展的内在要求，对于香港新闻传播媒介的发展具有积极作用。1990年4月4日由全国人大审议通过的《中华人民共和国香港特别行政区基本法》第8条明确规定："香港原有法律，即普通法、衡平法、条例、附属立法和习惯法，除同本法相抵触或经香港特别行政区的立法机关作出修改者外，予以保留。"第160条也规定："香港特别行政区成立时，香港原有法律除由全国人民代表大会常务委员会宣布为同本法抵触者外，采用为香港特别行政区法律，如以后发现有的法律与本法抵

---

[1] 刘澜昌:《香港在一国两制下的新闻生态》，秀威信息科技股份有限公司，2008，第11页。

[2] 史深良:《香港政制纵横谈》，广东人民出版社，1991，第223页。

[3]《香港特别行政区基本法》，载香港特别行政区基本法起草委员会秘书处编《关于中华人民共和国香港特别行政区基本法的重要文件》，人民出版社，1990，第122页。

触，可依照本法规定的程序修改或停止生效。"① 尤其是在中国即将恢复对香港行使主权的大背景下，经过中国政府的据理力争和严正交涉，港英当局释放其宗主国享受数百年的新闻自由，使香港终于摆脱了束缚已久的思想枷锁，轻装上阵，尽管港英当局在主观上是为了给中国政府治理香港制造麻烦，但其行为客观上毕竟还是为回归以后的新闻法治化建设奠定了一定的基础。

当然，香港要真正落实新闻自由，既要对殖民统治的影响作清理，也应保留有利于香港繁荣稳定的东西，这或许是我们面对香港新闻法制史的应有态度。

（原文载于《新闻与传播研究》2011年第4期，第78~88页）

---

① 《中华人民共和国香港特别行政区基本法》，法律出版社，1990，第4、42页。

日治时期香港消闲娱乐的法规

周家建[*]

一　绪论

日本对香港的前途在1942年1月已有了定稿，香港被定位为占领地，而总督的人选以具有中国经验的人士出任。1942年1月19日，东条英机首相接见了矶谷廉介，并委任他为首任香港占领地总督。矶谷廉介总督于2月下旬抵港，随即于总督部召开记者招待会。在他的就任告谕中，首次披露他的治港方针：

> 本督拜受香港占领地总督之大任，今日亲临斯土，当遵守圣旨，竭尽心力，以期无负使命，顾万民永远之福利，必在大东亚战争全胜之后，现尔各居民应忍耐坚苦，善体圣战之意义，切戒淫放恣，在皇军治下，奋发努力，对于时居多所贡献，凡尔民众，如能革除故态陋习，挺身自励，一秉东洋精神，完成大东亚兴隆伟业者，本督当以知己待之，其有违反道义，不守围范者，乃东亚万民之公敌，非我重土之民。[①]

日治政府在港实施行政主导体制。行政主导体制内以"占领地总督"为领导核心，下设参谋部、总务长官及华民代表组织三大机关。

参谋部的主要工作是维持香港的治安，其中常设有警备队和宪兵队。警备队为地方驻军，工作范围在香港地区外围。它的调查对象以抗日组织

---

[*] 周家建，香港大学哲学博士，现任香港岭南大学香港与华南历史研究部高级项目主任。
[①] 参见《矶谷廉介陆军中将·荣膺要职卸任回国》，《华侨日报》1944年12月24日。

为主,亦防止盟军情报人员潜入香港。而宪兵队的工作范围为港九区内,它的职权包括逮捕任何有间谍嫌疑之人,及存有无线电发讯机的人。另外,宪兵队辖下设有警察队,以维持区内治安。

总务长官辖下包括七个部门,即民治部、财政部、交通部、经济部、报导部、管理部和外事部。各部门下设课或班,负责各项政府事务。以民治部和报导部的工作为例,民治部下设四课,分别为庶务课、商业课、文教课及卫生课。而报导部亦下设四班,分别为总务班、新闻班、宣传班和艺能班。相比港英政府的架构,日治政府采取中央集权制度,架构相对简单,行政权及立法权归总督部管理。矶谷廉介政府运作了接近三年,政府架构并没有很大变化,只是个别地区的治安防卫改由宪兵驻防。另外,位于赤柱的外国侨民拘留营,亦从民管改为军管。①

日本统治时期的治安政策是以严刑峻法来维持,而所使用的法规是以"香港占领地总督部令"(简称《香督令》)为法律依归。对于"消闲娱乐"事宜,政府亦透过一些法规来规范市民的活动。

二　无孔不入的娱乐税

日治时期,只要在香港经营业务,营商者便要缴交"营业利益税",娱乐场所经营者亦不例外。根据1943年《香督令》法律第十八号《营业利益税令》,营业利益税扣除营运经费后,需按累进税率缴交营业利益税。1943年的累进税率见表1。②

表1　1943年香港的累进税率表

应课税额	税　率
五万元以下之金额	10%
五万元以上之金额	15%
十万元以下之金额	20%
三十万元以下之金额	25%
五十万元以下之金额	30%

① 周家建:《日占时期的经济》,载刘蜀永主编《20世纪的香港经济》,香港三联书店,2004,第142、144页。
② 香港占领地总督部:《香督令特辑》,亚洲商报,1943,第82~83页。

新界裕利娱乐场，便曾因不遵令缴交税金，在1945年5月被香港警察总区取消其营业资格，并勒令停业。当时发出的公示如下：

〈香港总公示第四号〉

娱乐场营业许可取消之件

由昭和二十年五月十八日起左记〔即下记〕娱乐场营业之许可取消

营业场所　新界元朗大马路六十四至六十六号

许可者番号　香督营许第一二号

　　　　　裕利娱乐场　邓锦堂

　　　　　　　　　昭和二十年五月十八日　香港警察总局长①

日治政府为了增加税收以应付日常开支，亦曾开征多项与娱乐消遣有关的税项来扩阔税基，当中包括"游兴饮食税"、"娱乐税"、"酒精含有饮料税"等。

《游兴饮食税令》始见于1942年《香督令》第五十一号。1942年末，小川吉大郎课长阐释游兴饮食税时表示，"游兴饮食税"为游兴饮食费百分之十，当中包括饮食费、座租、厅房租、艺妓的支出，小账与代支则不用征税。②"游兴饮食税"亦随着市况和政府的财政状况而曾作调整。1944年初，"游兴饮食税"增加后，税务所曾召集料理组合商人解释有关税项，并且阐明顾客在用膳完毕后，必须着食肆开出发票，方可到柜台结账。顾客消费达二元必须缴纳税款，并且必须取回单据，以作证明。该顾客被公务人员查询时，如未能出示有效单据，食肆和顾客均属违法。③

《游兴饮食税令》第一条申明了此法令适用于酒家、茶楼、茶室等类似场所。而第五条和第六条则要求经营者每月将税收存入横滨正金银行或台湾银行，同时，将计算表呈上香港占领地总督部税务所。第二十二条至第二十四条则列明了罚则（见表2）。

---

① 《新界娱乐场·一家被停业》，《华侨日报》1945年5月19日。
② 《小川课长·再阐释游兴饮食税》，《华侨日报》1942年12月20日。
③ 《饮食店顾客注意·取单后结账》，《华侨日报》1944年3月26日。

表2　《游兴饮食税令》的罚则

第二十二条	以诈伪或其他不正行为逃避游兴饮食税或意欲瞒税者，处罚其逃避或意欲瞒税额二十倍之罚款。而即缴收其税额，但罚款未达五十元时亦处五十元之罚款。
第二十三条	如有下列各号之情形者，处罚三百元以下之罚款
	一　怠惰或诈伪呈告第十二条及十七条之规定者。
	二　怠惰或诈伪记载第十八条规定之账簿者或隐匿账簿者。
	三　各第二十一条规定征税官之质问不同者或虚伪陈报者或拒绝妨碍其执行职务者或忌避者。
第二十四条	经营者之代理人、家族、同居人、雇人、其他之从业员等，关于其业务上违犯本令时，处罚其经营者。

上述涉及的第十二条是指场所的登记资料；第十七条则是经营者如转移场所时，各税务所登记的资料。而第十八条是经营者在账簿内记载的账目。①

"游兴饮食税"对各娱乐事业有着不同的影响。以娼寨业为例，根据《华侨日报》内《变貌的塘西》一文，从前三级娼寮的生意比上级娼寮的生意兴旺，但游兴饮食税税率增加后，却互相调转。因为消费者无须负担"三割"以上的税额，这致使上级娼寮生意变得旺盛。②

另一项与酒家、茶楼息息相关的税项，源于1943年颁布的《香督令》第二十二号《酒精含有饮料税令》。税令内的酒类是指日本的烧酎、中国酒、麦油酒、果汁酒和洋酒。每种酒类的应缴课税各有不同，一般按其酒精浓度作评估，如以一升樽装酒类为例，酒精浓度不超过二十五度，税率为一元二十钱；酒精浓度超过二十五度者，税率为每度五钱。③

《酒精含有饮料税令》亦申明了营业者进出口酒精类饮料的手续和需要注意的事项，例如第十二条便明令要求饮料制造商详细记录原料之数量、种类、使用日期、生产时使用的分量等。④《酒精含有饮料税令》亦不时作出修正，1945年2月，该税令实施修正，香港中国酒业组合便曾通告

---

① 香港占领地总督部：《香督令特辑》，第60~61页。
② 《变貌的塘西》，《华侨日报》1944年8月8日。
③ 香港占领地总督部：《香督令特辑》，第87~92页。
④ 香港占领地总督部：《香督令特辑》，第88~89页。

会员，需先填写《酒精含有饮料所持商申告书》办理存酒量申告，然后照新订税率纳税。①

1942年的《香督令》第五十三号《娱乐税令》将大部分市民的消遣娱乐纳入税基之内，简直达到"钻头觅缝，无孔不入"的地步。《娱乐税令》内第一条至第三条，清楚地列出税基和税率（见表3）。

表3 《娱乐税令》关于税基和税率的规定

第一条	凡观听演剧、映画、音乐、竞马、比赛（包括角力、垒球、拳斗及其他竞技以供公众观众观览为目的者）、博览会及展览会（以下称为娱乐事业）者，依本令课以娱乐税。		
第二条	娱乐税之税额如下：		
	入场费每人每次	二十钱以上时	五钱
	同	五十钱以上时	十钱
	同	一元以上时	十五钱
	同	一元五十以上时	二十钱
	同	二元以上时	三十钱
	同	三元以上时	五十钱
		四元以上时	每元或其零数时十五钱
	本令所称入场费系指观览费、座席费、其他无论何种名称，凡入娱乐场所时，所付金额总计额		
第三条	入场费，每人每次未满二十钱者，免课娱乐税。		

"娱乐税"是透过经营者在入场费内征收税款，并由经营者缴纳。经营者每月将税收存入横滨正金银行或台湾银行，同时将计算表上呈香港占领地总督部税务所。《娱乐税令》第二十一条申明了罚则："以诈伪或其他不正行为而规避娱乐税或希图瞒税者，处以其所规避或希图瞒税额十倍之罚款，并立即征收其税金。但罚款未达五十元时亦罚五十元。"②

---

① 《弥补酒税·酒价略起》，《华侨日报》1945年2月9日。
② 香港占领地总督部：《香督令特辑》，第63~65页。

三 压制信息娱乐

为了掌控人民的思想，日本统治者最直接的方法是限制获取信息的途径。日治时期，除了透过整合香港的报业以将规制范围延伸至新闻监控之外，政府对大气电波和影画剧作亦透过行政手段作出操控。

日治政府有感于电影是具有极大影响力的大众娱乐，因此制定了《映画演剧检阅规则》，以配合战时的统治政策。1942年颁布的《香督令》第二十二号《映画演剧检阅规则》中，第一条已开宗明义地阐述："香港占领地总督部管区内将行上映之映画及将行上演之剧均须预先受香港占领地总督部之检阅"。影演物品检查规则，在于防止一些不利政府和与战时体制不合的电影在戏院播放，影响政府施政和散播反日讯息。规则第三条更列举出什么内容将会被禁播或删剪，当中包括：

（一）对皇室有不敬之处者；

（二）对国策有加诽谤批判之处或被认为有妨害国策之处者；

（三）对帝国军队并军人之威信有毁损之处者；

（四）被认为于军政施行国土防卫并防谍工作有害之处者；

（五）有毁损盟邦国家名誉之虞者；

（六）有益于敌国及敌性国家使观众对敌国生欣慕之心或助成其欣慕之念者；

（七）被认为紊乱社会安宁秩序或于风教上有害者；

（八）被认为有其他不可映演之理由。

送检电影，须得到报道部长发出的许可证，方可公开上演。而影演物品经检查后，并不代表日后重演时不需再作检查，因规则内第六条申明政府有权再对已检查的影演物品进行删剪或没收。[①]

对于市民透过大气电波发放讯息及拥有收音设备，日治政府亦加以压制。日治政府利用1942年颁布的《香督令》第四十六号《关于禁止收听短波播音》来规范拥有者发放及接收信息的权利。首先，香港只有一家公营电台能作广播，而收听短波讯息更受到法令所约束。根据《关于禁收

---

① 香港占领地总督部：《香督令特辑》，第18~19页。

听短波播音》第一条，除获得总督许可外，香港境内任何人都不可拥有能听取短波的收音机。

申请拥有收音机者，收音的波数亦受到限制，以确保不能收听到如"美国之音"或"英国广播电台"等电台。因此，拥有者必须将收音机送到指定单位进行检测，不需修正的收音机，须缴交每座五十钱检测费；而需要修正的收音机，每座须缴交三元修理费。法令内亦规定获准拥有收音机者，必须在住宅的门外张贴由政府发给的"听取章"。[①]

纵使消闲娱乐只是市民生活作息中的暇余活动，但对于当权者而言，消闲娱乐也必须跟随政府政策，信息发布亦必须牢牢地握在当权者手中。由于信息性的大众娱乐具有广泛的影响力，因此政府需透过法规来进行严密封锁，并且对内容实施审查，以确保不利于统治政权的消息能被消灭于萌芽之中。此外，在战时疲弱的经济环境下，一群仍有闲钱消费娱乐的社群，往往成了政府扩阔税基的猎物。

（原文载于周家建《浊世消磨：日治时期香港人的休闲生活》，香港中华书局，2015，第 248~259 页）

---

① 香港占领地总督部：《香督令特辑》，第 56 页。

香港废妾：殖民体制及现代性的暧昧

王慧麟[*]

自1971年起，香港法律不再承认妾之法律地位，但在该法生效之前，妾之法律地位不受影响。由是，香港法院仍不时需要就1971年之前的妾之法律地位进行裁决，可见中国传统之婚姻习惯在香港社会仍然存在。香港废妾之议，始于第二次世界大战之后，却要经过三份官方报告、一份白皮书，方能在1971年通过，其中华人权贵之反对尤烈。细心分析，若非英国殖民地部锲而不舍，不断向港英政府施压，港英政府未必愿意推动包括废妾在内的婚姻改革。然而，中国内地早在1931年已不承认妾之法律地位，而1950年中华人民共和国的婚姻法亦禁妾。香港同为华人地区，为何迟了二十多年才废妾呢？这亦引申了另一个问题：究竟有什么原因令港英政府不得不提出废妾呢？废妾究竟是英国意图洗刷其殖民统治地区之习俗的一项有计划之行动，抑或是因为政治压力而不得不做的政策呢？本文尝试从英国档案之中寻找答案。

一　殖民主义与习惯法之关系

英国普通法之构成，既有成文法，亦有判例及习惯法。这套富有弹性之普通法制度，随着英国侵略殖民地，亦扩展至全球各地。但原本普通法内之习惯法，系指英国本土之习惯法，这些与英国人息息相关之习惯（或习俗），不可能照搬到殖民地。因此，英国建立殖民地之法律制度，除了搬来一套英国成文法之外，亦需要因地制宜，按照当地之情况，将当地之习惯法透过立法或者判例予以实施。

---

[*] 王慧麟，伦敦大学亚非学院法律系哲学博士，香港大学现代语言及文化学院助理教授。

那么，殖民地之习惯法内容又是什么呢？首先，习惯法之内的习惯（或习俗），需要一个"被发现"的过程。其中，人类学家、社会学家以至医学专家等，透过各式各样的研究来寻找殖民地之本地"习惯"，而且透过对习惯的权威解释，令这些"法律"透过立法及判例予以"法律化"，取得了法律地位。

更重要的是，这个过程中专家们往往以"尊重"部落秩序为理由，将种族之领袖或长老制度捧成神圣不可侵犯的社会结构或体制。由于当地部落领袖或长老往往与殖民地政府结成管治同盟，这些"被发现"的习惯或习俗以至体制，变成了殖民地政府强化管治之重要工具。法律学者如钱洛克（Chanock）提出了"被创造之传统"（invented tradition）的概念①，其指出殖民地习惯法，是殖民地"主人"（masters）所创制，目的是要确保有顺民之支持，以及维持现有的社会结构。有法律学者指出，婚姻习惯之"被发现"，具有以上的特点，因为"官方"之习俗论述，往往将谣言当作真实，甚至创制部落之历史，令殖民地社会维持长幼有序、男高于女之体制。他们认为，这些"被创造"的家事法律不应成为习惯法之一部分。②

这些学者提出之理论，是建基于对非洲习惯法之观察，但在香港，其适用性存有疑问。因为英人在香港建立殖民统治时，中国婚姻之法律（包括《大清律例》及相关习俗）已经行之千年，根深蒂固，殖民政府难以"创造"，更不可能连根拔起。反之，殖民政府需要寻找、考察以至尊重中国习俗，以此维系高等华人之支持，维持有效管治。香港婚姻改革之动力有二：除了邻近地区如中国内地法律已经转变之外，更重要的是，伦敦殖民地部（及之后的外交部）不断向港英政府施压，此点本文往后详述。

二 妾在香港法律的地位（1971年之前）

在1971年的《婚姻制度（改革）条例》实施之前，妾在香港法律之

---

① Chanock, Martin (1985), *Law, Custom and Social Order: The Colonial Experience in Malawi and Zambia*, Cambridge: Cambridge University Press, Chapter One, 可参考 Fitzpatrick, Peter (2001), *Modernism and the Grounds of Law* (Cambridge: Cambridge University Press), Chapter Five。
② Bederman, David James, *Custom as a Source of Law*, New York: Cambridge University Press, 2010, pp. 58–60.

地位，并不完全体现于成文法例之中，而是透过法例及判例而形成的。我们先从1841年之前谈起，从中探究清代法律中妾之地位。

中国社会习俗，奉行所谓"一夫一妻"制。按《明令》，男女订婚，"嫁娶皆由祖父母父母主婚，祖父母俱无者从余亲主婚，其夫亡携女适人者，其女从母主婚，若已订婚未及成亲而男女或有身故者，不追财礼。"①《大清律例》跟随。② 有妻如果再娶的话违律，《唐律》云："诸有妻更娶妻者，徒一年"③。《明律》说："若有妻更娶妻者，亦杖九十"。④《大清律例》跟《明律》亦云："若有妻更娶妻者，亦杖九十"。此律源于尊重宗法秩序，有学者指"唐朝依礼行一妻多妾制，有妻者不可再娶妻，再娶妻即为重婚"⑤。男女缔定婚姻之要件在于，第一，"已报婚书"，即疏议所云"男家致书礼请，女氏答书许讫"；第二，"及有私约"，疏议云"两情具惬，私有契约"；第三，即没有婚书，"但受娉财亦是"，疏议说"婚礼先以娉财为信……虽无许婚之书，但受娉财亦是"。

妾者，接也。《礼记·内则》云"聘则为妻，奔则为妾。"《礼记·曲礼上》云"取妻不取同姓；故买妾不知其姓则卜之"，又云"有妻有妾"，《春秋谷梁传》云"毋以妾为妻"，俱指出妾之地位，比妻为低。妻妾不可失序，《唐律》云"凡以妻为妾，以婢为妻者，徒二年。以妾及客女为妻，以婢为妾者，徒一年半，各还正之"⑥。至《明律》规定"凡以妻为妾者，杖一百，妻在，以妾为妻者，杖九十并改正"⑦，清朝从之⑧。

妻之地位高于妾。妻称伴侣为"夫"，妾称为"家长"。服制之安排，

---

① "此例申明主婚之人祖父母在，余亲不得主婚也。"（清）薛允升：《唐明律合编》卷十三下《户婚中》，中国书店，2010，第133页。
② "顺治初年律内采入。至今仍之。"（清）吴坛：《大清律例通考校注》，马建石、杨玉棠校注，中国政法大学出版社，1992，第443页。
③ 刘俊文：《唐律疏议笺解》，中华书局，1996，第1014页。
④ （清）薛允升：《唐明律合编》卷十三下《户婚中》，第134页。
⑤ 刘俊文：《唐律疏议笺解》，第1015页。
⑥ （清）薛允升：《唐明律合编》卷十三下《户婚中》，第131页。《唐律疏议》云："议曰：妻者，齐也，秦晋为匹。妾通买卖，等数相悬。婢乃贱流，本非俦类。若以妻为妾，以婢为妻，违别议约，便亏夫妇之正道，黩人伦之彝则，颠倒冠履，紊乱礼经，犯此之人，即合二年徒罪。"刘俊文指出，此类行为违反礼经规定之尊卑名分，破坏封建宗法秩序，"故律设此专条以惩禁之"。参见刘俊文《唐律疏议笺解》，第1019页。
⑦ （清）薛允升：《唐明律合编》卷十三下《户婚中》，第134页。
⑧ （清）吴坛：《大清律例通考校注》，第445页。

可见分别。如夫亡或家长亡，"妻为夫，妾为家长同"，均斩衰三年。[①] 家长之正妻亡，妾须服齐衰不杖期；[②] 夫之父母亡，妻须斩衰三年[③]，而家长之父母亡，妾则服齐衰不杖期。[④] 这些服制的安排，目的显示妾在家庭之地位不如妻。除此之外，在刑罚方面，亦有区别。《大清律例》有妻妾殴夫一条。"凡妻殴夫者，杖一百……若妾殴夫及正妻者，又各右一等；加者，加入于死。"[⑤] 至于有关夫妻之离异，大清律例有出妻之条，有"七出三不去"之原则："凡妻（于七出）无应出（之条），及（于夫无）义绝之状，而（擅）出之者，杖八十。"[⑥] 所谓七出，是指"无子、淫泆、不事舅姑、多言、盗窃、妒忌、恶疾"[⑦]，三不去是指"与更三年丧、前贫贱后富贵、有所娶无所归"。《大清律例》云："虽犯七出，有不去而出之者，减二等，追还完娶"[⑧]，就是说，若有"三不去"的话，即使有"七出"，夫不能出妻。不过，假如夫妻双方同意的话，可以分开："若夫妻不相和谐而两愿离者，不坐"[⑨]。若妻妾"擅（自）改嫁者，杖，杖一百。妾各减二等。"[⑩] 从律例可见，一个家庭之中，妻高于妾，即使涉及婚姻之刑罚，妻之受刑，也比妾严厉。

中国传统家庭法律之精神，父与子合一，夫与妻合一，这体现在财产分配、祭祀、宗族及家庭责任等。[⑪] 但中国传统法律之特点，在于将礼教、

[①] 《大清律例》卷三《服制》。（清）吴坛：《大清律例通考校注》，第97、第107页。

[②] 《仪礼》不杖期章："妾为女君（此义服也。女君者，家长之正妻也。）"传曰："何以期也？妾之事女君，与妇之事舅姑等。"《大清律例》卷三《服制》。（清）吴坛：《大清律例通考校注》，第125页。

[③] 《大清律例》卷三《服制》："子为父母……子与妻同。"（清）吴坛：《大清律例通考校注》，第97页。

[④] 《大清律例》卷三《服制》："妾为家长父母。"（清）吴坛：《大清律例通考校注》，第125~126页。

[⑤] 《大清律例》卷二十八《刑律·三百一十五》。又例文有云，若"妾过失杀正妻，比照过失杀期亲尊长律，杖一百，徒三年，决杖一百，余罪收赎"。参见《大清律例》，张荣铮等点校，天津古籍出版社，1993，第488~189页；（清）吴坛：《大清律例通考校注》，第845~846页。

[⑥] 《大清律例》卷十《户律·一百一十五》。

[⑦] 《大清律例》卷十《户律·一百一十五》。

[⑧] 《大清律例》卷十《户律·一百一十五》。

[⑨] 《大清律例》卷十《户律·一百一十五》。

[⑩] 《大清律例》卷十《户律·一百一十五》。

[⑪] 〔日〕滋贺秀三：《中国家族法原理》，张建国、李力译，法律出版社，2003，第104页。

祭祀、三纲、伦常、秩序等体现在律例精神之中，即所谓"法律儒家化"之说。① 至于地方行政官员审理案件，按照所谓的天理、人情和国法三者兼顾。由于州县官员负责审理户婚田土钱债等案件，在审理时往往考虑的并非纯粹的律例，反而以所谓"调处息讼"的方法，尽量减少诉讼，尽量以调解的方式来审理，② 以族长、乡绅、乡保等力量，再有公堂之上下结合做法，既在堂上调处，又有堂下之乡绅调处，达成和解。③ 有学者研究顺天府档案中有关婚姻的案件可见，经调处后，两宗案件均以和解收场。④ 这种地方官员结合宗族乡邻调处息讼的处理婚姻案件的特色，与日后香港法律中对婚姻及妾的案件的处理方式之间，出现了法律制度及文化之差异，当在本文较后讨论。

无论如何，官员在天理、人情和国法三大原则之下，处理民事性质之案件，不可能亦不能忽略中国传统婚姻习俗的"非律例"部分。夫妻订婚，须有婚礼，所谓"三书六礼"。礼记云：

> 昏礼者，将合二姓之好，上以事宗庙，而下以继后世也。故君子重之。是以昏礼纳采、问名、纳吉、纳征、请期，皆主人筵几于庙，而拜迎于门外，入，揖让而升，听命于庙，所以敬慎、重正昏礼也。⑤

六礼即当中的"纳采、问名、纳吉、纳征、请期"。至于三书的聘书、礼书和迎书，是六礼之中使用的文书。男家向女家提亲，需要媒人居中撮合。但是，若果强占良家妻女，奸占为妻妾者，无论有否媒说，一样犯法。⑥《大清律例》有云，即使是未薙发之苗人，与民人结亲，俱照民俗以

---

① 黄静嘉《中国传统法制之儒家化之登场、体系化及途穷》一文指出，"自两汉春秋决狱以还，我国传统律典之'儒家化'，至唐律可谓定型，并逐步'详备化'，此实为长期'智慧'累积之结晶。在此一传统下，如清代律例所显示，一方面在法典上高揭以严刑达到威吓之效果，一方面有种种缓和其严酷之措施，以兼顾'恤刑'及'仁政'之要求。"参见柳立言编《传统中国法律的理念与实践》，"中央研究院"历史语言研究所，2008，第161~254页，第224页。
② 郑秦：《清代司法审判制度研究》，湖南教育出版社，1988，第218页。
③ 郑秦：《清代司法审判制度研究》，湖南教育出版社，1988，第219页。
④ 郑秦：《清代司法审判制度研究》，湖南教育出版社，1988，第226~227页。
⑤ 《礼记·昏义》。
⑥ 《大清律例》卷十《户律·婚姻·第一百一十二》，强占良家妻女。

礼配，须凭媒妁，写立婚书。① 虽然此律是有关刑事罪行，但可见"媒"在婚礼过程之重要性。这亦是妻与妾的一个主要分别，本文容后再说。

婚姻嫁娶，有律例规定，有习俗所依。但纳妾却没有律例所定，一般沿用的则是习俗。夫之婚姻，由家中长辈所定，但男方纳妾，则是随心所欲。《大清律例》规定官员不得任内娶部民妇女为妻妾②；不准豪势之人，强占良家妻女，奸占为妻妾；③ 凡（文武）官（并）吏娶乐人（妓者）为妻妾者，杖六十，④ 这反映民间买妾之情况，亦甚普遍，故要立法禁之。⑤ 男方纳妾之人数，律例既无所限，习俗亦不见有限，故俗语有所谓"三妻四妾"之说。至于纳妾有没有仪式呢？有说部分纳妾者，亦有类似婚姻等仪式，但就不如结婚之烦琐，亦没有媒人。至于男方纳妾，是否需要妻同意，有称需要，称为"入宫"，但亦有指不需要，因为纳妾纯为男性按其享乐之需要，妻之同意与否不在考虑之列。妻死后，若宗族长辈同意，男方可娶妾为妻，所谓"扶正"⑥。

不过，妻与妾的一个比较大的分别，在于财产之承继。父母在时，家产分割之后，以"养老"、"养赡"等名义保留一部分财产，所谓"养老份"是自古以来的办法。⑦ 至于父死后，财产分配，以"诸子均分"制，见于《大清律例》之"卑幼私擅用财"："凡同居卑幼，不由尊长擅用本家财用……若同居尊长应分家财不均平者，罪亦如之。"⑧ 例有云："嫡庶子男……其分析家财田产，不问妻、妾、婢，止以子数均分。"⑨ 但母却不能分家产。滋贺秀三分析，因为母与子同住，子有供养母亲之责任，另外，子在出售家产（包括养老份）时，需要母亲同意。⑩ 至于妾，既没有养老份之保留财产，又在分家之后，并不必然有养老份之权利。父死后，

---

① 《大清律例》卷十《户律·婚姻·第一百一十七》，嫁娶违律主婚媒人，例410。
② 《大清律例》卷十《户律·婚姻·第一百一十》，娶部民妇女为妻妾。
③ 《大清律例》卷十《户律·婚姻·第一百一十二》，强占良家妻女。
④ 《大清律例》卷十《户律·婚姻·第一百一十三》，娶乐人为妻妾。
⑤ Huang Philip, *Code, Custom, and Legal Practice in China: The Qing and Republic Compared*, California: Stanford University Press, 2001, pp. 156 – 158.
⑥ 滋贺秀三：《中国家族法原理》，法律出版社，2003，第447页。
⑦ 滋贺秀三：《中国家族法原理》，法律出版社，2003，第143页。
⑧ 《大清律例》卷八《户律·户役·第八十八》，卑幼私用财。
⑨ 《大清律例》卷八《户律·户役·第八十八》，卑幼私用财。例335。
⑩ 滋贺秀三：《中国家族法原理》，法律出版社，2003，第347页。

承继其遗产之人有义务负担赡养母之责任，但若果不能与其母共同居住的话，法院可以指定一定数额金钱的养赡方法。① 滋贺秀三考证，养赡的方法可包括"按时给付一定数额的金钱"，和"判决配拨（酌量分派）财产，以其收益折抵充算赡养"②。总结妾之地位，滋贺秀三说：

> 可以这样理解，妾在所谓宗之理念秩序之中没有占据地位，而在日常生活方面一旦成为夫之家庭的一员，在逻辑上也正相对应。③

以上有关妾的法律，大抵见于《大清律例》的户律部分。在《大清律例》内，涉及妾的法律，亦散见于其他部分。但在香港，妾的法律争议大抵指涉妾在家庭中的地位，例如妻与妾的关系，又或者涉及妾的子女在家长死后的遗产继承问题，对于妾在《大清律例》中涉及的刑事罪行如人命④、骂詈⑤及犯奸⑥等，大多不在香港法院讨论之列。

在英国对香港实行殖民统治后，香港法院该如何应用《大清律例》以处理香港境内的华人婚姻呢？

1841年，义律公布了两项公告（proclamation），宣布除了英皇不同意之外，中国法律与传统继续在香港实施，⑦中文所示为：

---

① 滋贺秀三：《中国家族法原理》，法律出版社，2003，第455页。
② 滋贺秀三：《中国家族法原理》，法律出版社，2003，第455页。滋贺秀三列举民国大理院之判例证之，见大理院四年上字第2294号（郭卫第252页），以及大理院四年上字第2025号（郭卫第251页）。但这是否大清律例不见，故当香港有案例，判予妾拥有赡养的权利，学者苏亦工有异议。
③ 滋贺秀三：《中国家族法原理》，法律出版社，2003，第457~458页。
④ 《大清律例》卷二十六《第二百八十五·杀死奸夫》，参见《大清律例通考校注》，第780页。
⑤ 《大清律例》卷二十九《第三百三十·妻妾骂夫期亲尊长》，参见《大清律例通考校注》，第867页。
⑥ 《大清律例》卷三十三《第三百六十·犯奸》，参见《大清律例通考校注》，第950页。
⑦ Norton - Keyshe, *The History of the Laws and Courts of Hong Kong*, Vol. 1, Hong Kong: Vetch and Lee, 1971, pp 5 – 6. 按察司 Rees Davies 及 Sir Henry Gollan 在两宗案例之中同意这观点，见 *Ho Tsz Tsun v Ho Au Shi*, [1915] 16 HKLR, 第79页，以及 *In the Estate of Chak Chiu Hang*, [1925] 20 HKLR 1. 但法律学者史维理教授则不认同义律公告有法律效力，因为委任义律时，其权限并无包括发出公告之权。史教授认为，中国法律及习俗能在香港实施，源于殖民地的一贯宪法惯例：在建立殖民地之前，其原有法律将继续有效，除非受到新宗主国的法律取代，或者有违英国法律之原则。见 Wesley - Smith, Peter, *The Sources of Hong Kong Law*, Hong Kong: Hong Kong University Press, 1994, Chapter 12, pp. 207 – 209。

凡有礼仪所关乡约旧例，率准仍旧，亦无丝毫更改之谊。且未奉国主另降谕旨之先，拟应照《大清律例》规矩主治居民，除不得拷讯研鞫外，其余稍无更改。①

另外，在最高法院条例的多次修订之中，亦指出1843年4月3日开始，英国法律将在殖民地实施，除非与殖民地的本地情况相悖及遭到本地立法机关之修订②。其后，本条在1967年为英国法律适用条例（Application of English Laws Ordinance）的条文取代，但不减其应用性。由于香港本地法律一直没有制定一套完整之婚姻法律，妾作为中国传统婚姻法律的构成部分，一直被保留下来。

问题是，妾在香港之法律地位为何，需要香港法院尝试"建构"。过去一百多年，香港法院一直在寻找及建立与妾有关的中国法律及习俗。法官及判例则为妾之地位，作了多方面的规定。2000年，香港终审法院之 *Suen Toi Lee v Yau Yee Ping* 一案，为此作了较好的总结。③ 然而，尽管累积了不少案例，在本案中，两位终审法院外籍法官包致金（Bokhary）及苗礼治，对妾之法律地位，亦有不同见解。

终审法院首席法官包致金在判辞中指出，在香港之中国法律及习俗下，男人既可有发妻（principal wife, *tsai*），及有无数妇人为妾（concubine,

---

① 《义律佰麦在香港地方所出伪示（抄件）——道光二十一年正月初十日》，中国第一历史档案馆编《香港历史问题档案图录》，香港三联书店，1996，第58~59页。

② 最高法院条例（Supreme Court Ordinance, 1873）第五条："5. Such of the laws of England as existed when the Colony obtained a local legislature, that is to say, on the 5th day of April, 1843, shall be in force in the Colony, except so far as the said laws are inapplicable to the local circumstances of the Colony or of his inhabitants, and except so far as they have been modified by laws passed by the said legislature." 见 *Chinese Law and Custom in Hong Kong: Report of a Committee Appointed by the Governor in October* 1948 (Strickland Report) (Hong Kong: Hong Kong Government Printer)，第5页。本条文由 *Application of English Law Ordinance* 第3条所取代。学者佩格（Pegg）认为，第3条容许中国法律及习惯，在未遭英国法律修订之前，仍适用于香港，有关中国法律及习惯之分界日是1843年4月5日，见 Pegg, Leonard, *Family Law in Hong Kong*, Hong Kong: Butterswoth, 1994, p. 4。但史维理教授认为，既然第3条的内容，不再提及1843年4月5日，法院则不应以1843年作为中国法律及习惯的参考日期。然而，佩格提出，在 *Wong Yu Shi & Ors v Man Chi Tai* [1967] HKLR 201 at 211，法院会先确定1843年时之中国习惯法及其基本法则（rules），然后再应用，不过这些法则就会受制于在此日期之后的演变。故此佩格坚持，仍应以1843年作为分界线。

③ (2001) 4 HKCFAR 474；[2002] 1 HKLRD 197.

tsip）之下，共同居住，生下合法的孩子。[1] 包致金认为，从香港法院过往的判例可以得出，妾与妻（wife）地位相等，妾是所谓的第二个妻子，即"二房"（second wife）。那么，究竟妾与夫之关系，是不是普通法下的"一夫一妻之婚姻"（monogamous marriage）呢？包致金指出，根据两宗案例，在一个可持续的一夫一妻之婚姻中，纳妾是维系夫妻关系的阻碍（bar）[2]；而一名丈夫纳妾，是其日后建立一夫一妻之婚姻的阻碍。[3] 包致金认为，所谓纳妾，并非指一名丈夫多了一名妻（tsai），但他并不认为，中国传统婚姻是一夫一妻制。他指出，根据英国案例 Hyde v Hyde（1866）的解释，婚姻的定义是一个男人与一个女人的自愿终身结合，不容他人介入[4]，纳妾不符合有关定义。因此，他认为，中国传统婚姻是"一夫多妻"（polygamous）[5]。

包致金以"二房"（second wife）来描述妾在家庭之地位。他指出，纳妾并非是已婚男性的专利，在一些极不寻常但又并非不知道的情况下，未婚的男性也可纳妾。纳妾方面，需要妻的公开接受（acceptance），及获男方家庭的同意。但他亦指出，这种接受只是适用于丈夫有妻之情况[6]。包致金亦援引枢密院的案例指出，以"二房"一词来形容"妾"是有用的[7]。

不过，另一位终审法院法官苗礼治勋爵（Lord Millett）对妾之见解，与包致金有所不同。他先强调，纳妾是中国传统婚姻的一部分，而理论上未婚的男性亦可以纳妾，不过实际上亦好少。他指出，只有华人才能以中

---

[1] （2001）4 HKCFAR 474；[2002] 1 HKLRD 197. 第三段，此段原文为英文。译文与原文若有歧义及出错，由笔者负责。
[2] Wong Kam Ying v Man Chi Tai [1967] HKLR 201.
[3] Kwan Chui Kwok v Tao Wai Chun [1995] 1 HKC 374.
[4] Hyde v Hyde（1866）LR 1 P&D 130, 第133页："the voluntary union for life of one man and one woman, to the exclusion of others"。
[5] 第6段。香港案例指出，中国习惯婚姻关系是一夫多妻：Ho Cheng Shi v Ho Au Shi and others, 10 HKLR 69, 第80页。另一个英国东南亚殖民地，海峡殖民地（Strait Settlements）的六寡妇案件，In the Matter of the Estate of Choo Eng Choon decd（1908）12 SSLR 120, 法官也认为中国婚姻是"一夫多妻"（polygamous），见 Hooker, M. Barry, Law and the Chinese in South East Asia（Singapore: Institute of South East Asia Studies），2002, p.110。学者陈玉心引述 K. K. Swee 认为是一种特别的一夫多妻制（special polygamy），见陈玉心（Carol G. S. Tan）（1993），"The Twilight of Chinese Customary Law Relating to Marriage in Malaysia", International and Comparative Law Quarterly, 42（1），pp.147–156。
[6] 包致金之判词，第7段。
[7] Khoo Hooi Leong v Khoo Chong Yeok [1930] AC 346.

国传统方法结婚，并根据中国习俗纳妾。① 他亦指出，纳妾不需要特别之仪式，② 但提出三点以判断一名妇女是否为妾：第一，该男性有意把妾成为家庭成员之一部分，并且公开维持之；第二，该女性同意（consent）成为该男性的妾，并且其地位处于妻之下；第三，妻（若有）愿意接受（acceptance）该名女性为妾。③

苗礼治没有以一夫多妻来形容中国习惯婚姻，反之，他认为中国传统婚姻是一夫一妻（monogamous），但由于纳妾不符合普通法的有关婚姻之定义，因此是"潜在的一夫多妻"（potentially polygamous）。他认为，纳妾不符合英国有关婚姻的概念，因此，即使在香港或其他地方，在婚姻关系之中，不容纳妾；反之，已纳妾之男士，除非与妾中断关系，亦不能合法地按一夫一妻之原则，与一名女子缔结婚姻。④

苗礼治认为，妾与"丈夫"之关系，是法律认可的一种特殊的婚姻关系（matrimonial relationship），是公开而非"通奸"的关系。在家庭之地位方面，苗氏认为，妾的地位比情妇（mistress）为高，但及不上"二房"（这观点与包致金不同）。苗氏指出妾与情妇不同，其拥有认可的法律地位，但比妻低。在生前，妾之"丈夫"有责任赡养（maintain）她。而在"丈夫"死后，妾可取得"丈夫"部分遗产以作供养。另外，妾的儿女是合法的，而且与"丈夫"之妻所生的子女，视为兄弟姊妹。因此，苗礼治认为，就妾在家庭地位来看，难怪外界认为妾是"二房"了。

香港法院对妾之解释，基本上是从《大清律例》入手，辅以专家之证供，以及按普通法有关婚姻的解释，与香港实际环境结合而成的。例如

---

① 苗礼治之判词，第 57 段。
② Cheang Thye Phin v Tan Ah Loy [1920] AC 369.
③ 苗礼治之判词，第 58 段。苗礼治没有援引任何香港案例支持。在 1963 年的案例，In re Ng Ying Ho v Tam Suen Yu [1963] HKLR 923，不认为妾需要介绍予家庭，也未将家庭承认妾的地位视为重要因素，以判断妾之地位。不过，在 Wong Kam ying v Man Chi Tai [1967] HKLR 201，则认为妾需要"过门"及为发妻（principal wife）所接受。在 In Re Eong Choi Ho & Anor [1969] HKLR 391，法官认为一名妇人须经与男方拜祭祖先，媒妁及向结发（Kit Fat）妻斟茶，才可证明该名妇人为妾。基于普通法原则，苗礼治在本案的三个要素成为重要案例，成为日后下级法院验证一名女性是否为妾的原则。不过，究竟纳妾是否需要妻子同意，学者与法官的看法可有不同，中国大陆学者程郁指出，纳妾无须妻之同意，参见程郁《清至民国蓄妾习俗之变迁》，上海古籍出版社，2006，第 177 页。
④ 苗礼治之判词，第 59 段。

说，1843年的清朝，没有所谓"一夫一妻"或"一夫多妻"的争论，相关讨论只存在于普通法。至于妾之地位是"二房"（second wife），《大清律例》无所载，而是香港社会之惯常称呼。又例如纳妾是否需要妻之同意（有称"入宫"），有学者指是必须，亦有学者认为不必，香港法院更发展为"三个验证"（比香港法例的要求更多），① 这都是《大清律例》没有的。至于可否未婚纳妾，香港法院认可，亦在东南亚国家普遍，有学者指出，有妾而无妻，则较少见，但不可能在没有妻之情况下纳妾。② 香港一个更重要的判例，就是假如男方已经在中国或其他国家按"一夫一妻"之原则登记婚姻而成婚，就不能以中国传统婚姻为由，在香港纳妾。③

三 英国殖民地部对纳妾之反感

香港法院直至2000年，还要处理1843年时有关妾的定义，这委实不可思议，主要原因是1971年的《婚姻制度（改革）条例》生效之后，法律上虽不容许纳妾，但并没有取消条例生效之前妾之法律地位。换言之，香港法院仍然需要处理1971年之前与妾有关的法律问题。

然而，香港邻近地区的婚姻改革，却有翻天覆地的变化。中华民国政府在1930年制定了民法，严格推动一夫一妻制，形同废妾。④ 1950年，中华人民共和国政府制定了《婚姻法》，实行一夫一妻之登记婚姻制度。⑤ 按港英政府之分类，这种属于中国新式婚姻（即一夫一妻及登记婚姻，英文称作 Chinese Modern Marriage），其在中国已慢慢形成。而且，在1950年之后，中国内地不承认传统习俗婚姻，亦禁止纳妾。香港仍然持守中国旧式婚姻（英文却称作 Chinese Customary Marriage），容许纳妾，显得不合时

---

① 见财产继承（供养遗属及受养人）条例第2条："夫妾关系（union of concubinage）指男方与女方在1971年10月7日前缔结的夫妾关系，而在该关系下，女方为男方在生时已被男方的妻子接纳为其丈夫的妾侍，而男方家人亦普遍承认如此。"香港法例没有用"家长"一词形容纳妾之"丈夫"，这显示香港法律亦偏离了《大清律例》之用词。
② 程郁：《清至民国蓄妾习俗之变迁》，上海古籍出版社，2006，第221页。
③ Wong Kam Ying v Man Chi Tai [1967] HKLR 201（亦见 [1971] HKLJ 30），以及 Re Estate of Wong Wong [1998] 3 HKC 405。
④ 赵凤喈：《中国妇女在法律上之地位》，稻香出版社，1993，第181页。
⑤ 1950年《中华人民共和国婚姻法》第2条规定："禁止重婚、纳妾。禁止童养媳。禁止干涉寡妇婚姻自由。禁止任何人藉婚姻关系问题索取财物。"

宜，而且，制造更多行政混乱。①

1948年10月，政府委任史德邻（法律政策专员）为在香港实施的中国法律与习惯做全面检讨，1953年才公布报告之内容。委员会考虑到，有妾之家庭往往因妻妾妒忌而导致家庭不和，② 加上两岸已推行一夫一妻制，再加上社会强烈支持废妾的组织（如香港妇女会）③，委员会考虑到，若不立法废妾，妻随时被丈夫威迫，接受纳妾。④ 因此，委员会建议禁止纳妾，建议任何建立新的夫妾关系的尝试将不会有法律效力。⑤

问题是，华人领袖非常反对史德邻报告之建议。最重要的反对意见，来自行政局议员罗文锦。⑥ 而其意见，亦辑于史德邻报告书之内。罗文锦之反对逻辑，建基于他维护中国传统习俗之意志，以及英国尊重中国习俗之承诺。罗文锦指出，委员会不应以中国内地正走向一夫一妻的婚姻制度以及香港越来越少人纳妾为由，要求立法废妾。⑦ 他又说，他认识很多老一辈的中国人，由于他及妻子年老或健康问题，在妻子明确要求下纳妾，让他得到妻或妾的照顾。⑧ 因此，罗氏指出，既然纳妾正逐渐淘汰，就随它逝去吧！⑨

究竟罗文锦是不是因为深有维护中国道统之历史责任而捍卫纳妾，不得而知。但是，他贵为行政局内举足轻重的华人议员，由于他带头反对，史德邻报告书的废妾建议无疾而终。不过，香港废妾之政治压力，却来自

---

① 在1971年未做香港婚姻改革之前，香港法律承认六种婚姻制度：按中华民国民法缔结的婚姻；按中华民国民法而在香港及中国以外缔结的婚姻；按1843年中国婚姻习俗而在香港缔结之婚姻；按香港婚姻条例缔结之婚姻；因同居关系而获亲戚朋友认可之夫妻关系；在外国按当地法律缔结之婚姻，包括按中华人民共和国法律缔结之婚姻。见 *Chinese Marriage in Hong Kong*，1960（即所谓的 *Ridehalgh/McDouall Report*，Hong Kong：Hong Kong Government Printer），第3段。

② *Chinese Law and Custom in Hong Kong*（以后称史德邻报告书），第76（vii）（a）段。

③ 第76（viii）段及第76（ix）段。

④ *Chinese Law and Custom in Hong Kong*，第76（xiv）段。

⑤ *Chinese Law and Custom in Hong Kong*，第76（xv）段。

⑥ 委员会亦得悉罗文锦对此有保留。同上，第76（ix）段。

⑦ 罗文锦，*Comments on the Report of the Committee on Chinese Law and Custom in Hong Kong*，Hong Kong：Hong Kong Government Printer，1953，第28（9）段，第11页。

⑧ 罗文锦，*Comments on the Report of the Committee on Chinese Law and Custom in Hong Kong*，Hong Kong：Hong Kong Government Printer，1953，第28（14）段，第12页。

⑨ 罗文锦，*Comments on the Report of the Committee on Chinese Law and Custom in Hong Kong*，Hong Kong：Hong Kong Government Printer，1953，第28（15）段，第12页。

英国。

1957年，英国国会议员就香港纳妾问题，在英国国会提出质询。按惯例，殖民地部需要请示港英政府，应如何应对答问。港督葛量洪在回复殖民地部的一封电报中坦言：

> 我相信要令妾之消失的最好方法，就是透过教育及公众意见逐步施予压力，而不是透过立法措施，令部分人受苦。①

葛量洪提交的一份附加资料指出，华人社会之反对，令废妾问题变得复杂：

> 英国人的思维之中，纳妾令人倒胃，但中国人的意见（百分之九十九的人口）有其分量。行政局内的华人议员全部反对立法。②

面对华人领袖之强烈意见，葛量洪认为：

> 最好的方法，是让事情搁在一旁，因为事情十分清晰：公众意见已逐步走向正确的方向，毋须急于求成。③

葛量洪道出了废妾之难，在于行政局的华人代表之强力反弹。这班华人代表是殖民社会中的富裕阶层，其往往以纳妾为名，行买卖及玩弄妇女之实。④ 一般华人，三餐不继，纳妾几近不可能，所以葛量洪所言，似乎言过其实。不过，当时殖民地部官员，倒对葛量洪之处境，有同情之意。殖民地部官员布朗宁（Browning）说：

> 虽然我十分支持一夫一妻之原则，我对于港英政府在此事情（的反应），深表同情，我们一直相信，习俗及道德的事情，最好是透过教育，而非立法来处理，我不认为，殖民地大臣会处于困难的境地，

---

① "Telegram from Hong Kong (Sir A. Grantham) to the Secretary of State for the Colonies, 11th March 1957", 第1段，CO1030/819, *Chinese Laws and Customs in Hong Kong*。
② "Telegram from Hong Kong (Sir A. Grantham) to the Secretary of State for the Colonies, 11th March 1957", 第3（2）段。
③ "Telegram from Hong Kong (Sir A. Grantham) to the Secretary of State for the Colonies, 11th March 1957", 第4段。
④ 郑宏泰、黄绍伦：《妇女遗嘱》，香港三联书店，2010，第二章。

需要为港英政府辩护。①

但是，英国国会并未放弃此事。1958年2月，又有国会议员质询香港废妾的问题。香港总督葛量洪只能向殖民地部报告，将成立一个由华民事务司及律政司组成之委员会，重新检讨法例，最终达至废妾之目标。②葛量洪明言，不可能立即废妾。③1958年6月，葛量洪向殖民地部报告，这个小型委员会业已成立，其职责包括考虑是否可以透过立法，让中国旧式婚姻合法化，以及推动有关夫妇进行合法登记，而且，他又认为，委员会可进一步考虑在一定日期之后，立法强制婚姻登记。④

事隔一年，殖民地部的反应已截然不同。官员似乎难以接受港督的方案。特里尔（Terrell）语带无奈，以讥讽的语气说："谈到妾，似乎是一个很好的制度。或者它需要改进，而非取消。设立委员会似乎是一个好的主意。"⑤另一名官员钦（Chinn）亦接着特里尔的看法说道："我同意。我希望我们不会被问到，如何就改进妾的制度提出建议！"⑥

委员会谈了三年，终于有眉目。港英政府推出一份报告书进一步咨询。⑦但殖民地部官员坦言，废妾进展并不理想。殖民地部官员格威利姆（Freda Gwilliam）批评，英国在推动香港达致男女同工同酬，以致废妾两方面做得不够。⑧在废妾的问题上，她亦批评殖民地部内部，有官员不思

---

① "Minute by Mr Browning to Mr Terrell, 23 May, 1957", CO1030/819, *Chinese Laws and Customs in Hong Kong*.
② "Telegram from Hong Kong（Sir R. Black）to the Secretary of States for the Colonies, 5th February, 1958", CO1030/819, *Chinese Laws and Customs in Hong Kong*, 第3段。
③ "Telegram from Hong Kong（Sir R. Black）to the Secretary of States for the Colonies, 5th February, 1958", CO1030/819, *Chinese Laws and Customs in Hong Kong*, 第5段。
④ "Savingram from the Governor, Hong Kong to the Secretary of State for the Colonies, 19 June, 1958," 第2段, CO1030/819, *Chinese Laws and Customs in Hong Kong*, 第3段。
⑤ "Minute by Mr R Terrell, 29 August, 1958", CO1030/819, *Chinese Laws and Customs in Hong Kong*, 第3段。
⑥ "Minute by Mr Chinn, 1 September, 1958", CO1030/819, *Chinese Laws and Customs in Hong Kong*, 第3段。
⑦ 报告书名称为 *Chinese Marriage in Hong Kong*, 1960（即所谓的 Ridehalgh/McDouall Report）（Hong Kong: Hong Kong Government Printer）。
⑧ "Minute, 5 May 1961" by Freda H Gwilliam, CO1030/1346, *Chinese Laws and Customs in Hong Kong*.

进取:"我们似乎把事情交给一些不愿意转变的人作主导。"① 她认为:

> (殖民地部)有责任尽量提供进步的意见,而且继续提出意见,目的在于在一段时间内,刺激某一些观点。②

她批评,殖民地部以较为人性化及现代的方法,向香港提出意见,只会让中国男人不感到频密及刺痛——而中国人最懂得的就是以"滴滴"(drip drip method)的方法处理问题。③ 格威利姆是殖民地部的助理教育主任,历来在殖民地部致力推动妇女之教育,提倡男女拥有平等教育之权利,难怪她对于殖民地部的拖拖拉拉之作风,有强烈不满。她这么说不单针对殖民地部,亦针对港英政府于废妾问题上缺乏有力的承担。

格威利姆的批评,与港英政府之慢半拍,形成了强烈对比。如 1963 年 5 月,港英政府曾咨询殖民地部《关于婚姻的同意、结婚最低年龄及婚姻登记的公约》的效力会否伸延至香港。不过,英国国会议员等不及了。到了 1964 年 11 月,又有英国国会议员提出有关香港继承法的质询,矛头指出香港妇女在继承方面之不平等问题。香港总督戴麟趾依然老调重弹:

> 由于多种类的(婚姻)习俗,包括大部分人,都依据中华民国民法第 980 至 988 条而缔结成婚的新式婚姻,以及继承的法律问题的复杂性,令到进展困难,特别有好多其他更紧迫的事情,不断令我们要预先处理。当然,我们将尝试走前一步,但我不认为在预计之中有任何急速的发展。④

戴麟趾的说法,显然得不到殖民地部的支持。海厄姆(Higham)十分关注继承法及婚姻法内的歧视条文。⑤ 他的意见得到当时的政务次官怀德

---

① "Minute, 5 May 1961" by Freda H Gwilliam, CO1030/1346, *Chinese Laws and Customs in Hong Kong*, 第 2 段。
② "Minute, 5 May 1961" by Freda H Gwilliam, CO1030/1346, *Chinese Laws and Customs in Hong Kong*, 第 2 段。
③ "Minute, 5 May 1961" by Freda H Gwilliam, CO1030/1346, *Chinese Laws and Customs in Hong Kong*, 第 2 段。
④ "Telegram from Governor of Hong Kong (Sir D. Trench) to the Secretary of State for the Colonies, 18 November 1964", 第 2 段, CO1030/1704, *Chinese Laws and Customs in Hong Kong*.
⑤ "Minute by J. D. Higham, 9 February, 1965", CO1030/1704, *Chinese Laws and Customs in Hong Kong*。

女士（Eriene White）的同意。① 怀德女士是执政工党的重量级人士，一直在党内提倡男女平等，备受尊重。

伦敦的压力显然没有令港英政府加快进程。1965 年 2 月 11 日，香港辅政司戴思德（Edmund Brinsley Teesdale）修函殖民地部有关改革的进度，说法悲观："我恐怕我不能就实施 Ridehalgh/McDouall 报告书内的部分建议，提出一个立法时间表。"② 殖民地部的官员对此非常失望。卡特（W S Carter）在录事中指出，"我认为，从现时（港英政府）的操作，而期望有任何改变的启动的话，将是错误的"③。卡特又认为，假如 Ridehalgh/McDouall 报告书的大部分建议得到采纳的话，"这将是一个很好的愿景，就规管中国人的婚姻作出非常有用的开始，就妾之问题作致命一击，并符合联合国有关婚姻的国际公约的要求"④。他批评港英政府毫无主见，并建议迫使港英政府就此问题，在合理时间内总结完成。⑤ 后来，港英政府终于在 1965 年 6 月提交一份报告的草拟本予殖民地部阅览。卡特仔细研究报告书的内容之后，完全同意这份报告书的建议：

> 假如这些建议全部获得（港英政府）采纳的话，我认为我们不能再要求港英政府更多了。他们（的建议）完全符合联合国有关婚姻的国际公约，而且更与新加坡的妇女约章的有关婚姻与离婚条文的要点相同。纳妾遭到禁止……当然，在我们能够确定这些建议真正全面实施之前，仍然有些事情要做。⑥

---

① "Minute by L T Stapleton, 19 February, 1965", CO1030/1704, *Chinese Laws and Customs in Hong Kong*.
② "Letter from E. B. Teesdale to J. D. Higham, Colonial Office, 11th February, 1965", CO1030/1704, *Chinese Laws and Customs in Hong Kong*.
③ "Minute by W. S. Carter to J. D. Higham, Colonial Office, 15 March, 1965," CO1030/1704, *Chinese Laws and Customs in Hong Kong*, 第 2 段。
④ "Minute by W. S. Carter to J. D. Higham, Colonial Office, 15 March, 1965," CO1030/1704, *Chinese Laws and Customs in Hong Kong*, 第 3 段。
⑤ "Minute by W. S. Carter to J. D. Higham, Colonial Office, 15 March, 1965," CO1030/1704, *Chinese Laws and Customs in Hong Kong*, 第 4 段。
⑥ "Minute by Mr. W. S. Carter to Mr. Stapleton, 24th June 1965", CO1030/1704, *Chinese Laws and Customs in Hong Kong*.

怀特女士回复，对这份报告感到鼓舞。① 这份报告的最终版本经行政局通过，以 Chinese Marriages in Hong Kong 为名推出，成为日后所称的 Heenan／McDouall 报告书。由于卡特及怀特等均同意这份报告的意见，但港英政府却坚持，需要殖民地部的正式批准。卡特指出，"（港英政府）暗示，本报告需要得到殖民地部的正式同意，因为这报告书是香港皇室训令内，有关剩余（立法权力）的部分"。虽然殖民地部的法律意见不同意港英政府的见解，认为有关中国婚姻的问题并非属于"剩余权力"所覆盖的领域。但是，卡特为保险起见，最终仍是寻求怀特的正式同意，因为：

> 这些建议本身就是一个主要以及史无前例地干扰香港的华人小区，无论日后法例的制定是否属于剩余权力，在极为艰辛的立法草拟工作展开之前，我建议得到殖民地大臣（或者阁下）之批准。②

最终，怀特亦点头同意。她在录事中说：

> 这当然是一个十分重大的转变，事情已经在香港广泛讨论，并且与中国大陆的做法一致，可减低日后可能出现的难题。③

港英政府得到殖民地部的首肯之后，在1967年发表了白皮书，即所谓《香港婚姻白皮书》，提出终极方案。但是，由于香港发生左派暴动，港英政府的立法部署，遭到一定干扰。在政治局势大抵稳定之后，港英政府再重新推动改革。不过，已拖了近两年。1969年2月26日，港督在立法局施政报告中提到，将启动婚姻法律改革的程序。④ 最后，婚姻改革条例草案在1970年6月3日提交立法局，在1971年7月8日通过。⑤

---

① "Minute by Mr. W. S. Carter to Mr. Stapleton, 24th June 1965", CO1030/1704, *Chinese Laws and Customs in Hong Kong*, "Minute by Mrs. Eriene White to Mr. Carter, 25 June 1965".

② "Minute by W. S. Carter to Mrs. Eriene White, 2nd March 1966", CO1030/1705, *Chinese Laws and Customs in Hong Kong*.

③ "Minute by W. S. Carter to Mrs. Eriene White, 2nd March 1966", CO1030/1705, *Chinese Laws and Customs in Hong Kong*, "Minute by Mrs. Eriene White to W. S. Carter, 3rd March 1966".

④ Enclosure 6, in FCO40/225 *Hong Kong Legal Affairs: Chinese Laws and Customs*.

⑤ Hansard, *Hong Kong Legislative Council*, 8th July 1971, p. 789.

四 总结

自1953年史德邻报告书提出改革中国法律与习俗，到1967年5月的香港婚姻白皮书为止，港英政府总共推出了三份报告及一份白皮书，为婚姻法的改革迈出了一大步。从中可见，港英政府之改革方向出现了变化：1953年讨论的是中国法律与习俗的改革，理想宏大，幅度较广；1967年的白皮书，只集中讨论婚姻改革。换言之，港英政府原本的改革理想，在华人之反对、政治之压力下，只是实行婚姻改革，而不是大张旗鼓地，针对中国之习俗，全盘"西化"。

假如没有英国政府不断向港英政府施压，港英政府为免得罪高等华人，可能对于婚姻改革不知拖到何时。过往，在讨论英国殖民政府改革殖民地社会习俗的时候，我们很轻易跳入一个结论，即殖民地政府有意识及有计划地透过法律去"创造传统"，以西方文化较为优越之思维，创造了被殖民的人民之传统文化，有意识地扭曲当地社会习俗。从档案可见，英国迫使港英政府加快废妾，并非完全是一项有意识及有计划地之行动，意图完全铲除中国习俗，也并非是基于"主人"（masters）之优越心理，向被殖民的"仆人"（servants）施加洗刷习俗（wipe out）之图谋。反而，英国政府是基于国会议员之政治压力，以及个别官员对男女平等权利之信念，不断向港英政府施压，以达致废妾之目标。英国殖民地部基于中国法律之改变，以及西方对于纳妾习俗之厌恶，迫使港英政府提出婚姻习俗之改革，推动废除中国习俗内歧视妇女之做法，令香港之婚姻法律走上尊重男女平等的道路。

（原文载于《思想19：香港：解殖与回归》，联经出版公司，2011，第141~158页。收入文集时，作者对此有增修。本文得到张嘉雯的协助，特此致谢）

三　司法：文化与实践

香港司法机构的起源

尤韶华[*]

一 历史背景

在对1997年前后香港司法机构的整体框架有了基本认识之后，现在可以回过头来追溯香港司法机构的起源。为了便于阐述，有必要对香港被英国占领的历史背景做一概述。香港的割让是鸦片战争的后果。《穿鼻草约》、《广州和约》、《南京条约》与香港的割让直接相关，其中《穿鼻草约》、《南京条约》是香港司法机构设立的依据。

（一）割让香港

1600年，英国设立东印度公司，诱使印度农民种植罂粟，制成鸦片输入中国。清嘉庆元年（1796），朝廷以输入渐多，白银外流，影响国计民生，且鸦片毒害人民为由，下诏禁止鸦片进口。但英美鸦片仍大量输入，至道光十八年（1838）达4万余箱，导致银价飞涨，财政困难。1838年底，道光帝派林则徐为钦差大臣，赴广州查禁鸦片。1839年3月，林则徐到广州，严厉禁烟，6月在虎门海滩销毁鸦片230余万斤，并多次打退英军。

1840年，英国在美、法两国的支持下，发动战争。因广州防守严密，英军转攻厦门，被闽浙总督邓廷桢率军击退，遂乘浙江防务空虚，攻占定海，又北犯大沽，要挟清政府谈判。道光帝派直隶总督琦善到广州议和，

---

[*] 尤韶华，中国社会科学院法学硕士，现任中国社会科学院法学研究所研究员。

将林则徐、邓廷桢革职。1841 年 1 月 20 日，琦善与英国在华商务总监督义律（Charles Elliot）在穿鼻洋（广州虎门口外）会谈，擅自议定《穿鼻草约》。主要内容为：（1）中国割让香港，赔款 600 万银圆，开放广州为通商口岸；（2）英国撤出沙角、大角炮台，归还定海。琦善蒙骗清政府，诡称赔款为商欠，割香港是允许英人在外洋一小岛寄寓。广东巡抚怡良揭发琦善，并以义律发出的布告为证。道光不承认此约，并将琦善革职查办。

道光派宗室奕山率军赴广州对英作战。1841 年 2 月英军乘琦善撤除战备，攻陷虎门。1841 年 5 月英军占领泥城、四方炮台，炮击广州。奕山求和，1841 年 5 月 27 日与义律订立《广州和约》，允缴赎城费 600 万银圆，赔偿英国商馆损失 30 万银圆，清军退出广州城 60 里以外。英国获得巨款后，又提出割香港、订正约，旋即毁约，扩大战争。英军相继于 1841 年 8 月攻陷厦门，10 月攻陷定海、宁波，1842 年 6 月攻陷吴淞，7 月攻陷镇江，进犯南京。道光派耆英、伊里布在南京议和，1842 年 8 月订立《南京条约》，结束鸦片战争。

《南京条约》有 13 款，主要内容为：（1）中国向英国赔款 2100 万银圆；（2）割让香港；（3）开放广州、福州、厦门、宁波、上海 5 处为通商口岸；（4）中国抽收进出口货的税率由中英共同议定，不得随意变更。《南京条约》被视为中国近代史上外国列强逼使清政府签订的第一个不平等条约，是中国开始逐步沦为半殖民地半封建社会的标志。[①]

（二）义律公告中的临时司法管辖措施

义律公告是英军占领香港后，在华商务总监督义律为迅即建立对香港的管理而颁布的相关制度、原则、措施的文告。它是研究香港早期历史所必须涉及的史料。由于研究者关注的侧重点不同，对义律公告内容有关部分的取舍及重视程度不一，本文只注重其司法管辖问题。

义律公告发布的依据是《穿鼻草约》。根据《穿鼻草约》割让香港的条款，1841 年 1 月 25 日英军登陆香港，26 日举行升旗仪式，宣布占领香

---

① 鸦片战争史料丰富，著述众多，观点各异。鸦片战争的过程是中国近代史的基本常识，此处仅作为历史背景，其史料和著述概不引证。

港。此事中英文书籍中均有记载。① 诺顿·凯希在《香港法律与法院史》中记载：

> 在与中国的战争停止后，1841 年 1 月 20 日，英国在华商务总监督、英国女王在华全权大使海军上尉义律，在澳门②以信函的方式告知英国臣民，宣布香港岛和港口割让予英国政府。同月 26 日以英国女王维多利亚的名义正式占领。③

1841 年 1 月 20 日，正是直隶总督琦善与英国在华商务总监督义律在穿鼻洋会谈，擅自议定《穿鼻草约》的日期。而所谓"在与中国的战争停止后"，指英军北犯大沽，要挟清政府谈判，道光帝派琦善到广州议和之事。《穿鼻草约》议定仅 5 日，英军就登陆香港。爱德华《坏球航海记事》记载了英军占领香港的全过程。④

义律公告有两份，先后于 1841 年 2 月 1 日和 2 日发布，发布的对象各不相同，内容也大有区别。很多有关香港早期历史的史料都收有义律公告。⑤ 按《香港法律与法院史》所载，1841 年 2 月 1 日公告的名称为《致香港中国居民的公告》(To the Chinese Inhabitants of Hong Kong Proclamation)，告知香港岛居民，按照中国和英国内阁高级官员之间明确的政府协议，该岛已经成为英国女王的领土。因此，居住在此的本地人，应当知道，他们现在是英国女王的臣民，对女王及其官员必须表示尊重和服从。他们将根据中国的法律、习惯和惯例（各种拷打除外），在一个英国裁判官的控制之下，由乡村长老管理。⑥ 该公告的中译本行文略有差异，内容为：

> 拟应照《大清律例》规矩主治居民，除不得拷讯研鞫外，其余稍

---

① 中文文献参见余绳武、刘存宽主编《十九世纪的香港》，中华书局，1994，第 49 页。
② 战争期间英国人主要活动场所。
③ Norton-Kyshe, *The History of the Laws and Courts of Hong Kong*, Vol. I, Vetch and Lee Limited, 1971, pp. 3 - 4.
④ Edward Belcher, *Narrative of a Voyage Round the World*, Vol. II, pp. 147 - 148. 参见 Norton-Kyshe, *The History of the Laws and Courts of Hong Kong*, Vol. I, p. 4.
⑤ 中文文献如《香港与中国——中国历史文献资料汇编（第一集）》，广角镜出版社，第 164~167 页。
⑥ Norton-Kyshe, *The History of the Laws and Courts of Hong Kong*, Vol. I, pp. 5 - 6.

无所改。凡有长老治理乡里者，仍听如旧，唯须禀明英官治理可也。[1]

1841 年 2 月 2 日公告的对象应该是在香港的所有华人、英国人及其他外国人。该公告宣布，根据中国大臣琦善的签章，香港岛已经割让给英国政府。香港将由英国在华商务总监督管理。香港岛的本地人及移居此处的中国本地人将按照中国的法律和习惯管理，各种酷刑除外。而女王陛下的臣民，或来此处的其他人（非本岛或中国的本地人），在香港所犯的所有罪行，将适用现在存在于中国的刑事和海事司法管辖权。[2]

两份公告体现了义律在香港的司法机构建立之前，利用现有司法体系立即实现对香港实行司法管辖的指导思想。相比之下，1841 年 2 月 2 日的公告更为全面。然而，1841 年 2 月 1 日的公告还是重要的。当时香港人口约 5000 人[3]，大部分应该是香港本地人。如何对在港华人实行司法管辖，是一个很现实的问题。而在港华人有利用乡约自我管理的传统，因而在司法机构建立之前以及在建立之后能够有效地进行全面管辖之前，采用在港华人以华治华的方式，应当是最为可行的措施。

1841 年 2 月 1 日的公告英文文本表述 "They will be governed by the elders of villages"（乡村长老管理）不是很明确，"乡村长老管理" 究竟是新设的还是原有的没有说明。中文文本的表述则更为准确，"凡有长老治理乡里者，仍听如旧"，显示了香港本地人利用乡约自我管理的传统。既然由 "长老治理乡里"，那么就只能根据中国的法律、习惯和惯例（according to the laws, customs and usages of the Chinese，中文文本是 "拟应照《大清律例》规矩主治居民"）。为显示英国的统治权，"乡村长老管理" 应在一个英国裁判官的控制之下（subject to the control of a British magistrate）。中文文本 "唯须禀明英官治理可也" 中，"禀明" 与英文文本 "subject to the control of"（服从、支配、控制）也会产生歧义。在根据中国的法律、习惯和惯例管辖在港华人时，"各种拷打除外"（every description of torture excepted，中文文本为 "除不得拷讯研鞠外，其余稍无所改"）显示了英国的法制理念。

---

[1] 中国第一历史档案馆编《香港历史问题档案图录》，香港三联书店，1996，第 59 页。
[2] Norton-Kyshe, *The History of the Laws and Courts of Hong Kong*, Vol. I, pp. 4 – 5.
[3] Norton-Kyshe, *The History of the Laws and Courts of Hong Kong*, Vol. I, p. 5.

1841 年 2 月 2 日的公告除了重申对在港华人的司法管辖方式外，还确定了对在港英国人及其他外国人的司法管辖方式。即他们在香港所犯的所有罪行，将适用现在存在于中国的刑事和海事司法管辖权（shall fall under the cognizance of the criminal and Admiralty Jurisdiction presently existing in China）。所谓的"现在存在于中国的刑事和海事司法管辖权"，指的是英国设于广州的刑事和海事法庭。

1833 年 8 月 28 日（英王威廉四世时期），英国议会颁布《规范中国、印度贸易法案》（An Act to Regulate the Trade to China and India）。该法案规定，在中国境内设立一个英国的官方机构以处理英国在华商务，任命 3 人为英国在华商务监督（Superintendents of the China Trade），其中 1 人为总监督（Chief Superintendent）。该法案第 6 节规定，设立一个具有刑事和海事司法管辖权的法庭，以审理英国臣民在中国境内以及港口、锚地和中国海岸线 100 海里范围内的公海所犯罪行。由其中一名商务监督主持该法庭。[1] 根据该法案的条款，1833 年 12 月 9 日英王威廉四世会同议会发布《在广东任命法庭的命令》。该法庭应在广东的陆地上或停泊在广东港口的任何英国船只上开庭，由临时商务总监督主持。[2]

综上所述，义律两份公告，成为香港建立司法机构、行使司法管辖权的原始依据。《规范中国、印度贸易法案》、《在广东任命法庭的命令》、义律两份公告，在苏亦工教授的著作《中法西用——中国传统法律及习惯在香港》中均分别提及。该著作第一章引证《规范中国、印度贸易法案》、《在广东任命法庭的命令》开篇，以治外法权来论证"香港开埠前之中西法律文化冲突"，第二章以引述义律公告开篇，论证其与香港二元化法制确立的关系，将义律公告中提出的方案称作"一岛两制"。因此，该著作给予义律公告极高的评价，认为"对香港历史，特别是香港法制史产生了意义深远的影响，因此历来被法学家们视为在香港政制和法制史上极为重要的宪法性文件"。[3] 从中国传统法律及习惯在香港适用的角度看，义律公

---

[1] Norton-Kyshe, The History of the Laws and Courts of Hong Kong, Vol. I, p. 1.
[2] 参见尤韶华《香港司法体制沿革》，知识产权出版社，2012，附录二《在广东任命法庭的命令》，第 64~67 页。
[3] 苏亦工：《中法西用——中国传统法律及习惯在香港》，社会科学文献出版社，2002，第 69~71 页。

告所起的作用无疑是不能否定的，该著作对义律公告的评价确实是很有道理的。本文由于研究方向的不同，注重的程度与方式也有所不同。从香港司法制度的建立角度而言，义律公告仅仅是把广东法庭的司法管辖权扩展到香港而已。《在广东任命法庭的命令》中有许多关于司法制度及原则的规定。随后不久，广东法庭迁往香港，《在广东任命法庭的命令》成为香港早期司法制度的基础。

二 香港被英国占领早期司法机构的设立

香港被英国占领早期限定于英军占领香港之后，至香港立法会建立初期香港高等法院建立之前。鉴于当时有关司法机构的原始文件难以察考，这里主要引述《香港法律和法院史》的记载和评论。

(一)《香港宪章》颁布前的香港司法机构

《南京条约》正式割让香港，而在此之前港英政府已经设立。

1. 裁判法庭的设立

1841年2月1日《致香港中国居民的公告》发布，公告称香港中国居民"在一个英国裁判官的控制之下，由乡村长老管理"。该公告成为设立裁判官的依据。据《香港法律和法院史》所载，1841年4月30日义律以英国女王负责管理香港岛全权大使的名义，在澳门签章委任状，任命陆军上尉威廉·坚（William Caine）为香港首席裁判官（Chief Magistrate of Hong Kong）。[①]《香港首席裁判官委任状》规定：

> 在当地人的案件中依据中国的法律、惯例和习俗（各种拷打除外），在所有其他认为违反治安或违反港英政府随时颁布的规定的案件中依据英国治安法律的惯例和习俗，行使权力。

同时在委任状条款中规定了对犯罪的处罚范围：

> 根据中国法律，任何处罚等级超过下列严重程度的犯罪案件，应

[①] Norton-Kyshe, *The History of the Laws and Courts of Hong Kong*, Vol. I, p. 6.

移交政府临时首长（the head of the government for the time being）判决：超过3个月的监禁，无论是否服劳役；或超过400港元的罚款；超过100鞭的肉刑；死刑。所有作出刑罚判决的案件应作记录，包括案件的简要记录及判决书文本。①

实际上，威廉·坚还被任命为警察和监狱的主管，根据英国一般的治安法律，逮捕、扣押、释放、处罚罪犯。根据《叛变法案》（Mutiny Act）及舰队管理的一般法律，所有被认为违反治安或其他犯罪的人，应当被移交相应的军事长官处罚。该委任状进一步授权并命令，安全地关押无论任何被认为在港英政府范围内犯罪（根据英国法律算是重罪）的人，及时向政府的临时主管报告该项进程及其理由。②

1842年4月25日义律修改了委任状，赋予首席裁判官和海事裁判官的权力在一些方面有所增加：首席裁判官的民事管辖权（jurisdiction in civil matters）增加到250港元，如果必要有权监禁债务人。③

1841年5月15日，在英国东印度公司服役的上校璞鼎查（Sir Henry Pottinger）被任命为在华商务总监督，以接替义律上尉。由于义律即将回国，6月19日宣布公告，英国女王会同议会任命佰麦（Commodore Sir John Gordon Bremer）准将为共同全权大臣。6月22日，佰麦将代理在华商务监督约翰逊以在华商务总监督的名义（on behalf of the Chief Superintendent）负责管理港英政府。7月31日，海军中尉彼德（Lieutenant William Pedder, R. N.）被任命为港务长及海事裁判官，负责香港岛的港口和海事裁判事宜。8月10日，璞鼎查到达香港，出任英国女王唯一全权大臣（Her Majesty's Sole Plenipotentiary）及在华商务总监督职务，宣布在女王另行下达旨意之前，他的前任关于香港岛的一切安排继续有效。8月24日，义律途经印度孟买前往伦敦，11月6日到达伦敦，翌年6月，前往美国得克萨斯出任总领事。④

《香港法律和法院史》引述1842年1月1日《香港公报》称，1841年

---

① 参见尤韶华《香港司法体制沿革》，附录三《香港首席裁判官任命状》，第67~69页。
② Norton-Kyshe, *The History of the Laws and Courts of Hong Kong*, Vol. I, p. 6.
③ Norton-Kyshe, *The History of the Laws and Courts of Hong Kong*, Vol. I, p. 12.
④ Norton-Kyshe, *The History of the Laws and Courts of Hong Kong*, Vol. I, pp. 9-10.

5～8月香港人口增长最快,当年已增至约15000人,监狱也已经建成。港英政府及监狱是香港最早的两个建筑。而本地的报纸《中国朋友》(The Friend of China) 1842年3月底称,人口至少增至2万人(据说许多人是由于违反中国法律或许要承担刑事责任而被驱逐出来的),经常发生海盗抢劫事件。司法机关由首席裁判官少校凯恩、翻译Samuer Fearon、法庭书记员(Clerk of the Court)、验尸官(Coroner)、公证员(Notary Public)和作为海事裁判官和港务长的海军中尉彼德组成。1842年7月港英政府收到一本新版的规则,其中有几个司法条款,但不适用于香港,因为香港还不具有自己的立法机构。① 1842年8月订立《南京条约》,香港正式割让。1842年9月3日前验尸官由翻译兼任,9月3日后Edwards Farncomb接任Samuer Fearon作为香港的验尸官,宣誓就职。② 1842年底首席裁判官法庭记录的对严重犯罪的判决,除了数月的监禁外,还有60～100竹板的处罚。③

综上所述,香港裁判法庭1841年4月30日任命首席裁判官,1842年7月任命海事裁判官,同年7月前已配备验尸官。裁判法庭按照中国的法律、惯例和习俗处理本地居民的治安刑事案件,按照英国治安法律处理其他在港治安刑事案件。裁判法庭的刑事司法管辖权是3个月的监禁、400港元的罚款和100鞭的肉刑。处罚严重程度在此之上的犯罪案件,应移交政府临时首长判决。与军事相关的案件应移交军事法庭。如果有必要监禁债务人,首席裁判官的民事管辖权受案金额可增至250港元。

2. 裁判法庭的司法活动

《香港法律和法院史》引述了一份香港监狱的记录,记录了从1841年8月9日该监狱建立开始至1843年9月8日止,被投入监狱的罪犯的数字(欧洲人和中国人)。该记录显示了香港被英国占领最初时期对囚犯的处罚方式,同时显示了总督有时亲自作为法官判案,1841年4月30日首席裁判官的委任状授予其司法管辖权的案件一直是移交给他亲自处理。

该记录分为两部分,第一部分包含482个囚犯,其中中国人430人,印度水手28人,葡萄牙人9人,印度兵5人,美国人1人,其他的是除葡

---

① Norton-Kyshe, *The History of the Laws and Courts of Hong Kong*, Vol. I, p. 12.
② Norton-Kyshe, *The History of the Laws and Courts of Hong Kong*, Vol. I, p. 16.
③ Norton-Kyshe, *The History of the Laws and Courts of Hong Kong*, Vol. I, p. 17.

萄牙人外的欧洲人。第二部分包含 134 人，几乎全部是欧洲水手。这些人中间，大约 20 个士兵是由军事法庭判决的。其他人，除了少数由总督作出判决，其余的水手则由海事裁判官判决。处罚只是监禁，在不同的案件中，监禁时间为 2 天至 84 天不等。通常其监禁期是 2~3 个星期。1843 年 5 月 22 日两个欧洲人被军事法庭判处终身流放。水手所犯罪行大多是不遵守秩序或妨害治安。对于海员来说，同士兵一样，喝酒就是犯罪，或是犯罪的诱因，由此应受到处罚。

对于中国人的刑罚是鞭打（flogging）、劳役（hard labour）和监禁。所有人，或几乎所有人都受到鞭打，其数从 20 鞭到 100 鞭不等。只有少数人被鞭 100 鞭，许多人是 40 鞭或 50 鞭，后者最为常见。鞭刑是公开进行的，罪犯背上贴着中文标签，从监狱押往西市（at the west end of the Upper Bazaar，即集市西端）的鞭刑台（the whipping stand），执行法律判决，然后重新押回监狱。那些被判处劳役和监禁的囚犯，脚戴镣铐，难以脱逃。但仍有大约 20 人脱逃，主要是在监狱建成后的第一年，第二年只有 4 人脱逃。许多人是在外出劳动时脱逃的。监禁期从 2 天到 4 年不等。2 人被判处 4 年，2 人 3 年，4 人 2 年 6 个月，23 人 2 年，24 人 18 个月，2 人 1 年，其余的低于 1 年。①

1842 年 6 月，由于抢劫，有一囚犯被首席裁判官判处鞭打 60 竹板，并处 4 个月劳役。《香港法律和法院史》将其作为这一时期奇怪的判决例子：

> 该囚犯是改变信仰的中国人，穿欧洲人的服装，割掉辫子，怪模怪样。即将日落时，该囚犯穿着自己的衣服，从监狱里押解出来，沿着女王路游街，在一群欧洲人、印度水手、中国人面前，由一个欧洲人执行鞭打。受刑后，该囚犯被带回监狱。②

《香港法律和法院史》记述了第一个有记录的验尸案例：

> 1842 年 10 月 1 日，验尸官 Edwards Farncomb 对一个中国人的死因进行调查。其人的尸体在当天早晨被发现漂浮在港口附近，有一个

---

① Norton-Kyshe, *The History of the Laws and Courts of Hong Kong*, Vol. I, pp. 30–32.
② Norton-Kyshe, *The History of the Laws and Courts of Hong Kong*, Vol. I, pp. 12, 30.

枪伤。其人据说是一伙盗贼的成员，闯入一个本地商人的住宅，后者向其胡乱开枪。陪审团作出裁决：该中国人受到手枪的射击。该案就此结束。①

从上述记录可以看出，裁判法庭按照其司法管辖权行使其职能。监禁的囚犯大多数是中国人。同时，也可以知道，裁判法庭已经组成了陪审团。

（二）《香港宪章》颁布后的香港司法机构

在《南京条约》经正式批准和交换之后，颁布了《香港宪章》(Hongkong Charter)，宣布香港作为单独的被占领地，可以依法建立法院和享有完全的立法权。璞鼎查被任命为香港首任总督，并保留其在华商务总监督的职务。《香港宪章》及任命璞鼎查为香港总督的任命状在1843年4月5日由英国女王亲笔签署。②

1. 香港宪章关于司法的规定

宪章的主要内容为：

（1）在香港建立一个单独的被占领地。

（2）授权并责成总督在该地建立一个立法会（Legislative Council），立法会成员，除了总督以外，由该地的官员或其他人经英国女王任命担任，按照女王的旨意行使职权。

（3）总督根据立法会的建议，有权为了该地的治安、秩序和良好的管理制定法律和条例；英国女王及其继任者保留权力，在英国议会或枢密院的建议或同意的情况下，对上述法律及条例的全部或部分行使否决权。

（4）授权总督任命法官。在必要的情况下，任命听审并判决专员（Commissioner of Oyer and Terminer）、治安法官（Justice of the Peace，香港中文称太平绅士）以及其他必要的官员，以建立正当和公正的司法机构，使法律和条例得以实施。这些官员应就正当地行使权力、在司法事务中查明事实真相而进行宣誓。

（5）授予总督刑罚豁免权。根据情况，以英国女王的名义，或代表英

---

① Norton-Kyshe, *The History of the Laws and Courts of Hong Kong*, Vol. I, pp. 16 – 17.
② Norton-Kyshe, *The History of the Laws and Courts of Hong Kong*, Vol. I, p. 20.

国女王，豁免任何罚金、罚款和没收。在任何案件中，这种豁免的数额限定在不超过 50 英镑，并可以暂缓执行不超过 50 英镑的罚金、罚款或没收物的支付。

（6）授予总督赦免权。根据情况，以英国女王的名义，或代表英国女王，给予在本地任何法院，在任何法官、审判机关、裁判官面前以任何罪名被控告的罪犯无条件的赦免，或根据今后将在本地生效的法律或条例附加的条件赦免，或在该总督认为合适的时间，暂缓执行对任何上述罪犯的判决。①

1843 年 8 月 22 日《关于更好管理进入中国的英国臣民的法案》颁布。该法案授权在华商务总督，只要是香港岛的总督，在该岛立法会的建议下，为了在中国的英国臣民的治安、秩序和良好的管理，随时制定所有法律和条例，甚至可以违背女王和枢密院以前的命令。②

综上所述，按照宪章的规定，香港具有立法会，总督会同立法会拥有立法权、法官任命权、刑罚豁免及赦免权。按《关于更好管理进入中国的英国臣民的法案》的规定，总督会同立法会随时制定所有法律和条例，甚至可以违背女王和枢密院以前的命令。

2. 裁判法庭的变更

1843 年 6 月 26 日，在《香港宪章》公布之后，宣布了一些新的任命，其中任命少校凯恩为首席裁判官，希利尔（Charles Batten Hillier）为助理裁判官，彼德中尉为港务长和海事裁判官。立法会的成员包括了首席裁判官。6 月 27 日任命 44 名杰出的居民为治安法官。③ 1844 年 1 月 11 日，根据《香港宪章》设立的香港立法会第一次集会中，首席裁判官凯恩少校作为立法会成员宣誓就职。④ 首席裁判官办公室制定的民事费用表，经总督会同议会批准后，1844 年 1 月 18 日向公众发布。按《香港法律和法院史》的描述：

这些费用被普遍认为过高，并被视为有违公正的目的。此事受到

---

① Norton-Kyshe, *The History of the Laws and Courts of Hong Kong*, Vol. I, pp. 21 – 23.
② Norton-Kyshe, *The History of the Laws and Courts of Hong Kong*, Vol. I, pp. 28 – 29.
③ Norton-Kyshe, *The History of the Laws and Courts of Hong Kong*, Vol. I, pp. 24 – 25.
④ Norton-Kyshe, *The History of the Laws and Courts of Hong Kong*, Vol. I, p. 33.

很大的压力,英国新闻界的注意力被引向这一题目。特别注意到这样的事实,即征收费用的法院的裁判官完全不懂法律。评论的要点毫无疑问地指向根据宪章立即任命法官的必要性。一家印度报刊对这个费用表加以评论,称其为过高,并建议,如果立法会不适当地降低费用,公众应该向帝国政府提出这一问题。在一项追索 250 港元的诉讼中,传票的费用是 4 港元。传票送达之后,逮捕令的费用是 20 港元;诉讼一开始,要求审讯或审理的费用是 20 港元;在案件被裁决或判决时,费用是 40 港元;或要求追索 250 港元的法庭费用是 84 港元,或者是追索额的 33%。而这些,正如报纸评论的,还不包括代理人和律师的费用。为什么呢?该报继续发表意见,印度老穆斯林政府从未征收超过 1/4 的申诉额作为政府的诉讼份额。而这被认为是非常暴虐和残忍的。这些费用要么被作为增加收入的手段,要么作为限制诉讼的手段。任何一种行为都被认为是不得当的。在立法学上,没有任何一种准则是更加无可争辩的,即就所有的税费而言,关于司法的税费是最轻的。因为所有的法律税费有一种不可避免的倾向,以限制求助于法院施以公正。而税费越重,越完全地否定公正。无论什么原因征收如此重的法庭费用,都可以造成人们对立法机构的不满。其实,人们对当时的政府形式,尤其是议会的不满另有原因。据称,正在考虑的收费表是军人立法者立法智慧的措施之一。在当时,立法机构大部分是由军人组成的。①

这是一场由于裁判法庭收取的费用过高而引起的争议,而争议由此延伸到其他方面。过高的法庭费用被认为是增加政府收入或限制诉讼的手段。而无论哪一种动机都被认为是不明智的,妨碍公正的目的。人们的不满另有原因,认为立法机构大部分是由军人组成的,过高的收费只是军人立法者的智慧之一;甚至对根据宪章立即任命法官的必要性提出质疑。

综上所述,《香港宪章》颁布后,对裁判法庭的司法人员重新做了任命,增加了助理裁判官。首席裁判官作为立法会的主要成员,具有较高的地位。裁判法庭制定的法庭收费表被认为过高,引发争议。裁判官出身军

---

① Norton-Kyshe, *The History of the Laws and Courts of Hong Kong*, Vol. I, pp. 33 – 34.

人，被视为完全不懂法律，是否根据宪章立即任命法官也遭质疑。

3. 广东刑事和海事法庭迁往香港

1843年1月4日，在温莎召开的英国枢密院会议通过命令，并于6月1日发布公告，根据1833年12月5日议会命令将在广东设立的刑事和海事法庭迁往香港。该项命令的篇幅比较长，主要是重述并重申1833年12月5日的议会命令。新的内容为：

> 鉴于从今以后该法庭在香港岛开庭是合适的，特命令从今以后该法庭在香港岛开庭。该法庭将具有并行使司法管辖权，审理女王陛下的臣民在香港的犯罪行为。同时使1833年议会命令的其他方面继续生效。

1842年12月20日《刑事和海事法庭的程序规则》（The Rules of Practice and Proceeding）正式颁布。斯科特（Alexander Scott）在该法庭从广东迁往香港后出任特任法官（the Recording Officer）。而记录并未显示他在先前的地方或到达香港以后担任过这一职务。[①]

据《在广东任命法庭的命令》的规定：

（1）在该法庭审理任何向法庭提出的控告或起诉时，就所有事实或法律问题的争辩，其程序应当与英国同类法院审理同类问题时听审并判决以及提审囚犯出清监狱的程序相一致，根据本地现存情况的差异，在可行的范围内保持这种一致。

（2）就上述每一项事实或事实与法律混合（mixed fact and law）的问题的争辩，由临时商务总监督及12人陪审团审理，并且在审理上述每一项问题时，对有利或不利于被控当事人的质询，应公开举行。

（3）该法庭在每项上述审理时，由该总监督作为主持法官，以该陪审团的裁决为依据，作出的判决应当开庭公布。

以上是命令的核心内容，规定了法庭的主要程序。随后该命令对制定具体规则的必要性提出要求，并授权制定规则，规定制定的规则生效和撤销的方式。

[①] Norton-Kyshe, *The History of the Laws and Courts of Hong Kong*, Vol. I, pp. 17–19.

该命令认为，有必要制定和规定程序规则以便在所有上述指控中遵守，明确在多大的范围内与国王陛下在英国法庭听审并裁决以及提审囚犯出清监狱的程序相一致，以及由于本地情况的差异，多大范围内可与上述程序相违背。该命令进一步规定，该临时总监督被特别授权，应当依据前述条款，随时颁布当该法庭为了审理任何人而对其关押之时或之前，有可能必须采用和遵守的所有前述规则和程序——关于对其人取保候审；关于对任何人向法庭提出起诉状，以及以任何罪名提出犯罪指控的方式方法；关于审理该项指控召集和传唤陪审员的方式；召集并强迫证人出庭的方式；关于法庭的进程和实施该进程的方式；关于开庭的时间和地点；每一个奉命出席该法庭（根据国王陛下准许被特别受权临时任命）的官员的职责；各项可能被认为需要规定的与该法庭司法管辖权相关的其他事宜。

该命令规定，所有上述规则一经颁布就具有约束力，并从各自签署的日期起生效。但是上述规则由该总监督递交国王陛下的国务大臣以待国王陛下的批准或否决，那么该规则从国王陛下的否决告知临时总监督的时间起或以后失去约束力，或不再生效。该命令还规定，该法庭的所有诉讼、判决和裁定应当记录并保存；该记录应由总监督特别授予履行该项职权的该法庭的官员保管。[①]

1844年2月19日，助理裁判官希利尔接任1843年8月死亡的斯科特出任刑事和海事法庭特任法官。3月4日刑事法庭开庭，由总督璞鼎查以在华商务总监督的身份出任法官主持，由大陪审团就案件作出裁决。[②] 希利尔在5月因赤柱设立裁判法庭而回任助理裁判官。刑事和海事法庭在1844年第15号法令中被废止。该法庭开庭仅此一次。

综上所述，1843年6月1日发布公告，根据英国枢密院命令将在广东设立的刑事和海事法庭迁往香港，以处理英国人在香港的犯罪案件。1833年《在广东任命法庭的命令》继续有效。该命令规定了法庭程序：运用英国法院的程序；案件由临时商务总监督会同12人陪审团审理，公开举行；该总监督作为主持法官，以该陪审团的裁决为依据，开庭公布作出的判决。该命令允许根据本地现存情况的差异，在一定范围内与英国法院的程

[①] Norton-Kyshe, *The History of the Laws and Courts of Hong Kong*, Vol. I, p. 3.
[②] Norton-Kyshe, *The History of the Laws and Courts of Hong Kong*, Vol. I, p. 34, pp. 37–38.

序有所区别，并授权就此制定法庭规则，同时规定了规则生效、失效的方式。1843 年 6 月《刑事和海事法庭的程序规则》正式颁布，任命了特任法官。但该刑事和海事法庭实际上并没有有效地运行，只在 1844 年 3 月开过唯一的一次刑事法庭。《香港法律和法院史》评论说，尽管由于对以前事态的不满意，这一问题已被关注，这一次迁移无论是意味着一项方便商务总监督（他的时间几乎都用来处理香港事务）的措施，还是作为对香港居民的临时救济，都不是很明显。但是，只要这样说就够了，虽然法庭从广东迁往香港，并建立自己适当的程序规则，应该被认为是一项改革；然而，事实上无论机构和权力均是缺乏的，还完全不足以适应已经变化的事态。①

《香港法律和法院史》说，由于对严重犯罪的处罚不够充分，人们呼吁改进司法机构，提出增加司法权力，降低司法费用（without an expensive judicatory）的要求。同时，也已感觉到缺乏一个完全依法建立的民事法庭（a properly constituted Court of civil jurisdiction）。②

三 述评

1840~1842 年的鸦片战争导致了香港被占领。1842 年 8 月订立的《南京条约》，结束了鸦片战争。1841 年 1 月 20 日钦差大臣直隶总督琦善与英国在华商务总监督义律擅自议定《穿鼻草约》。尽管道光帝事后不承认此约，并将琦善革职查办，但是义律已据此于 1841 年 2 月 1 日发布公告，成立港英政府。1841 年 4 月任命首席裁判官，设立裁判法庭，开始行使司法管辖权。随后，设置海事裁判官、验尸官。裁判法庭的刑事司法管辖权是 3 个月的监禁、400 港元的罚款和 100 鞭的肉刑。民事管辖权是 250 港元。处罚严重程度在此之上的犯罪案件，应移交政府临时首长判决。与军事相关的案件应移交军事法庭。处理本地居民的案件适用中国法律，处理英国人及其他外国人的案件适用英国治安法律。当时已建立监狱，首席裁判官兼任警察和监狱的主管。监禁的囚犯中大多数是中国人，除了少数由总督

---

① Norton-Kyshe, *The History of the Laws and Courts of Hong Kong*, Vol. I, p. 18.
② Norton-Kyshe, *The History of the Laws and Courts of Hong Kong*, Vol. I, p. 17.

作出判决外，其余的由首席裁判官作出判决。水手是由海事裁判官判决的。同时有陪审团裁决的记录。

在《南京条约》经正式批准和交换之后，英国颁布了《香港宪章》，宣布香港可依法建立法院和享有完全的立法权，设立立法会，总督会同立法会拥有立法权、法官任命权、刑罚豁免及赦免权。《香港宪章》颁布后，对裁判法庭的司法人员重新做了任命，增加了助理裁判官，首席裁判官作为立法会的主要成员。在广东设立的刑事和海事法庭也迁往香港，颁布了《刑事和海事法庭的程序规则》，任命了特任法官，但似乎没有有效地运行。人们感觉对严重犯罪的处罚不够充分，因此呼吁改进司法机构，提出增加司法权力；同时也感到缺乏一个完全依法建立的民事法庭，并要求降低司法费用。

在笔者看来，从广东迁往香港的刑事和海事法庭，其组织形式也许不符合当时香港的实际情况，故难以运行。其毕竟不是正规法庭，在当时也只是临时措施，在机构体制上对以后并没有影响。当然，其程序规定对以后香港司法程序有重大的影响。[1] 而裁判法庭尽管主要是由军人组成的，却是香港早期唯一正常运作的司法机构，并一直延续存在。

因此，裁判法庭应被视为香港司法体制的起源。其刑事司法管辖权是3个月的监禁、400港元的罚款和100鞭的肉刑。鞭刑已经废除，罚款的数额也由于各时期货币价值的不同难以比较。而监禁3个月的司法管辖权与1997年前后的裁判法院监禁2年的司法管辖权相比，权力较小。这可能与当时英国同类裁判法庭的司法管辖权相当。香港早期裁判法庭还有民事司法管辖权，但以刑事为主，难以顾及民事纠纷，裁判官也缺乏民事裁判能力。当时验尸官设置于裁判法庭之内，会同陪审团裁决死亡案件，也应当作为死因裁判法庭的起源。这一时期的裁判法庭设置并无条例规定，其职能、司法管辖权及运作程序载于裁判官的委任状。

（原文载于尤韶华《香港司法体制沿革》，知识产权出版社，2012，第38～60页）

---

[1] 参见尤韶华《香港司法体制沿革》，第233～264页。

纠纷与官司：利希慎的个案研究

郑宏泰　黄绍伦[*]

一　引言

　　无论是家庭纠纷、商业纠纷，或是政治纠纷，文明社会的处理手法，往往应将纠纷转交法庭处理，让专业独立的第三者按法律规定作出公平公正的裁决，而非擅自采取野蛮、暴力及非理性的违法手段私下解决，影响社会治安、冲击道德价值。自染指鸦片生意后，利希慎虽然声名大噪，家族财富亦迅速增加，但同时亦招惹了不同人士在明在暗的漫骂与攻击，带来很多是非与争执。当中的某些纷争以文明方法处理，但亦有一些以野蛮及暴力的方法处理。本章将集中探讨文明处理的部分，《遇害》一章则会集中讨论野蛮及暴力的部分。[①]

　　在香港的历史上，在人生短短十多年间，一而再、再而三地碰上连串大型法律诉讼，经常要与律师、法官及政府官员打交道，甚至要多次踏足法庭，接受控辩双方盘问，或是听取诉讼结果，而且每次诉讼皆捷，举止轰动中外社会的一时人物，相信非利希慎莫属了。事实上，自1912年左右染指鸦片生意后，利希慎便官司不断、是非缠身。撇除某些私底下的角力与争执不谈，单是那些告上法庭的诉讼，便已为数不少了，牵涉的人物既非泛泛之辈，更有政府部门及政府官员，牵涉的金额亦绝非区区少数，而

---

[*] 郑宏泰，香港大学哲学博士，现任香港中文大学历史系教授；黄绍伦，牛津大学哲学博士，现任香港大学名誉教授。
[①] 郑宏泰、黄绍伦：《一代烟王利希慎》，香港三联书店，2011，第202～221页。

官司不但旷日持久，诉讼费亦属天文数字。以下让我们将注意力转到这些官司诉讼上，从而揭示利希慎为人处世的特质与家族企业的发展。

二　清盘

1914年3月，一位来自大陆而名为孙辉山（Sun Fai‐shan，译音）的"裕兴有限公司"（Yue Hing Company Limited）小股东，透过两位名叫 D. McNeill 及 F. C. Jenkin 的大律师入禀香港法庭，控告以利希慎及马持隆为首的两名主要股东，指其在主持该公司的业务期间账目不清，以不实欺诈的手法，诈骗其他股东，同时亦没依照香港公司法的规定，召开股东会议，或是向公司注册处呈交周年报表，要求将该公司清盘。面对部分股东的挑战，利希慎、马持隆，以及部分持相反立场的裕兴有限公司股东当然亦不示弱，并透过 C. G. Alabaster 及 E. Potter 向法庭提出反对，驳斥原告人指控失实。由于双方各执一词，亦各不相让，案件乃交由首席大法官（Chief Justice）William R. Davies 排期审理，名称则为 In the Matter of the Yue Hing Company Limited。

法庭上的数据显示，裕兴有限公司按香港1911年《公司法》（Company Ordinance, 1911）规定在1912年4月26日注册成立，以每股100元发行2000股普通股，集资总值为200000元，用于发展鸦片生意，主要业务为"买卖生鸦片，并经营各种与鸦片相关的业务"，公司的登记地址为上环苏杭街95号，其中的董事经理（Managing Director）为利希慎，另一名经理（General Manager）则为马持隆。[①]

控告书指出，利希慎控制了裕兴有限公司的运作，令股东之间的关系闹得很僵，而公司的账簿又有很多不清不楚的地方，甚至有"编造虚假交易以欺骗股东"的情况，当有股东要求解释或索取更多资料时又被拒绝，并指利希慎及马持隆不当地从中攫取私利，违反诚信。入禀状同时指出，公司自成立后并没按《公司法》规定举行周年股东会，亦没每年向股东汇报公司发展，公司注册地址不久即从原来的苏杭街95号搬到干诺道西12

---

① Hong Kong Government, *Hong Kong Law Reports*, Vol. 10, No. 32 (1915).

号——一个由马持隆家族拥有的物业，但并没通知公司注册署，等等①。

完成初步法律程序之后，案件在 1914 年 4 月 22 日正式开审②。针对原告人一方提出之指控，被告人一方逐一加以反驳，双方除分别呈交不同证人的书面供词外，还传召了一些证人到庭接受盘问，其他诸如账簿及收据等证据，亦有呈堂。自 1914 年 4 月 22 日开审至 1915 年 3 月 31 日结案陈词，加上 4 月 1 日法官作出裁决，案件审讯长达一年之久。对于这个案件的重点，法律观点与裁决理据等问题，主审法官 W. R. Davies 在判词中颇有具体而详尽的说明，我们不妨以此作为讨论核心，谈谈案件的来龙去脉。

先说"没按公司法规定召开股东会议"的问题。原告人一方传召了两位董事（古彦臣及梁建生）及一位姓郭（Kwok，译音）的会计，说明公司成立期间"没按公司法规定召开股东会议"，但被告人一方则传召四位董事（即利希慎、马持隆及另外两位据说是马持隆亲属的姓马董事），还有一位姓邓（Tang，译音）的员工，说明期间确实曾召开过股东会议，而会议召开前更曾发出（或收到）相关通告，出席之股东更曾在会议记录等文件上签署。古彦臣本人亦确认曾在一些会议记录上签了名，但他却表示那只是后来应利希慎的要求签署，是后来补签的（minutes dating back to the required time），因利希慎告诉他那是为了遵守英国的法律。

对于原告人指公司自成立后没向政府呈报"周年报表"，而注册地址搬迁后又没通知公司注册署等，法官则指出，原告人将案件告上法庭时，该公司其实尚没超过法定要求呈交报告的期限，而被告人不久又补办了各种手续，所犯的错误只属"芝麻绿豆"，因而没说得太多，我们亦略过不表，只将焦点集中在如下诸如账目不清等较为严重的指控问题上③。

若说案件的核心之处，相信是"编造虚假交易以欺骗股东"一项了。法庭上，原告人一方主要列举了四项交易，说明被告人管理公司期间的"账目不清、交易不明"。至于这四项充满疑窦的交易，则分别为：（一）"米高公司交易"（Michael & Company transaction），（二）"利华隆（公司）交易"（Lee Wa Lung transaction），（三）"宝源号交易"（Po Yuen Firm

---

① *The China Mail*, 28 January 1915.
② Hong Kong Government, *Hong Kong Law Reports*, Vol. 10, No. 26（1915）.
③ Hong Kong Government, *Hong Kong Law Reports*, Vol. 10, No. 32（1915）.

transaction），以及（四）"高柏全交易"（Goh Pak Chuen transaction）。

由于"米高公司交易"及"高柏全交易"分别只牵涉2箱及10箱鸦片，金额不算太大，不是要点所在，法庭上的争辩亦不多，我们因而略过不谈；至于"利华隆交易"则与"宝源号交易"相关，牵涉的鸦片达100箱，当时估值高达100万元，乃争辩的重点。该案日后纠缠不断，并演变成"百万元鸦片案"（Million Dollars Opium Case），轰动中外社会。正是因为"利华隆交易"及"宝源号交易"极为重要，因而成了双方舌剑唇枪、激辩连连的关键，我们亦将焦点放在这宗交易之上。

针对"利华隆交易"，法官指出，从"贷款簿"（Loan Book）上看，在1913年4月22日，利希慎代表裕兴有限公司与利华隆达成销售协议，卖方答应将100箱鸦片售与买方，买方则先行向卖方支付10万元定金，该款项之后存入卖方设于International Bank的户口①，双方同意送货日期为三个月之内，超过三个月而未能完成交易，合约作废。换言之，到了1913年7月23日，如若买卖双方不能交收，合约便会自动失效。法官因而指出，代表卖方的利希慎，应该是乐于看到"不能交收"的结果，因他可以理所当然地"挞订"，坐收渔人之利。

从数据上看，利华隆之后确实没有按协议完成交易，利希慎因而在1913年8月27日将该批鸦片转售一家名叫成发源（Sing Fat Yuen）的公司，该公司原来由利希慎家族拥有。利希慎在法庭上作证时又承认，成发源又在1913年12月2日将那100箱鸦片（另一说法为98箱，本书一律以100箱称之）售与宝源号，而宝源号又为马持隆家族拥有之公司。②

正是因为成发源乃利希慎家族的公司，而宝源号则为马持隆家族的公司，两人又分别担任裕兴有限公司的董事总经理及经理，一手安排各项交易，其他股东自然容易产生误解，要求查核交易记录时据说又遭拒绝，而若干重要数簿又说不翼而飞、早已遗失，因而更令人觉得可疑，认为利希慎及马持隆二人将那100箱鸦片左手交右手，从中取利，甚至有串谋欺骗

---

① 对于这笔钱由谁存入，或是如何存入，利希慎与古彦臣的说法各异，法官认为两者皆不可信，自己宁可从文件中寻找答案，引自 Hong Kong Government，*Hong Kong Law Reports*，Vol. 10，No. 32（1915）。

② Hong Kong Government，*Hong Kong Law Reports*，Vol. 10，No. 32（1915）.

其他股东的成分。①

原告人在控告书中甚至指出"如果属于真实销售，所销售鸦片的数字、日期等，应出现在存货簿（Stock Book）上"。法官亦颇认同这种看法，并指出这是最令人遗憾之事，乃不可思议的事情，暗指身为公司董事总经理的利希慎有不可推卸之责任。但同时又指出，能否提出确实证据，证明内里的弄虚作假，则是原告人的责任，法庭不能凭空想象、臆测。

针对利华隆交易的细节与过程，双方展示了不同证物，亦传召了两位主要证人。有关证物方面，有一张10万元的收据，并有一封一位名叫方章操（Fong cheung-cho，译音）的人交给利希慎的信函，通知利希慎及古彦臣有关"入数"（支付定金）之事宜。另一方面，在贷款簿上，International Bank Corporation 的名目之下，其入账日期似有改动的痕迹，新日期为8月30日（即原本必须完成交易的日子），在利华隆的结余中，还看到取消第一次付款（4月15日）10万元的记录。至于在宝源的贷款簿上，同样日子与金额，亦有这个入账记录。

两位证人方面，一位叫张耀棠（Cheung Yew-tong，译音），他乃张国操（Cheung Kwok-cho，译音）的兄弟，张国操乃利华隆的股东，但他本人却不能出庭接受盘问，亦没提供书面供词，甚至没法找到他。张耀棠指自己兄弟负责利华隆的一切交易，保留所有交件，亦是他指示自己为交易入账，从而说明自己清楚各项记录，更是有根有据的。然而，法官认为张耀棠的口供并不可信，又指他出庭作供"并没为利华隆交易添加光彩"②。

另一位叫古彦臣，他乃裕兴有限公司的股东之一。在证人台上，古彦臣初时否认曾经看过该文件（收据），但在盘问后又指文件上的签名并非他的手迹，再经过盘问后又承认那两个签名确是他的手迹，但却信誓旦旦地表示他并不是签在那个文件上，因他那时不在香港，但后来却被证明他当时其实身在香港，而签名的日子与 International Bank 上的日期相符。之后，他又指自己的签名在公司另一本记录上被人删掉，因他有在该簿的空白部分签名的习惯。

---

① *The China Mail*, 23 April 1918; Hong Kong Government, *Hong Kong Law Reports*, Vol. 10, No. 32 (1915).

② *The Hong Kong Telegraph*, 12 May 1915.

古彦臣在作证时还透露一项消息，指大约在 1913 年 3 月，利希慎曾向他提出建议，认为二人应联同马持隆，一起购下裕兴有限公司的所有鸦片存货，并指（中华民国政府）禁止从印度输入鸦片必然会进一步推高鸦片的价格，但他本人在考虑过后则婉拒了利希慎的建议。言下之意是利希慎本来已有意运用个人影响力收购裕兴有限公司的鸦片存货，独占利益。但法官却指古彦臣的证供前后矛盾，极不可信①。

针对两位证人前后矛盾的证供，法官作出了严厉批评，认为"两位主要证人本身玷满了罪行"（Two main witnesses are themselves tainted with guilt），证供前后矛盾，充满谎言，并不可信，又指若果法律赋予权力，他会要求证人之一的古彦臣承担部分诉讼费，② 言下之意是对方在法庭上作假证供，不尽不实，浪费法庭时间。

听取了双方有关召开股东会议及鸦片买卖等的陈词，以及控辩双方代表律师在法庭上的滔滔雄辩，到宣读裁决那天，法官特别作出郑重声明，指其判决并非根据利希慎或古彦臣等人在法庭上的证供，因他们的供词皆不大可信，而是纯粹以文件证物作为依据而得出的结论（basing my conclusion mainly on the documentary evidence）。由于古彦臣确实曾在若干会议记录上签名，因而成为重要证明。法官还特别强调，该项控罪的举证责任落在原告人一方的身上，但原告人却不能提供充分确凿的证据，因而只能判控罪不成立。

针对部分股东对公司的管理与运作感到不满，并且要求法庭颁令将公司清盘一项。虽然身为大股东的原告人及部分其他股东表示反对，但法官在考虑过各方理由之后，则宣布根据"公正及合理的原则"（just and equitable），同意颁下判令，将公司清盘，并要求政府的破产管理署（Official Receiver Office）将裕兴有限公司接管。③

在谈到诉讼费用（俗称"堂费"）的问题时，法官又特别指出，按正常情况，大部分诉讼费用应由古彦臣承担，因他浪费了法庭时间，但因法律上没赋予法官惩罚他之权力，因而作罢。退而求其次，法官裁定原告人的"堂费"可从该公司的财产中支付，而被告人则要自己承担本身的诉讼

---

① Hong Kong Government, *Hong Kong Law Reports*, Vol. 10, No. 32 (1915).
② Hong Kong Government, *Hong Kong Law Reports*, Vol. 10, No. 32 (1915).
③ Hong Kong Government, *Hong Kong Law Reports*, Vol. 10, No. 32 (1915).

费用①，算是为该案做一了结。

三　上诉

对于法官指"编造虚假交易以欺骗股东"之控罪不成立，原告人当然不满，但两位被告人则感到高兴，之后衍生了另一波的诉讼（详见下一节）。对于"堂费"如何支付的问题，原告人一方亦很不满意，认为被告人应承担所有"堂费"，因而提出上诉，但法官在内庭上诉聆讯中则指出，法例上没有给予"要求两位董事（被告人）承担所有费用"之权力，因而只能维持原判——即被告人只承担本身之"堂费"，原告人之"堂费"则由裕兴有限公司负责。② 由于此点并非问题核心，法庭虽然维持原判，但双方争拗则并不算多。

另一方面，对于法庭同意小部分股东的要求将裕兴有限公司清盘的判决，以利希慎及马持隆等大股东为代表的被告人，亦深感不满，认为判决只着眼于小股东利益，置"大股东"利益于不顾，厚此薄彼，因而向上诉法庭提出申诉。针对这些法律观点上的分歧，上诉法庭在深入考虑后接受其申请，然后排期聆讯，令官司"欲断难断"。

由于被告人一方提出的上诉获得法庭接纳，原告人一方亦只能奉陪到底，双方因而在1916年3月初再度在法庭相遇。③ 经过接近十天的聆讯，上诉法庭的两位法官 Havilland de Sausmarez 及 J. Gompertz 终在1916年4月29日作出裁决，一致驳回利希慎及马持隆等人的申请，维持首席按察司 W. R. Davies 的决定，认为少数股东的要求可以接受，首席按察司根据《1911年公司法》第130章第6项的 justice and equitable 原则，颁令公司清盘的判决并没不妥，并指股东之间"人人皆满口谎话"（a pack of liars），彼此狐疑，完全没有互信可言④，公司内部基本上已没可能透过"内部会议的机制"（domestic forum）处理纠纷、解决分歧，清盘乃逼不得已的办法。⑤

---

①　*The South China Morning Post*, 13 May 1915.
②　Hong Kong Government, *Hong Kong Law Reports*, Vol. 11, No. 82（1916）.
③　*The China Mail*, 6 March 1916.
④　*The Hong Kong Daily Press*, 15 March 1916.
⑤　Hong Kong Government, *Hong Kong Law Reports*, Vol. 11, No. 53（1916）.

判决书中，上诉庭两位法官还特别指出，裕兴有限公司选择在1912年中华民国诞生的历史时刻创立，是因为股东一致认为当时的鸦片价格持续低沉并不合理，预期不久即会反弹，因而趁低价在市场上吸纳大量鸦片，含有浓烈的投机意味。但是，鸦片价格并没在短期内反弹，而是持续低沉，部分股东因而"打退堂鼓"，信心动摇，转售利华隆的100箱鸦片，落订后不肯完成交易，相信亦与此有关，从而说明确有此交易，不能完成交易则相信与炒卖失利有关，有其内在动机与原因。

另一方面，上诉法官又指出，公司数本极为重要的账簿不翼而飞，又不能提供合理解释，实在令案件变得疑点重重。其中一位法官在颁布裁决时这样说："我的意见是此交易出现很严重的疑团，而这是值得展开全面调查的"（I am of opinion that this transaction is open to the very gravest suspicion, and itself calls for the fullest investigation），再次暗示在正常的买卖与交易情况下，应该不可能出现这些不规则的行为。①

虽则如此，法官又认为原告人所传召之证人，在法庭上的作供极不可信，前后矛盾，各种文件记录又可证明双方确曾进行实质交易，而公司股东之间的矛盾与成见又十分严重，因而维持原来之判决：一方面认为"编造虚假交易以欺骗股东"之指控不成立，另一方面则认为以"公正及合理的原则"将公司清盘的判决更能符合各方利益。

上诉法庭的一锤定音，并没像预期般的令案件画上句号。事实上，由于上诉庭两位法官均认为少数股东可按 justice and equitable 原则将公司清盘，并指公司的很多交易均有很多疑点，不但上诉人一方感到失望，原告人一方亦觉心有不服，因为上诉庭提到的众多疑点，正是他们认同的，因而牵扯出其他问题，引来另一波旷日持久的诉讼，令案件再次轰动社会。

四 追讨

由于法庭颁下了清盘令，将裕兴有限公司交由破产管理署接管，该署署长 E. V. Carpmael 随即派出清盘官（Liquidator）接管该公司，进入清盘程序。经详细点算后，清盘官认为，那100箱由利希慎转售马持隆名下宝

---

① Hong Kong Government, *Hong Kong Law Reports*, Vol. 11, No. 53 (1916).

源号的鸦片，实在颇不寻常。若果那宗交易确实有问题，那么该批鸦片便应属于裕兴有限公司的财产；若果那是裕兴有限公司的财产，那么破产管理署便有责任将之追回。正是基于这种假设与推论，E. V. Carpmael 发函马持隆的宝源号，要求对方交回那 100 箱鸦片，并一如所料地遭到拒绝。

本来，对于这种商业纠纷与货款追讨，应该由裕兴有限公司的股东自行继续追讨，就算要告上法庭，由于那时的裕兴有限公司已交由破产管理署接管，亦应由公司的剩余资产支付。但是，经点算后，清盘官却发现公司基本上已没剩下太多值钱的资产，虽然部分股东答允支付诉讼费用，但财力不足，展开初步聆讯或者尚可应付，如若聆讯延长，则必然弹药不足，没法支付相信为数不少的诉讼费。为此，E. V. Carpmael 看来曾与律政司（Attorney General）金普（J. H Kemp）深入商讨后，认为基于保障并维护股东及债权人利益的原则，应将案件告上法庭，将问题与争拗弄清楚，而建议看来应该获得了应许。

结果，破产管理署署长正式展开司法程序，于 1916 年 12 月入禀最高法院，向宝源号、马持隆及利希慎追讨那 100 箱鸦片，并在该年的 12 月 18 日正式聆讯，案件名称为：*E. V. Carpmael v the Po Yuen, Ma Chee Lung and Lee Hysan*。由于案件的焦点乃 100 箱鸦片，估价值 100 万元，因而俗称为"百万元鸦片案"（*Million Dollar Opium Case*），聆讯再次轰动整个社会[①]。一如所料，司法程序展开后，双方争拗不断扩大，案件亦迟迟未见了结之期，裕兴有限公司的部分股东因而表示再没财力支持继续诉讼，寻求政府方面之协助。

由于政府方面认同破产管理署署长的看法，因而在 1917 年 1 月 28 日同意接受该案，并且要求押后聆讯一段时间，让政府查阅文件、了解案情。对于政府这种十分罕有的决定，最高法院主审法官 W. R. Davies 及 J. Gompertz（二人早前审理裕兴有限公司清盘及上诉案，此案又交由他们主审）在 1917 年 8 月重开聆讯时，特别询问政府代表——当时由律政司金普亲自上庭——政府接手案件的立场与理据。面对法官的质询，金普在回答时指出，政府插手案件的主要原因，是为了弄清某些法律观点及来龙去脉——尤其是公义与真理，而不会理会公义站在那一方。政府唯一的目标，"是要让公众看到公义在本案中得到贯彻"（to see that justice is done in

---

[①] *The China Mail*, 19 December 1916.

this case），而不应因为欠缺诉讼费而令公义得不到彰显①。

对于政府直接介入案件，以公币支持私人商业纠纷，被告人代表律师毫不示弱，表示被告人愿意奉陪到底，将案件"打到终结为止"，让法庭的裁决反驳各种指控，因为被告人的信誉已在此案中受到巨大损害。并指出，如果原告人因没钱支付律师费而要中途终止案件，被告人就算赢了，亦会给人以口实，指"噢！如果我们仍有钱，我们一定可以证明这些指控"（Oh, we would have proved these charge if we have the money）。

被告人代表律师进而指出，民事诉讼期间，警方突然高调拘捕两位被告人，表示会启动刑事检控程序，但之后又一直"悬而不决"，同时又不肯撤销控罪（详见下一节），实在是对两位讲求信誉商人的一大威胁，亦是对他们的深痛折磨。"与很多商人一样，其信誉乃最大资产"（like all men of business, their credit is a tremendous asset），认为政府的举动对被告人极不公平，要求早日还他们一个公道。②

听完双方的论点，主审法官表示明白个中的理据与关注，并同意民事诉讼与刑事诉讼乃不同部门之决定，互不关联，但法官同时又十分关注事件引来的公平聆讯问题，要求律政司注意，并希望政府明确表明当民事诉讼仍没结果之前，不应启动刑事检控程序，而应等待民事案件审讯完毕后，再行考虑下一步的行动。对于法官的看法，律政司表示认同，但同时又作出补充，指"政府的看法，是等待完成民事控诉之后，再作刑事检控，但并不表示已经放弃刑事检控"③。

搁置刑事检控问题之后，双方再就"利华隆交易"是否子虚乌有的"虚假交易"（bogus transaction）问题展开新一轮的争辩。可惜，由于双方并没提出太多新论点，亦没什么新证据，而是重提一些最初聆讯或上诉期间已经陈述过的观点，令人觉得似在拖延时间，或是老调重弹，缺乏新意。到了1918年1月中，双方终于完成各项盘问，并在1月28日作结案陈词，令人觉得漫长的诉讼终于到达终点，可望为这宗纠缠数年的案件画上句号。④

---

① The South China Morning Post, 21 August 1917.
② The South China Morning Post, 21 August 1917.
③ The South China Morning Post, 21 August 1917.
④ The South China Morning Post, 27 January 1918; The China Mail, 28 January 1918.

五 刑检

正如前述，当控辩双方仍在为着那 100 箱鸦片问题而争论不休之时，突然传出另一惊人消息，警方在 1917 年 4 月高调拘捕利希慎及马持隆，之后将之转解警察法庭（Police Magistrate），指二人在管理裕兴有限公司期间"疏忽、诈骗与破坏诚信"（being neglect, fraud and a breach of trust），并控之以串谋欺诈之罪[1]：

> 两名华商被控案：利希慎（永乐街 183 号）及马持隆（干诺道西 12 号）分别为裕兴有限公司之董事总经理及经理，两人昨天被落案控告于 1913 年 3 月 9 日串谋诈骗裕兴有限公司财物——100 箱鸦片，案件今早由（警察法庭）法官 J. R. Wood 主审。[2]

消息透露，有人向警方举报，指马持隆及利希慎在管理裕兴有限公司期间串谋欺骗公司的其他股东，要求警方介入，做深入调查。警方在开展初步调查后，认同这些看法，觉得疑点重重，因而立案侦办，并在 1917 年 5 月将利希慎及马持隆拘捕，然后转送警察法庭。

初次开庭聆讯时，律政司代表律师 G. H. Wakeman 表示，由于民事案件早已展开，且仍在审讯当中，在咨询律政司的意见后，认为暂时押后刑事检控，让民事案件审结后，再决定是否启动刑事审讯程序。[3] 为此，被告人之代表律师（C. E. H. Beavis）表示合理，并要求在此段期间保释两人外出，以便继续进行民事诉讼程序。[4]

对于政府律师代表及被告人代表律司分别提出之要求，法官 J. R. Wood 表示同意。一方面宣布将案件无限期押后，直至民事诉讼有裁决为止；另一

---

[1] The South China Morning Post, 15 May 1918.
[2] The China Mail, 31 May 1917.
[3] 对于警方在民事审理期间高调拘捕利希慎与马持隆，但又计划在完成民事审理之后才决定是否启动刑事检控的举动，控方代表律师及主审法官曾提出质疑，律政司在回答时则指出，民事检控与刑事检控分属两个不同系统，亦不互相隶属，因而不存在以刑事手段影响民事诉讼，或是有意打压被告人的问题。据他所知，警方拘捕并刑事检控两人，乃他们的独立决定，原因是警方认为案件的表证已经成立（there is a prima facie case for criminal proceedings），与民事诉讼毫无关系。引自 The Hong Kong Telegraph, 2 June 1917。
[4] The South China Morning Post, 2 June 1917.

方面则同意让两人担保外出，但要求每人必须缴纳 5 万元担保金①，并且需依时向警方报告，两人才能避过被拘羁留囚禁之厄运②。

正如前述，由于最高法院法官认为民事诉讼期间，政府不应同时进行刑事诉讼，希望律政司作出保证，等待民事诉讼有结之后，才进行刑事诉讼，并获得律政司的接纳与应许，刑事检控因而一直没有正式展开，但律政司却清晰地表示，政府方面并没放弃刑事检控的计划与权力③。正是因为律政司坚持政府"并没放弃刑事检控"，两位被告人及其家人相信仍然感到极大的威胁与困扰。

到了 1918 年初，当最高法院已经作出裁决，表示原告人的民事诉讼证据不足，指控并不成立之时，被告人代表律司 C. E. H. Beavis 曾向警察法庭提出撤销刑事检控之申请，认为最高法院既然已经作出清晰判决，警方没理由仍然维持其"刑事检控"的威胁，甚至仍要求两位被告人依时到警察局报告，因为那是压在两位被告人身上的"巨大苦难"（a great hardship），不但极不公平，亦极不合适。④

初时，警察法庭仍以"民事诉讼虽有结果，控罪不成立，但正式判决书仍没发出"为由，拒绝被告人代表律师的请求：立即撤销控罪，释放两人。一直到了 1918 年 5 月中，当最高法院正式宣布民事诉讼之结果后，警察法庭才决定无条件撤销对利希慎及马持隆之控罪，令两人如释重负，获得了真正的自由。⑤

六　审结

由 1914 年 3 月入禀香港法庭，到正式开审，再到 1915 年 5 月初审完结后被告一方不服判决而在 1916 年 3 月上诉，然后是公司清盘期间破产管理署认为账目与交易确有问题，在 1916 年 12 月另提诉讼，期间政府又曾在 1917

---

① 据被告人代表律师 Eldon Potter 日后刻意向记者透露，警方当初要求 50 万元之担保金（a bail of half million dollars），暗示政府方面一直有意为难两名被告人，并不公平。引自 The South China Morning Post, 15 May 1917。
② The China Mail, 31 May 1917; The Hong Kong Telegraph, 2 June 1917.
③ South China Morning Post, 22 August 1917.
④ The South China Morning Post, 26 April 1918.
⑤ The South China Morning Post, 18 May 1918.

年 5 月提出刑事检控，双方无论是在法庭之上，或是在法庭之下，可谓费了不少唇舌。经过长达 151 天（自 1914 年 3 月开始计算）的争辩后，最后法院法官终于在 1918 年 4 月作出裁决，一致认为控罪不成立，消息轰动中外社会，被告一方喜不自胜，政府及一些裕兴有限公司之股东则明显极感失望。

到底最高法院法官判决的理据是什么呢？扩日持久的"堂费"又由哪一方负责呢？在宣读其长达 54 页的判词时，法官逐点阐述其法律依据及参考案例，核心则集中于"利华隆交易"之上。对此，法官精简地提出如下疑问，并且自己回答，说明判决的法律观点。（一）1913 年 4 月 22 日的交易是否确实？答案是肯定的，因为各项交易均有记录。（二）该项交易有否获得股东同意？答案同样是肯定的，因为账簿上亦有股东（包括古彦臣）的签名。（三）出售时的价格是否最好价格？答案应是肯定的。（四）有否支付货款给公司？若果从（账簿）购货结存上看，货款应该已经支付了[①]。

换言之，主审法官认为，"利华隆交易"并非如原告人所陈述般乃一宗子虚乌有的"虚假交易"，而是一宗确确实实、有凭有据的交易，该交易不但获得各方签名确实，亦曾支付定金，办妥各项基本手续，而交易的性质，又与投机炒卖有一定关系。既为确实之交易，而买方后来又不能履行交易，被告人乃将之转手，相关转卖手续亦算清楚，基本上符合了公司运作的原则。

法官再次强调，要证明被告人在管理裕兴有限公司期间弄虚作假、刻意诈骗股东的法律责任在原告人身上，但原告人却一直未能提供确凿证据，反观被告人一方则提供了白字黑字的证据，因而只能判决指控不成立。判词中，法官还特别提到，如果指控成立，被告人当然欺骗了股东；但是，若指控不成立，则那位坚持兴讼的裕兴有限公司股东（指古彦臣）属于"一位勒索者"（another director had been an impudent blackmailer），甚至于犯了"蔑视法庭"（a perjurer）之罪，[②] 暗示律政司信错了人，在没

[①] *The China Mail*, 23 April 1918.
[②] 针对原告人乃一位"勒索者及蔑视法庭者"的问题，我们想到利德蕙在《利氏源流》书中提到的一则逸事，指财富日增后的利希慎，曾"听到传言，谓嘉寮坊父母受土匪威胁绑架勒索，于是乃将其父母迁至新会，在竹林里 28 号筑屋奉养"，显示案件审讯期间，利希慎及其父母或者真的曾经遭人恐吓勒索，而利氏日后仍经常受到恐吓，进一步说明涉案者其实亦并不简单，彼此间的关系亦极为纠缠复杂。引自 Vivienne Poy, *A River Named Lee* (Ontario: Calyan Publishing Ltd, 1995), p. 44.

有全盘掌握案情之时卷入了私人民事诉讼①。

　　虽然法庭的判决是"被告人得直",但却没有提及这次长达数年的法律诉讼开支如何分担的问题。为此,最高法院法官、政府官员及双方代表律师又展开连场争辩。原告代表律师认为,整个诉讼源于被告人的行为不当(misconduct,意谓他独揽大权、目空一切),诉讼期间仍然极为傲慢,加上被告人在其中一项指控中败诉(应指公司清盘),因而不应获得"堂费"。但被告人代表律师则提出另外三大理由,分别为:"疏忽、诈骗、违反诚信"(neglect, fraud and breach of trust),并解释说,若果被告人在管理裕兴有限公司期间没有疏忽职守,没有诈骗股东,没有违反诚信,那他便是被诬告,应该获得全部"堂费",被告人的态度如何与诉讼无关②。

　　经过数年的反复争辩与抽丝剥茧,法官基本上已认为原告人的指控缺乏真凭实据,因而亦接纳被告人代表律师之言,认为单从法律的角度上看,被告人确实没有"疏忽、诈骗、违反诚信",并在1918年6月17日的判决书上清楚地指出:"指控查无实据,故被告人应该得直,兼得全部堂费"(to have full cost of action),原告一方必须为这次旷日持久的诉讼承担所有"堂费"③。

　　正是这句"被告人应该得直,兼得堂费",本着"要让公众看到公义在本案中得到贯彻"原则,插手私人民事诉讼的律政司金普必须向立法局寻求拨款,支付这宗有史以来审理时间最长、"堂费"最贵、争拗最多,而又最吸引中外社会注意的案件。

七　讼费

　　漫长诉讼结束后,当政商各界及普罗市民均以为案件已告一段落,报章主要版面将不会再被那宗"百万元鸦片案"所占据之时,事情又出现新的发展,令案件欲断难断、余波未了。至于此时的争辩重点,则转到金普寻求立法局拨款,支付全部"堂费"的问题上。

　　由于当初决定插手私人诉讼,并需为案件败诉而承担所有开支,律政

---

① *The South China Morning Post*, 15 May 1918.
② *The South China Morning Post*, 18 May 1918.
③ *The South China Morning Post*, 17 August 1918,《华字日报》1918年8月18日。

司只能硬着头皮亲赴立法局，解释个中原因，同时接受立法局议员的质询，以便寻求立法局的特殊拨款。1918年10月3日，署理港督施勋（C. Severn）召开立法局会议，至于其中之一的议题，则一如所料地要求立法局拨款151039.70元，用以支付这宗自1916年审到1918年为期接近3年的案件的诉讼费，引起部分非官守议员的强烈不满和攻击。

一向较为敢言的兰杜（D. Landale）首先作出回应，指律政司当初以"若不坚持把此案打到底，则无正义可言"的决定与行动过于急进，并质问律政司当初为何要卷入此宗原属私人诉讼的案件，在政府作出干预行动之前有否评估过胜算的机会，牵涉如此巨大的金额为何没有事前寻求立法局的批核，以及原告人又承担了多少诉讼费用等问题。

律政司金普的回答是：原告人已承担了1917年前的费用，因为后来再没财力支持其控告，乃寻求政府的支持，破产管理署在与律政司商量之后，觉得为了彰显法律的公义，澄清某些法律观点，因而答应接手该案。在接手该案之前，确实曾经作出评估，认为胜算概率很高，甚至觉得案件很快便可审结。但是，案件开展后，却出现了若干变量，大出政府的意料之外。

金普进而指出，当案件仍在审讯之时，政府方面其实不方便讨论案情，亦没想到会承担全部堂费，因而未能事先寻求立法局的拨款。至于原告人在第一阶段的审讯过程中，则已花去高达125000元的诉讼费了。① 由于原告人已"弹尽粮绝"，而政府方面又认为案件疑点众多，因而才决定介入，寻求法庭判决以澄清重要的法律观点。

律政司的解释虽然不无道理，但兰杜及另一非官守议员何理玉（P. H. Holyoak）则仍表不满，认为政府在"米已成炊"后要求纳税人"埋单"的做法不当，日后应尽量避免同类事件的再次发生，并要求以投票方式议决政府的提案。署理港督按其所请，要求全体出席会议的议员投票。结果，提案在7票赞成4票反对下通过，算是反对票数较多的其中一份政府提案了②。

如果我们将政府一方承担了15.1万元，而原告人一方早前又已承担了

---

① 由于那个年代没有今天般的法律援助，持不同意见的股东自然不能找些"身无分文的小股东"靠申请法律援助而控告大股东，然后将巨额的诉讼费转嫁普罗市民身上，而是必须自行承担一切费用。难怪过去我们常说：打官司乃有钱人的玩意了。

② 《华字日报》1928年10月4日，*The Hong Kong Daily Press*, 4 October 1918。

12.5 万元的诉讼费加在一起，则会发现连串诉讼合共花去了 27.6 万元之巨，占该年港英政府全年财政总支出（1625 万元）的 1.7%，比例不可谓不高，难怪兰杜及何理玉等议员会如此"肉痛"了。一句话，不论是案件的复杂程度、牵涉其中的人物或团体之多、金额之大、审讯期之长，以及诉讼费用之重，此案相信是香港开埠以来最轰动的，亦是香港司法诉讼历史上的一个特殊记录。

八 诽谤

轰动一时的诈骗及串谋官司刚过十年后的 1928 年 3 月 26 日，利希慎再次惹上官司，这次的案件同样极为轰动。该案乃一宗诽谤案，原告人乃澳门官员罗保（P. J. Lobo），透过代表律师 C. G. Alabaster 及 H. G. Sheldon 入禀香港法庭，[①] 控罪指身为香港居民但曾在澳门经营鸦片生意多年的利希慎，在 1927 年 10 月底向澳门总督、立法局议员及律师等派发信函——被告人称为陈情书（petition，为了方便讨论，下文一律采用此名称），恶意攻击原告人，令其名誉受损，要求禁止其行动，并赔偿损失。由于牵涉港澳两地政商名人，到庭听审者不少，报章的报道亦巨细无遗，十分详尽。

案情透露，自从又成公司（Yau Seng Company，或称 Yau Sing Company）取代利希慎的裕成公司（Yue Sing Company，译音）[②]，成为澳

---

① 说来奇怪，此案牵涉的公司及业务均在澳门，原告及被告又拥有澳门居民身份，连事件的发生地亦在澳门，但为何原告不把案件交到澳门法庭审理而是选择香港法庭呢？是对香港法庭的审理较有信心，抑或是因为害怕案件在澳门审理会引起尴尬呢？或是另有不可告人之内情呢？个中原因十分耐人寻味，相信只有牵涉其中的人才会知晓。

② 此公司的名称、管理及资金组成在不同报告或文件上各有不同，利德蕙指裕成公司成立于 1924 年，所有股权由利希慎兄长利裕成一人所有，公司成立资本有 300 万，三分之一由利氏家族拥有。引自 Vivienne Poy, *A River Named Lee*（Ontario: Calyan Publishing Ltd, 1995），p. 59。在法庭上，利希慎作供时指出，该公司原由兄长所有，但已转交堂侄，而他本人则为总经理，掌管所有事务。在 300 万元的创立资本中，他本人投资 80 万元，120 万元由利氏家族拥有，即占了总投资额的三分之二，余下三分之一（即 100 万元）则属于朋友的投资，说法与利德蕙略有出入。在港英政府的文件中，当提及该公司的名称时，误用为 Lee Sing 或 Lee Shing，与 Yue Sing 之名不同，这相信是利裕成名字翻译上的混淆，而管理及资本投资方面的说法，则与利希慎法庭上作供时所提到的资料十分一致。可参考 *The Hong Kong Telegraph*, 29 March 1928; CO 129.508.7, "Report on the Examination of Some Account Books Relating to the Macau Opium Farm for the Years 1924 – 27"（22 October 1928）。

门新的"鸦片农主"而拥有经营鸦片专营权后,利希慎便向澳门社会各界发出大量被指有损原告人名誉的陈情书,批评澳门政府发出新专营权的手法不够透明,违反公开公正的投标程序,甚至暗指又成公司以 12 万元的价钱贿赂有关官员,当中的 7 万元由一位与政府有联系的"阿乐"(Ah Nok,译音)交给"督婆"(Tuk Po,译音),另外 5 万元则由"卢保"(Lo Bo,译音)转交"蔡东"(Tsoi Tung)。

由于罗保乃管理鸦片事务官员,名字又与 Lo Bo 的发音相同,因而提出控告,指利希慎的陈情书损害其名誉。原告人代表律师还指出,陈情书中,除"卢保"暗指罗保外,"阿乐"是指与政府有关系人士[①],"蔡东"则为澳门殖民地政府的库务司(Treasury),可见被告人刻意诬诋原告人,指其协助又成公司获得鸦片专营权,举动属于无中生有,损害了原告人的名声。

入禀状还补充,被告人在陈情书中附有一张购入又成公司股权的收据,该收据在于说明又成公司成立时曾在穗、港、澳三地公开集资 200 万元,作为经营鸦片业务的启动资本。原告人代表律师进而指出,被告人过往在澳门经营鸦片生意中获利巨大,到专营权被终止后,导致严重亏损,因而产生仇恨,对原告人作出了恶毒的举动,令原告人名誉受损。[②]

被告人代表律师为 E. Potter 及 F. C. Jenkin[③],两人在响应原告人各种指控时表示,被告人过往一段时间在澳门经营鸦片业务,一直均按合约规定向政府履行各项责任,并曾为澳门政府及社会作出服务与贡献。作为原来的鸦片专营商,被告人相信,在讨论新专营权时,就算他不能获得优先的待遇,起码亦应获得政府公平的对待。刚好相反,在专营权转手之前前,被告人不但没有获得知会,专营权的转手又非通过公开拍卖的途径,因而让被告人觉得政府黑箱作业。被告人代表律师还补充说,被告人与罗

---

① 此位"阿乐",不知与当时的"同善当值理会主席崔亚诺(Joel J. Choi Anok)"有否关系。可参看施白蒂《澳门编年史:二十世纪》,金国平译,澳门基金会,1999,第 183 页。

② The China Mail, 26 March 1928; The Hong Kong Telegraph, 26 March 1928.

③ 骤眼看,此时控辩双方所聘用的代表律师阵容,与十年前的相比,颇有"似曾相识"之感。十年前站在利希慎反方的 F. C. Jenkin,此时转为代表利希慎出庭;十年前站在利希慎一方的 C. G. Alabaster,此时则改为站在反方。只有 E. Potter 则一如既往地获得利希慎的青睐,两次均代表他出庭应讯。

保既素未谋面，又没私人恩怨，没理由诽谤对方，陈情书只是针对政府部门或行政程序的有欠公允，而非针对个别人士[①]。

为了澄清"卢保"与"蔡东"等澳门官员是否曾经收受贿款的问题，案件主角罗保及澳门库务司 Plinio Tinaco 亦以证人身份到庭作证。当被告人代表律师盘问罗保："若果那句子只提及'5万元由卢保交给库务司'，你会否觉得那是诽谤"时，罗保的回答则是："不会"。另一方面，当 Plinio Tinaco 被问到如何响应陈情书的指责时则表示，澳督曾将该陈情书交给他，责问他是否受贿，他作出否认，并曾因此致函利希慎，询问陈情书所指之事，利希慎给他的回信指出，陈情书中所指，只针对政府部门，并非个别人士。为此，Plinio Tinaco 致函澳督，要求就事件展开调查。

法庭上其中一个有趣的争论，竟然是一个中文词语的英文（葡文）翻译。该词的拼者为 Tuk Po，原告人代表律师认为发音与 Chok Po（"作保"）相似，意思可理解为"作为保证金"（as security）[②]，但被告人代表律师则表示不同意，认为该词语应指一个人，而非指一样东西。以证人身份作证，本身为葡萄牙大律师并曾在澳门执业多年的 C. M. Leitao 博士在法庭上指出，该词应是"督婆"的译音，意思是指澳门的"总督老婆"（wife of the Governor），暗示澳门政府的更高层官员的家人可能牵涉其中[③]。

到利希慎被盘问时，控方律师除了刻意攻击利希慎因失去鸦片专营权

[①] *The Hong Kong Telegraph*, 26 March 1928.

[②] 由于原告人乃政府人员，其刻意将 Tuk Po 一词诠释为 Chok Po（"作保"）的举动，似乎让人觉得是有意转移公众视线，不想事件拉扯到更高层官员的身上。事实上，从不同资料上看，港、澳两地政府均知道 Tuk Po 一词是指"督婆"，即"澳门总督的老婆"。在 1920 年至 1928 年这 8 年间，澳门一共出现了 7 任总督（或署理总督），他们分别为施利华（H. M. C. da Silva，任期为 1919 年 8 月 23 日至 1920 年 5 月 20 日）、马加良斯（L. A. de Magalhaes Correia，任期为 1922 年 5 月 20 日至 1923 年 1 月 5 日）、罗德礼（R. J. Rodrigues，任期为 1923 年 1 月 5 日至 1924 年 7 月 16 日）、山度士（J. A. dos Santos，任期为 1924 年 7 月 16 日至 1925 年 10 月 18 日）、米也马嘉礼（M. F. de Almeida Maia Maglhaes，任期为 1925 年 10 月 18 日至 1926 年 7 月 22 日）、庐些喇（H. de Lacerda，任期为 1926 年 8 月 1 日至 1926 年 12 月 8 日），以及巴波沙（A. T. S. Barbosa，任期由 1926 年 12 月 8 日至 1931 年 1 月 2 日）。以上资料可参考施白蒂《澳门编年史：二十世纪》，金国平译，澳门基金会，1999，第 137~244 页。从这个资料看，澳门的总督几乎"年年换人"，其中的米也马嘉礼是被"解除总督职务"的，庐些喇的任期则只有 3 个多月，他是在巴波沙仍没履新前署任总督一职，巴波沙的任期较长，接近 5 年。从时间的次序看，"陈情书"中提到的那位"督婆"，应该便是他的老婆。

[③] *The Hong Kong Daily Press*, 28 March 1928.

令其投资亏损严重而埋下诽谤原告人的不满情绪,还质问利希慎大量印制"陈情书"背后的动机,并严厉批评利希慎为"两面派"(Jekyll and Hyde),在不同场合以不同面目或身份示人,并指利希慎一方面说裕成公司乃侄儿(兄长之儿子)一人所有,但又表示自己、家人及朋友拥有一定股份,一切业务更只由他一人负责,明显是"名实不符"。

证人台上,见惯风浪的利希慎并没被控方律师吓倒,而是立场强硬地作出响应,交代事件的各个枝节。首先,利希慎表示,大量印制"陈情书"的原因,是由于印刷商在报价上表明,不能只印很少的数量,在一定数量之内,价格是一样的。既然如此,他便要求印多一点,反正印多了又不会另加费用。

针对裕成公司的组织与运作问题时,利希慎指出,该公司原本由其兄长拥有,后来才由其堂侄接掌,并由他本人出任总经理,该公司的创立资金有300万元,三分之二由个人及家族拥有,其中的80万元来自利希慎本人,120万元来自利氏家族,三分之一则属于亲戚朋友的投资。内部股份的分配虽然分散,但该公司在法律上的登记,则属他侄儿一人拥有的独资公司,只是其侄儿将一切营运大权交给他而已,他并非两面派。

对于鸦片生意因专营权被终止而引致严重亏损的问题,利希慎直认不讳,表示在专营权内,他只收回四分之一股本,余数全皆投放在鸦片生意上,澳门政府突然收回专营权,确实导致了公司及家族的巨大损失[1]。虽则如此,他却认为问题的关键在于澳门政府,所以他才向政府部门反映不满,并非针对个别人士。

听完控辩双方不同观点与理据后的4月17日,法官Henry Gollan终于对这次轰动港澳两地的诽谤官司作出判决,认为被告人的举动虽对原告人造成一定程度上的名声损害,但并没充分证据证明被告人的攻击为恶毒的,对原告人造成巨大伤害。法官又认同被告人代表律师的讲法,指Tuk Po一词应是指一个人,而非一样东西,背后原因则是被告人刻意误译,令

---

[1] 对于利希慎这次在法庭上十分大方地提到投资亏损的问题,港英官员 J. D. Lloyd 日后在一份报告中指出,事件确实令公司蒙受一定的损失,利希慎在法庭上作出正面响应,有可能是另有用意的,因那些投资在裕成公司身上的小股东对此十分不满,利希慎正好借此说明澳门政府的不公平行为导致了公司的亏损,而非公司的经营管理或错误决策。可参考 CO 129.508.7, "Report on the Examination of Some Account Books Relating to the Macau Opium Farm for the Years 1924-27" (22 October 1928)。

人产生语带相关的感觉,既有"作保"之意,亦有暗指"澳督老婆"之意。法官进一步指出,如果陈情书有诽谤之嫌,应是"另有其人而非原告人"(person other than the plaintiff)。综合各个因素,法官判决"指控罪不成立"①。

诽谤官司虽然落幕,但日后仍有一些相关资料透露出来,令人对这次事件有更深层次的认识。第一个引人注意的问题是,利希慎既然一直未获知会专营权已转交又成公司,他后来又为何会突然获悉此消息,因而可以迅速采取行动,发出"陈情书"阻碍专营权的运作呢?利德蕙的解释颇为令人玩味。他这样写:

> 祖父是在阴错阳差的情况下得知又成公司的消息的。原来又成公司在香港印度商业银行亦设有户头,银行信差弄错买办指示,将一张原送交澳门鸦片种植场,而又盖有又成公司签章(已背书——原注)的支票,误送交了祖父。经祖父连日追查之下发现,又成公司在银行开户数日之后,即通知银行又成公司已获得澳门鸦片专卖权。②

故勿论是真的巧合,或是另有内情,利希慎在米已成炊之后才得到消息这一点,相信是十分肯定的。

第二个引人注意的问题,是案件既然牵涉澳门高级官员,甚至是"督婆",那么港英政府与澳葡政府之间有否一些眉来眼去呢?利德蕙指出,"罗保涉嫌干预港英政府,为吕俭毕所受刑事控诉脱罪"③。从一份金文泰(C. Clementi)在1927年12月21日写给英国殖民地部的信函中,我们发现,一位名叫Senhor Barbosa的澳门官员④,在事件发生初期曾经由澳来港拜会金文泰,呈上利希慎之陈情书,询问意见。金文泰表示自己早在(1927年)7月已收获报告,并指据他所知,澳门政府向有关公司收取的"年费",其实是陈情书所指(12万元)的10倍。金文泰进而指出,虽然他本人觉得Senhor Barbosa乃忠诚之人,但亦相信他本人会觉得被冒犯,

---

① *The China Mail*, 18 April 1928; *The Hong Kong Telegraph*, 18 April 1928.
② 引自 Vivienne Poy, *A River Named Lee* (Ontario: Calyan Publishing Ltd, 1995), p. 60。
③ 引自 Vivienne Poy, *A River Named Lee* (Ontario: Calyan Publishing Ltd, 1995), p. 60。
④ 这位 Senhor Barbosa 的澳门官员,极有可能是当时的澳门总督。葡语中,Senhor 一字乃是对某人之尊称,意指先生、阁下,而当时在任的澳门总督,则为 A. T. S. Barbosa。

至于会否采取手段还击利希慎，则没有具体说明；另一方面，在接触过葡萄牙（驻港）总领事之后，金文泰获知，当时的澳门政府仍没打算对利希慎采取法律行动①，可见事件在港澳两地的政府高层，其实亦极为震撼，并且曾经考虑各种应对的手法。

第三个引人注意的问题，是既得利益集团到底有何反应呢？经营鸦片既然牵涉巨大利益，有关人等又为此花费了大量金钱，利希慎却采取"一拍两散"的手段，将原本心照不宣的问题公开，甚至大肆批评，明显破坏了很多人的"好事"，令他们觉得见财化水，有些甚至有可能因此而丢掉乌纱，招来各方仇恨，似乎不难理解。据利德蕙记述，自案件开审前，利希慎便曾多次收获恐吓信函，威胁会对其家人不利，但利希慎则表现得颇为自信，没有认真面对，因而招来了日后的杀身之祸。

九 结语

将家庭、商业或政治纷争转交法庭处理的手法，虽然较为文明、公正，但其费用却极为昂贵，并非财力较弱者所能负担。至于法律条文与诉讼程序复杂，又非教育水平较低的市民所能轻易应付，而法庭的审判必须以法律为圭臬，裁决又必须以证据为基础，当遇法律的灰色地带，而取证又有局限时，审判与裁决亦难避免地会出现偏差，公道与正义亦不能充分彰显。换言之，以法律解决争执的方法虽然有很多可取之处，但同时又有很多障碍令人却步，难怪社会上总会有人认为"打官司"只是"有钱人的游戏"，法庭只是诠释法律界定下的所谓"正义"，而非真正代表正义。利希慎在法庭上的每战皆捷，不难令人想到裕兴有限公司的小股东、政府的执达吏与律政署官员，甚至是澳门的罗保等对手。易地而处，他们认为裕兴有限公司的运作或利希慎的所作所为有欠公允，花费平生大量积蓄而不惜将事件告上法庭，原本希望以文明手法讨回公道，但最后却因证据不足或举证困难等问题而落得两手空空，其失望与怨愤之情不难想象。

利希慎在香港及澳门经营鸦片引来连串争执的问题，令我们想到何鸿

---

① 引自 CO 129.508.7, "Report on the Examination of Some Account Books Relating to the Macau Opium Farm for the Years 1924 – 27" (22 October 1928)。

燊与胞妹何婉琪因澳门旅游娱乐有限公司（简称"澳娱"）股权问题而近年纠纷不断。据何婉琪一方供称，20世纪60年代，"澳娱"夺得了澳门博彩业专营权，该公司原来股本为300万元，她投入200万元，但经营不久即将股权增加至1000万元，令她的股权被大幅削弱。她甚至宣称期间"未获任何分红"，股东间又常有纷争。到了20世纪八九十年代至2008年"澳娱"计划上市时，她更设法以司法手段阻挠其在港上市。在阻挠"澳娱"上市的问题上，何婉琪除了入禀港澳两地法庭，试图以法律手段禁止其上市外，还去上市委员会反对"澳娱"上市之申请，[①] 并持续不断地在两地报章刊登广告或启事[②]，甚至自资出版书籍、杂志及光盘等，抨击何鸿燊。[③] 显然，对何婉琪来说，司法一直未能"彰显"公义，故她才会采取其他方法去表达要求，或影响舆论。另一方面，何婉琪的法律顾问莫超权两度遇袭[④]，以及另一代表律师何俊仁亦曾经遇袭的情况[⑤]，虽然警方未能找出"幕后黑手"，令事情变得耐人寻味，但如此的巧合，难免惹人联想。

无论如何，对某些人而言，在对司法制度失望后，或者会衍生偏激的想法，甚至会采取"非常"的手段，在他们心目中，既然代表社会正义的法庭不能给他们一个"公道"，他们便不惜以破坏社会秩序的行径来讨回一个"粗糙的正义"（rough justice）了。当然，亦有人会将暴力行为视作"两手准备"，在明以司法抗争，在暗则磨刀霍霍。在利希慎的个案中，到底是有人不满裁决愤而走险，还是为免对簿公堂而"江湖事、江湖了"。有关这方面的内容，可参考《一代烟王利希慎》后续章节的深入讨论。[⑥]

（原文载于郑宏泰、黄绍伦著《一代烟王利希慎》，香港三联书店，2011，第170~196页。收入文集时，经作者修订）

[①] 《信报》2007年12月2日。
[②] 《明报》2006年8月14日。
[③] 何婉琪：《十姑娘回忆录之与魔鬼抗衡》，壹出版有限公司，2007。
[④] 《东方日报》2003年1月22日。
[⑤] 《明报》2006年8月21日。
[⑥] 郑宏泰、黄绍伦：《一代烟王利希慎》，香港三联书店，2011，第202~221页。

从属行政的司法与滥权的宪兵部门

邝智文[*]

一 日据时期的司法

战前的香港司法相对独立，法治架构和精神健全。可是，日据时期却只有法制（rule by law），并无法治（rule of law）可言。虽然日本当局及以后论者多以"军政"和"民政"来区分军政厅以及总督部时期，两者的统治结构其实分别不大，司法更几乎完全相同。简言之，日据时期的司法和警权完全从属于军部和行政系统，是军政厅、总督部"法令统治"的延伸。日据时期司法之专制，连日本东洋经济新报社在1944年出版的《军政下之香港》亦不得不尴尬地承认"司法关系的法令内容尚未充实，因此难以讨论"[①]。

军政厅成立后，香港进入军法时期，军政厅法务部长即是第23军的法务部长古木一夫法务少佐。总督部取代军政厅后，即发布了《军律令》、《军罚令》、《刑事审判规则》、《刑事紧急治罪条例》、《民事令》、《民事审判规则》、《刑务所规则》以及《香港占领地总督部军律会议所管辖既判决未判决囚犯拘禁办法》等法令（1942年《香督令》1至8号）[②]，并成立

---

[*] 邝智文，剑桥大学东亚及中东研究学院博士，现任香港浸会大学历史系助理教授。
[①] 东洋经济新报社编《军政下の香港》，香港占领地总督部报道部监修，第111页。
[②] 邝智文：《重光之路——日据香港与太平洋战争》，天地图书有限公司，2015，附录三，第476~483页。

"军律会议"、"民事审判机关"以及"民事法庭",全由总督部法务部负责。① 法务部直属幕僚部,主管仍是第23军法务部长古木一夫。古木在香港沦陷初期至1944年底长期留港,期间不但是法务部长,亦是法院法官,甚至是监狱长。他曾经参与判决华洋犯人死刑,② 战后被称为仅次于宪兵队长野间贤之助的"香港第二号战犯"。③

在日据时期,所有以普通法(common law)为原则的香港法律被废除,取而代之的是以上的紧急法令。《军律令》内容极为简单,任何人只要被指"对帝国军有叛逆行为"、"间谍行为"以及"妨碍帝国军之安宁或军事行动",即可由军律会议以《军罚令》治罪。④ 军律会议由总督委任三名军官组成,其中一人是法务军官(即古木),不设律师或陪审团。《刑事审判规则》则规定所有刑事案件均交由军律会议处理。《民事审判规则》亦同样简陋,规定"审判由审判官独自执行"以及"对于一切审判不准作不服之申诉"。由于总督部毫无监管司法以及防止贪污的机制,亦不受议会、传媒或市民监督,这种安排可制造无数贪污机会。

1943年2月,总督部容许谭雅士等12名香港华人以及欧亚混血儿律师重新执业,但他们的主要工作是协助总督部法务部处理民事法例的问题,并不能参与"军律会议"以及刑事案件的审理。⑤ 当时,全港只有17名律师执业。直至同年10月15日,香港的司法制度才略做改革,所有和军方有关的犯罪仍交由军律会议处理,但其他刑事和民事案件则交由法院审理,另成立检察厅,并从东京地方裁判所派出一名法官负责。⑥ 直至1944年,仍只有刑事法例(《刑事令》)大致完备,民事法例尚未整理完

---

① 《第1462号　香港占领地总督部参谋长　军法会议军律会议民事法廷事务开始の件》,1942年3月10日,《昭和17年"陆亚普大日记第5号"》,《陆军省大日记》,JACAR,Ref:C06030047500。
② 包括英军服务团的人员,详见邝智文《重光之路——日据香港与太平洋战争》,第六章第七节,第321~348页。
③ South China Morning Post & the Hong Kong Telegraph, 20/11/1947. 此项数据由文基贤(Christopher Munn)提供,特此鸣谢。
④ 《香督令特辑》,亚洲商报出版,1943,第1页。
⑤ 东洋经济新报社编《军政下の香港》,香港占领地总督部报道部监修,第117页;《总督部公告》,1943年2月20日。
⑥ 《总督部公告》,1943年10月20日;"Fortnightly Intelligence Report No. 1," 25/9/1943, TNA, CO 129/590/22; "Fortnightly Intelligence Report No. 3," 23/10/1943, TNA, CO 129/590/22。

成，因为总督部承认不能以日本法例完全取代香港的普通法制，而且"不能无视'殖民地'时期的权利义务以及法令习惯"。[1] 由于总督部在战争期间未能完成整理香港的民事法例，因此日据时期香港的土地法例与登记政策大致仍沿用殖民统治时期的制度，新界的土地问题亦未有任何安排。[2]

二 宪兵队崛起

在日据期间，香港治安由香港宪兵队负责，但宪兵权力日大，最终形成了以宪兵为中心的恐怖统治。香港沦陷之时，身在香港的日军宪兵大多隶属于1941年12月16日根据第23军命令成立的兴亚机关，其任务主要是在香港作战期间搜捕滞留于香港和九龙的中国政治、经济以及社会名人，并杀害部分在港人员（例如居住在蓝塘道的国民党财政部人员）。

兴亚机关前身为负责刺探香港情报的"香港机关"，更名后仍暂由曾经设立特务机构"梅机关"的矢崎勘十少将控制。[3] 兴亚机关设有"机关长"，由陆军中佐冈田芳政担任，属下有陆军中尉井崎喜代太和一名伍长，以及六名附属人员，包括化名"田诚"的日军少尉阪田诚盛。阪田曾于1940年在港收买亲日三合会，组织"天组"、"佑组"协助日军。[4] 在1月底，日军在香港共有宪兵中佐1人、尉官6人、准尉8人、曹长15人，以及军曹、伍长、兵长120人。他们成为香港宪兵队的骨干。[5]

兴亚机关司令部本位为半岛酒店，但之后则迁往香港岛的香港大酒店（Hong Kong Hotel）。兴亚机关在日军占领九龙时已四处把国民政府和香港的重要人物集中于半岛酒店软禁。部分政要则被软禁在家，例如曾任北洋政府交通总长以及广州国民政府财政部长的叶恭绰。[6] 宪兵随日军登陆香港岛后，即开始逮捕或以"保护"为名监视滞留港岛的华人政要和精英，

---

[1] 东洋经济新报社编《军政下の香港》，香港占领地总督部报道部监修，第116页。
[2] 邝智文：《重光之路——日据香港与太平洋战争》，第四章第二节，第114~138页。
[3] 金雄白：《汪政权的开场与收场》，李敖出版社，1987，第5页。
[4] 邝智文、蔡耀伦：《孤独前哨：太平洋战争中的香港战役》，天地图书出版公司，2013，第329~334页。
[5] 《香港占领地总督部に人员增加配属の件》，1942年1月23日，《昭和17年"陆亚密大日记第3号1/2"》，《陆军省大日记》，JACAR，Ref：C01000042500。
[6] 金雄白：《汪政权的开场与收场》，第6~7页。

并根据以下准则分类：与重庆关系密切者、亲日分子、中间派、共产党、英籍在港华人名流。除了第二类得到日军的保护外，其他各类人士均于 30 日前后被带到香港酒店。可是，正如兴亚机关的报告中提到的，不少国民政府特务已经潜入地下。为追捕他们，日军特地起用前港英政府政治部密探钟瑞南以及其他华人密探。[①] 此外，和日本合作的广东省政府亦派警员协助日本宪兵。[②] 截至 1942 年 3 月 5 日，因逃脱失败而被兴亚机关捕获的民国要人共 34 人。[③]

日军希望占领香港以捕获民国政要的打算并不成功，被捕的最高级政要如颜惠庆、陈友仁、许崇智、叶恭绰、李思浩等虽活跃于民初政局，但全部于 1928 年国民政府定都南京后淡出政坛，影响力有限。即使他们愿意投日，对汪精卫政权亦无大帮助。在香港战役前，不少民国要人如宋子文等已经离开，宋美龄等亦于九龙沦陷前由启德机场乘飞机逃回中国，陈策中将及其随员则随同英军在守军投降之时乘坐鱼雷快艇逃出。陶希圣、李济深等则混在难民中逃出香港。[④] 日军只捕获部分国府驻港金融人员，例如各行经理。日军其后把各人强行送到上海，但包括颜惠庆、陈友仁等民国元老仍坚拒在汪精卫政权任职。[⑤] 如上述，矶谷曾一厢情愿地要求他们"尽力协助中日两国结束战争"，但他们在战争期间却少有参与政治活动。[⑥]

1942 年 2 月 20 日，香港总督部正式运作的第一个指令（"1942 年《香督指》第 1 号"）就是确立宪兵在香港的权力。这个指令规定成立香港宪兵队，并确立其权限，使之不但负责维持香港治安，更是日本陆军在香港的情报机关。香港宪兵队主要任务异常广泛:[⑦]

[①] 《兴亚机关业务报告》，1942 年 2 月 10 日，第 8~9 页； "Kukong Intelligence Summary No. 1," 28/5/1942, ERC, EMR – 1B – 01, HKMP.

[②] 林仁：《日军攻占香港时策划汪伪广东警察接收香港英警察机构概况》，《广州文史资料存稿选编第 2 辑军政类》，中国文史出版社，2008，第 256~257 页。

[③] 《兴亚机关业务报告》，1942 年 2 月 10 日，第 8~9 页。详见邝智文《重光之路——日据香港与太平洋战争》，附录五，第 489~491 页。

[④] "Condition Outside the Camp," TNA, CO 980/59.

[⑤] 金雄白：《汪政权的开场与收场》，第 9 页。

[⑥] "Waichow Intelligence Summary No. 66," 25/2/1944, ERC, EMR – 1B – 02, HKMP.

[⑦] 《香督指第 1 号》，1942 年 2 月 20 日，《昭和 17 年"陆亚密大日记第 8 号 3/3"》，《陆军省大日记》，JACAR, Ref: C01000125300, 第 11~14 页；亦见小林英夫、柴田善雅《日本军政下の香港》，东京：评论社，第 74~75 页。

一、保护军事机密

二、掩护军事行动和军事设施（军队直接保护者除外）

三、遏止敌人及不法分子的谍报、宣传，以及谋略

四、收集治安情报

五、监管香港占领地总督部管区所有出入境、军需品以外的物资出入、居住、企业、营运和其他商业行为

六、监管并检查出版、集会、结社等群众运动、枪械、火药、爆炸品、邮政、通讯、无线电、电台、摄影等和影响军事及治安的活动

七、处理对外（和中立国人有关的）警察事务

八、管理军人及军人家属的纪律

九、监视日人不良分子

在总督部时期，香港宪兵队直属香港占领地总督部参谋长，不受任何其他机构制衡。宪兵队亦负责统领总督部的警队，即所谓"宪查"。日本总督部称之为"宪警一元"的系统。① 由于不少宪查来自三合会，因此宪兵对香港社会的影响力极大。在1942年2月至1945年2月期间，香港宪兵队队长是陆军中佐由野间贤之助。担任香港宪兵和警队的高级指挥官如下：

- ■ 香港宪兵队长：野间贤之助中佐 — 金泽朝雄
  - ■ 香港岛宪兵队长：金泽朝雄 — 小仓仓一
  - ■ 九龙宪兵队长：米野忠生 — 盐泽邦男 — 平尾好雄
  - ■ 水上宪兵队长：小畑千九郎
- ■ 警务课长：平林茂树 — 金泽朝雄
  - ■ 香港警察局长：上原幸吉陆军大尉
  - ■ 九龙警察局长：盐泽邦男陆军少佐

在1942年初，香港宪兵队在港九新界各地有以下管区及分队（见表1）：②

---

① 《状况报告》，1942年4月2日，第12页。
② 《状况报告》，1942年4月2日，第107~111页。

表 1　香港宪兵队编制

一、香港宪兵队本部（总部位于前最高法院，兼管大屿山、南丫岛等邻近港岛的离岛）
二、香港岛宪兵队
■ 香港岛西宪兵队管区（总部位于湾仔）
■ 香港岛西地区宪兵队
■ 大道西、鸭巴甸、薄扶林、医院道、山顶宪兵派遣队
■ 香港岛东宪兵队管区
■ 香港岛东宪兵队（总部位于北角）
甲、筲箕湾、太古、湾仔宪兵派遣队
三、九龙宪兵队管区
■ 九龙地区宪兵队（总部位于九龙巡理府）
■ 红磡、油麻地、深水埗、九龙城宪兵派遣队
四、新界宪兵队管区
■ 新界地区宪兵队（总部位于上水）
■ 新田、元朗、沙田、大埔、荃湾宪兵派遣队
五、水上宪兵队管区
■ 香港水上宪兵队
■ 香港水上兵派遣队、尖沙咀水上兵派遣队

　　据曾于香港担任宪兵派遣队长的仲山德四郎统计，1945 年香港有日本宪兵约 200 名（其中军官 35 人）、辅助宪兵（日文称"补助宪兵"）约 200 名、翻译等约 40 名。[①] 1942 年 3 月 20 日，总督部报告指香港当时共有 3400 名华人和印度宪查以及消防手。[②] 日军成立了警宪学校，至 1944 年 9 月共训练了七期学生，每期约 100 人[③]。

　　宪兵队执行任务时，可援引《刑事紧急治罪条例》和《香港警察犯处罚令》[④]，自行处理较轻微案件而无须送交司法部审讯。《刑事紧急治罪条例》容许宪兵实时决定三个月以下的监禁和 500 元以下的罚款，《香港警察犯处罚令》内容包括一般社会规则，如购票乘车等，但亦有抨制自由或容许警宪轻易入罪的条例，例如第 27 条 "为流言浮说或虚报以惑诳人

[①] 仲山德四郎：《私记香港の生还者》，自行出版，1978，第 104～105 页。
[②] 《状况报告》，1942 年 4 月 2 日，第 12 页。
[③] "Kweilin Intelligence Summary No. 67," 22/9/1944, ERC, EMR‐1B‐04, HKMP.
[④] 邝智文：《重光之路——日据香港与太平洋战争》，附录四，第 484～488 页。

者"、第 28 条 "为粗暴或不稳之言论行为以害公安者"、第 29 条 "在屋外讲演政事或纷乱政事之事项者"等。宪兵面对不同人士时,所使用的警力亦有所不同。例如军人、军属、日本人均只能由宪兵处理、敌国人士(英、美、荷军民)由宪兵和辅助宪兵处理、第三国人士则由宪兵、辅助宪兵以及华人和印人宪查共同负责。

由于宪兵可随时治罪,又有权控制出入境、物资出入、居住以及一切商业行为,因此权力极大,亦有不少贪污机会。① 宪兵亦负责查探盟军间谍活动以及强制疏散人口,因此他们实际上可以"治安"为名随时侵犯人身自由,强行把市民逐离香港或拘押在赤柱监狱,甚至把市民逼供至死。总督矶谷廉介手握极大权力却少有管束宪兵,更对队长野间贤之助极为倚仗,经常和他一同公开活动,② 这使宪兵就如纳粹德国的"盖世太保"般横行③,市民生活在恐怖统治之中。据日军赤柱监狱的记录,1942 年至 1945 年一共有最少 350 人在赤柱监狱死亡,其中一半人被处决,另一半则死于日军虐待或营养不良。④ 被日军宪兵在其他地点杀害或就地处决的人数却难以统计。日本海军亦有自己的情报机构"香港武官府",但由于日本海陆军之间的隔阂,海军的情报人员与隶属陆军的宪兵队少有工作往来,亦甚少交换情报。宪兵甚至跟踪海军军官,并将其劣行上报东京,因此海军军人对他们极为忌恨。⑤ 逃出香港的市民亦提到连普通日兵甚至日本民政人员亦非常害怕宪兵。⑥

1944 年 9 月,为加强控制,香港宪兵队在政治科以下成立了"特别高班"(和日本的秘密"特高警察"相同),监视所有日、华以及中立国市民。至此时,宪兵在香港的劣行终于传到日本本土。第 23 军参谋长富田直亮在战后被讯问时提到,1944 年 12 月他离开日本出任第 23 军副参谋长时

---

① 邝智文:《重光之路——日据香港与太平洋战争》,第 114~138、173~183 页。
② 宪兵队长的权责本不包括陪同总督视察等公开活动,但野间却不断为之,可见野间影响力之大。
③ 语出逃出香港的香港大学教授王国栋,"Copy of Letter from Dr. King to his Wife," TNA, CO 980/133。
④ "Commissioner of Police to Director of Medical Services," 11/11/1947, HKRS 42-1-16.
⑤ 甘志远:《南海の军阀甘志远——日中战争下の香港・マカオ》,蒲丰彦编,东京:凯风社,2000,第 135~136 页。
⑥ "Notes of a Conversation on the 7th April," TNA, CO 980/133; "Statement from British Civilian who Escaped from Hong Kong," TNA, CO 129/590/22.

已听闻香港宪兵腐败的问题,抵港后,驻港军官向他披露宪兵队的问题,并提出撤换宪兵队长野间。最后,野间于1945年1月被调走(其后出任大阪宪兵队长)①。1945年3月,总督田中久一把警政和宪兵队分开,另行成立直属总督部参谋长的"香港警察总局",接管宪查,宪兵只负责情报工作。战后英国审讯野间的继任者金泽朝雄时,他找来证人声称改革后的宪查和宪兵已有所收敛。② 日军投降时,香港共有日军宪兵200名、香港警察总局属下的宪查约2500名,以及约500名消防手③。

(原文载于邝智文《重光之路——日据香港与太平洋战争》,天地图书有限公司,2015,第83~90页)

---

① "Statement of Major‐General Tomita Naosuke," WO 235/999; 亦见 Philip Snow, *The Fall of Hong Kong: Britain, China and the Japanese Occupation*, New Haven: Yale University Press, 2003, p. 408.
② Philip Snow, *The Fall of Hong Kong: Britain, China and the Japanese Occupation*, pp. 210 - 211.
③ 仲山德四郎:《私记香港の生还者》,自行出版,1978,第104~106页。

香港司法文化的过去、现在与未来

——兼与内地司法文化比较

顾敏康 徐永康 林来梵[*]

考古发掘的文物以及现存的文献资料表明，香港自古就是中国领土，中国历代政府均对其进行管辖，建制设防，施行中国法律。[①] 而在中国封建社会末期，即在鸦片战争前，香港仍属于清政府管辖，施行的是清律。因而，这一时期香港的法律文化仍在中华法系的控制和影响之内。直到鸦片战争以后，香港接受英国的管治，法律文化才发生了根本性的变化。

今天的香港无疑是一个现代法治社会。但相对于英、法等西方国家，香港法治社会的形成过程迅速而短暂。当然，其中原因是多方面的，毋庸讳言，最主要的原因恐怕是殖民因素。[②] 正是在英国及其殖民政府的主导下，香港法律文化逐步摆脱中华法系的控制和影响，直至最后完全演变为普通法系的成员——特别是司法文化方面。但香港在建设自己司法文化的时候并没有完全按照英国的司法制度依葫芦画瓢，而是非常谨慎且有步骤地设计和发展，且形成了自己的鲜明特色。香港回归后，司法文化已经发

---

[*] 顾敏康，威拉姆特大学法学博士，现任香港城市大学法律学院教授；徐永康，南京大学历史学博士，现任华东政法大学法学院教授；林来梵，立命馆大学法学博士，现任清华大学法学院教授。

[①] 国内已经有学者考察过这个问题，具体内容参见赵秉志主编《香港法律制度》，中国人民公安大学出版社，1997，第3~4页。

[②] 香港殖民政府的完全建立是在1899年，当时的英国殖民者不顾清政府的抗议，迫使清朝官员离开九龙城，并将其纳入版图。1946年日本侵略者被赶出香港后，英国殖民者重建香港殖民政府，且与抗战前的殖民政府没什么两样。直到20世纪50年代才开始酝酿成立代表香港民众的政治机构，参见"Hong Kong: Human Rights, Law and Autonomy: the Risks of Transition,"资料来源：http://www.anmesty.org，最后访问日期：2001年9月。又有学者认为，从第二次世界大战到20世纪80年代早期，大多数香港人对参与政治活动无兴趣。参见 Norman Miners, *The Government and Politics of Hong Kong*, Oxford University Press, 5th ed, 1995, p.32。

生了若干变化,今后的发展路向及其与内地司法格局的互动态势,更是值得关注和研究的问题。

一 法律渊源及其演变过程研究

香港的法律渊源有一个发展演变的过程。这一过程既是港英政府积极推导的结果,也是香港法律文化自身发展的必然。由于当时政治形势的复杂性以及香港固有传统的坚韧性,香港的法律渊源具有复合性特征,其形式也非常多样化。

(一) 中国的法律及习俗

在英占初期,香港还近乎是一个荒岛,居民很少,且都是渔民和农民。① 毫无疑问,这些居民生活在清帝国律例和本地习俗之下。因此,1841年当英军统领布伦默将军率兵登陆香港并宣布香港被英国统治时,也曾为如何在香港适用法律而烦恼不已。因为一方面,自己所熟悉的英国法律显然并不完全适合这片神秘陌生的东方土地;另一方面,完全适用清帝国法律也不符合自己想要改造这块土地的理想模式。但是"不管怎样,新的统治者意图建立起一种为他们所熟悉、并将比原有的制度远为'高明'的一种法律制度"②。最后,善于妥协并且务实的英国人采取了折中的办法:首先是把英国法引进香港,同时也保留香港居民观念中那些根深蒂固且又符合人道主义精神的行为规则。当然,新的统治者对于香港原有的男人可以纳妾等陋习并未完全摒弃,这项政策的标志便是1841年2月2日由英国皇家海军舰长、英国在华贸易总监以及英国在华利益全权代表义律向香港居民颁布的命令——《义律公告》。

《义律公告》宣称香港已割让于英国,其政府职权,现时由在华英商总监行使;港英政府的必要法例、规条,现时由英商总监发布;香港岛所

---

① 据统计,在1841年,香港岛只有人口7500人,靠耕作、捕鱼和贸易为生。参见"Hong Kong: Human Rights, Law and Autonomy: the Risks of Transition,"资料来源:http: //www.anmesty.org(最后访问日期:2001年9月)。

② 〔英〕彼得·威斯莱·史密斯:《香港法律制度》,马清文译,香港三联书店,1990,第40页。

有英籍人和外国人均受英国法律保护和管辖等。同时《义律公告》又宣称"在未获女王陛下进一步指示之前，香港岛上原有居民及所有居港华人，均受中国法律及习惯之约束，但所有拷打刑罚除外"。

所谓"中国的法律及习惯"中的"法律"主要是指《大清律例》。适用于香港地区的清朝法律主要包括：有关婚姻家庭方面的法律，例如《大清律例》规定，男子可以纳妾，因此香港华人纳妾被视为合法，这一规定直到1971年香港颁布《婚姻改革条例》之后才被废除；有关继承方面的法律，按照《大清律例》，只有男子才有继承权，这一规定在1971年10月7日之前法院一直严格遵守着；有关土地方面的法律；有关抵押方面的法律，如中国古代法律规定的特有的"典权"制度。而"习惯"主要是指当时香港固有的地方风俗和习惯。这种习惯的内容必须符合被香港法院认可并赋予法律效力的条件。一是这种习惯必须是1843年就已存在的。香港法院1969年的一个判决指出："我们采用某些法律是在1843年时已实际存在的中国法律习惯，如对无遗嘱死亡的财产要求。"再如1904年在一个关于土地使用权纠纷的案件中亦指出，被告不能在属于他的海滩的一部分土地上建建筑，因为当地渔民要求保持他们在这块土地上晾晒渔网的习惯权利，这个习惯已被证明至少在70年或更早前已经存在。[①] 二是必须被当地的居民普遍承认和接受。三是必须既不有悖于现行法律，又不违背正义和公平。

正是根据《义律公告》，一个半世纪以来，香港法院的法官在审理案件时，形成了这样一个规则：在审理香港华人之间的纠纷时，如果英国的成文法和判例法对香港的情况或其居民不适用，而立法局又没有制定可适用的成文法，香港当地亦未形成相应判例法时，对这个司法空缺就应适用中国清代的法律和习惯来填补。[②] 据此，也有学者认为《义律公告》的目标是在香港建立起一种二元化的法律体系：香港华人继续依从中国法律及习惯，英国人及其他各国人则接受英国法的统治。[③] 虽然这并不一定是香

[①] 〔新西兰〕瓦莱里·安·彭林顿：《香港的法律》，毛华等译，上海翻译出版公司，1985，第28页。
[②] 赵秉志主编《香港法律制度》，中国人民公安大学出版社，1997，第45页。
[③] 参见苏亦工《义律公告与一岛两制——香港二元法制的确立》，载香港法律教育信托基金编《中国内地、香港法律制度研究与比较》，北京大学出版社，2000，第38页。

港统治者后来所追求的法制理想,但是,就其初始适用法律治理香港地区时的实践,我们应该承认这是客观存在的事实。

保留并适用"中国的法律及习惯",不过是英国人在香港地区的一种统治策略而已。因为,英人在香港的首要措施之一,就是把英国法律引进香港。这种策略表现为他们对涉及"公法"领域的问题如宪法、行政法等,大多按照英国法律文化的模式处理,并不向中国固有的法律文化让步。这主要表现在法律渊源方面,直到1966年为止,1843年4月5日以前存在的英国法律都被港英政府应用于香港。但是,引进英国法律有一限制性条款:英国法律凡不适合于香港环境和香港居民者,都排除在外。[①]这一限制性条款其实也为香港司法文化提供了一个法律机制:法官在审判案件、适用法律时拥有较大的自由裁量权,但同时其创造性的司法权之运用,必须符合英国人的正义观念和传统。

(二) 英国在香港适用的成文法

当然必须承认,英国殖民者引进英国法律文化特别是司法文化的过程是相当漫长且又有步骤的。就在《义律公告》颁布不久,即1843年4月,英国统治者又公布了两个宪法性的法律文件《英皇制诰》和《皇室训令》,其中就有司法官员的任免以及司法官员须向总督负责的规定。1844年,香港制定了最早的《最高法院条例》,其中第五条规定:"当1843年4月5日香港成立本地的立法机构后,既有之英国法律将在香港执行,但不包括不适合本地情况或本地居民的英国法律,亦不包括已由上述立法机构另立新法取代之英国法律。"上述一般性规定已为后来制定的《英国法律适用范围条例》所采纳。依其规定,仍然适用于香港的1843年以前的英国法令只有34个,条例一一列出了其名称。而对1843年后的法令,法院可通过如下方式适用于香港地区:(一)枢密院命令;或(二)法规中包含有明确的规定或这样的含义;或(三)香港立法机构的条例。[②] 除上述皇室

[①] 1844年的《高等法院条例》(*Superme Court Ordinance*) 第3条规定,英国的普通法和衡平法如果适合殖民地和居民的环境都应在香港有效。而1966年的《英国法的使用条例》(*Application of English Law Ordinance*) 第3条也有类似的规定,但该条例去掉了将1843年4月作为分界线的规定。参见 Anne Carver, *Hong Kong Business Law*, Longman Hong Kong, 1995, p. 2.

[②] 李泽沛主编《香港法律概述》,三联书店,1993,第28页。

特权文件以及国会法令等成文法之外,英国外交及联邦事务大臣的指令、各种法规与规则也是香港法院审判案件时的法律依据。①

(三) 香港制定的成文法

香港本地殖民政府也制定了数量众多的成文法规范。1843年,香港成立了立法局,陆续制定了500多章的法例,全部被收入《香港法律汇编》。立法局还可以授权一些组织和团体立法,这种法律规范被称为"附属规则"。但香港法院在审判案件的过程中,可以基于一定理由宣布某项"附属规则"没有法律效力。

(四) 英国以及香港的判例法

如同其他曾受英国殖民统治的国家和地区一样,香港地区也采用移植英国的判例法。判例法包括普通法和衡平法。香港在《英国法律适用范围条例》中强调声明:"普通法和衡平法的原则均在香港有效。"它们是"适合香港环境及其居民的"。1976年修正的香港《最高法院条例》指出:"在一切民事案件中,普通法和衡平法应由高等法院执行,如同其在英国由高等法院和上诉法院执行一样。"香港《英国法律适用范围条例》还规定:"普通法在环境需要时可以修改,但任何修改只能由枢密院命令、英国议会通过法律或当地议会的决议去决定。"

英国法是香港法的基础和核心,判例法当然也是决定香港法本质属性的重要法律渊源。但是,香港适用的判例法也有其明显特征。首先,虽然香港是英国殖民统治区,但只有英国上议院和枢密院司法委员会的判例,才能成为香港法院的具有约束力的判例法。其次,由于香港的终审权在英国枢密院,所以英国的判例法不论何时生效,都对英国法院有约束力。再

---

① 英国在殖民地附属国推行本国法律有不同的情况,一种是确定一个日期,从这个日期起,英国的普通法、衡平法及在英国普遍适用的法律,也适用于殖民地,但不符合当地情况者除外;另一种是确定一个日期,在这个日期以后主要参照在英国统治下形成的印度法律来建立该殖民地的法律制度,而英国本国的法律反而只具有辅助性质。在以上两种情况所确定的日期以后,英国根据需要继续为殖民地附属国制定法律,同时,殖民地附属国立法机关成立后,根据总督的意志,也为本地立法或者修改不适合本地情况的英国法律。参见由嵘、胡大展主编《外国法制史》,北京大学出版社,1989,第396页。香港的情况有其特殊性,因此,法律制度形成的过程也不完全一样。

次，英联邦其他成员国的判例也有可能对香港法院有约束力。最后，香港法院在审判实践中也发展出了自己的判例法。①

香港的法律渊源还有习惯与权威著作②、香港参加的国际条约③等。当然，这些并不是主要的法律渊源，但在审判的过程中，香港法院无疑必须遵守。

综上所述，香港法律基本框架大致可以归纳为：国际条约（含协议）约340部；英国制定法约300余部；英国以及英联邦成员国的普通法和衡平法；中国清朝法律和习惯；香港本身的法律，即条例、附属立法、普通法、衡平法和习惯法，其中条例和附属立法500余部，判例100多册。④

香港回归后，其法律渊源的形式又发生了很大变化。根据1984年12月19日签署的《中英关于香港问题的联合声明》以及1990年4月4日七届全国人大三次会议通过的《香港特别行政区基本法》的规定，香港法院适用的法律渊源主要有：国际条约（含协议）；中国法律（仅限于《基本法》，列于《基本法〈附件三〉》的全国性法律以及在战争状态或紧急状态下由全国人大常委会命令在香港特别行政区实施的有关全国性法律）；予以保留的香港原有的法律；香港特别行政区立法机关制定的法律。其中最为显著者是《基本法》的制定、颁布和实施。《基本法》确立了香港的新的宪制结构，也改变了香港的司法制度。香港法院在审理案件时，必须遵守和实施《基本法》的有关规定。

从上述内容可以看出，香港法官在审判案件时所依据的法律渊源具有如下特征。

首先是法律渊源的多元性。香港的法律渊源不仅有英国制定法和判例法，有香港自己的制定法和判例法以及香港参加的国际条约，还有中国的法律和习惯。因此，"可以说，香港是一个多元结构、世界上少有的特别法制区域"⑤。在香港回归后，又有了全国人大制定的基本法等。而在内

---

① 参见李泽沛主编《香港法律概述》，三联书店，1993，第32~33页。
② 参见张学仁主编《香港法概论》，武汉大学出版社，1999，第51~52页。
③ 参见董立坤《香港法的理论与实践》，人民出版社，1999，第77~85页。
④ 吴雪元：《香港回归祖国前后适用的法律之比较研究》，《经济与法律》（香港）第4期。
⑤ 吴雪元：《香港回归祖国前后适用的法律之比较研究》，《经济与法律》（香港）第4期。

地，法官在审理案件的过程中，所依据的主要法律渊源是制定法以及有权的法律解释，至于判例法尚未作为一种法律渊源，内地也不存在香港法律渊源中的那种二元体制。

其次，判例法在香港法律渊源中具有优越地位。尽管香港自19世纪末，特别是20世纪后半期以来，不断加强成文立法，但与其他普通法系国家、地区一样，判例法在香港法律体系中仍占主导地位并起着决定性作用。因为香港的法律原则依旧存在于判例法之中；在司法实践中，成文法主要还是通过判例法的检核发挥作用。内地不存在判例法这种法律形式，成文法几乎是唯一的法律渊源的表现形式。

二 香港司法机关及其权限的演变过程研究

（一）香港各司法机关的形成过程

香港司法机关之建立及发展有一个漫长的过程。其实，早在1833年12月，英国人为了保护英国在华贸易和英国商人的利益，就在广州设立了一个执行英国法律的法院。当时该法院的正裁判司也即首席法官由军人担任，主要审理在中国犯罪的英国臣民的条件。但其管辖权于1841年扩大到香港，而这正是香港法院的前身。[①] 1841年，义律率军占领香港后，委任陆军军官威廉坚为裁判司，明确规定其拥有维护治安、拘捕和判决犯人的权力；又委任海军军官威廉毕达为海事裁判司，职权与前者相似。两年后刑事和海事等法庭由广州迁至香港，正式宣布香港法院成立。并任命威廉坚为裁判司，有权审理在香港或在中国大陆，或在中国沿海一百英里内公海上犯法的英国人。

1844年3月，香港的民事案件由一个军方人员组成的裁判司署审理。后来，香港殖民政府又任命了刑事诉讼的正按察司和律政司、民事诉讼的助理裁判司。这样，裁判司署便负责审理一般的刑事案件和民事案件。

1844年10月，香港立法局颁布《香港高等法院条例》，正式成立了高等法院。

[①] 参见李泽沛主编《香港法律大全》，法律出版社，1992，第49页。

1862年，香港又设立简易裁判法院，以处理小额债务诉讼案件。但到1872年，这些案件又被收归高等法院管辖。这种情形持续了约80年，直到1953年香港地方法院成立后，民事案件和简易裁判权才移于地方法院管辖，并规定如果当事人对香港高等法院的判决不服，可向伦敦枢密院上诉。这也说明，伦敦枢密院才是香港的终审法院。

1912年，香港又颁布了《合议庭条例》，规定以合议庭代替上诉法庭。但在1975年，香港又成立上诉法院取代了合议庭。直到此时，香港的司法体系才最终宣告形成，司法机构才最后确立。

从上述香港法院纵向的历史发展过程可以看出，香港司法体制是随着司法实践的需要，以英国司法模式为蓝本逐步形成的。当然，香港的司法体制也有其鲜明特征：司法系统的最高领导者首席按察司，即最高法院首席法官由英国女王任命；整个法院系统分为五级，按审级依次为专责法庭和审裁处、裁判署、地方法院、最高法院原讼法庭（即高等法院）和最高法院上诉法庭（即高院上诉庭）。但实际上，英国枢密院司法委员会才是香港法院的最高司法审级。

1997年7月香港回归后，司法体制又一次发生变化。最主要的变化是《基本法》第19条第1款规定："香港特别行政区享有独立的司法权和终审权。"这意味着香港以自己的终审法院——最高法院上诉庭取代了英国枢密院司法委员会。而"原在香港实行的司法体制，除因设立香港特别行政区终审法院而产生变化外，予以保留"。①

（二）香港各司法机关的管辖权

从横向的内容来看，香港司法体制较复杂，不仅法院审级比较多，不同审级的法院数量也很多。香港法院有审裁处、死因裁判法庭、少年法

---

① 赵秉志主编《香港法律制度》，中国人民公安大学出版社，1997，第22页。沈宗灵先生在分析内地与香港法制的差别时也指出："对在原香港实行的司法体制，唯一的重大变化是设立香港特别行政区终审法院，而在1997年恢复行使主权以前，香港的终审权是由英国枢密院司法委员会掌握的，这一枢密院是英国作为君主咨询者的古老机构，以后成为英帝国所有殖民地和附属国的最高上诉机关。终审权属于主权范围，对香港恢复行使主权当然否定英国枢密院司法委员会所拥有的对香港司法权的终审权。"参见沈宗灵《中国内地与香港法律制度的重要差别》，魏振瀛、王贵国主编《中国内地与香港地区法律比较研究》，北京大学出版社，1998，第6页。

庭、裁判司署、地方法院、最高法院原讼庭和最高法院上诉庭等。①

香港的审裁处是一种仿照英国行政裁判庭形式设立的准司法性质的审裁机构，旨在分类解决一些常见简易案件，以减轻法院讼累。这些不同种类的审裁处各自拥有自己专门的审判管辖权，回归前审裁人员由总督委任。目前，香港主要有四种审裁处：一是1973年依据《劳资审裁庭条例》设立的劳资审裁处，一般设于地方法院内；二是1974年设立的租务法庭（后改称土地审裁处）；三是1975年依据《小额钱债审裁庭条例》设立的小额钱债审裁处；四是1987年设立的色情物品审裁处。这些审裁处的诉讼程序简易，诉讼费用较低，并经常促成当事人和解，所以极有效率。当然，对于裁决不服的，当事人有权上诉到相关法院。

裁判司署又称裁判官法院或裁判司法庭，是香港的初级刑事法院，主要审理较轻微的刑事案件。香港现有10所裁判所，其审判人员称为"裁判司"。裁判司署的刑事审判管辖权较大，包括审理各种可检控的罪行和可按简易程序治罪的违法行为，但权力有限，通常对一项罪名最高只能判处监禁2年或罚款1万港元。② 裁判司署内还附设少年法庭和死因裁判庭。前者与英国治安法院内附设的少年法院相似，目前铜锣湾等四个裁判司署内设有少年法庭；后者是依据《死因裁判官条例》设立的，与英国的验尸法庭相似。

香港共有维多利亚等六个地方法院，主要审理原属高等法院管辖的标的不大的民事案件（如诉讼标的金额在12万港元以下的索赔案件）和有限的刑事案件（可判的最高刑期是监禁7年）。

最高法院原讼庭又称为高等法院，对民事和刑事案件拥有"无限管辖权"。那就意味着最高法院原讼庭在处理案件的种类上不受诉讼标的大小和最高刑罚方面的限制，因而审理的案件极为广泛。

最高法院上诉庭又称上诉法院，是香港最高审级的上诉法庭，主要审理最高法院原讼庭和地方法院提出的上诉案件以及土地审裁处提出的上诉案件。同时，最高法院上诉庭还有权对其他任何法院提交的法律问题作出裁决。

---

① 香港法院的设置情况可详见 http://www.info.gov.hk/organisation/cindex.htm，最后访问日期：2001 - 9 - 10。
② 具体内容可参见赵秉志主编《香港法律制度》，中国人民公安大学出版社，1997，第643~644页。

（三）香港司法机关与内地司法机关的比较

与中国内地的司法机构相比较，香港的司法机构有如下特点。

第一，香港司法机构具有浓厚的英国司法机构的色彩，司法机构专门性的法院（庭）数量也较多，且具有较大的灵活性。尽管内地也有专门性的法院，但是这类法院是以行业性质为划分标准的，如军事法院、森林法院、海事法院和铁路法院，并且除最高人民法院以外，这些专门法院均有自己一套垂直的监督体制。

第二，香港司法机构法官的来源多样化，为香港司法保持普通法的特色提供了扎实基础。例如，香港的终审法院有常任法官4名（包括首席法官），非常任法官12名，其他普通法适用地区法官9名，其中大多数具有海外法学教育背景和外国国籍；[①] 他们在任职前已有10年以上的执业经验。[②] 相对而言，内地司法机构法官的来源较单一，选拔和考核的方法也相对简单，尤其缺乏一支高素质的涉外专业审判队伍。[③]

第三，香港的司法机构是随着香港司法实践的发展而逐渐完善的。而内地的司法机构是在政权建立之后，很快就形成了自己完整的体系。因而，从这种意义来说，香港的司法机构之完善更像是经验性的产物，而内地司法机构更似唯理主义的产物。

第四，香港法院（庭）是唯一的司法机构，负责提起公诉的检察官属于行政官员；而在内地，法院和检察院都是专门的司法机构。

第五，香港的司法机构一旦建立，就具有相当大的稳定性，很少有大的改变。而内地的司法机构命运多舛、坎坷多变，受其他权力的干扰较严重，例如在十年"文革"中，作为司法机构的法院和检察院竟然被废置。

当然，香港与内地的司法机构之不同还表现在其他许多方面，例如内

[①] 资料来源：http：//www.info.gov.hk/jud/guide2cs/html/cfa/judg1st.htm，最后访问日期：2001-9-10。又《基本法》第90条只规定终审法院的首席法官必须是在国外无居留权的香港永久居民中的中国公民担任。这种制度的明显不足是法官在进行司法审查时容易忽视对中国法律的适用，并过分强调香港法院按普通法对《基本法》享有的司法解释权。1999年审理的吴嘉玲一案就是典型的例子。参见 Ng Ka Ling & Others v. Director of Immigration, [1999] 1 HKLRD

[②] 参见徐克恩《香港：独特的政治架构》，中国人民大学出版社，1994，第118~119页。

[③] 万鄂湘：《加入WTO与我国的司法改革》，2001年5月18日在上海"中国入世的前奏——国际法律专家圆桌会议"上的发言。

地一度将司法机构作为实行人民民主专政的工具,香港的司法机构则一直自诩为超脱于当事人利益之上的维护社会正义和公平的工具。

三 香港的司法制度及其特点研究

司法制度主要是指司法机关及其工作人员把法律应用到具体案件的审理和判决中的制度。香港的司法机关负责审讯一切检控案件,裁定市民之间或市民与政府间的民事纠纷。为公平解决纠纷、处断案件,香港的法律也规定了许多具体的司法制度,如无罪推定、法无明文规定不为罪、法不溯及既往等原则以及法律援助等司法制度。但与内地的司法制度相比,笔者以为香港较有特色的是司法独立制度、司法审查制度以及陪审团制度。

(一) 香港的司法独立制度及其特点

尽管在西方人例如英国人或法国人眼里,普通法系和大陆法系会有很大差别,这种感觉在敏锐的东方人中也会存在。但在大多数的东方人眼里,西方国家具体的法律形式和制度可能会有差别,可其法治的法律本质却相同。如就司法独立而言,英国的规定肯定与法国不同,但就其司法独立的精神——法官在审理案件时不受任何方面的干涉、管束,特别是不受任何行政部门或个人的干涉,即使是上级法院也不能任意过问下级法院的审判,而只能根据诉讼程序,当案件上诉到上级法院的时候,上级法院才有权对该案发表意见,作出新的判决——而言,却是大同小异。香港几乎完全移植了英国的司法制度,非常强调司法独立精神。从形式上及其司法实践来看,香港确实相当严格地遵循着司法独立原则。

当然,所谓司法独立并非绝对,实际上香港的司法独立也有限制,其中表现最明显的是在英国管治期间,总督尽管一般并不干预法院审判,但仍或多或少操纵了司法权。这种影响表现在:总督有权任免法官,使法官在审理案件时,不得不考虑总督和政府的立场和意见;总督有权根据《英皇制诰》的规定,改变法院的一些重要判决,如赦免共犯等;[①] 总督还拥

---

① 参见董立坤《香港法的理论与实践》,人民出版社,1999,第312页。

有很大的立法权，可通过立法来影响法官和法院的司法权。

内地主张法院独立审判，但没有实行严格意义上的司法独立制度，法官在审理案件时也并不能真正独立。这主要表现在三个方面：一是法官必须服从党的领导，服从党的组织纪律；二是法官一般情况下不能独立审理案件，而必须组成合议庭共同审案；三是合议庭在一定情况下必须服从法院内部的审判委员会的领导和决定。尽管法律规定审判人员在审理案件的过程中不受其他组织、人员和团体的"非法"干扰，但是他们却很难排除"合法"的干扰。

(二) 香港的司法审查制度及其特点

司法审查制度也称违宪审查制度，是通过司法程序审查或裁决立法或行政是否违宪的一种制度，它最先产生于美国。但是英国不存在司法机关审查立法是否合宪的问题，也不存在这样一种制度，因而司法机关无权审查和宣布某项法律违宪。

不过，英国的司法审查有着自己特殊的含义，一般是指：第一，英国枢密院对殖民地立法机关颁布的法律进行审查，如发现其有违英国法律和政策，就有权宣布该法律无效并予以撤销；第二，英国高等法院（王座法院）审查行政行为、法令或下级法院的判决，如果有错误，或发布禁止令，禁止某项行为或某项法令的执行；或下调卷令，将其材料调出重新审查；或下执行令，命令某行政部门或下级法院强制执行某项裁决或决定。

香港的司法制度类似于英国，因而其司法审查制度也与英国相似。香港的司法审查权由香港高等法院行使。但这种司法审查主要针对下级法院，具体包括如下三点。第一，移交高等法院复审的命令。高等法院有权复审下级法院审判的案件，如果发现判决有明显错误，有权予以更正。第二，在一定条件下，高等法院还可对香港行政部门的行政行为进行司法审查，如果认为某行政行为显失公正从而引起市民的投诉，可向该行政部门发出更正令。当然对于此种命令，高等法院并不能强制执行，而只起到一种督促作用。第三，香港法院有权监督各行政部门和独立的管理机构制定的附属立法的执行，并审查其内容是否违法。法院有权命令行政部门或独立的管理机构停止执行某项附属立法，甚至在一定情况下可宣布附属立法无效。

较之香港的司法审查制度，内地的司法审查制度有自己的特色，表现为三方面。

首先，内地的法院没有权力审查某项法律或法规违宪，即使在审判过程中发现某项行政规范性文件与效力层级更高的法律或法规相抵触，也只能不予适用，而不能宣布其无效。内地的违宪审查权由全国人大常委会行使。

其次，在审理行政诉讼案件的过程中，如果法院发现行政主体的行政行为违法或显失公正，可以判决行政行为无效或撤销行政行为或要求行政主体重新作出行政行为，从这一点而言，内地法院对行政机关的监督权似乎更大。

最后，对于人民法院的判决，如果行政机关不予执行，人民法院有权强制执行，并有权建议有关机构给予相关行政领导应有的行政处罚。

（三）香港的陪审团制度及其特点

陪审团制度最初产生于英国，后来传播到世界各地的普通法系国家。陪审团制度有着自己漫长的发展过程，其间也不乏兴盛和衰微。在18世纪初叶，大部分英国法院审理的案件都有陪审团参与。但18世纪中期之后，民事案件渐少采用陪审团。当今英国法院在审理案件时，只有诸如诽谤等少数民事案件仍采用陪审团，不过，较重大的刑事案件大都采用陪审团。相反，目前陪审团制度在美国更受重视。现在，西方国家特别是普通法系国家在审理比较重要的案件时一般都会组成陪审团参与审判。香港也采用了陪审团制度，而且甚至较之于英国，都很有自己的特色。

香港陪审团的组成方式与美国不同。美国的陪审团一般由案件的双方当事人或其代理人（或辩护人）选出；而香港的陪审团是从一群有资格的公民中随机抽选（即抽签式选拔）。每个陪审团由7位市民组成，他们必须符合年龄介于21岁～65岁之间、懂英语等条件。凡符合条件的市民都有义务被抽选至陪审团参与案件的审判，这是其法律责任。如果有市民拒绝履行这种责任，可被判处罚款甚至入狱。参与陪审团的市民在案件结束后，仍回到其原有的工作和生活中去。

根据香港现行法律，刑事案件的被告是否有权申请陪审团参与审判，取决于该被检控案件的性质。如果是性质较轻的案件，便在裁判署或地方法院审理，这样就不会有陪审团的出席和参与，而由法官单独审判；如果犯罪性质比较严重，通常由律政司选择在地方法院或者高等法院审理，这时是否采用陪审团要视情况而定。但是所有在高等法院审理的案件都必须采用陪审团。

陪审团在审讯过程中起着十分重要的作用。一般而言，陪审团聆听案件的审理之后，就退庭商议。商议时任何人包括法官都不能与陪审团联系。陪审团有权自己作出裁定，宣布被告有罪或无罪，即进行事实审。然后由法官进行法律审，即根据陪审团宣布被告有罪的决定，依法裁定其应受怎样的刑事处罚。

中国内地没有采用陪审团制度，但是采用了人民陪审员制度。早在20世纪50年代颁布的《宪法》、《人民法院暂行组织条例》以及《人民法院组织法》中，就都规定了陪审员制度。1979年通过的《法院组织法》和《刑事诉讼法》再次重申：人民法院审判第一审案件，除简单的民事案件和轻微的刑事案件外，都由审判员和陪审员组成合议庭进行。1983年，全国人大常委会又作了调整："人民法院审判第一审案件，由审判员组成合议庭或由审判员和人民陪审员组成合议庭进行；简单的民事案件、轻微的刑事案件和法律另有规定的案件，可以由审判员一人独任审判。"《民事诉讼法》和1996年重新修订的《刑事诉讼法》也作了相似的规定。

中国内地的陪审员在执行职务期间，拥有与审判员同等的权力，有权参与所办案件的全部活动，并且按照少数服从多数的原则作出判决和裁定。除被剥夺政治权利的人以外，所有年满23岁的公民都有权被选为人民陪审员。通常陪审员是由地方各级人大选出，定期轮流到人民法院参与审理案件，也有少数陪审员是在法院邀请的情况下，由被邀请的单位临时推荐而充任的。

可见，香港的陪审团制度和内地的人民陪审员制度尽管有些相似之处，如其目的都是监督和制约法官的专断，简单案件一般不采用陪审制，陪审团成员或陪审员都是经挑选充任的且都有一些条件等，但二者之间的区别却更为明显和重要。这种不同首先表现在人员的资格要求方面，除了年龄限制外，香港法院还有懂英语等条件，而内地仅要求未被剥夺政治权利。其次，选任方式也有差别，香港的陪审团成员一般由诉讼当事人在有资格充任的市民中选定，而内地的选任方式非常严格，大多由各级人大选出。再次是二者的权力和所起的作用也有区别，香港的陪审团一般行使事实审的权力，而内地的陪审员拥有与法官同等的权力，即既有事实审，又有法律审的权力。当然,这种权力的行使必须按照少数服从多数的原则进行。最后,两地法院在审案过程中采用陪审团的条件也不同,香港第一审一般不采用陪审团,但最高法院的所有案件都必须采用陪审团,而内地一般只要求第一审由审判员和人民陪审员共同组成合议庭,这样除法律已规定除外的情形外,只要是第一审,不管法院的级别,都可以采用陪审员,但不要求一审案件一定要有陪审员参加。

尽管香港法院与内地法院采用的是不同的陪审制度,但是很难简单地说这二者之间孰优孰劣。只有那些能真正做到使案件得到公平、公正的审理的制度,才是适合自己情况的好制度。

四 香港司法文化的特征研究

从上述内容中可以看出,香港司法文化经过 150 年的发展,已形成了自己鲜明的特色。

(一) 明显地带有普通法系的特征

必须肯定的是,香港司法文化明显地带有普通法系的特征,这与香港被英国统治有着直接关系。英国在统治香港的 150 多年间,不遗余力地推行英国法。从这层意义而言,甚至可以说香港司法文化曾经是英国司法文化的一部分。这又主要表现在五个方面:一是法官适用的法律渊源具有英国式的多元化特征。二是司法机构很相似,类型和数量众多,法院体系复杂,司法权较分散,甚至某些立法机构和行政机关也同时与法院一样享有司法权。三是很多司法制度几乎完全从英国移植而来,如法官任命制度,律师制度等,这保证了香港律师和法官具有较高的素质。四是完全采用英国式的对抗制诉讼程序,当事人双方通过法庭辩论和询问证人澄清事实,法官不主动询问证人和搜集证据,而是处于中立地位,充当冲突双方的公断人,这与内地法官在诉讼中处于非常积极的地位、法院与检察院在刑事诉讼中分工合作的职权主义诉讼程序大相径庭。[①] 最后是法官在法律的发

---

① 也有学者提出中国的刑事诉讼构造其实是"流水作业式"的,以区别大陆法系的纠问式刑事构造。参见陈瑞华《刑事诉讼的前沿问题》,中国人民大学出版社,2000,第 231~242 页。

展过程中起着突出的作用,可以说,像英国法一样,香港法主要也是法官司法活动的产物,尽管今天香港也有了许多制定法。

(二) 香港司法文化具有多元化特征

许多研究香港法律文化和历史的权威学者认为,香港存在着一种二元化的法律体系和法律文化。① 在香港回归前,其法律文化中的一元是在引进英国法基础上建立起来的普通法系;另一元是英国统治香港时保留下来并一直适用的中国清代的法律和习惯。当然,在香港法律文化的二元结构中,不同的时期,这二元所起的作用和所处的地位也有所不同。香港回归后,法律文化实际上出现了三元结构。这第三元就是全国人大及其常委会制定的适用于香港的法律,如《基本法》和《中华人民共和国宪法》中相关的规定。② 再如,适用于香港的国际条约来源也在向多元化发展,在香港回归前,适用于香港的国际条约都是英国缔结或加入的;但是根据《基本法》的规定,回归后香港适用的国际条约则有香港原适用的大部分国际条约、中国中央政府缔结并决定适用于香港的国际条约以及香港特别行政区以"中国香港"的名义加入的国际条约三类国际条约。

与上述事实相应的情况是,香港的司法文化也呈多元化的特征。早在英国占领香港之初的1841年,英国便确立了二元化的司法体制。其中最有力的证据就是《义律公告》所宣称的内容:

> 是以香港等处居民,现系归属大英国王之子民,故自应恭顺乐服国王派来之官,其官亦必保护尔等安堵,不致一人致害。至尔居民向来所有田亩房舍产业家私,概必如旧,断不轻动。凡有礼仪所关乡约律例,率准仍旧,亦无丝毫更改之谊。且为奉国王另降谕旨之先,拟应照《大清律例》规矩主治居民,除不得拷讯研鞠外,其余稍无所改。凡有长老治理乡里者,仍听如旧,惟须禀明英官治理可也。倘有英民及外国人等至害居民,准尔即赴附近官前禀明,定即为尔查办。……倘嗣后有应示之事,即由派来官宪随时晓谕,责成乡里长老转辖小民,使其

---

① 参见 Berry Su, *The Common Law in Chinese Context*, Hong Kong University Press, 1992。
② 参见董立坤《香港法的理论与实践》,人民出版社,1999,第67~74页。

从顺毋违,特示。①

次日,义律又发布了内容大致相同的一份公告,重申了前言。不管学者们怎样争议,在事实上,香港还是建立了二元化的司法体制:对华人依旧适用中国的法律及习惯;对英国人以及其他外国人适用英国法。例如,在1915年判决的 Ho Tsz Tsun v. Ho Au Shi and others 案中,首席法官 Rees–Davies 判定:将英国法适用于以前由习惯法调整的中国家庭制度有违《义律公告》的有关规定。该法官明确指出《义律公告》为香港建立了一种二元化的司法体制。②

但随着英国文化、思想和政治观念等对香港的影响日益加深以及香港本地政治、经济和文化的发展,传统中国文化包括传统司法文化对香港的影响日渐式微。这正如著名学者欧德礼所言,香港殖民地法制史可以被简单地描述为英国法的逐渐扩张和中国法律及习惯日益萎缩的过程。③

19世纪70年代陆续生效的一系列法例,如《婚姻改革条例》以及《无遗嘱遗产继承条例》等,实际上已经敲响了香港"中国法律及习惯"的丧钟。④ 以后"中国法律及习惯"的内容不断被新制定的法律吸收或改良,因此,尽管其在香港社会的影响犹存,但最终消亡的命运似乎已不可避免。⑤

香港回归后,司法文化中又多了内地司法文化这一元。其中最明显的表现:一是香港法院在审理案件时必须遵循全国人大及其常委会制定的适用于香港的相关法律;二是全国人大常委会可以行使《基本法》中的解释权以推翻香港终审法院在判案时对《基本法》作出的解释;三是香港与内地的法律

---

① 转引自苏亦工《义律公告与一岛两制——香港二元法制的确立》,载香港法律教育信托基金编《中国内地、香港法律制度研究与比较》,北京大学出版社,2000,第37~38页。
② 参见 10H. K. L. R. 69 [1915]。
③ Peter Wesley – Smith, *The Source of Hong Kong Law*, Hong Kong University Press, 1994, p. 207.
④ Evans, "Common Law in Chinese Setting", *H. K. L. J.* (1971), p. 3, note 5.
⑤ 但在我们研究的司法文化这一层面,"中国法律及习惯"未必会消失无踪,因为在实行判例法的法域,法官本身就可以凭借自己对法理的认识灵活地判案。有学者从香港高等法院大法官杨振权对一件信托纠纷案的处理,就看到了在法理裁断的同时,不忘道德规劝的做法,并感叹:"在香港这样一个法制社会,体察人情、关注伦理到如此地步,可敬可叹。"参见霍存福《英国法理与中国人情的璧合》,载香港法律教育信托基金编《中国内地、香港法律制度研究与比较》,北京大学出版社,2000,第261页。

冲突和司法协助不再是原先类似两个国家之间的关系,而是一国内部不同区域间的法律冲突和司法协助的关系了。但是这一切都是发生在一国内部,在这个国家内部有着几乎完全不同的两种司法制度,因而在许多案件的审判中,必然会产生诸多的司法争议问题。① 从深一层次看,这种司法争议的存在,表明了香港法律制度在回归后呈现出一种无法自我克服的不足,香港应该思考如何在实施《基本法》的过程中既要发挥普通法的传统,又要融入中国法的相关制度,从而实现比较客观的司法独立制度。

(三) 香港司法文化的形成过程具有典型的唯理性和建构主义特征

这里所谓的"唯理性"和"建构主义"是指香港的司法文化在很大程度上是统治者推行和移植英国司法文化而形成的。从这层意义而言,香港的司法文化是"人之设计"而并非"人之行动"的产物。也就是说,香港法治社会的形成以及司法文化的成功并非如哈耶克所言是"自生自发的"、"内部秩序的"产物。②

香港本是荒芜小岛,人迹罕见,经过150多年的殖民统治,已成为世界著名繁华都市和金融及商业中心,近现代的司法机构和司法制度也从无到有逐步发展和完善起来了。但这并不主要是香港的立法机构或司法机构根据香港本地的经验和传统逐渐积累而成的,相反,香港殖民统治者一开始就引进了英国的司法文化。例如,根据1844年香港《最高法院条例》,英国法适用于香港,这样,香港引进了英国司法机构的设置及其权限的划分、法官制度、律师制度等。即使对香港本地的司法文化有所保留,也是坚决剔除其非人道的部分(如刑讯)和陋习。

最令人印象深刻的是,英国的判例法可以适用于香港。众所周知,判例法是最具地域色彩和民族特征的法律形式,但事实就是这样,内容适合的英国判例法竟然可以直接适用于地处遥远东方的香港。法国思想家孟德斯鸠说过这么一句意味深长的话:"为某一国人民而制定的法律,应该是非常适合该国的人民的;所以如果一个国家的法律竟能适合于另外一个国

---

① 陈弘毅:《回归后香港与内地法制的互动:回顾与前瞻》,载香港法律教育信托基金编《中国内地、香港法律制度研究与比较》,北京大学出版社,2000,第11~29页。
② [英]哈耶克:《法律、立法与自由》(第1卷),邓正来等译,中国大百科全书出版社,2000,第52~77页。

家的话，那是非常凑巧的事。"① 想想英国在海外的殖民地，好像从未有过如同香港这样取得巨大成功的例子，其中的原因很值得我们探讨。

从英国法对外输出的历史来看，它是随着欧洲经济发达地区实行资本原始积累，向外占领和掠夺殖民地开始的。在殖民统治时期，宗主国为了保护本国商人、厂主的利益，为了掠夺殖民地附属国人民而强制推行本国法律。但殖民地附属国原有的法律和习惯并没有完全被取代，因为从宗主国的实际需要来看，为了达到自己的目的，需要采用西方的行政管理制度以及契约法、公司法、票据法、海商法等一系列法律，而就殖民地附属国人民的社会生活和处理内部关系来说，西方法律则是格格不入的，在广大农村地区更是如此。

殖民主义者为了维持殖民地附属国社会的稳定，在某些领域保留了原有法律和习惯。而且，利用当地的上层分子和统治势力是殖民主义者惯用的方法，保留某些原有的法律和习惯则有助于这种利用。所以，总体来说，在殖民主义入侵以后，亚非拉国家在公法、民商法和民事诉讼法等领域推行西方法律，而在身份、婚姻家庭与继承方面则保留原有法律和习惯。② 比如，英国东印度公司17世纪初叶在印度经营贸易以后，逐渐在政治上控制了印度大部分地区，直到1858年由王室充任英属印度的统治者之前，公司都作为英国王室的受托人管理着印度。在相当长一段时期里，东印度公司控制下的地区均单独适用英国法，但后来规定：所有涉及继承、婚姻、社会等级和其他宗教惯例及制度的诉讼，伊斯兰教徒适用古兰经（Koran）教规，印度教徒适用圣典（Shastra）规范。在上述事宜方面，受英国法管辖的聚居区有加尔各答、孟买等所属的市镇，而其他地区则受它们各自的习惯法管辖。如果没有习惯法，仍可适用英国法。至于其他一切问题则继续适用英国法。这样，就产生了双重体制的法律：一种是按地域范围的属地法，另一种是因人而异的属人法。③ 而香港的法律传统是以英国法为主，本土化的东西只有硕果仅存的"新界习惯法"。

法律移植应该是一种唯理建构主义的策略。毫无疑问，就香港的司法

---

① 〔法〕孟德斯鸠：《论法的精神》，张雁深译，商务印书馆，1961，第6页。
② 由嵘、胡大展主编《外国法制史》，北京大学出版社，1989，第395页。
③ 上海社会科学院法学研究所编译室编译《各国宪政制度护额民商法要览·亚洲分册》，法律出版社，1987，第319~320页。

文化与英国的司法文化的联系之紧密程度而言,香港法几乎可以称为是英国法的翻版。如果说日本曾经是移植大陆法系法律文化最为成功的国家的话,那么可以说,香港是移植普通法系法律文化最为成功的地区。相对而言,移植判例法国家的司法文化具有更大的困难,因而也需要更高的智慧和技术。这方面,香港在殖民者进入前,原本人口稀少,没有健全的司法机构,也未形成固定成熟的司法制度,这些因素可能是便于普通法全方位输入的最重要的原因,因为唯有这些才是其他地区都不具备的条件。而香港经济迅速发展的历史也使其法律制度构建的特点更为引人注目,因为这一法律制度中的许多内容无疑对香港经济的成功起着保障和促进作用。

五 香港司法文化与内地司法文化的交流与互动趋势

香港在回归前,其法律文化包括司法文化非常具有开放性,与世界各国的交流相当频繁且富有成效。例如,香港终审法院依法有权根据自己的需要邀请其他普通法适用地区的法官参加香港法院对案件的审判。如此开放的司法文化,可以说是举世罕见。但是,"以前,香港是英国统治下的'殖民地',对于当时的香港法制来说,中国法制犹如任何一个'外国'的法制,并不与香港法制发生有机的、互动的关系"①,内地与香港司法文化之交流和互动的情形很少。其中的原因很复杂,如香港是普通法系的成员,而内地则属社会主义类型的法,当然从形式上来看,内地更具大陆法系的特征;但是,更重要的原因是政治上的因素。这样,香港与内地的司法文化的交流大都停留在司法业务层面上,②而无实质上的互动关系。

(一) 两地司法文化交流与互动的需求

香港回归祖国后,两地之间司法文化的交流与互动也有了可能和必要。首先,是一国两制为两地司法文化的交流与互动提供了政治基础。也

---

① 陈弘毅:《回归后香港与内地法制的互动:回顾与前瞻》,载香港法律教育信托基金编《中国内地、香港法律制度研究与比较》,北京大学出版社,2000,第10页。
② 这种交流大多局限于两地律师在商业方面的合作,并且双方主要是配合客户生意上的需要,彼此交换专业资料。后来也只是香港律师把律师行开到内地而已,官方之间的交流非常少见。参见周永健《积极交流、加强沟通》,载《中国内地、香港法律制度研究与比较》,北京大学出版社,2000,第75~76页。

就是说，以前人为的政治方面的障碍已经不复存在。其次，香港与内地的司法文化差异巨大，这种差异不只表现在形式上，更重要的是表现在本质上。这样，在一国两制下"两套截然不同的法律理念在产生相互作用的初期，在一些重要概念有待厘清，正确的理解有待形成、宪制性成例有待建立的阶段，出现诉讼是不可避免的。"① 因而，两地之间的交流与互动也是大势所趋。再次，不同法系之间的融合，已经是世界法律发展的大趋势。20 世纪以来，世界上主要的法系已经开始抛弃固守传统壁垒的做法，不断地铲除法系偏见，取长补短，从而使自身的内涵日益丰富和完善，使一切合理的元素得以共存并发展。例如，大陆法系国家已开始改变往日那种刻板的闭门造车的立法方式，修正法官是法律的奴仆、法官在审判的过程中只起自动售货机的作用的习惯做法，开始注重经验，吸收判例法的优点；而普通法系国家也一改过去那种只注重案例和经验以及过分信任法官的传统做法，开始提倡法典化运动。② 香港与内地之间的法律文化，虽然并不具有纯粹的法系差别，而更多的是法律制度及其性质的不同，但在一国两制的政治基础上，两种不同的法律文化之间一样存在着交流与互动的必要性。只有这样，两地司法文化之间才能取长补短，发展和完善自身。最后，随着两地经济和文化的开放与交流，各种交往急剧增多，不可避免的是纠纷也会增多，因此，如何在一国两制的前提下解决两地之间有可能因不同的司法文化而带来的司法方面的冲突与困难，已成为司法文化交流与互动的直接动因。

（二） 两地司法文化交流和互动的形式

香港与内地司法文化之间交流和互动的形式多样，但具体而言，大致有这么两种情形。

一是从宏观的方面来看，香港与内地之间的司法文化之间可以互相学习，取长补短，从而使自己的司法文化更加完善。

香港与内地之间司法文化方面的交流和互动是以"一国两制"为政治基础的，而法律上的基本前提则是《基本法》的制定和实施。《基本法》

---

① 梁爱诗：《新宪制建设的里程碑》，1999 年 12 月在香港九龙东区扶轮社餐舞会上的致辞。
② 徐复雄：《论基本法确立的香港新宪制架构》，载肖蔚云、饶戈平主编《论香港基本法的三年实践》，法律出版社，2001，第 11～12 页。

是在广泛听取意见和建议的基础上由全国人大制定的宪法性法律,它是中国法律的一部分,是全国性的法律;同时《基本法》又是香港的宪法性文件,高于香港的其他法律,这就意味着香港法院在适用普通法、衡平法、条例、附属立法和习惯法时,都必须以不与《基本法》相违背为前提。

毫无疑问,在司法实践的过程中,两地本属于不同法系的法律文化在一国两制的新宪制下得到了充分交流甚至融合。这正如律政司梁爱诗女士所言:"虽然两种法律制度在各自管辖范围中独立运作,但也不是完全不相干的,《基本法》正如是两种法律制度的交汇点。"[1] 香港高等法院首席法官陈兆恺先生也指出:"世界上没有一个制度是十全十美的,每一个法律制度和传统都各自有它的优点和弱点。有学者认为成文法和普通法两个法律制度和传统应该补充不足。过去内地与香港的法律制度和传统已开始朝这方向发展……我深信这是一个正确和必须的方向。这也是国际的大方向。"[2] 笔者以为,把这种观点放在两地司法文化的交流与互动方面,也非常具有远见。陈兆恺先生作为香港高等法院的首席法官,说出这样意味深长的话,表明香港司法界确实已经把两地法律交流与互动作为一种发展的方向。

内地最近20多年来已开始重视法律,着手推行社会主义法治,且取得了令人瞩目的成就。内地所实施的司法制度完全不同于普通法系的司法制度,因而也就有异于香港的司法制度。但是,内地根据自己的实际情况,也吸收了包括普通法系司法制度在内的西方司法制度的长处。因此,内地与香港的司法文化有了一些趋同的因素。如内地1996年修订的《刑事诉讼法》,进行了许多程序上的改革,引进了普通法系的一些制度和原则:参考了无罪推定原则,规定只有法院才有权定罪;改变了辩护制度,使被告的律师能够提前介入诉讼,等等。再如,中国内地疆域辽阔,民族众多,且各地各民族的经济、文化、风俗以及传统差异极大,法官素质也参差不齐,针对这一情况,最高人民法院已日益重视通过公布典型案例来指导各地司法工作。实际上,尽管判例法不是内地法院的法律渊源,但是典

---

[1] 梁爱诗:《基本法建立的新宪制架构》,1999年11月2日在香港大学圣约翰学院晚宴上的致辞。
[2] 陈兆恺:《中港法律制度发展的前景》,载《中国内地、香港法律制度研究与比较》,北京大学出版社,2000,第35~36页。

型案例对于各地法院还是有着相当的约束力,故最高法院公布的典型案例也起着类似于香港判例法的作用。

二是从微观的方面来看,回归以后的香港与内地必然会有大量的司法往来,需要互助与合作,但是在合作过程中,必然会遭遇许多司法文化方面的冲突,因为两地的交流与互动其实也是不同司法文化传统之间的博弈与协调的过程。

香港回归之前,即使与内地发生司法方面的联系,也是按照国际惯例和国际条约的规定解决问题。但是,香港回归后,与内地已不再是原来类似国与国之间的关系,而是一国内部不同地区或地方与中央之间的关系。很明显,有些以前适用于香港与内地的有关司法的国际惯例和国际条约已不能再继续采用;但同时香港与内地的地方司法机关以及中央司法机关之间也不是单纯的地方与地方或地方与中央的关系,而是特别行政区与其他地方或特别行政区与中央的关系。"这样,在一个统一的国家内形成了两个截然不同的法律区域:我国内地实行社会主义法律制度,在香港实行现行的以英国普通法为主的法律制度,各自都有独立的立法权、司法权和终审权,由此而发生的涉及我国内地与香港的法律关系将不可避免地因不同的法律规定发生冲突。这种冲突不是主权国家之间的法律冲突,而是在统一主权国家之内不同法域间的法律冲突。"[①]

不言而喻,在这种情况下,香港与内地的司法文化的交流、冲突与互动也极为特别和复杂:一方面,香港与内地之间的司法机关不但会发生法律适用方面的冲突,而且会发生管辖权方面的冲突;另一方面,基于一国两制的政治前提,香港与内地之间的司法机关更多地会强调互相协调与合作,以现实地面对共同的司法问题,如两地之间的司法协助以及判决的承认和执行等。下面分别述之。

首先是司法管辖权之冲突及其协调。香港与内地的司法管辖原则很不相同,这样在一个案件同时涉及香港与内地时,根据香港的司法管辖原则和我国有关的管辖规定,香港与内地对该案件都享有管辖权,从而引起了香港与内地的管辖权的冲突,如"张子强案"和"李育辉案"所引起的刑事案件管辖权的冲突。对此两案,根据中国《刑法》和《刑事

[①] 董立坤:《香港法的理论与实践》,人民出版社,1999,第366页。

诉讼法》的有关规定，内地司法机关拥有司法管辖权；但同时根据香港法律其司法机关也有管辖权，结果虽然两案最终由内地法院审判，但却引起了争议。这两个案件之所以会发生管辖权方面的争议，是因为《基本法》和相关法律对上述情况未加以明确规定。可以预见，以后这种情况还会发生，因为法律无法规定将来可能发生的一切情况。在这层意义上，或许上述案件的处理及其处理的方式会为将来类似的案件提供"先例"，因为一国两制语域下的司法问题不仅是一个理论或法律的问题，更是一个实践的问题。

其次是法律适用之冲突及其解决。如果一个案件既涉及香港又涉及内地，那么势必涉及香港与内地的法律，发生两地的法律冲突，在这种情况下，两地法院应怎样处理是一个非常现实和复杂的问题。如果是刑事案件，那么根据刑法原理，一国法院对刑法的适用与其法院的刑事管辖权是一致的。也就是说，一旦该国法院对该案件行使了刑事管辖权，那么该法院就应该适用本国的刑法。这与民事案件的法律冲突的情况不同。在民事案件中，当法院决定它对某件有跨境性质的案件享有民事司法管辖权后，还可以依据冲突法原理，选择是适用本国法律还是他国法律来处理该案。香港与内地解决这种涉外民事纠纷的法律规定和原则尽管有不少相似的地方，但是更多的是区别——即使是采用相似的法律冲突规则，在实际的运用和理解上也大有不同。例如，对于当事人双方对适用法律未作选择的经济合同，香港和内地的冲突法都主张适用与合同有最密切联系的国家或地区的法律。但是，对于何谓"最密切联系"，香港与内地的法院的理解和规定也可能极不相同。因此，香港与内地的法院在面对具体案件时，不仅会有实体法的冲突，还有冲突法的冲突。[1]

短期内，香港与内地之间不太可能制定一部像西方联邦制国家那样适用于联邦内部的区际冲突法，这有传统习惯方面的因素，也有心理意识方面的原因。所以，如果要顺利解决香港与内地的法律冲突，在相当长一段时期内，两地还必须各自依据自己的冲突法规则，选择适用香港或内地的相关法律。这既要求香港的司法人员和机关熟悉内地的法律以及相关法律适用的规则，也要求内地的法律工作者和司法机关熟悉香港

---

[1] 董立坤：《香港法的理论与实践》，人民出版社，1999，第379~380页。

的法律以及有关的法律适用规则，只有这样，才能协调香港与内地诸多的法律冲突。

最后是司法协助与合作。香港与内地之间的司法协助主要包括诉讼文书的送达、证据的调查以及判决的承认和执行等内容。其中最为复杂和困难的是对两地法院判决的承认和执行问题，因为现在香港与内地之间不存在任何关于相互承认和执行各自法院判决的具体规定。目前，香港法院的判决要在内地得到承认和执行，必须按照《民事诉讼法》第204条规定的程序和条件进行审查通过方可执行；而内地法院的判决要在香港执行，必须依据香港《外地判决（相互执行）条例》规定的程序和条件进行登记才能得以实施。但是，这种规定既烦琐又不大符合香港是中华人民共和国一个特别行政区的法律事实，因此有学者提出，可由内地各省、自治区和直辖市的高级法院与香港高等法院达成相互帮助执行对方判决的司法委托协定，在对对方法院的判决经过简单的形式审查程序之后，对香港的判决依据《民事诉讼法》规定的程序予以执行，香港法院对执行内地法院的判决予以同样的协助。[①]

（三）香港与内地之间司法文化交流与互动的趋势

从上述分析可以看出，香港与内地之间的司法交流、冲突、协调和互动的主要趋势有：一是两地司法文化在交流、冲突、协调和互动的过程中，会出现趋同化的趋势。尽管内地目前的法治程度不高，司法文化更是担负着传统的重累，但是随着内地经济、政治和文化的逐步开放和发展，在"全球化"的今天，内地的司法文化也会逐步与世界接轨。

当然，司法文化也是一种地方性知识，香港与内地的司法文化永远都不大可能完全一样，但是两地的司法文化中对于正义、公平和平等等价值观念和美好理想的追求应该是相同的。因为司法文化的形式有可能是地方性的，但其价值内核却是普适的。还可以预见的是，在香港与内地司法文化趋同化的过程中，内地会表现得更为积极和主动，因为这是国际潮流，也是大势所趋。对此，原香港首席大法官杨铁樑先生早在10年前就指出：

---

① 董立坤：《香港法的理论与实践》，人民出版社，1999，第392~393页。

在1997之后的五十年内，香港法律和司法制度应该是没有本质上的变动。一点不变是不可能的，只是基本上变化不大。在这五十年内香港将继续是一个保持资本主义制度的社会，继续是拥有现在法理的、现在本质的、现在原则的法律和司法制度，也就是说，香港人在1997年后将继续拥有他们一百多年来比较习惯的一套法律。在这段时间内，内地也在变化，而且在香港人看来，这种变化的幅度还很大。到了2047年，整个中国的面貌将又是另外一个样子。一般地说，香港人都认为内地现在政策的大方向是对的。在2047年之前，内地和香港的距离有些是应该能够缩短的，尤其那些接近香港的开放城市的繁荣可能与香港是同水平的了，那时内地的法律和司法演变到什么程度不好说，但从现在来看，大原则——法治确定下来了。在今后的几十年内，香港和内地双方都是要互相学习、互相交流的。当然双方隔阂很久，彼此都很陌生，要达到思想上的融洽交流并不是很容易的。这是一个长期的任务，法律上的交流尤其如此。①

香港与内地的司法文化交流与互动过程中的第二个趋势是，在相当长一段时期内，两者之间会冲突与协调共存，争议与对话同在，同时在两种司法制度中间，会保持一个缓冲区，以便双方互相适应，逐渐磨合。在这一过程中，模糊和宽容是非常重要的价值尺度和理想目标。由于两地司法文化的价值取向、程序观念、法治意识、传统偏见和民众心理等方面的巨大差异以及相关法律的缺席，香港与内地之间在具体案件的操作上肯定还会出现不同的处理方式，因而冲突不可避免。但是，理性终究会占上风，两地最后还是会在一国两制的原则下现实地解决相关的问题。这样，两地有望制定一些只适用香港与内地的区际性的协议和条例，并且这些处理争议的手段和方式可能会为处理内地与澳门以及将来的一国两制下的台湾的相似问题提供借鉴。

（原文载于《华东政法学院学报》2001年第6期）

---

① 《一九九七年后香港法律展望》，载黄炳坤主编《"一国两制"法律问题面面观》，三联书店，1989，第76页。

香港法律中的"最终承认规则":历史与前景

於兴中[*]

一 绪论

香港自从1842年正式被英国殖民统治以后,不久即接受了英国的法律制度,一直沿用至1997年。[①] 根据这一事实似乎可以推断出:1997年以前,英国法律制度中的"最终承认规则",即哈特教授反复强调过的"凡经女皇与国会制定者皆为法律"这一事实理所当然的也应该是香港法律制度中的"最终承认规则"[②]。1997年以后,香港回归中国大陆,成为中华人民共和国领土的一部分。主权的变化使香港原有法律制度中的"最终承认规则",即"凡经女皇与国会制定者皆为法律"失去了效力。但同时《中华人民共和国香港特别行政区基本法》(以下简称《基本法》)又规定香港实行不同于大陆的法律制度。[③] 这就意味着回归以后,香港虽然成为中华人民共和国的一个特区,但我国法律中的"最终承认规则"并不一定就是香港法律中的"最终承认规则"。因此,香港法律中的"最终承认规则"究竟是什么,便自然而然地成为政治实践和学术研究所关注的一个重要问题。而这个问题的重要性因为终审法院居港权判决引起的1999年人大常委会释法事件而变得更为重要,成为目前香港法制发展中最关键的问

---

[*] 於兴中,哈佛大学法学博士,现任康奈尔大学法学院讲座教授。
[①] 参见 Peter Wesley‐Smith, *The Sources of Hong Kong Law*, Hong Kong University Press, 1994。
[②] 参见 H. L. A. Hart, *The Concept of Law*, Oxford University Press, 1961, p.99。
[③] 参见《中华人民共和国香港特别行政区基本法》第8、19条及第四章第四节,三联书店,1999,第4、7、24~25页。

题，关系到香港法律制度的合法性、香港宪政秩序的发展方向和同大陆宪法及法律制度的联系，乃至香港政治法律文化发展的前景等重大理论问题和现实需要，因而非常具有探讨的必要。①

那么，什么是香港现行法律中的"最终承认规则"？是《基本法》、"一国两制"、"港人治港"、"高度自治"、"五十年不变"等特殊宪法原则，还是《中华人民共和国宪法》抑或全国人民代表大会？有学者指出，香港法律中的"最终承认规则"是《基本法》，也有学者认为是《中华人民共和国宪法》。② 本文认为香港法律中的"最终承认规则"既不是《基本法》，也不是《中华人民共和国宪法》，而是《基本法》所体现的"一国两制"、"港人治港"、"高度自治"、"五十年不变"等特殊宪法性原则和香港政府官员、立法、司法、执法人员、律师、社会精英以及普通公民对这些特殊宪法原则的认同与接受。这一观点包括两个层面：一是理想、原则、规范的层面，二是现实的层面。它体现了"一国两制"的精神，兼顾内地香港两地的利益和关怀，其理论来源是中国政府关于"一国两制"的思想和法理学界关于法律制度中的"承认规则"的学说。③

因为"承认规则"并不是一个人们耳熟能详的概念，本文拟从探讨"承认规则"的概念入手，进而讨论1997年以前香港法律中的"最终承认规则"，以便更好地理解现行香港法律中的"最终承认规则"。与此相适

---

① 关于该居留权案事件，参见佳日思等编《居港权引发的宪法争议》，香港大学出版社，2000。该书讨论比较详细，并附有有关文件，极有参考价值。

② 从 Peter Wesley-Smith, Yash Ghai 和 Michael Davis 的著述中可以看出，他们倾向于认为《基本法》是香港法中的"最终"承认规则，而凌兵则认为中国宪法是香港法中的"最终"承认规则。参见 Yash Ghai, *Hong Kong's New Constitutional Order: the Resumption of Chinese Sovereignty and the Basic Law*, Hong Kong University Press, 1997; Peter Wesley-Smith, Albert H. Y. Chen (eds.), *The Basic Law and Hong Kong's Future*, Butterworths, 1988; Michael Davis, *Constitutional Confrontation in Hong Kong: Issues and Implications of the Basic Law*, St. Martin's Press, 1990; 佳日思等编《居港权引发的宪法争议》（香港大学出版社，2000）所载《居港权引发的宪法争议》一文。

③ 有关"承认规则"的论述，除前引 Hart 著作外，请参见 J. Raz, *The Concept of A Legal System* (2d Ed. 1980); L. Fuller, *The Morality of Law* (Rev. Ed. 1969); Kent Greenawalt, "The Rule of Recognition And The Constitution," 85 *Mich. L. Rev.* 621 (1987); N. Maccormick, H. L. A. Hart (1981); J. Raz, *The Authority of Law* (1979); Coleman, "Negative And Positive Positivism," 11 *J. Legal Stud.* 139 (1982); Postema, "Coordination And Convention At The Foundations of Law", 11 *J. Legal Stud.* 165 (1982); Soper, "Legal Theory And The Obligation of A Judge: The Hart/Dworkin Dispute," 75 *Mich. L. Rev.* 473 (1977)。

应，本文由三个主要部分组成。第一部分评介法理学中对"承认规则"这一概念的基本认识，指出这一概念不仅是一个规范性的概念，同时也是对一种事实的陈述。第二部分回顾1997年以前香港法律制度中的"最终承认规则"，借以同现行香港法律制度中的"最终承认规则"相对照。第三部分对《基本法》、《中华人民共和国宪法》、"一国两制"、"港人治港"等有可能成为香港法律中的"承认规则"的规范性文件、政治原则及宪法性原则逐一评价，指出回归后的香港法律制度虽然属于中华人民共和国法律制度的一部分，但其"承认规则"却不同于我国法律制度中的"承认规则"。

二 什么是"承认规则"？

哈特教授在其力作《法律的概念》第三章重点阐述了一个颇有意思的概念，名之曰"承认规则"。[①] 其核心思想是，任何法律制度中都存在一个最终权威，其赋予该法律制度的所有规则以法律效力。[②] 但究竟什么是法律中的"承认规则"，哈特似乎并不十分肯定，或者说他的论述给进一步探索这个概念留下了比较大的余地。尽管如此，其基本思想即一个法律制度中有一个最终的权威这一点还是比较清楚的。我们大概可以把它看作是一种具有启发意义的分析模式的雏形。

哈特认为法律规则可以分为主要规则和次要规则两类，前者设定义务而后者授予权力。主要规则规定什么可为、什么不可为，以及为达到一定的目的应该采取何种行为。次要规则是关于规则的规则，是主要规则背后赋予其法律效力的规则。哈特对次要规则论述颇多，似乎将它们视为法律制度之所以为法律制度的关键所在。他指出，主要规则作为一种控制形式普遍存在于简单社会形态中，它们是社会控制所必不可少的。而在一个较复杂的社会中，光有设定义务的主要规则显然是不够的。在复杂社会中除了设定义务的主要规则外，还需要有针对这些规则的合法性、有效性和适用性等而设定的次要规则。而这些次要规则的存在恰恰也就是判断一个法

[①] H. L. A. Hart, *The Concept of Law*, Oxford University Press, 1961, pp. 97 – 119.
[②] H. L. A. Hart, *The Concept of Law*, Oxford University Press, 1961, pp. 97 – 119.

律制度存在与否的根据。①

哈特认为次要规则主要有三种，即"承认规则"、"改变规则"和"审判规则"。"承认规则"的作用在于确定某一个或者某些决定性规则是否具有法的效力的标准。改变规则的作用在于授权官员制定新的规则或者取消旧的规则，授权公民改变他们自己或他人的法律地位或者法律关系。审判规则的作用是授权机关或者个人就一定情况下某一条规则是否已被违反，以及应处何种制裁作出裁决，规定必须遵守的审判程序，授权审判者指导其他官员实施惩罚，以此使制裁集中化。②

我们可以看出这三种次要规则中"承认规则"主要是针对法的最终权威，法律规则出处的合法性以及法的效力问题。改变规则拟解决的是法律制度的稳定、继承与发展的问题。审判规则主要着眼于法的结果、法律制度运作的程序和法的实施的问题。如果从英国人惯用的实质与程序的二分法的角度来看，主要规则是实质性的而次要规则则是程序性的、授权性的。

在三种次要规则中，"承认规则"是最重要的。因为它是一个法律制度存在和统一的基础。哈特认为每个法律体系都必然包含着用以评价这一法律体系中的其他规则的标准。在现代法律制度中，法律出自不同的渊源：诸如立法机关、法院判决、习惯、商业惯例等。一条规则的法律效力可以通过引证其出处来予以评价。上述出处都可以看作是"承认规则"③。一个法律制度中的规则往往具有等级性，而且"承认规则"也相应地具有等级性。在"承认规则"的等级中有一条应该是最高、最终的"承认规则"。譬如在中国的法律体系中宪法被看作是最高层次的法律，即所谓根本大法。其次是人大及其常委会制定的全国性的基本法律，再次是国务院及其各部委和地方政府制定的行政法规，而人大的法律、国务院及地方政府的法律是不应该与宪法相抵触的。④

这里所牵涉的实际上是一个非常重要的法理学问题，即一个法律制度的合法性问题。关于这个问题，法学史上存在过的各法学流派都曾经作出

---

① H. L. A. Hart, *The Concept of Law*, Oxford University Press, 1961, pp. 97 – 119. 并请参见沈宗灵《现代西方法律哲学》，法律出版社，1983，第 154～159 页；张文显《当代西方法学思潮》，辽宁人民出版社，1989，第 222～226 页。

② H. L. A. Hart, *The Concept of Law*, Oxford University Press, 1961, pp. 97 – 119.

③ H. L. A. Hart, *The Concept of Law*, Oxford University Press, 1961, pp. 97 – 119.

④ 参见张春生编《中华人民共和国立法法释义》，法律出版社，2000，第 3～4 页。

过不同的解释。譬如在神权统治如日中天的中世纪，人们认为法律制度的合法性存在于法律是上帝赋予的这一说法之中，也就是说人之所以要遵守法律是因为法律是上帝赋予的。① 而以理性为基础的古典自然法学派则认为人之所以要遵守法律是因为法律是理性的体现，也就是说一个法律制度的合法性是建立在客观理性之上的。② 而在以统治者及主权者的意志为法律本质的实证主义法学派看来，一个法律制度的合法性完全是由于主权者赋予的。③ 这些观点在历史上的不同时期都曾经占有统治地位，而随着时间的推移先后失去了其可信性。新分析法学抛弃了法律的最终权威为强制力的说法，而热衷于从规则体系中探寻法的最终权威。在凯尔森的纯粹法学中，法的最终权威是所谓的基本规范，④ 而哈特则提出了关于"最终承认规则"的说法，试图为法律制度的合法性提供一种新的解释。

令人难以把握的是，依照哈特的意思，所谓"承认规则"并不是一条明确规定的规则，而可能具有多种表现形式。与其说是规则，不如说是事实。哈特自己举的例子乃是英国法中的"最终承认规则"即是"凡经女皇与国会制定者皆为法律"⑤。这实际上是一个事实的陈述而不是规则。

在哈特研究的基础上，其他学者对"承认规则"这个概念也做过探讨。比如朗·富勒、约瑟夫·拉茨、尼尔·麦考密克、肯特·格林沃特及安东尼·塞柏克等人对这个概念都有正面或反面的论述。⑥ 从他们的论述中可以看出，"承认规则"并不是一条可以用具体的文字明确表达的规则。在很大程度上它只是一种事实。很多学者都持这一观点。

拉茨就干脆把"承认规则"理解为社会事实。它不是被制定或宣布

---

① 〔美〕哈罗德·J. 伯尔曼：《法律与革命》，贺卫方等译，中国大百科全书出版社，1993。
② 参见〔德〕康德《法的形而上学原理》，沈书平译，商务印书馆，1991。
③ 参见〔英〕奥斯丁《法学讲演录》，支振锋译，江西教育出版社，2014。
④ 参见〔奥〕凯尔森《法与国家的一般原理》，沈宗灵译，中国大百科全书出版社，1996。
⑤ 参见 H. L. A. Hart, *The Concept of Law*, Oxford University Press, 1961。
⑥ 参见 J. Raz, *The Concept Of A Legal System* (2d Ed. 1980); L. Fuller, *The Morality of Law* (Rev. Ed. 1969); Kent Greenawalt, "The Rule Of Recognition And The Constitution", 85 *Mich. L. Rev.* 621 (1987); N. Maccormick, H. L. A. Hart (1981); J. Raz, *The Authority Of Law* (1979); Coleman, "Negative And Positive Positivism", 11 *J. Legal Stud.* 139 (1982); Postema, "Coordination And Convention At The Foundations Of Law", 11 *J. Legal Stud.* 165 (1982); Soper, "Legal Theory And The Obligation Of A Judge: The Hart/Dworkin Dispute", 75 *Mich. L. Rev.* 473 (1977)。

的，它的存在体现在社会实践中，即体现在法官、行政官员、公民个人及其法律代理人把某一规则确认或接受为一个法律规则的活动之中。[1] 哈特自己也说"'承认规则'仅仅是作为法院、官员和个人在依据某种标准确定法律时而从事的复杂而又习以为常的实践而存在的"。[2]

哈特之所以提出"承认规则"的说法还在于为法律制度的变化，尤其是为法律制度中最终权威的变化提供一种解释。这一点对于本文研究的主题尤为重要。从"承认规则"的角度看，一个法律制度之所以合法是因为该法律制度存在的社会中的社会成员，包括政府官员、法官及民众对该法律制度的接受和承认。譬如说在英国，其法律制度之所以合法是因为人们习惯上接受了"凡经女皇与国会制定者皆为法律"这样一个事实。

因为"承认规则"的实现取决于该规则的被接受与否，如果一个法律制度的最终权威发生了变化而这些变化被官方和民众所接受，那么这种变化就是合法的。而随着这种变化产生的制度也就是合法的。这样一种说法为法律制度的变化提供了一个灵活的解释。

简言之，"承认规则"并不一定是一条明确表述的规则，它在很大的程度上是一种社会实践，一种事实，一种同意或者认可。

阐明了"最终承认规则"的概念以后，我们可以进一步来探讨香港法律中的"最终承认规则"。如果以1997年为分界线，香港法律中的"最终承认规则"可以分两段来讨论，即殖民统治时期和香港成为中华人民共和国特别行政区以后香港法律中各自的"承认规则"。

三 1997年以前香港法律中的"最终承认规则"

（一）1997年以前香港法律体系的基本构成

第一个用枪炮打开中国大门的国家是英国，对中国原有法律制度最为不满的也是英国，但是英国的普通法却始终没有成为中国大陆法律制度改革的蓝本。即使到现在，延用普通法的美国已经成为世界上许多国家模仿

---

[1] 参见 Joseph Raz, "On the Authority and Interpretation of Constitutions: Some Preliminaries", in Larry Alexander (ed.), *Constitutionalism: Philosophical Foundations*, Cambridge University Press, 1998, p. 152.

[2] H. L. A. Hart, *The Concept of Law*, Oxford University Press, 1961, p. 107.

的法治国家,中国的法制改革者们对其仍然抱着模棱两可的态度。其中的原因相当复杂,主要可能是因为中国自古就注重成文法和法律制度的单一化和系统化,很难接受普通法这样一个繁文缛节、支离破碎的法制模式。只有在香港这个小岛上,英国的法官们才有机会向中国人一显身手。1842年香港正式成为英国的殖民统治区以后一直以英国法律制度为其法律的基本渊源,加上英国皇室向历届港督颁布的敕令、英国国会颁布的适用于大英帝国殖民地及香港的立法、港英政府颁布的立法、附属立法,以及中国传统习惯和法律,形成了一套结构松散、内容庞杂的法律制度。但其主要组成部分仍是英国的普通法和衡平法。

1. 普通法和衡平法

普通法是英国法的基本渊源,因此其常成为英国法的代名词。当然人们对普通法一词的含义具有不同的看法。一般而言,在使用普通法这一概念时,人们大都指英国在 13 世纪以后形成的,基于习惯和王室法院诉讼令状的判例法体系。内容涵盖民事、刑事诉讼等各个方面。普通法注重案例、法官及程序,是一种以法官为中心的法律制度,这和大陆法系以规则为中心的法律制度是迥然不同的。普通法在英国得以发展、延续大约是英国人比较注重传统和经验,对过去有着执着的爱好使然。

普通法的制度极其复杂、烦冗,诸如巡回审判制、令状制度、程序先于权利、遵循先例等,多以具体案例为标准,不具有系统性。在数百年的历史演变中,普通法系也恰恰因为其非成文法的特点而在世界法系中保留了重要的一席之地。今天人们在谈到普通法时,几乎把它等同于以判例法为主的英美法律制度。[①]

英国入主香港之后,开始在香港实行英国法律制度,但对象仅限于英国人和外国侨民。1841 年 2 月英军占领香港。英国商务总监义律在香港贴出告示,申言英国及外国侨民务须遵守英国法律。[②] 随着香港的发展,殖民政府根据英国制度建立了法院,法官由英国人担任,用英语审案。全港适用英国法律,要求所有法院都必须受上诉法院及枢密院司法委员会决定

[①] 关于普通法的一般著作,参见 Oliver Wendell Holmes, *The Common Law*(1923);Roscoe Pound, *The Spirit of the Common Law*(1921);Melvin Aron Eisenberg, *The Nature of the Common Law*, 1988。

[②] 董立坤:《香港法的理论与实践》,人民出版社,1999,第 138 页。

的约束，必须遵守由贵族院判决中所体现出的普通法原则。即便是与香港无关的一般判例对香港法院也有参考作用。①

在适用普通法的同时，英国也在香港推行其法律制度中的另一个重要组成部分，即衡平法。② 衡平法是英国法律传统中与普通法相辅相成的一种法律制度。根据英国封建传统，臣民在得不到普通法法院的公平处理时，最后可以向国王提出申请，由皇室顾问大法官根据衡平法原则加以处理。经过一个较长时间的发展，到了 15 世纪末，英国设立了大法官法庭，专门负责处理衡平案件，并形成了一套独特的衡平法原则和惯例。从此衡平法成了与普通法相并行的一种独立的法律制度。

普通法法院和衡平法法院并行的状态产生了一些职责分工及诉讼程序上的混乱。1873 年英国议会通过了《最高法院组织法》，对英国司法机关做了重大改革，将普通法法院和衡平法院合而为一，建立了单一的最高法院，统一适用普通法和衡平法。

衡平法的产生是为了弥补普通法上的不足，因此衡平法相对于普通法也宽容得多。譬如衡平法的原则之一是重意思，轻形式。强调对案件实质内容的重视应胜于对形式的重视。这恰好是对普通法（尤其是英国普通法）重形式正义远胜于实质正义的补充。同时衡平法的产生也是为了进一步填补普通法的空白，进一步落实普通法。所谓"衡平法追随法律"即是此意。法律史家麦特蓝也认为普通法和衡平法的关系是法典主体与辅助内容，法律条文与条文注释的关系。③

事实上，所谓衡平法并不是一套完整详尽的法律规定，而是一种灵活方便、程序简单的处理纠纷的方式。指导衡平法运作的乃是一些源自罗马法、教会法和英国习惯法的准则和格言。如果说普通法是通过案例、根据规则作出司法决定，那么衡平法则是根据原则来作出司法决定。而根据原则作出司法决定归根到底还是根据社会的公平和正义观及法官的良心来审理案件作出判决，所以衡平法的准则之一是"衡平法以良心行事"④。

---

① 董立坤:《香港法的理论与实践》，第 138 页。
② 董立坤:《香港法的理论与实践》，第 139~140 页。并参见 Peter Wesley‑Smith, *The Sources of Hong Kong Law*, Hong Kong University Press, 1994, p. 131。
③ 由嵘主编《外国法制史》，北京大学出版社，1992，第 474 页。
④ 关于衡平法的一般著述，参见 R. A. O'Hara, *Common Law and Equity in Great Britain* (1989); J. H. Baker, *An Introduction to English Legal History* (1979)。

英国在把普通法推广到其统治和占领地区的同时,也将衡平法推广到这些地区。香港在《英国法律适用条例》中明确规定"普通法和衡平法的原则均在香港有效"。在1976年修正过的《最高法院条例》中进一步声明"在一切民事案件中,普通法和衡平法应由高等法院执行,如同其在英国由高等法院和上诉法院执行一样"[①]。

2. 皇室敕令和训令

英国人入主香港之后,英政府通过一系列由作为英国最高统治象征的英皇发布的敕令和训令,对香港的法律地位、殖民政府的组成、权力范围及其运作方式一一作出了规定。这些文件包括1843年4月5日宣布香港为英国殖民统治区的《英皇敕令》,1861年2月4日英皇颁布的《九龙敕令》,1898年10月20日发布的《新界敕令》等。规定香港政制和政府结构的主要法律文件是1917年4月20日的《英皇制诰》,以及作为《英皇制诰》补充的以英皇名义发给总督和殖民政府的一系列《皇室训令》。《英皇制诰》自1917年在港英政府《宪报》公布并生效起到1985年止共修改过11次,现共有条文21条。《皇室训令》自公布以来到1985年共修改过15次。[②]

3. 制定法

殖民统治时期香港适用的制定法主要包括适用于香港的英国立法,被称为"条例"的港英政府立法及被称为"附属立法"的香港行政法规。

(1) 适用于香港的英国立法

根据英国国会1865年制定的殖民地法律有效法的规定,凡英国议会或枢密院制定或作出的有关殖民地事务的法律、命令,在香港可以适用。香港立法局制定的法例如果与上述法律、命令相违背,应视为无效。在《英皇制诰》中也强调英国女皇有权制定一切必要的以维持香港稳定的法律。但英国国会的立法应该通过什么程序在香港适用并没有得到明确的界定。直到1965年,香港立法局才根据枢密院应用英国法律的命令制定了《英国法律适用条例》,具体明确了英国国会立法在香港适用的程序和条件。[③]

《英国法律适用条例》将在香港适用的英国法律分为两类:一类是1843

---

① 董立坤:《香港法的理论与实践》,第140页。并请参见 Peter Wesley-Smith, *The Sources of Hong Kong Law*, Hong Kong University Press, 1994, Chapter 2。
② 董立坤:《香港法的理论与实践》,第134页。
③ 董立坤:《香港法的理论与实践》,第135页。

年4月5日前,即英国准许香港根据本地特点由立法局制定和颁布香港地方法规以前在香港适用的英国法律。这类法律共有66项。香港立法局可根据当地需要对这部分法律通过决议进行修改或删减。这些法律中有些在香港回归以后仍然有效,其中包括1361年的《太平绅士法》和1619年的《人权保护令》等。另一类是1843年4月5日以后由英国制定的只限于香港使用的英国国会立法,共有121项。这部分法律的性质和适用根据有所不同,其中59项是英国专门为殖民地制定的普遍直接适用的。这些法的名称前多冠以殖民的字样,以便于同本土性质相同的英国法律加以区别。①

(2) 港英政府立法及条例

1843年4月,根据英国政府的训令,港英政府组织了立法局和行政局,根据英国政府关于香港地位的《英皇制诰》和《皇室训令》,港英政府可以根据香港具体情况制定适用于香港的立法、地方性法规。香港的地方性法规由立法局建议和同意,并需要经过总督的批准。立法局制定生效的法规总称为条例。② 一百多年来,香港制定了大量的条例,它们构成了香港法律的主体。这些条例不能违反英国女皇关于香港地位的《英皇制诰》和《皇室训令》的一贯规定,并接受殖民体制法律的效力的约束。

(3) 香港的行政法规——附属立法

因为这种所谓的法不是经由立法机关制定的,而是由立法机关授权行政机构或是授权各种独立的管理机构在某一特殊的领域内制定的,用以调整某种特殊法律关系的规则、章程、条例和细则等,实际上是一种行政规则。这种规则制定的程序、效力及其监督方法基本上是照搬了英国行政立法和行政司法的一套做法,其中还汲取了美国行政立法和行政司法的有关经验。③

4. 中国法律及习惯

1841年英国人刚占领香港时,当时的英国商务总督义律在同年2月1日颁布的告示中曾明确宣布:"官方执行治民,概以中国法律、风俗习惯为准"。在2月2日颁布的告示中更加明确地宣布在香港实行两种法律制度:"岛上华侨子民应照中国法律习惯统治之。""凡属英国及外国侨民,

---

① 董立坤:《香港法的理论与实践》,第136页。
② 董立坤:《香港法的理论与实践》,第141页。
③ 董立坤:《香港法的理论与实践》,第142页。

务须遵守英国法律。"① 但是此后不久香港所实行的两种法律制度变为一种法律制度，无论是外国人或英国人还是中国居民都必须使用英国的法例。中国法律和习惯只有在英国法律不适用于香港的情况或者子民时才被使用。这里的中国法律主要指的是大清律例，习惯主要指的是中国传统中有关土地使用、抵押和遗嘱等方面的习惯。②

（二）1997 年以前香港法中的"最终承认规则"

以上对香港法律制度构成的简单描述旨在为讨论香港法律制度中的"最终承认规则"提供背景。从以上描述可以看出回归以前香港的法律体系中的等级依次为宪法性文件（《英皇制诰》、《皇室训令》）、国会立法、普通法与衡平法、港英政府立法、香港行政法规等。其中《皇室训令》、国会立法和普通法似乎可以放在同一个层次上。但在这一个等级体系中我们还是不能清楚地看到香港法律制度中的"最终承认规则"是什么。但值得考虑的可能性包括英国法中的"最终承认规则"和适用于香港的宪法性文件。

1. 英国法中的"最终承认规则"作为香港法的"最终承认规则"

既然香港作为英国的殖民统治区沿用英国法律，那么把英国法律中的"最终承认规则"看作香港法律中的"最终承认规则"是顺理成章的。前文提及，根据哈特的见解，英国法中的"最终承认规则"是"凡经女皇与国会制定者皆为法律"，也就是说英国法律制度合法性的总源头即是这一事实。这一条"最终承认规则"也同样适用于香港及其他实行英国法的殖民统治区。香港虽然有独立的立法局，但该立法局制定法律的权限受到国会立法和英皇的制约，因此立法局并不具有最终权威。香港虽然也有其法院系统，但并不具有终审权。这恰好从另一方面表明香港法律中的"最终承认规则"不在香港法律本身，而是在英国法律体系中。

2. 宪法性文件作为"最终承认规则"

哥伦比亚大学教授格林沃特曾经写过一篇文章，把哈特的"承认规则"

---

① 董立坤：《香港法的理论与实践》，第 144 页。
② 董立坤：《香港法的理论与实践》，第 145 页。

应用在美国法律制度中，指出美国法律制度中的"最终承认规则"乃美国宪法及其修正案。[①] 这一点颇有意思，因为美国的法律也承袭自英国，但是美国有其自己制定的宪法，而这宪法赋予美国法律制度以合法性。当然美国的成立本身就意味着对英国法律制度中"承认规则"的抛弃和否定。

关于香港的宪法性文件，前文已经提到过最主要的是《英皇敕令》、《英皇制诰》和《皇室训令》。如果说《英皇敕令》只是表明了香港成为英国的殖民统治区这一事实，那么《英皇制诰》则规定了港英政府的结构和组织形式以及立法局的设立。港督可以根据立法局的建议和意向决定有关香港治安、秩序和管理的法律。根据《英皇制诰》，英国政府保留可以不同意这些法律的权力，并且可通过枢密院为香港制定法律。该文件还规定港督有权任免法官和其他公务人员，有权处置土地，准许赦免等。《皇室训令》则是对《英皇制诰》的进一步说明，它规定了港英政府的工作方式，行政局和立法局的组成与一般的规程细则。[②] 这些宪法性文件大体上规定了香港法律制度的合法性，为香港法律制度中法律规则的合法性提供了鉴别的标准。

因此，从这种意义上来说，这些宪法性文件本身也就是一种"承认规则"。只不过，它们并不是"最终承认规则"。更何况，英国本来就是一个并不重视成文宪法的国家，宪法性文件成为"最终承认规则"的可能性极小。如其不然，哈特也可能不会把"凡经女皇与国会制定者皆为法律"视为英国法律中的"最终承认规则"。除此之外，还有两项法律多多少少具有"承认规则"的特点。这就是《殖民地法律适用法》和《英国法律适用条例》。这两项法律明确了英国法律在香港适用的情况，即哪些法律适用，哪些法律经过修改可适用和哪些法律不适用于香港，等等。可以把它们也看作是赋予香港法律合法性的"承认规则"。

四　1997年以后香港法律中的"最终承认规则"

（一）1997年以后香港法律的构成

主权的变化使香港法律的构成也发生了变化。这些变化主要有以下几

---

① Kent Greenawalt, "The Rule Of Recognition And The Constitution", 85 *Mich. L. Rev.* 621 (1987).
② 参见《英皇制诰》、《皇室训令》,《港英政府宪报》1917年4月21日。

个方面。(1) 香港特别行政区《基本法》取代了 1997 年以前适用于香港的宪法性文件,包括《英皇制诰》、《皇室训令》等。(2) 部分废止了香港原有法律。香港特别行政区《基本法》第 8 条规定:"香港原有法律,即普通法、衡平法、条例、附属立法和习惯法,除同本法相抵触或经香港特别行政区的立法机关作出修改者外,予以保留。"该法第 160 条还规定:"香港特别行政区成立时,香港原有法律除由全国人民代表大会常务委员会宣布为同本法抵触者外,采用为香港特别行政区法律,如以后发现有的法律与本法抵触,可以照本法规定的程序修改或停止生效。""在香港原有法律下有效的文件、证件、契约和权利义务,在不抵触本法的前提下继续有效,受香港特别行政区的承认和保护。"① (3) 设立了香港特别行政区立法机关,并赋予其制定适用于香港的法律的权力。根据《基本法》第 2 条及第 73 条的规定,香港特别行政区享有立法权。该立法权由立法会行使。立法会可以制定任何它有权制定的法律包括民法、刑法、诉讼法、商法等。但该立法机构无权制定有关国防、外交和其他按照《基本法》规定不属于香港特别行政区自治范围的法律。而且香港立法机构制定的法律也不得与《基本法》相抵触。② (4) 将中国大陆的个别全国性法律适用于香港。全国性法律即全国人民代表大会和它的常务委员会制定的法律。由于实行一国两制,香港特别行政区保持着原有的法律制度,全国性法律一般不在香港特别行政区实施。在香港特别行政区实行的全国性法律包括《关于中华人民共和国国都、纪年、国歌、国旗的决议》、《关于中华人民共和国国庆节的决议》、《中华人民共和国国籍法》、《中华人民共和国外交特权与豁免条例》、《中华人民共和国国旗法》、《中华人民共和国国徽法》以及《中华人民共和国政府关于领海的声明》等。③ (5) 适用于香港特别行政区的国际条约。在香港特别行政区适用的国际条约包括香港特别行政区成立前就已在香港适用而香港特别行政区成立后经转换仍继续在香港适用的国际条约和香港特别行政区成立以后才开始在香港适用的国际条约。④

---

① 《中华人民共和国香港特别行政区基本法》,三联书店,1999,第 42 页。
② 《中华人民共和国香港特别行政区基本法》,第 3、第 20 页。
③ 《中华人民共和国香港特别行政区基本法》,第 47 页。
④ 董立坤:《香港法的理论与实践》书后附有 1997 年前后香港适用的国际条约的清单,可参考。

(二) 1997 年以后香港法中的"最终承认规则"

1997 年以后由于主权的变化及《基本法》的实施，香港法中的"最终承认规则"也发生了变化。香港原有法律中的"最终承认规则"，无论是"凡经女皇与国会制定者皆为法律"这一事实，还是《英皇制诰》、《皇室训令》等宪法性文件都失去了效力。代之而来的是一套全新的"承认规则"。问题在于，这一套全新的"承认规则"到底是什么，并不是不言自明的。

由于一国两制是一种新的尝试，与之相适应的法律制度安排也没有既定模式可以遵循。加之香港和中国大陆两地法律制度本身的复杂性和重大差异，使 1997 年以后香港法律制度中的"最终承认规则"成为比较难以把握的问题。学者们对此问题的看法大体上可以归为两类：一种认为香港法中的"最终承认规则"应该存在于包括基本法在内的香港法律内部，另一种则认为香港法中的"最终承认规则"不在香港，而在大陆。[1]

根据第一种看法，如果说主权的变化终止了女皇在国会制定法律这一事实，那么《基本法》则为回归以后香港法律中的"最终承认规则"提供了基础。《基本法》第 8 条规定，香港原有法律，即普通法、衡平法、条例、附属立法和习惯法，除同本法相抵触或经香港特别行政区的立法机关作出修改外，予以保留。[2] 这一条规定赋予或者承认了香港原有法律制度的合法性，使香港的法律制度并不因主权的变化而废止。因此，可以说《基本法》中的这条规定就是 1997 年以后香港法中的"最终承认规则"。

第二种看法有两种表现形式。其一认为，因为《基本法》是全国人民代表大会制定的，人大有权修改《基本法》而人大常委会则有权解释《基本法》。因此把人大及其常委会制定并解释《基本法》这一事实看作是香

---

[1] 参见 Yash Ghai, *Hong Kong's New Constitutional Order: the Resumption of Chinese Sovereignty and the Basic Law*, Hong Kong University Press, 1997; Peter Wesley-Smith, Albert H. Y. Chen (eds.), *The Basic Law and Hong Kong's Future*, Butterworths, 1988; Michael Davis, *Constitutional Confrontation in Hong Kong: Issues and Implications of the Basic Law*, St. Martin's Press, 1990; 佳日思等编《居港权引发的宪法争议》，香港大学出版社，2000。

[2] 《中华人民共和国香港特别行政区基本法》，香港三联书店，1999，第 4 页。

港法中的"最终承认规则"似乎更为合理。其二认为,人大制定《基本法》所依据的乃中国《宪法》第31条,该条规定"国家在必要时得设立特别行政区。在特别行政区实行的制度按照具体情况由全国人民代表大会以法律规定"[①]。该宪法规定似乎才是真正的适合于香港法中的"最终承认规则"。

这两种看法都有其理论的立足点,但都有商榷的余地。第一种看法的明显缺点在于:(1) 它强调两地制度的不同,把《基本法》看作一份没有根源的文件,倾向于强调"两制",而忽视了"一国"的前提;(2) 它忽视了《基本法》的部分解释权属于人大常委会这一事实。基本法虽然把一部分解释权赋予香港终审法院,但却保留了对有关中央和行政特区关系的事务的解释权。[②] 这一部分保留的权力对于"最终承认规则"而言是不可忽视的。

第二种看法的两种表现形式的共同弱点在于以下两点。(1) 它突出了"一国",忽视了"两制"。把一种特殊的情况作为一般情况来对待,失之合理。之所以制定《基本法》,就在于贯彻"一国两制"的政策。《基本法》也明确规定中国法律,包括《宪法》不适用于香港。[③] 如果把中国《宪法》看作香港法律中的"最终承认规则",既不符合"一国两制"的精神,也有悖于制定《基本法》的初衷。(2) 它混淆了一个基本事实,即制定某一条法律的形式依据并不等于该法律的"最终承认规则"。《基本法》之所以是《基本法》并非因为《宪法》第31条使其然。《基本法》之所以是《基本法》是因为它是"一国两制"政策的法定化。而《宪法》第31条也是为体现这个政策所作的预设。它并不是一条"最终承认规则"。

这两种看法的共同点是,它们都从实证主义和形式主义的立场出发界定法律中的"承认规则"。它们的共同弱点是:(1) 忽视了"承认规则"

---

① 《中华人民共和国宪法》,法律出版社,2000,第13页。
② 《基本法》第158条的规定。
③ 《基本法》第18条第2段规定:"全国性法律除列于本法附件三者外,不在香港特别行政区实施。"宪法是全国性法律之首理应属不实施之列,但内地有些学者并不同意这种看法。参见王叔文主编《香港特别行政区基本法导论》(修订本),中共中央党校出版社,1997,第87~91页。

的实践性的一面。① 如前所述，"承认规则"的关键在于处于该法律制度中的政府官员，法律人员及其他工作人员对某一规则、事实或实践的认同与接受。根据逻辑分析得出某一条规则是该法律制度中的"承认规则"只是指出了"承认规则"的一个方面。更重要的是应该研究实践层面上的"承认规则"。也就是说香港人接受的是什么规则，才是真正的"承认规则"。
（2）两种看法都忽视了香港原有法律中的"承认规则"。普通法本身有一系列的"承认规则"为普通法法官所熟知，比如遵循先例和审判权包括解释权的成规都是"承认规则"。一个下级法院的法官之所以引用上级法院或以前的判例，就是因为他承认这些先例中的规则为有效规则。如果他不认可某些先例中的规则，他就很可能不引用那些先例。②

由此可见，把《基本法》或中国《宪法》看作香港法中的"最终承认规则"的观点失之偏颇，并不符合分析法学关于"承认规则"的基本观点，也没有忠实地体现"一国两制"的精神。这一课题尚有进一步研究的必要。本文认为，香港法中的"最终承认规则"存在于"一国两制"、"港人治港"、"高度自治"及"五十年不变"等由《基本法》认可适用于香港的特殊宪法原则与香港政府官员、法律人员及其他工作人员对上述宪法原则的认同与接受之中。这一观点包括两个方面：一是对上述特殊宪法原则的确认，二是对它们的接受。

宪法原则可以分为一般原则和特殊原则。一般原则是实质性的普遍适用的原则，如法治原则、人权保护原则、权力分立与制衡原则等。特殊原则是针对具体场景适用的原则。上述"一国两制"、"高度自治"等原则仅仅适用于行政特区，属特殊宪法原则。根据特殊原则和规则先于一般原则和规则的原理，"一国两制"等特殊宪法原则应先于法治原则、人权保护

---

① "承认规则"作为一种社会实践的观点广为学者们所接受，包括法律实证主义者和自然法学派的学者。参见 J. Raz, *The Concept Of A Legal System* (2d Ed. 1980); L. Fuller, *The Morality Of Law* (Rev. Ed. 1969); Kent Greenawalt, "The Rule Of Recognition And The Constitution", 85 *Mich. L. Rev.* 621 (1987); N. Maccormick, H. L. A. Hart (1981); J. Raz, *The Authority Of Law* (1979); Coleman, "Negative And Positive Positivism", 11 *J. Legal Stud.* 139 (1982); Postema, "Coordination And Convention At The Foundations Of Law", 11 *J. Legal Stud.* 165 (1982); Soper, "Legal Theory And The Obligation Of A Judge: The Hart/Dworkin Dispute", 75 *Mich. L. Rev.* 473 (1977).

② 选择有利于自己的判决的先例是普通法法院法官习以为常之事，参见德沃金、波斯纳等人的著述。

原则及其他实质性宪法原则。换句话说，在香港的现有宪政秩序中，是这些特殊宪法原则赋予了一般宪法原则生存的理由。由于实行一国两制，香港才有可能实行法治原则、人权保护原则、权力分立与制衡原则等这些在自由主义国家盛行的普遍宪法原则。因而特殊原则也是实质性原则的"承认规则"。

另一方面，作为特殊宪法原则，一国两制等本身并不具有生命力。当香港政府官员、法律人员及其他工作人员将这些原则在实践中反复应用，形成共识之后，这些原则才能成为真正的"承认规则"，成为评判香港法律体系中的法律规则的合法性的标准。接受这些原则比确认它们还要困难。这些原则一经确认并接受，才会有香港法律中的"承认规则"。具体而言，这种接受包括立法、执法、司法等多方面的接受。即立法机关通过制定法律将这些原则体现在立法之中，行政机关在具体和抽象行政行为中贯彻这些原则，司法机关通过具体的案件的办理将这些原则转换为普通法的原则和规则。后一点尤为重要、困难且费时费力。

基于以上理解，这种"承认规则"具有多元性、生命力、民主性和创造性。多元性表现在它不是由某一个最终因素构成的，而是包含了若干个最终因素。充当"承认规则"的不是一个单一的因素，而是多种复合因素。比如《基本法》的解释权，并不是由人大常委会所独揽，而是人大常委会和香港终审法院及普通法院共享。与多元性相适应的是民主性。从某种意义上来说，多元即意味着民主。具有民主性的"承认规则"由于其多元因素的关系，避免了重复从上往下强迫施予的殖民主义者的惯例。人们对"承认规则"的认同不是由于被强加给他们，而是因为在实践中通过处理具体事务或案件主动地去接受它。

更重要的是，这种"承认规则"，即宪法特殊原则加港人认同接受的"承认规则"是一种充满活力的规则。它不是一条死的或者被动的规定。由于这些特殊宪法原则本身需要进一步具体化，它们只有在具体的立法、执法和司法活动中才能获得生命力。普遍认同也就是对这种生命力的肯定。

这种多元、民主、具有生命力的"最终承认规则"本身就是一种创造。历史赋予了香港一个创造的机会。它的特殊情况不宜适用一般意义上的，即一元的被动的授予权力的"最终承认规则"。它需要一种符合自己情况的"最终承认规则"。多元、民主的"承认规则"体现了多元、民主的最终权威安排,使中央和行政特区能够在"一国两制"的前提下共同或分别担当香港法律中的最终权威。

对香港法律中的"最终承认规则"做如此理解,符合中国政府"一国两制"政策的精神,在理论上忠实于哈特教授及分析法学派关于"承认规则"的学说,在实践上符合香港的特殊情况和香港现有法律制度的要求。

"一国两制"是对一件比较棘手的历史问题所采取的实用主义对策。[①]这种对策已经被证明是明智而可行的。[②]尽管在具体执行上没人知道应该采取什么模式或遵循什么样的规矩,"一国两制"的政策还是对内地和香港的关系提供了指导思想和"最终承认规则"。香港的政治制度安排和法律制度安排都旨在体现这种精神。

如果说把《基本法》看作香港法中的"最终承认规则"的观点只注重"两制",割裂了《基本法》与中国法律、香港与内地的联系;如果说把中国《宪法》视为香港法中的"最终承认规则"的观点只注重我国法律和香港法律制度的统一性,因而导致倾向于"一国"而忽视"两制";那么把"一国两制"、"港人治港"、"高度自治"、"五十年不变"等特殊宪法原则加上香港政府官员、法律人员及其他工作人员的认同和接受视为香港法中的"最终承认规则"的观点则比较真实地体现了"一国两制"的精神。特殊宪法原则出自中央政府,体现了中央政府的要求,香港官员的认同出自香港本土,体现了香港人民的意志。两者合而为一,既有一国的关怀,也有两制的内容。

根据这条"最终承认规则",衡量香港法中的某一规则是否具有法律效力,得视两方面的可能性而定:其一是该规则是否违背了"一国两制"、"港人治港"的精神;其二是该规则是否为香港官员、法律人员及其他工作人员所接受、认同。符合这两方面要求的,即具有法律效力,反之,则不具有法律效力。

---

① "一国两制"原是中国对台湾问题制定的策略,未在台湾开花,先在香港结果。
② 参见肖蔚云编《香港基本法的成功实践》,北京大学出版社,2000。该书有内地香港学者在《基本法》实施两年后对该法及与之相关问题的评价。并请参见张国良、端木来娣主编《香港"一国两制"的成功实践》,新华出版社,1998。该书收有《基本法》实施一年后香港政府官员对该法及其建立的社会、政治、经济体制的评价。

五 结论

香港回归中国之后，法律制度发生了一些变化。其法律中的"最终承认规则"也发生了变化。回归以前"凡经女皇与国会制定者皆为法律"的英国法中的"最终承认规则"在香港失去了效力，代之而来的是一套全新的"承认规则"。但这套规则究竟是什么，学者们持有不同看法。

一种观点认为香港《基本法》即回归以后香港法律中的"最终承认规则"，强调香港法的独立性，偏重于"两制"。另一种意见认为香港《基本法》乃依据中国《宪法》制定，不具有最终权威，而中国宪法才是香港法的最终权威，把香港法律制度看作中国法律制度的一部分，侧重"一国"。

本文认为这两种看法都失之偏颇，未能充分体现"一国两制"的基本精神。本文提出了一种多元、民主、具有活力且富创造性的"最终承认规则"，即由"一国两制"、"港人治港"、"高度自治"及"五十年不变"等特殊宪法原则与香港政府官员、法律人员及其他工作人员对这些特殊宪法原则的接受与认同相结合的"最终承认规则"。文章从全面理解哈特教授及分析法学派有关"承认规则"的理论入手，指出"承认规则"这一概念不仅指某一事实或规范，而且包括官员的认同和接受。文章进而指出，由于"一国两制"政策的独特构思，由于香港和内地在法律制度方面的重大差异，我们不能机械地把中国法中的"承认规则"简单地应用于香港的法律制度上。应该对香港法律制度中的"承认规则"采取一种创造性的看法。宪法特殊原则加上官员对"最终承认规则"的认同与接受符合《基本法》一国两制的精神，也符合分析法学的理论观点。更重要的是，它与香港的现实情况密切相关。采取这样一种开放的态度，有利于执行"一国两制"的政策，有利于香港法治秩序的发展和两地法律制度在坚持各自的传统的基础上互动配合。

（原文载于《香港社会科学学报》总第 22 期，后收入於兴中《法治与文明秩序》，中国政法大学出版社，2006，第 287~312 页）

四　时代：秩序与价值

怀柔殖民管治模式
——香港的独特民主路

刘兆佳[*]

一 绪论

与其他西方国家的殖民地相比,香港在一个半世纪中所经历的殖民管治颇为独特,其独特性主要体现在英国人的怀柔(benign)管治方式上[①]。怀柔管治的基本特征包括尊重法治、人权与自由,保护私有产权,有限职能政府(limited government),轻徭薄赋,让自由市场和公平竞争在经济领域中发挥主导作用,保持财政政策、货币政策和港元币值的稳定,尽量少介入和干预华人社会的生活、传统、习惯和宗教,尽量减少暴力镇压手段在管治中的角色,在施政上重视民意搜集和广泛咨询,尽可能避免扰民和加重民众负担,实行轻巧治理(light governance)等。

怀柔管治是高压和高度剥削性管治的反面。然而,必须指出,怀柔管治并没有改变香港的政治体制的威权或独裁本质,因为香港总督在"殖民地"的宪政架构中大权独揽,而且社会上不存在挑战殖民政府的政治力量。怀柔管治之所以在香港出现,是殖民政府刻意选择自我约束权力运用的结果,而其目的是让香港发展为一个对英国以至大英帝国有价值的商埠,特别是当香港需要与其他中国沿海因不平等条约而开放的通商口岸竞

---

[*] 刘兆佳,明尼苏达大学哲学博士,现任香港中文大学荣休讲座教授。
[①] "怀柔"是中国古代政治词汇,指用政治手段笼络和安抚其他民族或国家,使其归附自己。《史记·郑世家》:"秦,嬴姓,伯翳之后也,伯翳助舜,怀柔百物。"《汉书·郊祀志》:"天子祀天下名山大川,怀柔百神,咸秩无文。"又《三国志·魏书·陈群传》:"怀柔夷民,甚有威惠。"王勃《三国论》:"愚知(曹)操之不怀柔巴蜀,砥定东南,必然之理也。"

争之际。①

必须指出的是，怀柔管治并非从一开始便出现的，而是经过长年累月，汲取教训和积累经验后逐步锤炼而成的。一些缺乏历史认识和视野的人往往把英国人在撤离香港前夕的管治方式视为贯彻于整个殖民时期的管治模式，这是以偏概全，过分美化香港殖民时代的过去。② 就以廉洁政府为例，在1974年总督特派廉政公署成立以前，港英政府和商业机构的贪污和贿赂活动是非常猖獗的，而廉政建设也要经过长时间和克服不少障碍后才取得良好成绩。长期在香港工作并致力为贫苦大众请命的英国人杜叶锡恩女士的亲身经历，形象地揭露了殖民管治阴暗的一面。③

事实上，尽管怀柔手段乃殖民政府的主要管治策略，但笔者必须指出，镇压手段（coercion）的重要性从来不被英国人低估，而且在紧要关头会毫不犹豫地运用。相关例子在香港的被殖民历史中绝对不少，战后较触目的事例是殖民政府在了解到在"文化大革命"中处于水深火热状态的中国政府无意收回香港后，遂下定决心以武力镇压那个由香港左派势力发动的"反英抗暴"行动。事实上，殖民政府对于那些矢志效忠中国共产党并怀有反帝国主义思想的香港左派组织和人士心怀戒惧，长期以来以压

---

① 笔者曾对英国人的管治方法作概括性的分析，参见 Lau Siu-Kai, *Society and Politics in Hong Kong*, Hong Kong, The Chinese University Press, 1982。前殖民政府布政司钟逸杰（David Akers-Jones）在其办公室内有一幅字画，上面写上中国古代大哲学家老子的《道德经》中"治大国若烹小鲜"的字句。香港的殖民管治颇能得到"治大国若烹小鲜"的精髓。

② 长期以来，对香港被殖民历史的研究没有得到学术界的充分重视，因此文献稀少。大部分学术著作来自英国学者，他们往往从西方人的角度出发，集中描述殖民地的政府和制度，倾向美化殖民管治，而对华人社会的形态和变化一般既认识有限，亦着墨不多。比较重要的香港史著作包括 G. B. Endacott, *A History of Hong Kong*, Hong Kong, Hong Kong University Press, 1964; Frank Welsh, *A History of Hong Kong*, London, HarperCollins, 1997; Steve Tsang, *A Modern History of Hong Kong*, Hong Kong, Hong Kong University Press, 2004; John M. Carroll, *A Concise History of Hong Kong*, Lanham, Rowman & Littlefield, 2007。内地学者的研究其实相当依赖英国学者的研究成果，但却过分夸大香港华人的反殖情绪和民族意识。可参考元建邦编著《香港史略》，中流出版社，1987；余绳武、刘存宽主编《十九世纪的香港》，麒麟书业，1994；余绳武、刘蜀永主编《20世纪的香港》，麒麟书业，1995；刘蜀永主编《简明香港史》（新版），香港三联书店，2009。试图从香港华人社会的角度探讨香港历史的更少，可见 Jung-fang Tsai, *Hong Kong in Chinese History: Community and Social Unrest in the British Colony, 1842–1913*, New York, Columbia University Press, 1993；蔡荣芳《香港人之香港史：1841~1945》，牛津大学出版社，2001。

③ 参见 Elsie Tu, *Colonial Hong Kong in the Eyes of Elsie Tu*, Hong Kong, Hong Kong University Press, 2003。

制、孤立和排斥手段对付。

无可否认,镇压手段在整个香港殖民管治历史中的角色只是位居次要,原因其实十分简单。既然绝大部分从内地移居香港的华人是为了逃避内地的战乱或找寻发展机会而自愿进入香港,则他们自然没有推翻殖民政府的诱因。再者,香港的华人其实不愿意接受满清、国民党或共产党政府的统治,并以香港为"避难所"和"庇护所"。在明知香港不可能走向独立的情况下,他们也不希望以中国政府的管治来交换英国的殖民管治。因此,在一个半世纪的殖民管治中,英国殖民者其实得到了来自中国政府特别是中国共产党政府的"政治补贴",从而无须害怕香港的华人会受到民族主义和反殖思潮的感染而"揭竿而起"。因此,既然镇压手段在大部分时间只担当"引而不发"和"备而不用"的"阻吓"角色,英国也无须在香港派驻大量的军队。①

不可否认,英国人在香港的怀柔管治,对香港日后的民主发展的作用和影响甚为深远。简单地说,怀柔管治显著地降低了香港人的政治不满和怨气,缓和了香港人的民主诉求,限制了香港的各式民主运动的规模,因此让各种政治保守势力有足够的时间、空间和机会去塑造香港的民主发展路向。鉴于英国人的怀柔管治模式对香港民主发展的重要性,笔者认为有必要对之作较详尽的论述。

二 殖民香港的目的

首先要确定的是英国人在 1842 年攫夺香港的目的。② 在 19 世纪中叶,

---

① 需要指出的是,相对于香港的人口来说,香港警察的数量其实不少,原因是香港警察也承担了部分的一般在其他地方由军人负责的镇压任务。
② 早在 1793 年,马嘎尔尼勋爵(Lord Macartney)率领代表团到中国向清朝的乾隆帝提出通商的要求时,英国政府曾经指示他向中国政府提出取得一个岛屿的请求。内皮尔勋爵(Lord Napier,即律劳卑)在 1834 年再次促请英国政府提出这请求。他们的盘算是:这个岛屿会让英国商人获得更大的个人安全的保障;它会让法院在英国的控制下运作,而对当时维多利亚时代的英国人来说法律秩序就等于文明;它如能自由运作的话,会成为一个大型的贸易展览场所;最后,这个岛屿会提供具有莫大战略价值的军事和海军基地。这即是说,英国谋求在中国沿岸夺取领土的意图早于鸦片战争发生前已经存在。参见 G. B. Endacott, *Government and People in Hong Kong 1841 – 1962: A Constitutional History*, Hong Kong, Hong Kong University Press, 1964, p. 12。

英国国内已经隐约出现反对帝国主义、殖民主义和奴隶贸易的呼声，因此究竟英国是否应该迫使满清政府割让一片土地，并在其上建立英国的"殖民地"曾经引发争论。一种意见认为，在中国沿岸的土地上兴建"殖民地"，将会长期制造中国人对英国人的怨恨，英国在该"殖民地"上的管治将会遇到源源不绝的来自中国人的挑战和干扰，代价会很巨大。况且，英国之所以决定与中国开战，主要目的在于迫使满清政府在法律上容许鸦片贸易及开放数个通商口岸以方便英国对华贸易。就算要在中国领土上建立"殖民地"，香港的地理位置和其"荒岛"（barren rock）的性质也不一定比其他岛屿如舟山为优胜。不过，中英两国在 1842 年签署不平等的《南京条约》，正式割让香港予英国前，英国军队已经在 1841 年占领了香港，并鼓励英国商人和一些勾结英国人的华人在香港进行开发。这些人的利益与香港会否继续由英国人管治有密切关系。在英国商人的游说与压力下，既然英国政府起初也没有强烈反对在中国土地上开拓"殖民地"的动机，香港遂"自然地"或"顺理成章"地成为英国的"殖民地"。可以说，从一开始，香港和英国的商业利益便紧紧地缠结在一起，深深地左右着香港往后的发展。

然而，香港毕竟是英国人倚仗其"船坚炮利"的军事优势，并以杀戮不少顽强抵抗的中国人而换取得来的，加上白种人的种族优越感、"白种人的负担"（white man's burden，即上天赋予白种人对有色人种的教化责任）的思想和基督教传教士的激情，英国人在香港"开埠"所开具的理由绝不限于商业和经济利益。为了"合理化"殖民管治，英国人极力突出一些崇高的使命，并强调那些使命在建构殖民管治方式时的指导作用。

按照那些主张在香港建立英国"殖民地"的人的说法，攫夺香港的目的是要建立一个有利于英国对华和远东贸易的商埠据点，该据点处于英国的完全和绝对"主权"之下，实施由英国人确立的制度、法律和政策。这个商埠虽然是英国的"殖民地"，但却欢迎全世界的人才和资金，因此具有"世界性"（cosmopolitan）的特色。除了贸易和经济意义外，香港还具有防卫和军事上的重要性。同样重要的是，香港要在原属中国的地方，示范一种有别于满清政府的野蛮和落后的管治方式，该方式凸显开明、法治和对个人的尊重。此外，香港还负有宣扬西方文明和"教化"中国人的使命。据克里斯托弗·芒恩（Christopher Munn）的分析，在"殖民地"的始创者的"愿景"(vision)中,香港不单是中国贸易的最大的百货商场(emporium),也是英国良好管治的示范场、欧洲文化的展览厅和东西方的衔接点。在香港,东西方的礼仪、制度和技术以有建设性和互利的方式进行相互交流。①

从一开始,香港在法律上便是英国的"皇家殖民地"(crown colony),殖民政府直接受到英国政府的指挥和监控,并向英国政府负责。殖民政府的责任,是"代表"和"照顾"所有香港居民包括那些只在香港短暂居留的人的利益和福祉,而不单纯是英国人或已归化英国的香港居民的利益和福祉。当然,这个殖民政府的自我定位没有完全得到在香港的英国人的认同。这些人觉得他们才是率先到香港这个"荒岛"开发和定居的开拓者,相对于那些后来才移居到香港并只打算作短暂居留的华人,他们才真正是香港的主人,因此他们屡次要求取得参与"殖民地"管治的权力和地位。这些英国人的政治要求并没有得到英国政府和殖民政府的积极回应,主要原因是如果顺应他们的要求的话,这些人会以他们的偏狭利益为依归,大英帝国的利益会因而受到损害,而香港将难以发展为一个能够吸引各方人才和资金的"国际性"商埠,反而香港管治的"公平性"会下降,同时种族矛盾会激化。② 事实上,从一开始,英国人便以家长心态处理与香港华人的关系,并以"居高临下"的姿态俯视其华人"子民"。

---

① Christopher Munn, *Anglo - China: Chinese People and British Rule in Hong Kong*, 1841 - 1880, Hong Kong, Hong Kong University Press, 2009, p. 2.
② 香港的英裔居民曾经在1894年和1916年向英国政府提出在香港实施由他们主导的自治政府(self - government),但两次都被否决。英国的殖民地大臣里彭勋爵(Lord Ripon)于1894年对此提出的反对理由,是因为香港是一个位于外国边界地区的属于帝国并为帝国利益服务的据点,因此不适宜由当地的英国人来进行自治。此外,当时英国的两大政党也一致同意认为,如果授予香港的英国人更大的政治自治权的话,会使英国肩负的保护香港华人利益的道义责任有抵触。香港英裔居民的"无理"要求,反而更坚定了英国政界对于香港是"皇家殖民地"的原则的执着。英国政府的看法是,香港华人的利益最好是由英国政府殖民地部来照顾,而不是由香港本地的人数极少的英国人进行"寡头"管治,即使这些人是以某种民主办法选举产生。同时,英国人又不认为占香港人口大多数的华人具备条件来治理香港,特别考虑到香港的经济重要性和帝国利益的巨大。鉴于香港社会的人口变动不经,华人和欧洲人自愿到香港来的目的都是为了本身的利益,现有的殖民政府已经基本上满足了他们的需要,并且为他们提供了必要和最低限度的治理,让香港的不同群体能够工作和居住在一起,所以改变香港的管治模式并无需要。参见G. B. Endacott, *Government and People in Hong Kong 1841 - 1962: A Constitutional History*, Hong Kong, Hong Kong University Press, 1964, pp. 122 - 135。

在长达一个半世纪的殖民管治时期内,尽管经过不少风风雨雨,英国人从来没有认真考虑过主动将香港交还中国。当然,不时有英国人质疑香港对英国的价值,小部分人则刻意贬低香港对英国的经济意义,目的是让香港的华人觉得英国之所以维持香港为她的"殖民地"的利益并非出于自身利益,而是履行对香港人的道义责任和殷切关怀。前殖民政府中央政策组首席顾问顾汝德(Leo F. Goodstadt)曾这样描述香港对英国的价值:伦敦对于在第二次世界大战后继续保留香港为"殖民地"的诱因很弱。这个"殖民地"已经变为英国的一个遥远的前哨基地,其战略意义很低,而其对联合王国的商业价值非常有限。①

不过,这个论断经不起事实的考验。历史证明,英国竭力抵挡来自美国总统罗斯福和中国领导人的巨大压力,甘冒破坏盟国间的团结合作之险,坚决反对在日本战败后把香港交还中国。背后的原因不言而喻,那就是香港对英国的战略和商业价值非凡。英国学者怀特菲尔德(Andrew J. Whitefield)翻查了大量英国政府的解密档案,对英国在第二次世界大战期间的香港政策进行认真的探究,从中得以细味英国人对香港的态度。几乎所有英国官员和政客都同意,能否从日本人手中收复香港与大英帝国的存亡与荣誉有密切关系,香港的经济价值反而不在重要考虑之列。为了保留香港为英国"殖民地"所需要付出的代价,却从未有过认真探索:

> 香港是英国在远东恢复其帝国的钥匙,并且在更大的范围而言,香港更是在全球维系英国的帝国野心的钥匙……假如英国被迫放弃香港,那将会为她其他的殖民地造成先例……可以毫不夸张地说,英国在远东的外交政策往往是从香港的棱镜来观察的。②

怀特菲尔德指出,对英国政府来说:

> 从财政和战略方面来量度,香港并不重要。英国认为香港并非十分有用或者很容易防守。相反,跟帝国的其他部分一样,香港恰好是

---

① Leo F. Goodstadt, *Uneasy Partners: The Conflict Between Public Interest and Private Profit in Hong Kong*, Hong Kong, Hong Kong University Press, 2009.
② Andrew J. Whitefield, *Hong Kong, Empire and the Anglo-American Alliance at War*, 1941-1945, Hong Kong, Hong Kong University Press, 2001, p. 4.

她的"殖民地"而已。……英国的政客有这样一种心态，那就是把"声誉"和"荣誉"看得比明治的策略更重要。……有趣的是，人们往往不从经济或战略角度看帝国，而是从道德层面。即便殖民地不被视为来自上帝的"付托"，它们也起码从道德标准来衡量。普遍的看法认为英国有责任让世界"走向文明"。[1]

尽管香港一直以来对在"远东"做生意的英国商人有莫大价值，但其对大英帝国的经济重要性在第二次世界大战后才特别明显。纵然如此，在第二次世界大战期间，英国人已经深谋远虑，考虑到了香港日后的经济价值：

> 中国大陆动荡不已的政治局面，使得英国更意识到在香港拥有一个稳定的贸易据点的重要性。……英国缺乏资源，而战后的[国际]经济关系又不明朗。……香港遂被描绘成英国在远东的最核心的利益，因此[从日本人手中]收复香港至关重要。[2]

其实，从历史研究得知，长期以来，香港对英国的经济、战略、政治和精神上的意义和价值都不少；对英国商人来说涉及的利益尤其巨大。"九七"问题出现前，英国人已经殚心竭虑谋求各种保存香港为其"殖民地"的办法，而在"九七"问题出现之后，英国政府更是无所不用其极地阻扰中国收回香港。因此，任何质疑香港对英国的价值之说，应该被视为无稽之谈。

三 "先有'殖民地'，后有'殖民地'人民"

既然香港作为英国"殖民地"是英国人在对华及远东贸易的桥头堡，则如何将香港建设为繁荣和稳定的商埠，便是英国殖民者在进行管治时重中之重的考虑。

首先，英国的政策排除了让香港发展为好像澳大利亚、加拿大或美国般为欧洲人移民和定居的"殖民地"。香港的经济功能、面积和气候不容

---

[1] Andrew J. Whitefield, *Hong Kong, Empire and the Anglo-American Alliance at War*, 1941-1945, Hong Kong, Hong Kong University Press, 2001, pp. 17-25.

[2] Andrew J. Whitefield, *Hong Kong, Empire and the Anglo-American Alliance at War*, 1941-1945, Hong Kong, Hong Kong University Press, 2001, p. 165.

许它成为大规模和永久的以欧洲人为主体的聚居地。同时,英国政府与"殖民地"精英的共同看法是,不应该鼓励劳工阶层的欧洲人到香港迁徙,因为这些人无法跟那些工作勤快和工资低廉的华人劳工竞争。此外,需要引以为忧的是,欧洲人假如在香港因竞争失败而沉沦潦倒的话,会对英国殖民者们带来负累和尴尬。① 在这个大前提下,香港的开发与发展除了需要吸引欧洲商人和资本外,更需要鼓励大量的来自中国大陆的殷实商人、名流绅士、技术工人和一般劳工到香港来,特别考虑到他们也可以被吸引到中国沿岸的其他通商口岸发展。

为了达到这些目标,一开始英国侵略者便宣布香港为"自由港",是"友善营商"(business-friendly)的地方,并为此订立了一系列相关的法律和政策。殖民政府确定了推动自由贸易、保护私有财产、建构公平法治、维护新闻自由、崇尚宗教多元化、实施开明与轻巧管治为殖民管治的一些基本原则。殖民政府非常有意识地将香港的怀柔管治与满清政府的"野蛮"管治对比,刻意突出香港营商和生活环境的优越性,目标在于鼓励它属意的华人的来归。

在长达一个半世纪的殖民管治中,尤其在第二次世界大战之后,香港的法治、自由、人权、行政管理、廉洁、民生和经济状况都取得长足的发展。"繁荣"和"稳定"不单是香港的基本现实特征,逐步也演变为香港人珍惜的重要"道德""价值"。在所有西方的殖民统治区中,香港的成就是骄人的。

"先有'殖民地',后有'殖民地人民'"是香港作为英国"殖民地"的最佳写照,更是香港作为"殖民地"的与众不同之处。英国人迫切需要吸引大批中国大陆的华人到香港来定居、工作和发展,香港必须是一个能够让他们觉得可以安身立命和发家致富的好地方。因此,怀柔殖民管治不单不可或缺,更是区别香港与其他绝大部分英国和其他西方国家的殖民地的主要特征。在其他殖民地,怀柔管治绝无仅有,反而剥削和压制才是常规。

与其他殖民地的最大分别,是香港"殖民地"的人民是"甘愿"成为"殖民地"臣民的。这样不是说殖民政府与华人合作无间、融洽相处。事

---

① Christopher Munn, *Anglo-China: Chinese People and British Rule in Hong Kong*, 1841–1880, Hong Kong, Hong Kong University Press, 2009, p. 57.

实上，在早期的香港，由于英国人是以侵略手段夺取香港的，内地的官员、士绅和群众，以至部分香港的华人都对英国人有恶感和敌意，华人与殖民政府、英国人和香港警察互不信任、互不了解、互相防范，且时有摩擦。香港华人尤其是劳动群众因为争取自身利益、不满受到不合理或粗暴对待、受到内地反对帝国主义压迫的思潮和运动的感染、受到内地政府或政治势力的动员、受到中国民族主义的号召或因为中国与西方列强发生战争等因素的影响，经常会策动和参与一些反殖民政府和反帝国主义的行动。[1] 1922年和1925年爆发的两起省港大罢工是一例，不仅是最大规模的事件且程度激烈；1967年出现的"反英抗暴"行动是另外一例。不过，真正矢志要推翻殖民政府的行动则少之又少，而且往往受到香港的华人精英的反对和压制。总的来说，在整个"殖民地"历史中，殖民管治基本上没有遇到来自香港华人的严峻挑战。

由于重洋远隔，通信不便，即便在法律上和制度上香港殖民政府受到英国政府的严密监督和控制，但实际上殖民政府享有相当大的自治权力，可以根据香港的具体情况自行进行管治。[2] 随着时间的推移，尽管交通和通信条件越来越发达，殖民政府累计下来所取得的自主性反而越来越高，在20世纪甚至出现一些殖民政府为了维系它在香港华人中的威信和"认受性"，从而为了"促进"香港利益而"损害""宗主国"利益的事例。[3]

当然，英国政府插手香港事务的例子也不少，特别是当香港出现财政困难而需要伦敦救援、殖民政府在某些问题上缺乏研究能力和相关知识、有英国国内政党或势力企图要香港采纳它们提倡的"开明"、"进步"政策、或在重大英国利益攸关的时候。不过总的来说，英国政府还是愿意尽量尊重殖民政府经过对当地情况研判和衡量后所拟定的政策，而殖民政府

---

[1] 参见 Jung-fang Tsai, *Hong Kong in Chinese History: Community and Social Unrest in the British Colony, 1842-1913*, New York, Columbia University Press, 1993; 以及蔡荣芳《香港人之香港史 1841~1945》, Hong Kong, Oxford University Press, 2001。

[2] 从1948年开始，殖民政府在财政上的自主权不断增加。殖民政府每年的财政预算案自1958年起无须在通过前先交由英国政府审视。1972年后港币不再与英镑挂钩，殖民政府可以自行决定其财政储备中投放于英镑的比例。

[3] 参见 Leo F. Goodstadt, *Uneasy Partners: The Conflict Between Public Interest and Private Profit in Hong Kong*, Hong Kong, Hong Kong University Press, 2009, pp. xix-xxi.

又拥有不少可以"抵御"和"糊弄"宗主国政府的板斧,由此殖民政府的高度自治的地位得以逐步确立。①

必须指出的是,英国人的怀柔管治体系不是一蹴而就的,而是经过长期的实践、调整和努力慢慢形成的。殖民管治模式的不断"完善",体现了英国人的政治智慧、务实主义和灵活应变能力。他们不受僵化的思想教条左右,唯一考虑是保障大英帝国的荣誉、权力和利益,以及在香港的有效管治。简单地说,香港被英国殖民后的头三十年,殖民管治颇为高压、不公和粗疏。稍具雏形的怀柔管治形态在19世纪70年代开始出现,并逐步演进。1941年末日本占领香港,沉重打击了大英帝国和英国人的声誉,加上第二次世界大战后帝国主义和殖民主义在美国、苏联和"第三世界"的谴责声中声名狼藉,以反帝反殖为职志的由中国共产党缔建的中华人民共和国的成立,大批西方国家的殖民地纷纷走向独立等情况的出现,迫使殖民政府在战后进一步和不断改进怀柔管治策略。随着英国人意识到香港"九七"问题的临近,英国人的怀柔管治更臻完美。殖民政府最后甚至试图通过"代议政体"的变革让香港蜕变为一个"主权在民"和有力量抗拒中国政府"干预"的独立政治实体。

四 "高等华人"

直到"九七"问题出现之前,殖民管治的大前提是英国完全拥有对香港的"主权",而殖民政府则牢牢掌握所有的政治权力,并以此对香港实行直接管治(direct rule)。英国一方面不容许中国大陆的中央政府和地方政府插手香港事务,另一方面也不让中国的法律在香港实施。②

---

① 可参考 Norman Miners, *Hong Kong under Imperial Rule* 1912 – 1941, Hong Kong, Oxford University Press, 1987; Gavin Ure, *Governors, Politics and the Colonial Office: Public Policy in Hong Kong*, 1918 – 58, Hong Kong, Hong Kong University Press, 2012; 以及李鹏广《管治香港:英国解密档案的启示》, Hong Kong, Oxford University Press, 2012。

② 英国政府起初其实是愿意让"殖民地"的华人受到清朝法律的管辖,并由"殖民地"的华人官员负责执行。不过,这项颇为宽松的政策却得不到"殖民地"的官员的支持。他们认为如果英国的法院不能完全主导的话,殖民政府便难以维持香港的治安。他们认为可以让华人保留其风俗习惯,前提是它们不抵触香港法律,但在香港实施中国法律则万万不可。参见 G. B. Endacott, *Government and People in Hong Kong* 1841 – 1962: *A Constitutional History*, Hong Kong, Hong Kong University Press, 1964, p. 38。

不过，与此同时，英国人对香港的华人却怀有强烈的种族歧视、恐惧、怀疑和排斥心态。他们觉得华人落后、愚昧、狡诈、肮脏、难以捉摸和难以控制。在为数众多的华人的包围下，英国人缺乏安全感。[1] 英国人不愿意与华人有不必要的接触，交谈时坚持用英语，也缺乏认识和欣赏华人社会和中国文化的动机。以此之故，在直接管治的框架下，英国人需要有一批华人领袖来充当殖民政府和华人社群的中间人，协助殖民者对华人进行管理和控制，进而争取华人对殖民管治的接受和支持。

然而，殖民政府基本上不容许华人领袖和团体拥有实质权力，特别是武装力量。因此，那些协助殖民政府管治香港华人的华人领袖并非好像一些其他英属殖民地的地方领袖般具有自己的政治、财政和镇压手段，甚至可以使用当地的传统习俗和法规来进行间接管治（indirect rule）。[2] 所以，英国人的怀柔管治的核心内容，是根据社会环境的变化和政治的需要，不断从华人社会中物色和培养那些能够充当政治中间人的华人精英，把他们吸纳到"殖民地"的管治架构中，让他们成为殖民政府的"同路人"（fellow traveler）。[3]

另一方面，殖民政府的"社会不干预"政策保存了华人社会的"完整性"和"自我调理"的功能，使得华人社会能够有效处理部分源于华人中间的问题和需要。众多的华人家庭和民间组织通过"社会包容政治"（social accommodation of politics）的过程，让一些可能演化为政治议题或争端的事情在华人社会中得以"化解"和"消融"，减少它们为殖民政府制造麻烦的机会。[4] 那些被殖民政府吸纳的华人领袖作为华人社会的重要人

---

[1] 参见 Leo F. Goodstadt, *Uneasy Partners: The Conflict Between Public Interest and Private Profit in Hong Kong*, Hong Kong, Hong Kong University Press, 2009, pp. 20 - 26。

[2] 就算在新界地区，尽管乡村领袖和士绅阶层在英国人占领新界前一直都担当政治领导的角色，但在被殖民时期这些人基本上没有独立权力，而是殖民政府直接管治新界的襄助者而已。参见刘润和《新界简史》，香港三联书店，1999，第39~82页。

[3] 金耀基以"行政吸纳政治"（administrative absorption of politics）来形容这个政治现象。他认为殖民政府这样做的好处和目的是防止在华人社会中出现有能力挑战殖民管治的政治领袖。参见 Ambrose Yeo - chi King, "Administrative Absorption of Politics in Hong Kong: Emphasis on the Grassroots Level", *Asian Survey*, Vol. 15, No. 5 (May 1975), pp. 422 - 439。另外可参见 Law Wing Sang, *Collaborative Colonial Power: the Making of the Hong Kong Chinese*, Hong Kong, Hong Kong University Press, 2009。

[4] 参见 Lau Siu - kai and Ho Kam - fai, "Social Accommodation of Politics: the Case of the Young Hong Kong Workers", *The Journal of Commonwealth and Comparative Politics*, Vol. 20, No. 2 (July 1982), pp. 172 - 188。

物,肯定也在"社会吸纳政治"的过程中发挥重要作用。

然而,在香港开埠后的头三十年中,殖民政府实施的不但不是怀柔管治,反而是高压和粗暴的治理方式。当时殖民政府的管治机构处于草创阶段,人员、资源、制度和经验缺乏,法律不健全,健康和卫生情况欠佳。英国人虽然蓄意建立香港为自由港,但实际上贸易并不自由和公平,各种垄断性行业、营业许可证、间接税、合法与非法的苛政杂税充斥于市。华南地区社会不安,经济凋敝,政局糜烂,导致大量游民、贫民、贱民和不法分子大批涌入香港,造成盗贼横行,治安不靖的局面。更甚者,在内地政府和社会贤达的抵制下,一般拥有财富和名望的人不愿意移居香港。

跟印度、新加坡、鸦片战争前的广州和那些因不平等条约的签订而开通的中国沿海的通商口岸不同,香港原来的人口稀少,没有地方上的政治组织和领导,所以殖民政府在管治过程中无法如印度和新加坡般马上在香港找到本地的社会领袖来充当政治"中间人",并依靠他们对那些暂居和无根的华人移民实施社会和政治控制。在这种恶劣条件下,殖民政府一方面对华人社群采取撒手不管的态度,另一方面则为了维持治安无奈借助一些不良分子作为控制华人的工具。这些人包括那些背叛中国、为英国军队攻打中国和侵占香港提供支援的华人,以及那些从事走私、盗窃、卖淫和秘密会社活动的人。不过,这些人在华人居民中不受尊重,虽然在社会控制方面发挥一定效用,但却难以提升殖民政府的威信。所以,殖民政府还要高度依赖武力镇压,严刑峻法和各种控制手段(比如宵禁、罚款、拘役、鞭笞、戴枷示众、每年进行的人口调查)来维持治安和实施管治。

其时,殖民政府粗暴介入和干扰华人的日常生活和方式,华人社会的风俗习惯不受尊重。在维持治安和改善卫生的前提下,公平执法形同具文,甚至严苛和专横的清朝法律和刑法亦被随意地应用到华人身上。紧急法律和权力经常被动用。反对殖民政府和殖民管治的行动时有发生,主要来自下层群众,原因是反抗一些高压措施和执法的行为。内地发生的反对帝国主义压迫的事件,中国与西方列强的冲突战争和革命活动,都会激发部分香港人的反殖情绪和行动。虽然香港没有出现大规模推翻殖民政府的运动,但殖民政府与一般群众之间存在某种紧张关系却是不争的事实。

自19世纪70年代开始以来,香港的管治情况有所好转,一个由英国遣派到香港的精英政务官阶层主导的、具有较高行政能力的官僚系统逐步建成，他们当中部分人甚至通晓中文和粤语，少数人后来更以香港为家。[①]尤为重要的，殖民政府开始找到合适的华人精英充当管治伙伴。然而，将个别华人领袖正式纳入殖民管治架构中还需要十年左右的实验和观察。1880年出现第一位成为立法局议员的华人是伍才（即伍廷芳），委任他的原因是为了贯彻当时的香港总督轩尼诗（John Pope Hennessy）的安抚华人的政策。大体上，这个笼络或吸纳华人精英的过程并不顺畅，有时颇为笨拙，原因是殖民政府依靠华人精英源于现实管治需要，但对他们却不存信任和尊重。事实上，缺乏华人精英的协助，殖民政府要有效治理为数众多但又不停流动的华人居民委实不易。

19世纪中叶爆发的严重而持久的太平天国起义，大大加剧了内地的战乱、贫困和天灾。中国政治和经济危机深重。老百姓流离失所，颠沛困顿。大批富裕阶层人士、社会贤达和普通百姓纷纷移居香港。华人社会中逐渐从下而上涌现出一批有钱、有势、在华人眼中有名望的华人领袖。这些人主要是殷实商人，而他们也是儒家思想的倾慕者。他们发家致富之后，通过慈善公益事业，为他人排难解纷，联系宗亲乡谊，宗教礼拜等活动，在华人中崭露头角，既取得华人社会的领导地位，复又得到内地政府的尊重和殖民政府的承认。这些颇具威望又有一定群众基础的华人领袖的崛起，让殖民政府得以笼络他们和他们的组织为其管治上的"小伙伴"，承担作为殖民政府和华人社群间的中间人的任务。在19世纪60年代至70年代，殖民政府与华商精英间的政治联盟陆续缔建。1870年东华医院的出现，标志着华商的政治地位的正式确立。殖民政府承认和倚重华人社会组织之同时，仍然高度依赖警察和其他治安力量来对付劳动群众。殖民者与华商间的共同阶级利益凌驾于华商和华人群众间的共同种族利益。殖民政府对华人精英和一般民众给予不同的待遇。这种区别对待的管治手腕，在华人精英和华人民众之间逐渐形成裂痕并明显体现在阶级矛盾上。

随着华人在经济上的重要性和影响力不断提高，华人社会中的等级秩序也逐步成型并不断发展。英国人一方面承认该等级秩序，另一方面则以政治力量予以进一步塑造，赋予高等级的华人若干程度的政治权利和影响

[①] 参见曾锐生《政务官与良好管治的建立》，香港大学出版社，2007；John P. Burns, *Government Capacity and the Hong Kong Civil Service*, Hong Kong, Oxford University Press, 2004。

力，使其更为正规化及与殖民政权更有机地连接起来，从而将"高等华人"逐渐纳入正式的管治架构当中。这样做的理由其实反映了英国人对华人社会领袖的怀疑和担忧，深恐那些政治效忠难以确定的人会拥有独立和强大的群众基础和政治力量。①

当然，殖民政府也巧妙地运用其政治权力与威望，刻意扶植一些原来在社会上不为人知的华人，让他们成为华人社会的领袖。值得注意的是，殖民政府的意图并非是要强加一些缺乏威信的人予华人社会，反而是拣选那些在华人社会中已经有一定名望的人才加以培植和提拔。英国人的目标是让他们拥有的政治权力与"高等华人"的社会地位融合起来，互相辉映。如此一来，在那些"高等华人"的襄助下，殖民政府获得被殖民者更多的支持和信任，而殖民政府的"认受性"和管治能力也随之而提升。在这种政治和社会格局下，殖民政府与华人社会中的较高阶层的利益趋于一致，彼此都有需要有效地驾驭和控制华人社会中的低下与劳工阶层，即便他们相互间的猜疑和误解挥之不去。② 事实上，香港历史上不少的罢工和斗争事件都是通过殖民政府和华人精英的"精诚"合作才得以平服或压制的。③

随着社会的变迁和政治形势的发展，在怀柔管治的策略下，殖民政府所倚重的华人精英也出现变化。据陈伟群的研究，香港在19世纪末已经出现了一个华人领袖间的等级结构。在法定和正式的架构中，华人领袖的等级地位按照他们在殖民管治架构中所获得的任命而排列。这个排列自高至低为：(1) 立法局的非官守议员；(2) 太平绅士；(3) 团防局成员；(4) 东华医院和保良局的管理委员会委员；(5) 东华医院的董事；(6) 保良局的董事；(7) 其他慈善机构、行会和街坊组织的负责人。④ 这些人当中很多是

---

① 殖民政府通过法律对一些影响力巨大的华人组织（东华医院、保良局）进行"规范化"并加强监督，并逐步让它们在财政上越来越依赖政府拨款，其自主性自然亦拾级而下。香港早期的由华人组成的地方保安力量最后被纳入团防局体制内也是一个明显的例子。参见 Elizabeth Sinn, *Power and Charity: A Chinese Merchant Elite in Colonial Hong Kong*, Hong Kong, Hong Kong University press, 2003。
② Leo F. Goodstadt, *Uneasy Partners: The Conflict Between Public Interest and Private Profit in Hong Kong*, Hong Kong, Hong Kong University Press, 2009, pp. 9 – 10.
③ 这从华人精英与殖民者在1884年、1922年和1925年的罢工事件中采取共同立场上可见一斑。
④ W. K. Chan, *The Making of Hong Kong Society: Three Studies of Class Formation in Early Hong Kong*, Oxford, Clarendon Press, 1991, pp. 113 – 114.

积极从事公益、慈善和宗教活动的殷实商人。他们深受传统中国文化熏陶，且往往以"儒商"自诩。此外，一些在欧洲人与华人做买卖时充当"中间人"的买办（comprador）也逐渐崭露头角，成为华人社会的翘楚。

五　吸纳华人精英

当殖民政府在香港推广西方教育后，加上愈来愈多华人有条件放洋留学，香港涌现了大量接受了西方价值观和生活方式、具有在现代商业和公共机构工作经验或拥有高级专业资历（比如律师、医生、会计师、大学教授）的华人精英。这些人在第二次世界大战后愈来愈受到殖民政府的青睐。可以这样说，在回归前夕，殖民管治的华人"同路人"以深受西方熏陶的商人、行政管理人员和专业人士为主。当然，为了应对1966年和1967年的骚乱所揭示的社会内部矛盾和阶级冲突，殖民政府也开始争取若干能够反映普罗大众的诉求、利益和不满的人进入管治架构之中。

随着笼络或吸纳华人精英的规模的不断扩大和手法的日趋娴熟，一整套搜寻、物色、鉴别、提拔、培训和晋升华人政治"同路人"的系统也一步一步建立起来，而且广为有政治野心的华人所熟悉。即便殖民政府不容许华人拥有实质权力，但一旦得到英国人的赏识，华人精英也可以取得一定的政治影响力。更重要的是，他们因此在社会上和家族与朋辈间所享有的地位和荣誉。殖民者的恩宠对商人而言价值不菲，因为它反映商业信用和政治关系的深厚。

这套笼络华人精英的系统主要由两部分组成。

较为重要的是咨询架构。为数众多的咨询委员会与机构，有着不同层级的重要性和政治地位，而其成员的委任权掌握在殖民政府的手里。殖民政府将其有意笼络的华人精英按照其资历委任进那些咨询组织之中，并依据他们的表现（特别是他们对殖民政府的忠诚度）让他们拾级而上，最后进入立法局和行政局。殖民政府的计划，是要在华人精英中树立一个英国人认可的领导等级制度（leadership hierarchy），让较高级的华人精英对较低级的华人精英进行领导和监控，确保他们能够团结一致，纪律严明，并且死心塌地为殖民政府效忠和服务。

另外一套笼络手段是颇为完备的勋衔制度，主要的勋衔由英国君主代表大英帝国授予，而不同的勋衔又代表不同的荣誉和地位。殖民政府怀柔策略聪明之处，在于其勋衔制度的严谨性。英国人不会随便向华人精英颁授勋衔，除非他们的确有功于殖民管治，同时他们在华人社会中确实受到一定程度的尊重。如此一来，政治权力的承认与社会人士的认同便纠结在一起。英国人十分明白，要提升殖民管治的"认受性"，殖民政府所依靠的华人精英必须是那些老百姓愿意认可的人。一般来说，老百姓摒弃的人也是殖民政府不会认可的人。

在这里笔者必须明确指出，殖民政府培植华人精英"同路人"的目的，绝对不是要在其眼皮下产生一股独立于英国人而又强大、团结和具有群众基础的华人政治势力，尤其是一个其力量足以与殖民政府抗衡的政治权力中心。假如真的出现这个情况，不但殖民管治会受到严峻考验，中国政府对英国人的意图亦会产生怀疑，而更为麻烦的是一系列意想不到的政治事件和现象可能会接踵而来，从而令香港的政治前景蒙上阴影。所以，殖民政府不但不会鼓励被笼络的华人精英正式地组织起来，甚至会想办法使他们难以扭成一块。英国人希望看到的情况是每一个华人精英分子都纵向地依附于殖民政府，接受它的领导和指挥，而不是横向地相互联系起来。英国人要确保所有政治的"恩典"和酬庸都只能来自殖民政府。所谓"最高等"的华人精英比如行政局首席非官守议员，对其他华人精英基本上没有独立的赏罚权力，因此难以利用那些权力来培植自己的"帮派"。归根究底，"最高等"的华人精英在英国人眼中只不过是"最忠心"和"最资深"的被笼络者或政治工具而已。

受到殖民政府垂青的华人精英自然以商界和依附于商界的专业精英为主，原因是英国人相信他们的实质利益与自己的大体上一致，而且他们所拥有的巨大利益会让他们成为忠实的殖民管治的拥护者和捍卫者。在实际政治操作中，英国人与那些华人精英巧妙地结成一个"非神圣同盟"。简单地说，殖民政府承诺为华人精英营造一个有利于他们发家致富和光宗耀祖的良好环境，而华人精英则心领神会地不会因为其巨大财富而萌生政治野心或觊觎政治权力。在这种情况下，某种金钱和权力的结合便油然而生，为有效的殖民管治和香港的繁荣稳定提供稳固的基础。

当香港前途问题在20世纪70年代末开始出现时，殖民政府与华人社会的上层精英已经结成为管治盟友，在政治利益和阶级利益上有极大的共同性和联结性。更重要的是他们共同的反共意识和抗拒香港回归中国的情意结。应该说，殖民政府的怀柔管治已经达到"最高境界"。英国人一方面能够在垄断政治权力下争取到华人精英成为其政治上的"小伙伴"，并借助他们对"殖民地"人民进行有效管治。在直接管治的前提下，让华人精英发挥某种程度和形式的"间接"管治的职能。不过，英国人始终对华人精英保持警惕、怀疑和戒惧心态，尽量减少与他们在工作和合作以外的接触，对其对英国人的忠诚不寄厚望。[①] 另一方面，华人精英既拥有政治特权、社会地位，而其自身利益又得到充分照顾。他们与殖民政府共同对一般百姓进行社会和政治控制，防止香港出现挑战殖民管治的政治行动或动荡。虽然在种族上有矛盾，但华人精英与殖民管治者却有着共同的阶级利益，因此可以说在某种意义上华人精英与殖民管治者结为政治和经济的"利益共同体"。在政治层面，华人精英作为缺乏独立权力基础的政治附庸，其实比英国人更保守。尽管华人精英的地位来自他们在华人社群中的地位，但他们的政治地位却来自英国人的授予，他们因此与英国人一样蔑视和害怕下层群众。自然地，任何来自华人社会的对殖民管治的威胁，也会被视为对华人精英的政治威胁。

六　华洋界线及意识形态建设

当然，香港经济的持续发展，民众生活水平的提高，个人发展机会的充裕，华人社会自我解决问题的能力，殖民政府的"轻巧"治理策略，公共行政的廉洁与效率，香港人对中国政府的抗拒和担忧等等，都为殖民政府的怀柔管治提供了良好的条件和背景。

必须承认，于实施怀柔管治之同时，种族不平等的情况仍然若隐若现地存在。在大部分香港被殖民的历史中，社会上"种族隔离"的情况虽然持续减少，但不会完全消失。工作、居住、学校、医院、休闲等机构和设施，都呈现出某程度种族分隔的情况。种族间在法律和审判上的不平等颇

[①] 在第二次世界大战期间，日本曾侵占香港。在日本统治香港期间，不少过去是殖民政府"同路人"的华人精英转而与日本人合作而成为英国人眼中的"通敌者"（collaborators）。英国人"光复"香港后，没有和那些华人精英"算账"或报复，因为殖民政府觉得仍然需要他们的支援。然而，华人精英的"往绩"很难令英国人对华人精英推心置腹。

为突出。① 就算在华人社群中，较高社会阶层的华人（经常被谑称为"高等华人"）受到殖民政府较好的待遇，但华洋界线仍然森严。"殖民地"的英国官员如果与华人通婚，其仕途必受影响。"高等华人"要打进英国人的社交圈子中绝不容易。就连那些自命高度"洋化"的华人也或明或暗地感受到英国人的种族傲慢和歧视。当然这些情况随着时间的推移有所淡化和改善，但种族矛盾和分野却从来没有消除，也不可能消除。

除了怀柔管治策略外，英国人在有意和无意之间进行了与巩固殖民管治有关的政治主张或意识形态的"建设"工作。诚然，和法国或西班牙的殖民政策不一样，英国人认为英国文化至为优越，难以为其他民族所完全吸收，顶多在某些方面和表面上加以仿效，所以没有一套"同化"（assimilate）殖民地人民的计划。相反，在不少的英国殖民地中，当地的传统文化、宗教、习惯和风俗得到一定的尊重和保留，除非它们严重抵触英国人的道德观念。② 这样做的一个好处是殖民者不会因为与被殖民者发生文化冲突而增加管治的困难。在香港，情况也差不多。一般来说，英国人容许香港的华人社会保存自己的习俗和传统，但有时也会致力废除一些比如"妹仔"的陋习。部分殖民地官员甚至"入乡随俗"，到华人庙宇参拜、喜爱中式美食或选择以中药治病。然而，为了强化殖民管治的"认受性"、争取华人精英和群众对殖民政府的归顺和鼓励内地华人来归，殖民政府其实也在政治思想建设方面做了不少工作，以提升殖民者在意识形态上的主导或支配地位。

虽然没有证据说英国人在这方面有一个系统的政治计划或工程，但几方面的措施却的确属于"思想工作"的范畴。比如说，突出英语在就业上的重要性，在学校内宣扬西方文化的优越性，贬低中文的价值，削弱中国历史的传授，容许媒体和部分政治势力对中国政府进行批判和诋毁，减少公职人员与中国的接触，重用深受西方思想熏陶的华人精英，压抑亲中国政府的团体和人士等。不过，对笔者来说尤其重要和成功的，是"殖民

---

① 外国人聚居的地方不容许华人入住（山顶和长洲分别于1904年和1919年被划为只容许欧洲人居住的地方）。外国人与华人有不同的学校。权利、法律和司法上不公平，华人罪犯易受酷刑对待。

② 人类学尤其是社会人类学之所以在英国特别发达，原因是英国学者可以在大量的英属殖民地中从事对当地"土著"的近距离观察和研究。他们对那些非西方的事物相当好奇，也"珍而重之"。事实上，英国的人类学者对保存当地的文化和风俗颇有贡献。

地"时期出现的一些"口号"和词语在殖民管治中的巨大政治作用。"咨询民主"、"香港乃民主橱窗"、"繁荣"、"稳定"、"法治"、"人权"、"自由"、"公平竞争"、"平等机会"、"放任主义"、"积极不干预"等名词、口号甚至"符咒"（mantra）的提出并深入人心，实际上大大"美化"了殖民管治，让香港华人觉得香港是一个现代化和"民主"的社会，殖民政府在建构香港的"主导思想"方面肯定"居功至伟"。毫无疑问，这些零碎的"思想"与殖民政府的怀柔管治相互配合，也互相强化，发挥了很大的巩固殖民管治的效果。

总的来说，在香港前途问题在20世纪70年代末出现的时候，港英政府的怀柔管治策略和体系已经相当完备、牢固和成功。殖民政府在香港人心中的政治"认受性"相当高。殖民政府所建立的制度体系、施政路向和公共政策被视为香港的繁荣和稳定的基石。尽管香港存在不少社会矛盾和阶级摩擦，但殖民管治已经被普遍接受。一般人甚至认为殖民管治会继续不断，"千秋万代"。这种安于现状的心态窒碍了任何要求改变现状的呼声和行动。

香港独特的殖民管治背景对香港日后所走的民主发展道路影响极大。政治学者经常提到"路径依赖"（path dependence）概念，即是说过去发生的现象会制约往后事态的发展。换言之，前一阶段的发展规范了后一阶段的发展，因为政治发展不是从一张白纸出发，而必须建筑在原有的条件和因素之上。所以，香港独特的"殖民地"经历在几个方面影响到香港的民主发展。第一，既然香港的繁荣、稳定、自由、人权、廉政、善治、平等机会等"好东西"都来自威权型的殖民管治，则民主改革便不重要；不但不重要，人们甚至会忧虑民主化会否给那些"好东西"带来负面作用。第二，既然绝大部分人在殖民管制下都或多或少获得了实质利益，变成了"殖民地"中的既得利益者，除非有强大的理由，则变更现状便不是选项。第三，在对"殖民地"的现状满意的情况下，香港难以孕育反对力量和反对派的领袖。民主运动纵有，也规模有限。第四，在怀柔政策下，香港出现了一个势力庞大的华人精英阶层。他们是香港繁荣稳定的中流砥柱，是维护原来的权力和利益分配格局的保守力量。无论是英国政府或是中国政府，都不能不重视和照顾他们的利益。民主发展既然会引发群众力量的抬头，华人精英自然对民主改革持保留或反对态度。这个植根于香港的庞大利益阶层的存在,他们长期依靠当权者保护和照顾的情况和他们对低下阶层的恐惧,是香港民主发展的巨大阻力。这几方面的看法,在以后的讨论中会有进一步的阐述。

(原文载于刘兆佳《香港的独特民主路》,香港商务印书馆,2014,第1~28页)

矮化的公民概念：生活秩序与民间公共文化

吕大乐　吕青湖[*]

一　导言

香港社会在20世纪70年代所经历的一项重大转变，是它成了生命共同体，除在市民大众中间形成了一份认同之外，还在社会层面上出现了一种新的秩序。从某个角度来看，那套社会秩序其实并没有什么很特别之处；市民开始重视秩序（表现于他们懂得排队的公众行为）、大致上不争先恐后、不乱抛垃圾、不随地吐痰、讲求卫生等，绝非香港所独有的一种公德及秩序。但从另一角度来看，则这是香港人在70年代逐渐感受得到，在彼此之间开始存在的一些共有的生活元素。我们总觉得，要了解香港本土认同与意识的形成，不能忽略上述社会秩序及其带来的生活经验。

那种觉得香港社会逐步成为生命共同体的感觉，并不止于公共秩序与文化的形成，同样重要的是一般人对其他共处于这块土地上的香港人，开始抱着一种新的态度。在社会救济、福利、服务方面，这表现于无偿捐血逐渐在本地华人（尤其是年轻一代）之中变得普及，令血库走上自给自足的状况。[①] 另一个例子是公益金百万行（1971年开始），参与的市民既是捐款人，同时也参与劝捐，身体力行之余，也要说服别人这是一项有意义的公益活动。[②] 1972年"六一八雨灾"，市民积极响应救灾，其象征意义

---

[*] 吕大乐，牛津大学社会学博士，现任香港教育大学亚洲及政策研究学系讲席教授；吕青湖，华盛顿大学哲学博士，现任香港教育大学亚洲及政策研究学系助理教授。

① 吕大乐：《山上之城》，香港大学出版社，2000。

② 参见吕大乐《凝聚力量：香港非政府机构发展轨迹》，香港三联书店，2010。

在于香港已不再像以往般需要依靠海外物资救灾,而是社会内部亦开始形成一种自发参与救济的社会力量。到了 70 年代末,"欢乐满东华"以一件媒体上的慈善盛事的形式出现,能深入社会基础,普罗大众共同参与大型公益筹款,象征香港市民(包括生活条件一般的公屋街坊)愿意为自己社交圈子以外而有需要的人,出钱出力,伸手援助。

具体上,究竟这种社会秩序及相关的公德概念是如何形成的,我们所知甚少。限于资料的性质,本文的讨论与分析恐怕亦必不可能直接回应这个问题。这一种在 20 世纪 70 年代逐渐成形的公共行为与文化,虽然并非当时港英政府只手所促成,但必须承认"清洁香港"和"扑灭暴力罪行"两次大型社会动员,的确产生了一些效用。那两次运动的特点,是它们并不只是宣传与教育的工作,而是殖民政府自觉有需要走进社区,以社区参与(community involvement)的方式来进行动员。不过,有趣的是,基于殖民政府的种种限制(例如对于释放政治权力,特别小心翼翼),那些社会动员的过程与效果,总是存在种种自我矛盾(例如既要鼓励投入和参与,但又不容许活动溢出其原有的范围或转化为政治诉求)的地方,以至那种市民的动员,不会进一步发展为一种全面的(包括政治参与及社会方面的权利)公民权(citizenship)及相关的意识。[1] 我们感兴趣的问题是:在当时的殖民统治的框架底下,政府会鼓励发展出哪一种市民观念。

我们一再强调,由于资料所限,我们无法直接了解香港市民的主观感受及看法;究竟当年他们是怎样看待殖民政府推动"清洁香港"和"扑灭暴力罪行"两次大型社会动员,我们未有深入了解。我们在本文所打算做的,是将当时殖民政府在推动上述社会动员时的一些考虑呈现出来,并且讨论那种社区参与、社区建设的局限。不过,尽管那种由殖民政府所推动的社区参与、社区建设的政治过程并不会导致全面的公民权的出现,但对建构关于"公"的、市民责任感的概念,却看来有一定成效。在殖民政府所推动的那种有限度的公民权及公民意识之下,香港市民似乎发展出他们自己的一套,一种民间的公共文化,并且促成了一种新的公共秩序的出现。要直接探讨这

---

[1] Agnes S. Ku & Ngai Pun (eds), *Remarking Citizenship in Hong Kong*, London, Routledge Curzon, 2004, pp. 4 – 5. 这种既想鼓励社会参与但又不容许超出于限定范围的情况,同样见诸殖民政府处理青年事务之上,参见吴萱人《那只催生的手也是那只扼杀的手——〈青年世界〉如何与港英政府闹翻?》,《明报》1997 年 5 月 19~20 日。

个问题，需要另一个以完全不一样的方法来进行的研究。我们在这里所能做到的，只是为了在相关议题上提出新的假设之前，有所准备而已。

二 走入社区

社区建设或类似的概念，并非六七十年代以后才出现的新生事物。早在 1954 年，港英政府的社会福利主任的报告便有提到社区发展（community development），其意思大概是指当时政府推动成立的街坊福利会。[①] 而在第一份有关社会福利的白皮书——《香港社会福利工作之目标与政策》里，亦有将社区发展列为社会服务之其中一种，其"目标在于鼓励及协助个人及团体使为所属社区及整个社会共谋福利"（港英政府，1965，第 2 页）。当然，正如很多批评所指出，战后初期的殖民政府根本就没有一套社会发展的完整想法，[②] 对社区发展的理解更是相当狭窄，不能跟后来所提出的类似概念相提并论。

不过，话虽如此，当时港英殖民政府在《香港社会福利工作之目标与政策》里所表达的观念，是值得留意的。首先，那是在一般及抽象的层面上，殖民政府在 60 年代所考虑的问题，跟后来的没有太明显的分别。基本上，它主要的目的在于协助居民适应新环境，发展认同感，彼此和睦相处，令他们负起对社会的责任。[③] 如果说当时的构思有何特点，那恐怕是殖民政府其实无意视社区建设为优先项目，甚至活动经费也期望由参与者自付：

> 协助团体及社区，使其中个人及家庭从互不相干之关系中联系起来。居住在"新城市"及徙置大厦的居民，缺乏自然聚结力，所以亟应启发其属于同一社区的感觉，使在新环境中感到安适，而逐渐成为安定的单位。新城市与正在萌芽发展中之社区，例如徙置区等，一经

[①] 参见 Siu Ling Lam, *The Role of Government in Community Building*, unpublished MPA Thesis, University of Hong Kong, 1993, p. 23。

[②] 周永新：《香港社会福利的发展与政策》，香港大学出版社印务，1980，第 32～35 页。

[③] 在"世界难民年"的推动之下，港英政府获美国政府及英国世界难民年委员会的经费支持，先后于黄大仙、荃湾、观塘及大坑东开设社区中心。社区中心之设立主要是回应大量来自中国大陆的难民，他们多住于第一、第二型徙置区，社区设施与服务可帮助适应香港环境，融入社会。参见萧邹婉仪《香港社区中心服务的发展》，香港社会工作人员协会编《社区工作——社区照顾实践》，香港社会工作人员协会出版，1994，第 182 页。

成立，即应开始建立社区精神的工作。……使新迁入者与当地人民融合相处，而使人数众多之新社区趋于稳定，为启发居民对社会负起责任之精神，在有社区服务之处应鼓励彼等参加、组织及办理各项活动，并付出活动所需之经费。①

事实上，殖民政府在那份社会福利白皮书里所强调的观点，是"依照中国之传统，凡因贫窘、过犯、疾病或天灾等而有所需求之社会福利措施，均属个人委托，至少在理论上应由其家庭或在必要时由其家族负责"②，而政府的立场是"尽力支持与巩固这种'家庭'责任感"③。从政府的角度，当时香港的社会状态是：

> 香港人士所组成之社会并非浑然一体之社会，亦不具备由演进而成，又为大众接受之各种传统与价值，俾有效解决都市之福利问题，同时大部分人均须在挤迫环境之下求生，鲜有余力应付其他。④

而所谓的社区建设的重点，只在于帮助市民（当中不少是移民）适应环境，提升社会整合，而尚未发展出对市民积极参与的期望。

从这个角度来看，70年代初的"清洁香港"及"扑灭暴力罪行"两次大型社会动员是殖民政府的新尝试。垃圾、公共卫生、治安都可以说是香港社会的老问题，所以这里所讲的"新"，在于政府处理问题的方法。以"清洁香港"为例，早于1949年市政局就曾经举行Anti-Litter Week，然后在1959年至1964年有Keep Your City Clean运动，而1965年至1971年则是Keep Your District Clean运动。⑤ 有见于新加坡的清洁运动十分成功（政府代表曾于1969年及

---

① 港英政府：《香港社会福利工作之目标与政策》，政府印务，1965，第8页。
② 港英政府：《香港社会福利工作之目标与政策》，第4页。
③ 港英政府：《香港社会福利工作之目标与政策》，第4~5页。
④ 港英政府：《香港社会福利工作之目标与政策》，第4页。
⑤ 有关"清洁香港运动"之发展，参见以下资料：HKRS 337-4-5396: "The 'Keep Hong Kong Clean Campaign' and its Problems (Speech delivered by Dr. Denny M. H. Huang to the Kowloon Rotary Club on 4th May 1972)"、HKRS 337-4-5396: "The 'keep Hong Kong Clean' Campaign: its Background and Development, 11th January 1973"、HKRS 684-5-82: "Towards a More Responsive Society (Text of a Speech by the Deputy Secretary for Home Affairs), 8th August 1973"；以及周淑健《清洁香港与公民身份的形成》，香港中文大学社会学系哲学硕士论文，2006。

1970年两度前往考察），于是港督戴麟趾在1970年年底于立法局发言并且指出问题，稍后成立了"全港清洁运动委员会"。"清洁香港运动"正式在1972年展开，而开幕仪式则由当时到任还未够一年的港督麦理浩来主持。

一改以往零散的工作与宣传来推广清洁和公共卫生，"清洁香港运动"是以一个全面的运动的方式来进行。政府投入的活动经费是450万元，动员了13个政府部门协助推行该运动，反垃圾队增加至48队，垃圾箱亦由全港4123个增加至19764个，等等。"政府为了显示他们对是次运动的支持，更首次动员全港公务员参与该活动，港督亦已分函政府各机关首长，要求他们对此次运动予以合作。"[1] 除人力、物力之投入外，"清洁香港运动"的推行亦包括相关法例的订定，以加强政府检控"垃圾虫"的能力。[2] 不过，最重要的一环，还在于社区参与。

> 从规划最早阶段开始，便意识到全面的社区参与的需要。政府可以而且已经做了的是供应人手、器材、交通工具及所有财政上的支持，令运动发展起来。但假如没有从草根由下而上的，社区内每一位人士很实在的支持，则一定不太可能达至此运动的组织者所争取的成效。[3]

"清洁香港运动"的创新之处在于将社区动员和参与也包括在内。"清洁香港运动"的社区参与乃通过民政署的系统来发动，将全港划分为74个推行运动的地区，平均每区约有45000人。配合那74个推行运动的地区，每区设立一个由20至25名市民所组成的分区委员会。后来，在分区委员会之上，又成立10个民政区委员会，由分区委员会的主席、其他地区领袖及政府部门代表所组成。[4] 在这个架构底下，最基层的单位是互助委

---

[1] 周淑健：《清洁香港与公民身份的形成》，2006，第46页。当时的盘算是公务员约有10万人，再加上其家人，整个队伍占全港人口的八分之一。所以，只要发动起来，应可影响社会上其他市民。参见 HKRS 618-1-548："From Colonial Secretary to all Civil Servants, 26th August 1972."。

[2] 当中关于市民在其居所的20尺范围内负责保持清洁及将垃圾清除，涉及市民所需负上的责任，曾引起过争论。

[3] HKRS 337-4-5396："The 'Keep Hong Kong Clean' Campaign: its Background and Development, 11th January 1973".

[4] 详见 M. Y. So, *The Assessment of Potential and Limitation for Community Development of District Level Associations*, unpublished M. S. W. Thesis, University of Hong Kong, 1975, pp. 20-21。

员会（简称互委会）。互委会以大厦为组织单位，最低限度可由 3 人（主席、秘书及财政）所组成，但他们必须得大厦内不少于 20% 居民（业主或租户均可）认可。由 1973 年开始展开组织工作，至年底已成立 1217 个互委会，翌年再增至 1575 个。①

紧贴着"清洁香港运动"而推出的，是"扑灭暴力罪行运动"（1973年年中）。殖民政府之所以推出两大运动，一方面是回应民间的忧虑（尤其是治安问题）及关注的问题（如环境清洁及公共卫生），另一方面是它的领导层视此为建立市民对政府信心的重要工作。在推动"清洁香港运动"的过程中，Forsgate 便向政府反映意见，表示"清洁香港运动之成功，对在公众心目中建立政府于处理环境卫生方面有无可靠和有效的领导能力，至为重要"。② 而在推动"扑灭暴力罪行运动"的过程中，麦理浩亲自发信给民政司陆鼎堂（Donald Luddington）争取全力支持，并指出：

> 我毋须向你强调公众对暴力罪行的深刻关注，或它对政府信誉的重要性。明显地这要求政府部门与公众之间一次重要的合作，藉此尝试并改变目前的趋势。③

对殖民政府而言，这两个运动是在民众之中建立对政府的信心的重要工程。④ 而要做到这个效果，殖民政府决定进入社区。

三　不彻底的社会动员

究竟应该如何评估"清洁香港运动"和"扑灭暴力罪行运动"的效果与成绩，这不容易找到一个一致公认的答案。如果说它们移风易俗，大大

---

① M. Y. So, *The Assessment of Potential and Limitation for Community Development of District Level Associations*, pp. 21 – 22.
② HKRS 337 – 4 – 5396："Forsgate to Norman – Walker, 17th May 1972".
③ HKRS 684 – 5 – 83："MacLehose to Luddington: Fight Violent Crime Campaign, 14th May 1973".
④ 关于忧虑市民对政府缺乏信心，同时政府在他们心目中信誉低落的问题，是港督戴麟趾离任前所提出的问题，参见吕大乐《那似曾相似的七十年代》（香港中华书局，2012）第七章的讨论。从这个角度来看，我们可以理解为何戴麟趾会有兴趣参考新加坡的经验，并开始筹备"清洁香港运动"。

提高了香港人的责任感及公德心，我们不敢确定这两次运动是促成改变的唯一和独立的因素。① 但在生活经验层面的认知，我们在 70 年代又确实可以感受得到一些老习惯开始改变，而一种对公共生活及相关秩序的观念亦开始形成。至于殖民政府方面，它在两次大型运动之后，更为自觉地去发展社区参与。这明显地表现于麦理浩在 1976 年 10 月所宣读的施政报告：

> ……我们的目标，是建立一个不会产生坏分子的社会，一个市民互相关怀和具有责任感的社会。我们的社会计划正是向这个目标迈进，因为如果社会不关心市民，市民自然也不会关心社会。②

而在他的社区参与和组织的工作上，互委会占上一个重要的位置：

> 成立组织完善而工作积极的互助委员会，由居民选出委员，互委会可随时与有关政府部门接触，寻求意见及协助。……政府不打算在这方面独断独行，因为硬性组织或千篇一律的方式并无好处。同时采用多种不同的途径和形式，反而会有更佳的效果。……我们的理想，是以各住宅楼宇及工业楼宇的互助委员会、街坊福利会及较大区域的分区委员会为基础，由民政主任、社区及青年事务主任和康乐体育主任执行日益扩大的服务计划来加以支持和协助，共同达成这个目标。这些工作统由民政司及其属下工作人员协助、调配和指导。③

通过成立互委会及建立一个以地区为基础的政府与社会接触和沟通的架构，港英政府先后针对社区整洁和打击暴力罪行的委托，进行了社会动员。而麦理浩是有意进一步巩固这个基础，④ 并以此作为殖民政府与民间社会之间的新的联系。

可是，任何人只要细心观察，便不难发觉以互委会为基础的社区建设

---

① 人口结构转变和土生土长一代的成长，肯定是必须考虑的因素。参见吕大乐《山上之城》，香港大学出版社，2000。
② 港英政府：《1976 年 10 月 6 日立法局会议席上总督麦理浩爵士施政报告》，政府印务，1976，第 15 页。
③ 港英政府：《1976 年 10 月 6 日立法局会议席上总督麦理浩爵士施政报告》，政府印务，1976，第 15 页。
④ 更多有关的讨论，参见吕大乐《那似曾相似的七十年代》，香港中华书局，2012，第 7 章。

和社区参与,有相当明显的弱点。在评论 1976 年施政报告中的社区建设与组织的概念时,冯可立点出了它的行政管理取向:

> 在缺乏强大的精神号召力量之下,社区建设政策转向微观层面的发展方向。它只是确定了互助委员会的存在价值及功能,订定了社区及青年事务主任在推展公民教育时的责任与角色,以及确定教育司署的康乐及体育事务组提供康乐及体育设施任务等等细致的行政协调关系。这个政策的效用,只是增强了市民与政府沟通的机会,使市民对政府的种种措施有多些了解,减少不必要误会。①

而在社区参与的意义上,有研究者指出:

> 政府既无意于在市民之中提高民主政治参与的精神,亦并非视社区建设为一个鼓励市民决定他们的需要和就此进行工作的过程。社区建设更似是一种从上而下,由政府高层所制订,而交到下层去执行的政策。官民之间的合作只是达成政府所订定的目标的手段。②

最为有趣的是,当时港英政府亦十分自觉,要深入基层来推动社区建设,很有可能会自行引爆一些社会问题,并且造成令政府尴尬的处境。以下所节录的,是一段民政司不能向分区委员会透露和不可刊印的指引:

> 由于管理问题以私人房屋最为严重,民政主任、新界政务专员及地方委员会应集中其力量,在私家楼建立互委会。如果有足够人手的话,他们亦可在较新的公共屋村(即三至六型的前徙置区、前廉租屋或房委会的公屋)内鼓励成立互委会。第一及第二型公屋因其一般状况及缺乏社区设施而特别难处理。而有一种感觉是到那些公屋去成立

---

① 冯可立:《香港社区发展的政策分析》,莫泰基等编《香港社区工作:反思与前瞻》,香港中华书局,1995,第 24 页。
② 参见 Siu Ling Lam, *The Role of Government in Community Building*, unpublished MPA Thesis, University of Hong Kong, 1993, p.35。那种自上而下,凸显政府主导,旨在吸纳和利用的发展,是限制互委会有进一步发展的重要因素。参见 H. L. Fung, *Two Models of Public Participation*, unpublished M. S. W. Thesis, University of Hong Kong, 1978; M. Y. So, *The Assessment of Potential and Limitation for Community Development of District Level Associations*, unpublished M. S. W. Thesis, University of Hong Kong, 1975。

互委会，很可能会适得其反，成为令人尴尬的因素，而不是一种资产。所以，虽然假如有一群居民接触民政事务处时，他们应得到一般情况下的支援，但民政事务处及分区委员会实不应主动在那些公屋发展互委会。①

到了 1975 年，当时已有超过 1600 个互委会，政府开始分析其现状与未来。在一份题为《互委会之未来》的文件里②，内容显示当时政府已留意到一些现象和问题。举例：互委会与业主立案法团之间存在不同的意见与取向，而政治渗透（案例是一名市政局议员尝试寻找互委会的支持，签名争取恢复执行死刑）、互委会有机会成为压力团体、互委会之间有可能组成联会等现象，已在讨论之列。当中最有趣的是如下两点。一是关于互委会的问题，除上述列举的之外，该报告还指出互委会的成员开始有一种身份意识：

> 较以前花更多时间于一些仪式及活动之上，即是他们倾向于向外争取社会地位，而不是向内了解现存问题。……正如一些喜欢曝光的志愿团体所经历，对风头及知名度的着迷，会削弱互委会在提供全面的互助服务的效能。这可能是缺乏新的目标的其中一种间接后果。③

二是政府在推动互委会时的不足之处。该报告指出：

> 假如民政署于 1973 年最初成立互委会时不是纯粹追求数量的话，大多数问题或者是可以避免的。要互委会有更强的领导能力、减少受三合会渗透的机会，最有效的方法是在成立阶段小心照顾，重质而不是重量。④

翌年在另一份检讨互委会发展状况的文件上，互委会的组织问题再次受到关注：

---

① HKRS 684 – 5 – 82: "Secretariat for Home Affairs, 12th June 1973".
② HKRS 488 – 3 – 37: "The Future of MACs, 25 July 1975".
③ HKRS 488 – 3 – 37: "The Future of MACs, 25 July 1975".
④ HKRS 488 – 3 – 37: "The Future of MACs, 25 July 1975".

虽然理论上只要取得建筑物内20%居民的同意，便可以成立互委会，但今天在前线的工作经验，是没有一个互委会是以低于50%居民同意情况下而成立的。不过尽管如此，很多互委会并未能引起热情的反应，亦未可以得到居民对他们的工作长期合作（例如邻舍巡逻更队的人手）。结果是大部分工作（从中所有居民均会受惠）落在逐渐减少的人身上，挫败感浮现，而那类互委会有可能逐步减少投入，以至变为冷感。这种情况有可能滋生其他更严重的问题，例如互委会为领袖所滥用或为颠覆犯罪分子所渗透的风险而有所提升。①

更值得注意的是，殖民政府在政治方面的考虑，就更是小心翼翼：

公屋居民的单一背景亦会促使他们形成挑战建制的统一阵线。a) 结盟的趋势：房屋署长对成立以座为单位的互委会，或该等座互委会串联起来而成立处理联谊及康乐活动的全村居民委员会，不会提出异议，但他肯定不会期望互委会联合起来而成为一个大型的团体，自称可代表以万计的居民有关房屋管理方面的利益。虽然公屋居民的背景的划一性为结盟提供了共同的基础，但过去互委会并未有表现出有这样的意图，或者这是因为受到民政处的工作人员主动劝阻所至。事实上早已存在于民政处下面地方委员会的大型咨询系统，是另一个令人觉得没有必要成立互委会的联合组织的因素。b) 政治野心：跟联盟这个意念相关的是，互委会宣称有其代表性的地位。民政处并不鼓励这种态度，而这亦因互委会于个别组织或作为集体的层次上，并非每一项地方或政策的题目都得到咨询，而进一步削弱了它们的身份。假如真的出现一个联会，互委会的联盟有可能在地区层次或社会上的影响力，跟街坊会或乡议局的相若，能发挥一定的影响力及权力。以目前的情况而言，互委会并未能表现出一种超出其社区的政治野心。c) 压力团体：尽管互委会本身并非压力团体，但它们有可能自发地在地区问题或可能性略低的在一般利益（例如彩虹及高超道场外投注站事件、加租、电话费/公共服务/交通费加价等）采取一种强烈的反建制的立场。互委会具备成为压力团体的潜质的价值，在政府以外的团体

---

① HKRS 488－3－37："Review of MACs, 26th March 1976"．

（如社区组织协会、杨震服务中心、邻舍辅导会）早已有所认识，而它们亦有落在这些组织手上或遭操控的危险。皇家警察的清除工作应可阻止激进人士成为互委会的干事，但他们仍可于幕后发挥对互委会的影响。如果房屋署不先进行工作，填补这个空间的话，则激进分子有机可乘，成立他们类似互委会的组织。①

事实上，以上所讲并不只是殖民政府的一些忧虑那么简单。在实际操作层面上，殖民政府也绝不想街坊、市民产生误会，对他们的政治身份和角色有过高的期望。所以，在分析互委会的政治价值时，殖民政府肯定它们在"推销政府政策及收集社会的回应上至为重要"，不过：

> 同样重要的是避免将此"制度化"或"正规化"，并纳入恒常的沟通渠道，以至默认了它们是具代表性的意见组织。虽然无人会反对经常以互委会来传达政府信息，但它们最好是不定期或轮流作为测量市民反应的平台来使用。②

简而言之，殖民政府本身对互委会于组织层面上所可能出现的政治成长，亦小心翼翼，诸多提防。

四　矮化的社区参与

70年代香港社会的政治封闭程度基本上限制了互委会作为基层社区参与组织的进一步发展。殖民政府不单无意推行民主化，连将部分权力下放或确认互委会作为基层代表，亦甚为抗拒。它想做到的，只是市民通过社区参与来协助它的行政管理。

殖民政府在这方面的立场，可见于它分析市民参与"扑灭暴力罪行"中的角色。在该文件里讨论到政府在对付暴力罪行的过程中，它可以期望市民如何协助其工作。对公众的要求和期望方面，是"表现出一份市民的责任感（civic responsibility）"，而较详细的说明是：

---

① HKRS 488-3-37: "Review of MACs, 26th March 1976".
② HKRS 488-3-37: "The Future of MACs, 25th July 1975".

鼓励本地居民有一份市民的责任感，乃政府一向的目标。但要在香港做到这一点，则有一些众人皆见的困难。一些困难已由学校的公民教育所克服，不过进展缓慢。清洁香港运动亦已在民众之中，培养出一种围绕着垃圾问题的一份市民的责任感。一个针对暴力罪行而跟清洁香港类似的运动，应以进一步鼓励这种市民的责任感为目的。①

殖民政府所期望的，是市民提高市民的责任感之后，不会有进一步的政治要求。那是一种由上而下和有组织的参与。"清洁香港"和"扑灭暴力罪行"两次运动的特点，是以大型社会动员的方式来提高市民的责任感。这是70年代之前所未见的。至于其真正成效，尚有待深入研究。我们初步的观察是，香港市民绝非照单全收。事实上，差不多跟那两次社会动员同步发生的，是本地的城市社会动员。② 殖民政府从来不能将市民参与完全纳入其官方渠道之内。至于从70年代开始于香港社会所形成的公共文化与生活秩序，有多少是官方动员的结果，有多少是民间自发的回应，值得好好了解和讨论。

（原文载于吕大乐《那似曾相似的七十年代》，香港中华书局，2012，第121～136页）

---

① HKRS 684-5-71: "Report on the Working Party on Community Involvement Against Crime, 7th February 1973".
② 吕大乐、龚启圣：《城市纵横：香港居民运动及城市政治研究》，广角镜出版社，1985。

国家认同与文化政治

——香港人的身份变迁与价值认同变迁

强世功[*]

香港回归无疑触及国家认同问题。传统帝制中国的政治认同建立在对中国历史文化的认同基础上，而近代以来，中国经历了从传统"文明国家"向现代"民族国家"的转型。一方面要发展出在多元民族基础上塑造了"中华民族"或"中国人"的概念，从而奠定现代国家的民族认同基础；另一方面要发展出现代国籍法，对文化意义和基于血缘的民族意义的"中国人"的概念加以改造，发展出"中国公民"、"海外华侨"、"海外华人"等法律上严格界定的身份概念。香港回归以来，香港居民不仅触及"公民身份"的问题，而且触及文化认同和政治认同问题。正是在文化认同和政治认同的问题上，香港展现出其特别复杂的一面。

一 香港人的身份变迁

（一）"中国人"的歧义与"香港华人"的形成

从种族意义上讲，香港绝大多数居民都是"汉人"；而从文化意义上讲，他们都属于地地道道的"华人"。英国人在占据香港的时候，就意识到中国广阔的地缘和悠久的历史文化传统，无法进行"殖民"，而只能进行商业贸易。正因为如此，在漫长的殖民时期，香港人从来没有意识到他们与内地居民的区别。然而，这一切由于1949年新中国的成立发生了某种转变，因为新中国的文化认同的基础不是传统中国的儒家正统文化，而是马克思主义和共产主义。这样，"中国人"这个具有永久历史文化传统的

---

[*] 强世功，北京大学法学博士，现任北京大学法学院教授。

概念在 1949 年就发生了断裂性的变化：其一是认同中国历史文化中儒家正统思想的"传统中国人"，国民党的"中华民国"虽然加入了许多现代的因素，甚至引入西方基督教因素，但基本上继承了这一传统。尤其是"中华民国"到台湾之后，蒋介石更有意识地诉诸中国传统文化的正统地位来与大陆新中国进行文化抗衡。其二是信奉马克思主义并继承中国历史中革命传统的"新中国人"。由于新中国在国际上作为中国的代表获得了普遍的认可，"中国人"这个概念往往等同于"新中国人"，以区别于差不多等同于"华人"概念的"旧中国人"。

在这种背景下，香港人的身份认同也因为文化认同发生了分歧：究竟认同"传统中国人"，还是认同"新中国人"。而大陆与台湾对香港人的称呼也不同，前者对香港人的正式称呼是"香港同胞"，而后者在 1997 年之前则称为"香港侨胞"。而香港人给自己一个相对兼顾法律属性和文化属性的中性称呼："英属香港华人"，简称"香港华人"，以显示自己在文化身份和法律身份上与"中国人"的不同。

（二）"香港人"的社会与文化认同

身份建构必须以区别于他人的"自我意识"开始。大约从 20 世纪 60 年代开始，"香港人"作为一个独立的身份建构开始缓慢形成。这是由多方面特殊的历史背景和人为努力的政治建构促成的。其一，新中国成立之后，内地与香港之间的边境自由流动受到了限制，香港居民逐渐稳定下来，在 20 世纪 60 年代香港出生的第二代已经差不多占到了人口的一半，他们割断了对内地的历史记忆和文化传统，逐渐形成了香港本土一代共同的历史记忆和情感认同。其二，在这个时候，香港经济迅速增长，作为"亚洲四小龙"出现，而与内地的经济萧条形成了明显的对比，香港人"优越意识"强化了其与内地的区别。其三，港英政府在镇压 1967 年反英抗议运动之后，开始对香港的治理进行了大刀阔斧的行政和民生改革，获得了香港精英的政治认同。其四，香港人开始自我的文化塑造，在大众文化方面，以李小龙为代表的香港功夫电影、许冠杰为鼻祖的粤语流行歌曲和金庸为代表的武侠小说成为"香港文化"的象征。"香港人"在建构作为"他者"的大陆人的过程中确立了自我身份认同。1970 年"香港是我家"不仅是一种文化推动，也成为香港人日常生活的一部分。

进入20世纪80年代，由于"九七大限"给香港人带来了普遍的恐慌和不安，这种共同命运加速了"香港人"归属认同，进一步巩固了香港本土意识。至此，"香港人"的社会建构基本完成，所谓"香港人"就是居住在香港、分享香港粤语文化的中国人。

（三）"香港人"政治认同的分歧

香港人政治意识的觉醒是从国民革命开始。香港是中国共产党早期工人运动的最主要基地，1925年的长达一年的"省港大罢工"是中国人反抗殖民主义的一次爱国工人运动。但此时香港人是作为"中国人"来反抗殖民主义的。随着近代以来香港社会乃至中国社会的阶级分化，香港人的政治认同和文化认同也发生了根本的分歧。以香港工人为主体的"香港左派"认同中国共产党的主张，而香港以商业上层精英为主体的"香港右派"认同国民党的主张，由此在1949年之后香港政治认同分歧引发了香港人身份认同的分歧。

1967年反英抗议运动就是"香港左派"反抗英帝国主义和殖民主义的爱国主义运动，但这场运动遭到港英政府的彻底镇压，且到港英政府利用"冷战"背景，在思想文化上将"香港左派"和中国革命系统地解释为苏联"极权主义"，由此"香港左派"的"中国人"身份的政治认同受到了极大打击。与此同时，港英政府为了培养认同英语和西方文化的香港人并对大英帝国保持忠诚的香港精英，推出一套系统的文化驯服计划。比如通过创办香港大学、香港中文大学等，在香港系统地进行英文教育和殖民主义教育；通过唱英国国歌、向英女皇照片敬礼、参加童子军以及接受大英帝国形形色色的胸章等形式，培养其年轻一代认同英国文化并对英女皇效忠；通过搞新潮舞会、开放赌博（尤其赌马）、推广"狮子山下"、"少年警训"等大众文化项目，培养一种无政治意识的娱乐文化等。而在"冷战"背景下，效忠国民党的"老式右派"也逐渐与新兴的效忠英国的"新式右派"合流，并随着港英政府在20世纪70年代推出的"行政吸纳政治"，香港右派差不多与港英政府在政治上合流。

20世纪80年代香港进入回归历程，中央明确提出了"港人治港"的口号，使得"香港人"从一个自然的社会文化群体变成政治群体。正如林泉忠先生所言，"'治港'的'港人'究竟是什么人？是'香港左派'，还是'香港右派'"？这一问题构成了香港回归以来乃至香港回归之后的根本政治问题。主权政治引发的政治认同的分歧。

二 "爱国者治港"与"后殖民政治"

（一）"爱国者"：政治的概念

香港回归引发了香港的主权政治，而主权政治从来都是围绕政治统治权展开的。在中西文明冲突的背景下，香港回归之后在"港人治港"的背景下，究竟是认同新中国的"香港左派"来管治香港，还是认同港英政府和英女王的"香港右派"管治香港，无疑是香港主权政治中的根本问题。正如在革命战争年代，"谁是我们的敌人，谁是我们的朋友，这个问题是革命的首要问题"。正是在统治权归属的政治意义上，"港人治港"的具体内容就变成邓小平所强调的"爱国者治港"。

"爱国者"是围绕政治主权者而形成的政治概念，这个概念的政治性决定了这个概念随着政治条件的变化而发生改变。由此，"爱国者"是一种富有弹性的概念，它成为基本法所建构的国家法律主权背后活生生的政治主权，正是它给基本法赋予了活生生的政治生命，从而使我们看到基本法的运作不是死的法律机器，而是活的政治斗争。正是这种斗争的政治性，为基本法赋予了生命的气息，从而使得基本法成为"活的基本法"（living basic law）。由于新中国的政治主权者乃是中国共产党，正是依赖共产党的政治性，以及由此形成的"统一战线"理论，"爱国者"概念就从属于"统一战线"理论。

（二）"后殖民政治"

"后殖民政治"是指殖民地在摆脱宗主国的殖民统治之后，陷入了政治认同上的矛盾困境。一方面殖民地试图摆脱对先前宗主国的依赖，由此引发民族主义和爱国主义的高涨；但另一方面，由于长期的殖民主义教育，尤其是后殖民政权往往掌握在宗主国培养的政治精英手中，从而使得殖民地在后殖民时期不可避免地在文化思想上依赖于先前宗主国。由此，殖民地在后殖民时期，就会在宗主国与殖民地之间在文化认同上陷入纠缠不清的复杂关系中。

英国在香港一百多年的统治,香港从器物、制度到语言和思维意识乃至价值判断和文化认同都不可避免地打上了英国殖民统治的烙印。然而,中央采取"一国两制"、"平稳过渡"的方针,没有"砸碎旧的国家机器",也没有触动香港的政治意识形态。由此,香港回归之后,由"爱国者治港"的思路所带来的全新的国家认同、政治认同和文化认同必然与英国殖民时期形成的国家认同、政治认同和文化认同发生冲突。香港"传统左派"在香港政治上陷入尴尬的地位:一方面他们在事实上已经被逐步平反并开始逐步登上了政治舞台,可另一方面,在香港右派精英主导的政治意识形态上,他们依然被看作是身份可疑的"左仔"甚至"暴徒"。与此相类似,香港的"民主派"也处于类似的身份尴尬中:一方面他们作为香港的精英阶层在和平过渡中继续拥有既得利益并拥有香港社会的政治认可,但另一方面由于他们不认同中央的主权权威,而被看作是不合时宜的"港英余孽",甚至被看作"汉奸"。香港回归以来,香港政治中充满了后殖民政治的辩论。"左仔"甚至"暴徒"这些概念被用来形容传统爱国阵营,而"港英余孽"、"亲英反中"、"汉奸"等概念又被用来形容反对派阵营,双方都被对方捆绑在"原罪"上。由此,"爱国爱港阵营"与"民主派"之间的政治斗争,很大程度上是一场政治认同和文化认同的斗争,是一场发生在意识形态领域和政治认同领域之中的"文化战争"。

在这种"后殖民政治"的背景下,中央按照《基本法》恢复对香港的主权,必然导致香港"反对派"对中央行使主权权力的挑战和质疑。比如1999年6月全国人大常委会关于居港权的"释法"在香港法律界和社会上掀起轩然大波,他们质疑"人大释法"是对香港高度自治的破坏,并将其看作是"香港法治的死亡";港区政协委员徐四民在北京召开的全国政协会议期间就香港问题发表评论,被看作是中央干涉香港的高度自治;中央政府驻港联络办副主任王凤超就香港某些人支持李登辉的"两国论"发表评论,也被质疑为中央干预香港的高度自治;而香港回归爆发亚洲金融危机之后,中央推动粤港经济合作以期提升香港经济也被怀疑为内地"吞并"香港。尤其是2002年的"23条立法"和2004年4月关于香港政制发展问题的"人大释法"和"人大决定"更被看作是中央干预香港的高度自治。

面对后殖民政治的遗产，中央为了有效行使香港主权，自然强调"爱国者治港"这一基本法的政治原则，爱国爱港阵营也批评"反对派"缺乏爱国意识。比如立法会议员李柱铭等人经常到美国寻求支持，就被批评为将"香港事务国际化"，从而被香港的爱国爱港阵营批评为"汉奸"。"爱国者"讨论直接触及后殖民政治的核心：究竟什么是"爱国"？谁是"爱国者"？这种政治认同分歧便转化为关于"香港核心价值"的争论。

三 "香港核心价值"之争

2004年6月7日，香港一批受过西方教育的知识分子和中产专业人士联署发表《捍卫香港价值宣言》，捍卫"港人引以为豪、也与全球现代化文明接轨的一些体现香港优势的核心价值，它们包括：自由民主、人权法治、公平公义、和平仁爱、诚信透明、多元包容、尊重个人、恪守专业"。

《宣言》的核心思想就在于将香港理解为一个"命运共同体"，一个为香港人提供"安身立命、追寻意义"的文化政治实体。在这样的政治立场上，香港价值差不多是港英政府时期建立起来的基本价值理念。《宣言》透露出担心中央对香港恢复行使主权会导致香港价值的衰亡。尽管《宣言》的发起人之一张炳良认为，"在回归后谈香港核心价值，若失去中国视野，如于浮沙上兴建堡垒，须明白香港命运已与国家命运紧扣一起。"但是，这里所谓的"中国视野"既不是"停留于浮薄的历史共同体"，也不是现实的政治中国这个共同体，而是"走近未来的命运共同体"。香港作为"命运共同体"对于中国的意义就在于它是"未来中国"这个命运共同体的守护者。恰如《宣言》所言，"维护香港核心价值，也体现港人在中国现代化进程中的文化使命"，这样的使命亦如当年新儒家将香港看作为未来中国承担文化使命一样，反映出西方自由派的国家政治认同所存在的内在紧张，即他们不见得要认同当下的中国，但会认同他们心目中的未来中国。

这样的《宣言》一推出，无疑遭到了爱国爱港阵营的批评，认为《宣言》有"去中国化"之嫌，尤其根本不提香港的爱国主义传统，而香港"左派"恰恰将此看作是香港的核心价值，即一贯反对港英政府的殖民统治，坚持香港的主权属于中国，坚定支持香港回归祖国怀抱。这种潜在的敌对情绪使得"爱国主义"与"香港价值"之间似乎形成不可化解的紧张，甚至打破了"一国"与"两制"之间的微妙平衡，由此引发香港的悲情：香港核心价值的讨论实际上触及了香港历史上"左派的幽怨"与"右派的悲情"。这种对立的情绪显然不利于特区政府有效施政，也不利于香港的和谐稳定。为此，中央果断介入香港的政治话语中，在爱国主义的主基调下，提出了"沟通"、"包容"和"团结"的新政治话语。时任全国政协副主席、中共中央统战部长的刘延东在香港接见各界代表的讲话中，专门给香港各界赠送了十六字真言："爱国为根、团结为重、发展为要、自强为本"，尤其强调"在坚持'一国两制'方针和基本法的基础上，求'一国'之大同，存'两制'之大异，不论什么阶层、什么党派、什么团体、什么人，都要广泛团结。在香港这样一个多元化的社会，存在各种不同的政治诉求和利益差异是正常的，关键是要加强沟通，增进理解，扩大共识。即使一时达不成共识也不要紧，可以先放一放，留待以后逐步解决。只要多一点理性，多一点对话，多一点包容，就没有解决不了的问题。"

中央提出的"沟通团结"、"求同存异"获得了香港主流民意的支持。"民主派"内部出现分化，"泛民主派"的立法会议员刘千石提出"和解论"，认为香港社会分化最终损害的是香港利益，因此希望中央和"民主派"各退一步，"释出善意，加强沟通"。尽管刘千石的"和谐论"遭到了"民主派"内部的批评，但"和解论"恰恰是香港主流民意希望看到的。为此，2004年7月5日，爱国爱港阵营由"香港发展论坛"召集人陈启宗发起推出《新香港核心价值宣言》。《宣言》并没有提"爱国主义"，显然是为了避免将爱国主义与中产专业人士提出的香港核心价值对立起来，从而避免香港社会的分化。毕竟，"爱国者"概念本身就是一个富有弹性的概念。

香港核心价值的辩论实际上是政治认同的辩论，其中自然触及近百年来中西文明冲突中，中国文明如何面对西方文明、吸纳西方文明的问题。在"爱国主义"的语境中，英国殖民统治的历史似乎变成了"原罪"，可"爱国主义"本身又无法为香港人提供真正的生存意义，毕竟他们与内地居民在公民身份上的法律区隔实际上妨碍了他们全面参与到国家的政治生活中。

四 "新香港人"与"命运共同体"

"务实政治"的理念自然影响到香港人的身份认同。在特定历史背景下建构的"香港人"概念本身就预设着区别于"中国人"的独立内涵，以至于在香港社会的"民调"中，不断重复着"香港人"、"中国人"、"中国香港人"的概念框架，实际上为香港的政治认同预设了陷阱。而在香港回归之后，伴随着中央在香港恢复行使主权，在"后殖民政治"下围绕政治认同展开的争议中，香港人必须对自己的身份认同进行重新定位。

2007年，行政长官曾荫权发表了《香港新方向》的"施政报告"。他认为"国家的崛起带来了香港发展的新机遇，也会带动香港进入一个新时代。"由此提出"香港人要展示新时代精神，要进一步装备好自己，推动新时代发展，做一个新香港人"。"新香港人"提出之后，引发了香港社会的广泛争议。概括来讲，"新香港人"并非是与"旧香港人"截然对立的概念，而是香港人面对香港回归祖国的现实，面对中国崛起的现实，如何走出封闭的"小岛"心态，以务实精神，调整香港人的心态和政治认同，肯定香港价值。在"一国两制"的框架下，要从国家的角度看香港，从国家的角度定位香港，从而确立"中国香港"的观念。

（原文载于《文化纵横》2010年12月号，第110～115页）

试论香港民主化的法治基础

——历史考察与现实分析

高旭晨[*]

一 香港的民主化

民主是一项古老的政治制度，其产生于两千多年前的古代希腊，确切地说，主要产生于雅典城邦。古希腊的民主是一种简单的民主，苏格拉底认为："凡是所有的人都有资格被选为官吏的地方，是民主政治。"[①] 虽则简单，但是其实行政治选举的核心内容已经确定。

古代希腊的民主制度建立在特定的法治基础之上。这种法治的基本点就是市民自觉遵守法律。在希腊历史中，我们可以找到非常多的实例。特别著名的有两个，一个是苏格拉底，另外一个是阿里斯提德。

在古希腊，实行民主政治的法治基础是守法。苏格拉底认为，守法就是正义。[②] 他为了守法，在受到不公正的审判后，宁可平静等待死亡的来临也不选择逃离雅典。色诺芬为我们留下了关于苏格拉底在生命最后时光的记述，他写道：阿帕拉多拉斯是一个非常热爱苏格拉底的人，他说"可是，苏格拉底，看到他们这样不公正地把你处死，这是令我最难忍受的。"据说苏格拉底用手抚摸着他的头，同时微笑地问道："亲爱的阿帕拉多拉斯，难道你希望看到我公正而不是不公正地被处死吗？"[③]

还有阿里斯提德，雅典最著名的政治家，提洛同盟的创始人，他也认

---
[*] 高旭晨，法学博士，中国社会科学院法学研究所研究员。
[①] 〔古希腊〕色诺芬：《回忆苏格拉底》，吴永泉译，商务印书馆，1984，第181页。
[②] 〔古希腊〕色诺芬：《回忆苏格拉底》，吴永泉译，商务印书馆，1984，第164页。
[③] 〔古希腊〕色诺芬：《回忆苏格拉底》，吴永泉译，商务印书馆，1984，第164页。

为,"诚笃无欺的言行是奉公守法的市民唯一最正确的保证"。他因为受到民众的嫉妒而被放逐。在古代雅典,如果民众要放逐一个人,就把他的名字写在一个贝壳或瓦片上,交到市民大会堂指定的地点,当一个人的名字依照这种方式被写在贝壳或瓦片上的数量超过 6000 个时,他将要被放逐 10 年。据《希腊罗马名人传》记载:

> 有个目不识丁有如小丑的家伙,把阿里斯提德看成一个普通的市民,拿出陶片要求他代为写上"阿里斯提德"这个名字。阿里斯提德感到很惊奇,于是问这个人是否阿里斯提德做了哪些事对他造成损害。这个家伙说道:"与这个毫无关系,何况我根本不认识他,听说他每到一处开口闭口就是公理正义,已经让人厌烦。"据说,阿里斯提德听到这番话哑口无言,只有把写上自己名字的陶片交到他手里。①

而现代的民主制度依靠什么呢?也是依靠自觉遵守法律,不过其范围更加宽泛,不仅仅依靠个人的遵守,也依靠全社会的遵守。民主不仅仅要享受民主的好处,也要承担民主的后果,用一句通俗的话来说,就是愿赌服输。也就是说,民主实际上是一种社会选择,对于依靠规则获得选择优胜的社会群体而言,他们就获得了暂时性的胜利,而其他也具有选择权的社会群体要认可并尊重选择的结果,而不能以各种理由去否认这个结果。比如,在美国的总统选举中使用选举人票制度,分各州计票,赢者通吃,即获得该州的所有选举人票。在这种制度下,可能会出现这种结果,即获得选举胜利的一方,在总的选民票数上可能落后于落选的候选人。比如,在 1958 年的总统选举中,尼克松的总体选票多于肯尼迪,但肯尼迪的选举人票领先,故肯尼迪当选,而尼克松只能表示祝贺,而那些大多数的选民也坦然接受这个结果。这大概也算愿赌服输的一种方式吧。

香港的民主化进程引起了许多关注,而香港民主化进程中遇到的种种问题,使得这种关注有转化为学理性探讨的必要。学理探讨最重要的是要持一种平衡的心态,一种公正的客观态度。但我们看到,无论是香港学者还是内地学者,在探讨这个问题时,往往失去了学术所需要的公正与

---

① 〔古罗马〕普鲁塔克:《希腊罗马名人传》第 1 卷,席代岳译,吉林出版集团有限公司,2009,第 595 页。在该台湾学者的译本中,阿里斯提德被译为亚里斯泰德。

严谨。

对于香港民主对民主的追求，我们应该抱着支持的态度，因为我们不应该由于香港在民主化过程中与内地发生争执，就失去理性的判断，对香港的民主化持否定、对立的态度。进而甚至贬低民主制度，贬低民主的价值，过分夸大民主制度的负面作用。[①]

同时，也有些著述每每提出香港本身无民主的论点，认为香港的民主都是英国为破坏中国收回香港而设立的障碍物，或民主是中央的恩赐物。对于障碍，必欲取缔而后快；对于恩赐，香港民众应该感恩戴德，不能过分索取。这些言论都是不负责任的，是对于解决香港问题没有益处的，其结果只能加剧双方的疏离感，加深互相之间的争拗。

有学者甚至认为，香港历史上民主的缺乏一定程度上有利于法治环境的形成。其认为，"民主最大的弊端在于形成多数人的暴政，多数人的暴政是恐怖的，对法治危害很大。"[②] 实际上，在香港历史上，法治的积极作用主要在于制约香港总督的极端权力，因为其不但拥有行政权，也实际拥有立法权。应该说，香港法院几乎从来没有针对所谓社会上多数人的事件发生。

为了凸显香港民主化过程中的非理性因素，为了揭示香港激进民主派的弊端，而不惜贬低民主的价值，夸大民主的负面作用，这种倾向是不可取的，甚至是危险的。它不但会抑制香港社会追求民主的正当行为，也会抑制我们建立社会主义法治的进程。

邓小平说："没有民主就没有社会主义，就没有社会主义现代化。"[③] 这一点是我们必须要坚定不移地加以维护的。我们在任何时候都必须坚持走民主的道路，向着民主化的道路迈进。对于香港社会对民主的追求，在基本价值观的层面上我们要予以支持。

当然，民主制度只是社会政治制度的一种，它不能解决所有的问题，甚至有时候会由于自身的不完善而导致许多问题的发生，但这不是我们怀疑民主的理由。

---

① 在一本介绍香港社会价值观的研究成果中，列举了民主制度的六大弊端，失去了学术应有的中道。
② 陈丽君等：《香港人价值观念研究》，社会科学文献出版社，2011，第156页。
③ 《邓小平文选（1975～1982）》，人民出版社，1983，第154页。

近代民主已与古代民主有所区别，但本质是一致的，人民可以自由而安全地生活，可以凭借选举的手段选举政府，并依靠民选的政府保障自己的权益不受任何权势的侵袭。民主制度并不是一种完美无缺的政治制度，但它最合乎一般民众的需要和追求，对于社会上大多数民众可以起到保障自由、保障生命、财产安全的作用。这是不容置疑的。当人类的智慧还不能找寻到一种现实可行的更好的制度形式时，坚持民众制度是值得我们为之奋斗的。民主制度可以超越以所有制划分的社会制度，它可以在资本主义制度和社会主义制度之间架构一座桥梁。这对于实行"一国两制"的现代中国有着特别的意义。的确，实行民主制度会产生许多问题。林毓生先生曾言：

> 实行民主会产生许多问题，这些问题与实行别的政治制度所产生的问题比较起来，虽然最不坏，但却是相当不理想的。①

虽然有问题，但这些问题到底是最不坏的。如果把民主制度当作人类社会的终极理想（或最理想的现实），往往会忽略了民主的诸多问题，也可能会导致民主的崩溃或实质性的破产。

香港的民主化进程，决定了其必须有相应的法治作为基础，而回归前香港原有的法治中缺乏维护民主的成分，这是不争的事实。香港的民主化问题是一个很复杂的现实问题，同时也是一个历史问题。英国在对香港进行的一百多年殖民统治期间，民主化进程极为缓慢，虽然有过这方面的设想和计划，但都没有付诸实施。第一次世界大战期间，引入民主代议制的问题曾被提上议事日程。按照方案，立法局和行政局的非官守议员应由选举而非任命产生。1916年1月，殖民大臣收到一份请愿书，请求书要求建立"能够更好地代表本'殖民地'商人意愿"的政府。请愿书建议，为实现上述目标，立法局应增加4名非官守议员，使非官守议员在立法局形成多数，行政局应增补两名非官守议员。

> 请愿书遭到毫不客气的回绝，但要求改革的压力一直延续到战后。……即使英国政府曾经考虑过改变香港的政制，在战后非殖民化

---

① 林毓生：《中国传统的创造性转化》，三联书店，2011，第22页。

和附属国人民要求权利的气氛中,这样的举措在政治上也是不可想象的。①

1941年9月至1947年5月,杨慕琦爵士出任香港总督。在此期间,其提出了著名的"杨慕琦计划"。杨慕琦对代议制政治的好处深信不疑,他的第一项举措就是建议修改《香港宪章》,以期使本地区居民更充分、更负责地参与自身事务的管理。②

杨慕琦爵士详细阐述了一份计划,把"重要的政府职能"转交给"一个基于完备代议制的市议会"。这些计划以"杨慕琦计划"闻名,虽然杨慕琦实际上只是转述一个殖民地部战时委员会拟定的意见。在伦敦英商中华社会的那些大班的支持下,该委员会建议把市政局彻底改组为一个民主机构,同时扩大立法局的代表权。1944年8月26日,杨慕琦爵士公布了令人满意地达成一致的方案:

> 立法局三分之二的席位由直接选举产生,华人与非华裔人选各占一半,其余席位由代表团体任命。在立法局,官守议员与非官守议员人数相等,从而使总督掌握了否决权。作为代议制机构,市议会的长处在于可以把选举权扩大到全体成年人,不论是否属于英国臣民;而立法局的投票权被认为必须限于只占人口一小部分的英国臣民。③

如所共知,这个机会没有成为现实,直到20世纪80年代,香港的民主化基本处于停滞状态。当时,香港学者就认为,即使是在英国殖民统治期间,香港没有建立起民主政治体制,但的确形成了一个法治社会,香港的法律制度是完备而开明的。④ 而在90年代,英国处于政治目的,违背中英联合声明的立场,单独搞了所谓推进香港民主化的政改方案,受到中国方面的坚决抵制。⑤

---

① 〔英〕弗兰克·韦尔什:《香港史》,王皖强、黄亚红译,中央编译出版社,2007,第449页。
② 〔英〕弗兰克·韦尔什:《香港史》,王皖强、黄亚红译,中央编译出版社,2007,第487页。
③ 〔英〕弗兰克·韦尔什:《香港史》,王皖强、黄亚红译,中央编译出版社,2007,第487页。
④ 参见李明堃《八十年代香港社会内部冲突的新形势》与《香港社会阶层的研究》(1981),转引自黎熙元《香港的社会分层与社会流动》,北京大学出版社,2008,第21页。
⑤ 参见鲁平《口述香港回归》,中国福利会出版社,2009。

马岳认为："一般对香港民主运动的分析，都认为七十年代的学生运动和社会运动，是香港八十年代民主运动的先驱。"① 1982 年，第一届区议会成立，大约三分之一的议席由普选产生，三分之一是官守议席，三分之一是委任议席。香港的立法机构的真正存在是很晚近的事情。马岳称："1985 年之前的立法局属于'服从性'和'极少数'的议会，对殖民政府的影响力不大。"② 1991 年立法局引入直选后，行政立法关系产生了根本的变化。选举的产生也导致了香港政党的兴起。"香港本地的政党，是九十年代立法局引入直选后才开展的。"③ 香港学者认为："1995 年至 1997 年间，可以说是历史上香港立法机关影响力最大的一段时间。"④ 实际上，这种看似很大的影响力因为其没有任何前景可言，其实效性也大打了折扣。

由此看来，在香港回归之前，民主的发展确实很不健全，社会民众的民主意识也很薄弱，而相应的法治更没有作为民主制度基础的条件。

香港回归后，香港的民主化开始了稳健而坚实的推进过程。据统计，香港以政治选举为目的或从事相关政治活动为主的政治团体约 700 个。香港的社会舆论和一般政治分析把它们大致分为四大类：亲中派、民主派、工商派和中间派。⑤ 有学者认为，《基本法》所涉及的政治架构，即行政架构中的委任制与立法机构的选举制趋势，对回归后的香港政治生态的影响是：

> 工商界领袖或主要集团对政治选举的公开参与较少；中产阶级人士参政相对于其他阶层的人士都显得突出并热情高涨；中下层人士仍然处于政治游戏的学习阶段。⑥

2007 年 12 月 29 日，第十届全国人民代表大会常务委员会通过了《关于香港特别行政区 2012 年行政长官及立法会产生办法及有关普选问题的决

---

① 马岳：《香港政治：发展历程与核心课题》，香港中文大学出版社，2010，第 21 页。
② 马岳：《香港政治：发展历程与核心课题》，香港中文大学出版社，2010，第 87 页。
③ 马岳：《香港政治：发展历程与核心课题》，香港中文大学出版社，2010，第 57 页。
④ 马岳：《香港政治：发展历程与核心课题》，香港中文大学出版社，2010，第 88 页。
⑤ 黎熙元：《香港的社会分层与社会流动》，北京大学出版社，2008，第 208 页。
⑥ 黎熙元：《香港的社会分层与社会流动》，北京大学出版社，2008，第 213 页。

定》，其中规定，2017年，香港特别行政区第五任行政长官的选举可以实行由普选产生的办法；在行政长官由普选产生以后，香港特别行政区立法会的选举可以实行全部议员由普选产生的办法。这个规定，实际上已经公布了香港民主化的时间表，虽然从理论上讲到2017年，也可能不开始双普选，但从目前香港的政治发展来看，实行普选势在必行。

2017年，香港特首普选安排已经临近，但各方面对此并没有做好认真的研究准备。特别是民主派，没有进行真正有深度的学理上、现实操作上、未来发展上的研究论证，而是停留在对立与试探。他们往往会乐于挑起论战，而不能理性地进行论战，而内地的学者也往往难以理性对待。在论战中，学者们普遍失去了理性判断的立场，"学术论争政治化是这场论战的最大特色"[1]。香港的民主派，从名称上就似乎占据了道德上的高地。实际上，我们可以说，绝大多数香港的政治团体都是以民主作为其政治纲领的，故所谓民主派应该称为激进的民主派。香港社会对于民主的方向在认识上是一致的，但在过程的选取上立场不同，观点也不同。总体而言，对于民主派来说，激进就是真民主，渐进就是假民主，缓进可能会导致被主导。

似乎有这样的迹象，在未来的选举中如果不能选出激进民主派所能接受的人选，他们宁可普选流产，然后可以就此继续指责中央没有诚意，不民主，干预港人治港。这种倾向是危险的，应该以理性而有节制的态度予以回应。笔者认为，在现实的基础上努力推进，准备在未来的历史中接受考验，才是最正确的选择。笔者认为，无论香港现实有没有所谓民主的基础，但必须要有民主制度下应有的社会心态。这种心态比任何制度都重要，因为只有在这种心态下才能保障民主制度的力量得以发挥，而不是被抑制、被利用、被扭曲。这种心态就是我们在前面所提及的愿赌服输的心态。在民主制度下，实际上必然要决出输赢，也就是要有比赛的机会。在这种机会下，你不但要准备赢，也必须准备输。只赢不输的心态是民主的死敌。

在现实中，即使是最顽固的香港政治人士，也都不得不承认回归后，香港的宪政体制发生了根本性的变化。而既然承认了这种宪政上的变化，

---

[1] 朱国斌：《香江法政纵横》，法律出版社，2010，第33页。

就应该承认，其法治也会发生相应的变化。马岳认为，香港政制发展20多年来的争论，核心矛盾有二：其一，"一国两制"下，中央政府希望确保香港施政不会偏离中央方针，与香港主流民意希望民主自治矛盾。以民主普选方法产生特区政府，无法保证选出来的政府必然与中央意愿符合，令中央政府一直不放心让香港人全面普选。其二，中央政府与香港民主派在主要政治问题上缺乏互信。在这种情况下，双方难以就政制发展进行有效的沟通，中央政府害怕开放政权，会令民主派夺得权力而威胁其管治，故在政制发展上选择以控制为先，而非信任由香港人自行商讨发展历程。①

实际上，这两个核心问题的真正核心只是一个，如何很好地贯彻"一国两制"，保障香港的繁荣和稳定。中央希望确保香港施政不偏离的中央方针如此，而香港人意图自行商讨发展亦是如此。在双方互相信任的基础上，这个核心可以落实，而如果不信任、不尊重，则会偏离很远。

香港的知识阶层并非不了解民主政治的不确定性，马岳称："真正的民主普选是没法保证结果的，能保证结果的选举，往往都是不公平的选举。"② 而事实上，香港的民主派是否真正能够有足够的能力和智慧接受真正民主的考验？从近十余年来的政治争拗中，我们似乎没有体会到香港民主派的平常心。他们总是以一种受难者的形态表现受到不公平待遇后的委屈，总是或明示或暗示一旦按照他们的方式普选，他们一定会大获全胜。而对于大获全胜后如何执政又没有真正有建设性、有说服力的理论依据和政策框架。故而笔者认为，香港民主派既然对普选充满信心，那么必须要认真地进行理论研究，提出切实可行的政策纲领，以使中央可以认可，使民众有明确的期待。

"根据香港特别行政区的实际情况、循序渐进发展香港的民主制度"是中央主张并支持在香港特别行政区发展民主的一贯立场。我们应该看到，在香港民主化的道路上会出现许多问题，其中也会不乏与法律相关的问题。如果不能对这些问题做深入细致的学理研究，不能事先预测可能产生的误解，就不能及时、有效地推进香港民主制度的建立和发展。而其中最重要的就是在"一国两制"的基础上，推动香港法治与时俱进，成为香

---

① 马岳：《香港政治：发展历程与核心课题》，香港中文大学出版社，2010，第113页。
② 马岳：《香港政治：发展历程与核心课题》，香港中文大学出版社，2010，第115页。

港民主化的坚实基础。

二 香港的法治

香港回归以前的法治是一种纯粹英国式的法治，中国本土的影响很小，更没有形成法律上的"二元"。

大凡一种法律制度于一个社会中生成，或一个社会接受一套固有的法律制度，必要有与这种法律制度相适应的社会文化基础。香港在英国早期植入英国法时，其无疑是植根于英国文化的，此时的香港社会的中国文化必与英国法相抵触，而负责将其改造，以使其与英国法相适应的工作，大都是由教会教育及最初的司法实践来完成的。再者，实际上由于当时香港的社会规模过小，其远离中国文化主流区域，这种抵触很小。

我们在研究香港早期法律时，必须十分清楚地看到，早期的香港社会与我们所知的香港相去甚远。如果不理解这一点，则在研究中势必会使其所研究的香港法制，模糊于一片混沌的背景中。

应该说，早期的香港社会是一个生成的社会。即，它是一个全新的社会。其中国社会母体过于幼小，几乎可以忽略不计。而这一点，或为研究者所忽视，或由于其意图说明香港文化传统源于中国而有意掩饰。就连一些严肃的学术著作里也会有这个问题，即尽量夸大早期香港与内地的联系。而如果采用极端一些的观点，则可以说香港实际上没有什么文化传统，尽管其社会生活方式与中国是基本相同的。当然，香港是中国的固有领土，这一点实际上没有必要做过多的强调，因为似乎没有人对此予以否认。不然，也就没有英国从中国割让香港这一事实了。英人占领香港以前，清政府在岛上派驻由千总、把总等统率的绿营兵。其驻防和巡逻的地区称为汛地。道光二年（1822）《广东通志》载："红香炉水汛由千总、外委各一员，率领汛兵拨配米艇巡洋。"[1] 道光二十一年（1841）闽浙总督颜伯焘奏折称："香港为商船内驶必由之路，其岛曰红香炉，上有营汛居民，并非偏僻小港可比。"[2] 但不可否认，若非英人占领，其地位并不十分重

---

[1] 转引自余绳武、刘存宽主编《十九世纪的香港》，中华书局，1994，第11页。
[2] 《筹备夷务始末》（道光朝），中华书局，1964，第1094~1095页。

要。因为以当时中国的航运水平,现在的维多利亚港并没有显示什么价值。鸦片战争前,香港的岛内地方事务多由当地耆老按照清朝的法律和乡约处理。这一点与内地别无二致。

第一次鸦片战争以前,香港岛只有约5000中国居民。1841年5月15日港英当局首次于《香港公报》第二期上公布的人口资料显示,当时共有华人7450人,其中原住民4350人,1100名为新移民(其为商人和英人的劳工),另外2000人为水上居民。全岛只有一些私塾,5名私塾先生,50名学生。从现有资料看,鸦片战争以前,本地学生没有任何进学的记载。也就是说,不可能形成与中国内地相接近的文化水平。

香港社会的构成一方面是移民形成,起初最重要的成因有二:其一,香港被英国宣布为自由港,渐成商业中心,商民也随之不断增加。其二,鸦片战争以后,中国南方的社会生活处于动荡之中,特别是太平天国运动爆发后,大批的内地居民为避战乱,从内地迁居香港。另一方面,根据1860年《北京条约》割让九龙半岛南部及1898年《展拓香港界址专条》租让新界,香港已非一孤立的海岛,而是有一定的地域(香港为75.6平方公里,新界的陆地面积达975.1平方公里),有一定的人口及相对独立的政治地域。新界是实质上具有中国社会文化传统的地区,其曾对英国的统治进行了顽强的抵抗,一战于大浦,二战于林村,三战于上村,动员民众数千人。所以,所谓香港适用中国法律与习俗的案例,实际上多为新界地区。

香港法律制度是在英国根据不平等条约对香港取得占有权的基础上构造出来的。根据《南京条约》第三条的规定:中国"大皇帝准将香港一岛给予大英君主,常远据守主掌,任便立法治理"。从英国国内法的根据来说,香港法制的模式是英国殖民统治的法律制度模式,依照英国《殖民地条例》的规定治理香港。从中国意义上说,香港法律制度的建立,应以其英国殖民统治的确定为时间界限。所以,虽然英国占领香港为1841年,《南京条约》订立为1842年,但直到1843年4月5日,英女皇会同枢密院发布敕令,规定香港被英国殖民统治,才完成英国的国内立法程序。九龙和新界开始被英国殖民统治的时间分别是1860年10月24日和1898年10月20日,但其对九龙和新界的敕令实际上缺乏条约规定的基础,特别是对新界的法治权应有一定的限制。但此后的香港法庭坚持只能执行英女皇的敕令，实际上不认可这种限制。

一般认为，有三种类型的法律构成了香港法律。其一为宪法性法律，它是英国法，包括英皇敕令在内的决定香港地位的宪法性法律。其二，英国国内法，香港1845年第6号法例第4条规定：英国法律除对香港不适合者以外，在香港均有充分的效力。1865年英国制定了《殖民地法律有效法》，据此规定适用于香港的英国国内法具有效力；1965年香港立法局也制定了《英国法律适用条例》，英国法包括普通法和衡平法。其三，香港本地制定的条例及附属立法。还有人认为，香港法还应包括中国的法律和习俗。

英人占领香港后，义律（Charles Elliot）与伯麦联名于1841年2月1日颁布了第一个公告，其中称：

> 至尔居民，向来所有田亩房舍产业家私，概必如旧，断不轻动。凡有礼仪所关，乡约律例，率准仍旧，依无丝毫更改之议。且未奉国主另降谕旨之先，拟应大清律例规矩之治，居民除不拷讯研鞠外，其余稍无所改。凡有长老治理乡里者，仍听如旧……责成乡里长老，转辖小民，使其从顺毋违。①

次日，义律又在"韦尔斯利"号上发表英文宣言称：今后本岛华人将按中国法律和习俗治理，所有前来港岛的英国人和外国人，只要遵从香港英国政府的管辖，即可享受英国法律的保护。② 实际上，《义律公告》中所称对中国法律的尊重，既是一种安抚的手段，也是一种对外关系的惯用语，义律本人在1837年9月25日致广东巡抚祁𡎴的信中也曾称：其任务是管理英国在广州的贸易，悉心督促广州英商尊重中国法律和习俗。

关于《义律公告》的性质，有两种不同的意见：一种认为其具有法律效力，并由此认为香港法律为二元法律，即中国的法律和习俗是其中的一元；另一种意见称其只是一种安民告示之类的东西，且公布于《南京条约》缔结以前，以后也没得到英国国内的认可，义律本人的身份也没有制

---

① 原题目为"英夷在香港出示"，参见中国史学会主编《鸦片战争》（4），上海人民出版社，1962，第239～240页。
② 参见赛耶《香港的诞生、少年和成年（1841～1862）》，转引自余绳武、刘存宽主编《十九世纪的香港》，中华书局，1994，第50页。

定法律的权力，由此否认其法律效力。从立法的角度上看，《义律公告》的确没有法律效力的依据。但在香港的司法实践中，它曾被引用，并形成判例。从这种意义上，它具有一定程度上的法源意义。实际上，《义律公告》中所提出的这种适用原则，也被以后的香港法律认同，如1844年第10号法例第25条规定：香港华人犯罪，法官可"按中国习惯"惩罚之。同年第15号法例也有相似的规定。但应该提出，这种规定比从《义律公告》中所推出的法律意义，已在内涵上有较大的实质性缩减。其形式仅局限于刑罚方式的范围里。从实质意义上，香港只适用一种法律，即英国法。1855年10月，辅政司马撒尔奉港督包令之命通告全港华人：

> 鉴于香港岛是英国领地的一部分，受英国法律支配，……因此无论何国国民，凡胆敢以身试法者，必将受到英国法律的惩处。

关于香港的法律到底是一元还是二元，学术界存在着分歧。持二元论者认为，在香港历史上很长一段时间实行的是二元化法制：

> 所谓二元，即：一元是引入的英国法律，另一元是中国法律，包括中国传统法律和英国在香港制定的法律。[①]

这种认识是偏颇的。香港法律自始至终只有一元，即在香港实行的英国法。其本源是英国法，因为香港为英国所殖民统治。持二元论者多以1841年《义律公告》，1856年《华人遗嘱效能条例》中的规定，及1910年《新界条例》中有关婚姻、继承方面的规定及前述的《义律公告》作为在香港实行中国法的论据。

香港的法治是一种具有独立品质的法律制度，是一种比较纯粹的普通法制度。实际上，由于香港实行的普通法制度，其在判决中可以引述、参考多种法源，但其最终会转化为香港本地的法律。甚至有些人认为，《大清律》也是在香港可以适用的法律，这是非常模糊的观念。姑不论清朝覆灭以后，《大清律》的规定仍然是香港法官在判案时的参照，他们会询问有关专家证人有关这方面的内容；就是在清朝存续期间，《大清律》也没有成为香港施行的有效法律。如果香港法院在清朝时认可《大清律》，在

---

① 董茂云等：《香港特别行政区法院研究》，商务印书馆，2010，第35页。

民国时认可《六法》，在其后认可中华人民共和国的法律，才是真正的二元。而普通法的开放性决定了它可以参考、引述诸多法源，故其终归为一元的法律。不然，由于其可以援引英联邦国家的案例，岂非成为一种"多元"的法律。所以，笔者认为，香港的法治自始至终都是一元的，是一种英国式的法治。

英国人对香港的华人在法律上的确曾采用区别对待的方法。但并非出于对中国法律与习俗的尊重，而是对华人的一种歧视。如第十任港督德辅在对《保留欧人区法例》所作的解释中称："目前华人还缺乏获得真正的进步所必需的品质，而且在未来的长时期内很可能仍缺乏这种品质。"再比如，香港法例有禁止赌博的规定，但对华人未做这种限制。这种法外的特惠，实际上是对华人的侮辱。后来在教会的干预下，才取消了这种特殊的规定。

同时，由于香港岛和南九龙的社会构成的形式，其中国习俗实际上并不被尊重。只有新界地区由于其固有文化的原因，部分习俗可以被法庭认可。该习俗形成的时间应是于法律规定的记忆时间，即1843年以前形成的。同时，英国法是一种极为重视程序的法律，只有在正当程序下被适用的法律才是具有效力的法律。依何种程序比引用何种法律更体现法制的实质。中国的法律和习俗在此限制下，很少被认可。所以，笼统地把所谓的"中国的法律和习俗"称为香港法的内容是不对的，至少是含混的。在香港的法律史上，完全依照中国法律和习惯进行审理的案件似乎没有。它只能被认为是华人居民因其以往的制度和文化而形成的，对决定法律事实有一定作用的依据。

从实际上看，香港的华人社会在19世纪没有形成一种独立的文化主流。尽管其依据人数上的多数构成了一个巨大的文化群体，但依据这种群体并不能使华人成为政治与文化上的主导势力，没有通往社会上层的途径，如独立的考试制度等，而必须以接受英国文化为步入上层的前提。从这个意义上，英国文化是香港文化的主导，它也是香港法律制度的文化基础。

实际上，接受一种法律制度，并不意味着全部接受其文化。但必须有必要的文化认同，有必要的对话渠道。直到现在，香港也不能称为基督教地区。香港人供奉菩萨、祖先、关公、财神的数量和认真程度远超过对基督教，但他们几乎完全认同了基督教的存在本身，并接受了许多积极的东西。

中国法与西方法律的冲突在于基本的价值观念，而不在具体的法律制度上，也不在法条与法律用语上。普通法是一种开放的法律体系，其法源具有多样性的特点，但其法律性质一般需要判例予以认同。从这种意义上，中国的习惯并不是法律，而是可以被认定的法源之一。

香港实际上是一个移民地区，不过其移民多为中国人。其构成了社会主体。但在早期的香港，他们只是民众的主体，而不是社会生活，特别是政治生活的主体。所以，中国的文化传统根本不是香港法的基础。香港法治是以西方基督教文化传统为基础的。

由于以往香港的法治基础是西方式的，故在香港回归后会有与新型的香港社会不相吻合的地方，更与内地的法治基础多有不合。而在"一国两制"的原则下，这种法治必须要自我发展、自我完善、主动变更，以适应新的现实需要，更成为香港民主化的基础。

香港的法治基础，主要通过司法独立性而体现出来。香港的司法部门较之行政部门（以往立法隶属与行政），更为被香港社会所接受。香港社会在司法与行政的冲突中，往往更倾向于司法。香港的司法也有挑战行政权力的传统。香港第一任高等法官晓吾（Hulme John）就曾经与当时的第二任港督戴维斯（德庇士）发生过激烈冲突，晓吾坚决反对总督对司法的干预，并坚持总督应该称呼其为法官大人。最后的结果是戴维斯总督失去香港社会的支持，不得不提前辞职。2001年，香港学者就两个有关法官的问题进行了调查。其一，法官的公正性。问题是：香港的法官审案一般都公正独立，不会偏袒涉案的任何一方。明确表示同意的，占56.7%，明确回答不同意的，有16.4%；其余为"普通"或"不明白"。其二，社会对法官的信任感。问题是：法官是否能被信任。表示信任或很信任的，合为63.6%，表示不信任的，有6.6%。[①] 同时，较之于建制中其他法律人员及制度，法官享有很高的信誉，而香港人大都认为法官审案是公正的。其次，香港人对整体法律制度公正性的评价，与其对法官的信任感及法官的公正性有显著的正向关系。

[①] 吴达明、关信基：《香港人对司法的态度》，刘兆佳、王家英、尹宝珊编《香港社会政治的延续与变迁》，香港中文大学香港亚太研究所，2004，第159页。

由此，在长期的历史发展中，似乎香港的司法界已经形成了一种挑战意识，以挑战而凸显其独立性，也标示其对香港社会生活的一种主导性，通过司法权的行使而对社会施加其影响。现在，在基本法的框架下，行政权占据主导地位，但这种主导比之港英时代已经有所缩减。同时，这种主导优势更多地体现于立法方面，而对于司法主导因素并不强。加之香港具有司法终审权，其实际权力更具有实际效力。

有学者认为，香港的司法机构在回归后偏于积极，"香港法院近年来有司法积极主义的倾向，法院越来越多地介入到政治性的纷争中"。[1] 但实际上，在香港历史上，司法机构一直都不是消极的角色。但也应该看到，的确，整个香港社会对制度差异的警觉与戒备之心充分反映在香港法院的积极主义倾向中，而这种倾向由导致了警觉与戒备之心更为加剧。

总体而言，香港的法治是一种非常完善的法治。曾经参加《香港基本法》立法工作的萧蔚云教授也认为："香港原有的司法制度比较完善，适应香港社会的需要和经济的发展，没有必要改变原有的司法制度。"[2] 应该说，保留香港原有司法制度，一方面是因为其确实比较完善，另一个方面也是《中英联合声明》的明确规定。《中英联合声明》本身就是双方角力与妥协的产物，而其一旦成型，双方就必须对其坚决履行并表示充分的尊重。

但在香港回归后，香港法院在一些案件的审理过程中，坚持了一种过于形式化的审判方法，导致了社会上的分歧，引起了与内地之间的争执，客观上引发了香港与内地在社会层面上的对立。这种分歧的产生，这种对立的形成，都不利于香港民主化的稳步迈进。当然，法律不能因为要适应社会大众的理解和要求而失去其严谨和恒定。我们也可以理解香港法院坚持其判案标准的坚定性。正如富勒所说："人们发现使法律变得为大众所容易理解的努力带有一项潜在的成本，即：法院对法律的适用变得反复无常并且难以理解。"[3] 但我们也可以要求，法官要对法律进行合乎社会需求的适用，因为富勒还说过："在其历史上的大部分时间，普通法基本上都

---

[1] 董茂云等：《香港特别行政区法院研究》，商务印书馆，2010，第139页。
[2] 萧蔚云：《论香港基本法对香港特别行政区法治的保障》，《中外法学》1999年第2期。
[3] 〔美〕富勒：《法律的道德性》，郑戈译，商务印书馆，2005，第54页。

努力发掘出当时社会上得到普遍接受的观念的含义。"①

有香港法律学者认为，香港法院对于无证儿童案的判决，似乎要改变香港的司法传统。其言：

> 终院法官正在写作历史。在港英时期，香港法制秉承英伦，"国会至上"规限法院的审判权及其行使。《基本法》继承了这一体制。至于"一二九判决"则使人联想，法官或许深受美国式法制传统的浸淫，或得到澳大利亚式体制的启迪，希冀在权力分配中取得更大的份额，形成三权分立"鼎足而三"之势。②

虽然香港法院可以声称他们的判决无须考虑社会的承受问题，但由此导致的社会问题确实会影响到人权这个更为终极的社会价值。如由此导致的内地孕妇在港生产、菲佣的永久居留权，等等。这些事件不但导致社会族群间的紧张情绪，也使一部分当事人的人权遭受到冲击。有学者指出：

> 许多判决虽然看似维护了法条，但是却留给政府和社会一系列棘手的社会问题。例如，在庄丰源案中，法院裁定凡在香港所生的中国籍子女都拥有永久居留权。这一裁决结果，"鼓励"了内地孕妇赴香港生育，甚至挤占本地孕妇的生产资源，引发香港孕妇的抗议。③

法官的判决，除了依据法律本身以外也要考虑更加重要的内容，也就是富勒所言称的法律的道德性。当年在纽伦堡审判过程中，纳粹战犯都宣称自己的行为没有违反德国的法律。但最后的判决中称，在法律上有一个比具体条文更高的准则。法律的目的是促进社会的和谐而不是相反。

因为香港有着良好的司法传统，故受到广大民众的拥戴，聚集了深厚的人脉。但如果随意改变传统，挥霍人脉，则不但不能取得更大的份额，似乎更可能失去固有的优势。法律是可以解决许多社会问题，但不能解决所有问题，而且其运行成本也是比较高的，在很多时间，比行政规范、社

---

① 〔美〕富勒：《法律的道德性》，郑戈译，商务印书馆，2005，第60页。
② 朱国斌：《香江法政纵横》，法律出版社，2010，第30页。
③ 程洁：《香港宪制发展与行政主导体制》，《法学》2009年第1期。

会组织规范、社会道德规范的成本要高得多。司法制度建立的初衷在很大程度上是对社会民众予以救济,而不是充当统治工具的角色。司法的正义与权威并非以其庙堂之高而获取的,而是在为社会民主提供权利保护屏障的过程中赢得的。

三 构建香港民主化所必需的新型法治基础

通过考察香港的民主化与香港法治两个方面,笔者认为,要实现香港的民主化,香港的法治要与时俱进,以使其适应香港社会的新情况,成为香港民主化发展的基础。而要达成这一目标,主要有赖于香港社会的自我认识、自我定位,以实事求是的态度接受"一国两制"这一社会政治生活的总原则。富勒认为"没有任何法律制度——不论它是法官创制的,还是立法机构制定的——可以被起草得如此完美,以至于没有留下争论的空间。"[1] 香港的法治也是这样,尽管其在发展过程中对香港的繁荣、稳定助益甚力;对保障香港社会的自由、民权贡献最多。但也需在新的社会环境下与时俱进,在"一国两制"的框架下为构建香港的民主化而提供坚实的法治基础。

具体而言,笔者认为,要使香港的法治适应新的政治与社会环境,成为香港民主化的坚实基础,则除了必须坚持"一国两制"这一新的宪政条件以外,还应该在以下几个方面进行不断的努力。

(一) 处理好因香港与内地间因社会制度、政治体制不同而导致的差异

有香港学者认为,"一国两制"在香港是否能够得到落实,有两个基本条件必须满足:

> 一是中央政府是否信守承诺,对香港内部事务不加干预,是"一国两制"中香港的制度确实能按其内部需要而自主地运作;另一方面,是香港特区政府在取代已撤退的港英政府的同时,能否展现高度

---

[1] 〔美〕富勒:《法律的道德性》,郑戈译,商务印书馆,2005,第67页。

自治的能力，落实有效管治。①

不可否认，社会制度的不同，必然会导致对基本法认识上的不同。长期以来，中国内地一直在强调社会主义与资本主义的对立，香港社会也同样有此认识。同时政治体制上的不同，也必然会导致内地与香港对基本法适用在范围上、解释上、司法权限的认定上的不同认识。中央政府一直在寻求消除这种认识上的对立，同时，内地的经济发展与政治进步也在逐渐缩小这种对立。但是

> 由于回归前香港的市民对共产党统治和中国政府普遍感到恐惧和不信任，他们积极提倡自由价值和建立民主制度，以防范九七回归后中国政府对香港内部事务的可能干预。结果是，香港人身份认同的支配地位会长期继续延续。②

实际上，所谓"香港人身份的认同"，在很大程度上是一种社会制度的认同。同时，由于社会制度、政治体制的不同，从而使得香港社会对于法律体现于社会制度层面上的政治理念也与内地相比有认识论上的差异。如对于基本法中有关"司法独立"这一法律理念的认识。内地学者似乎更重视从行政主导方面去认识：

> 虽然司法独立是香港特别行政区政治体制的基本原则，然而在以行政为主导的政治体制中，行政长官仍然是政治体制的核心。③

香港学者则更注重权力分立的精神：

> 司法独立是香港法治的支柱，也是香港制度优点之所在。回归之后，香港的宪制秩序经历了根本性的改变，《基本法》明确地把行政、

---

① 王家英、尹宝珊：《香港的"一国两制"实践：特区政府和中国政府的表现认受性比较》，刘兆佳、王家英、尹宝珊编《香港社会政治的延续与变迁》，香港中文大学香港亚太研究所，2004，第195页。
② 王家英、尹宝珊：《对中国的"重新想象"：回归后身份认同的延续与变化》，刘兆佳、王家英、尹宝珊编《香港社会政治的延续与变迁》，香港中文大学香港亚太研究所，2004，第218页。
③ 国务院发展研究中心港澳研究所编《香港基本法读本》，商务印书馆，2009，第116页。

立法、司法权力分立，而法院在宪法解释与合宪性审查的角色也愈显重要。①

应该说，内地与香港在政治概念上也有认识上的差异。对内地而言，三权分立是一个特有的这种概念，标榜政治权力的分立，或权力的源泉不同。对中国内地而言，这是不能接受的，因为中国共产党是中国政治权力的唯一来源。而香港社会则从权力制约的角度来认识三权分立。笔者曾在香港各大学随机对几十位同学进行问询：香港是否实行三权分立制度，几乎所有同学都给予肯定回答，而极少数同学即使没有明确回答是三权分立，也没有给出相反的答案。

由此可见，由于理解上的不同，香港在社会宣传、课堂教学过程中都没有能够给香港政治一个比较明确的定位。而香港学者对此在认识上有着一些偏差，以至于导致对中央的不信任和误解。马岳称："2007 年，人大委员长吴邦国曾明言香港并非三权分立，令人怀疑中央是否不尊重香港的司法独立。"② 这种认识显示了政治差异而导致的思想认识上的差异。需要香港与内地学者通过学理探讨进行沟通，消除差异，加深理解。

（二）在法律层面上处理因法律传统不同而导致的争执

在这个方面主要体现为普通法系与大陆法系的不同。100 多年间，英国在香港建立了普通法制度。香港回归后，保持香港的普通法传统，这已被基本法所明确规定。普通法与大陆法有许多根本性的不同，这也导致了内地和香港对基本法适用性在认识论上的差异。比如，英国的普通法对程序至为重视：

> 在英国法官心目中，程序是至为重要的东西：公正的审判，遵守正当法律程序被英国法官认为与法院最终适用的实体法规则同样重要，甚至是更为值得注意的因素。③

---

① 吴达明、关信基：《香港人对司法的态度》，刘兆佳、王家英、尹宝珊编《香港社会政治的延续与变迁》，香港中文大学香港亚太研究所，2004，第 158 页。
② 马岳：《香港政治：发展历程与核心课题》，香港中文大学出版社，2010，第 77 页。
③ 〔法〕勒内·达维：《英国法与法国法》，潘华仿等译，清华大学出版社，2002，第 15 页。

这种传统虽然已在很大程度上加以改观，但其内在精神仍然存留在法律的实际运作之中。英国法律史学家梅特兰说："我们虽然埋葬了诉讼形式，但它们仍然在坟墓里统治着我们。"从这个意义上而言，香港法官眼中的基本法和内地学者眼中的基本法，有着相当大的不同。香港的法官，在一定程度上有着造法的功能：

> 因着英国的殖民统治，香港建立了普通法制度，而独立的司法一直都是普通法的金科玉律。《基本法》亦有明文保障香港的司法独立。普通法的司法审判过程，以争辩为本，控方对辩方提出指控，辩方享有抗辩之权。法官的角色是中立、公正的裁判者，聆听控辩双方的陈词及观点、解释法律再作判决。法官行使司法权时跟法院没有从属关系，他的司法权力应是独立而自主的，同一法院内的其他法官，即使是较高级的法官都不能干涉，但按律例，法理之讨论则除外。[1]

普通法中有一句法谚：justice must not only be done also seen to be done。正义不但要被实现，也要被彰显。其意思是"司法行为只符合了法律或法理学的公义要求并不足够，还应该让人看到并相信法官及其司法过程是公正的。"[2] 从这个角度而言，香港法制注重程序的普通法传统与内地注重实体法的大陆法传统是有着实质性区别的，如何正确理解与适应香港法律的本质对于香港基本法的有效适用至关重要。这不但是法律从业人员应该充分认识的，也是立法者应该重视的：

> 香港和内地分别实行普通法和大陆法制度，在1997年以前，两地的法律解释制度（包括对宪法的解释）之间没有共同一致的法理和技术基础。[3]

虽然这种论点是正确的，但也要看到，往往争执的起因并不在这个层面上，许多香港的法律专家也认为，这种争执并非法律技术或运作层面上

---

[1] 吴达明、关信基：《香港人对司法的态度》，刘兆佳、王家英、尹宝珊编《香港社会政治的延续与变迁》，香港中文大学香港亚太研究所，2004，第157页。

[2] 吴达明、关信基：《香港人对司法的态度》，刘兆佳、王家英、尹宝珊编《香港社会政治的延续与变迁》，香港中文大学香港亚太研究所，2004，第158页。

[3] 朱国斌：《香江法政纵横》，法律出版社，2010，第57页。

的问题,而是所谓的"宪政"之争。

实际上,内地与香港之间的法律争执,主要有三个层次上的问题。其一是两种法律体系间的冲突,解决这个问题并不难。我们看到,在整个世界上每天都会用法律技术手段解决无数这样的问题。其二,两种社会制度的冲突。要解决这个问题,其前提是尊重"一国两制"。朱国斌教授指出:

> 在"一国两制"之下,两制必须得到平等尊重,不能以一制压制另一制;若然如此,国家创立特别行政区的意义就会荡然无存了。①

这种尊重必须是双方面的,既不能以经济力量、政治强权去压制对方,也不能以制度优越感而在精神上压制另一方。其三,完全对抗性的争执,实质上就是不认可"一国两制"这个宪政原则。这种争执,已经超出了一般法律争执的范畴,双方没有对话的基础。对此,只能根据法律的规定,强制性地叫其认可法治形式层面上的现实。

笔者认为,法律层面的事情应该运用法律手段,通过法律智慧予以解决,而不宜将其政治化,而以政治手段解决。甚至,在很多情况下,如果能在法律层面上解决政治问题,则香港的法治将更为健全,司法的价值更能体现。

(三) 共同努力,建立、完善基本法制度

《香港基本法》是一个很复杂的法律。它既是国内法,又是一个地区的宪法性法律;既要考虑香港的普通法传统,也要考虑内地的大陆法形式;同时,中文与英文的差异,还有其国际法的因素,都可能导致基本法在适用过程中出现这样或那样的问题。众所周知,基本法的立法依据是《中华人民共和国宪法》,但其基本内容及主要基调被《中英联合声明》及其几个附件所决定。一个重要的问题是如何确定基本法的地位,从法理上而言,基本法就是一部宪法性法律,与民族区域自治法的性质相当。但由于它确定了另一种宪政制度而显得特殊。还必须认识到,基本法有着国际法的因素。其基本内容并不是单纯的立法行为,而是依据国际条约而确定其基本内容的,《中英联合公报》对其内容的确定起到了至关重要的作用。

---

① 朱国斌:《香江法政纵横》,法律出版社,2010,第 142 页。

仅以适用过程中中文与英文的差异为例，虽然通过努力，香港基本法及其他成文法都被权威性地翻译为中文。在个别案件中，如果引用了判例，这种权威性就难以实现。因为，在香港法官所作出的判决中，可以参考其他普通法国家的判例，而此判例的作用实际上等同于法律，而对此判例的翻译需要做严谨而准确的判断，这是实际上是一个相当困难的工作。

基本法的内容决定了相关基本法在适用过程中，会出现一些问题。如双重解释的问题。基本法第 158 条规定了双重解释制度。一方面，基本法的解释权属于全国人大常委会，全国人大常委会对与基本法的任何条款都有权解释。另一方面，特区法院也有权解释基本法。特区法院在审理案件时对基本法关于特区自治范围内的条款可以自行解释。对于基本法的其他条款，特区法院也可解释，但如需对基本法关于中央管理的事务或中央和特区关系的条款进行解释，而该条款的解释又影响到案件的判决，在对该案件作出不可上诉的终局判决前，应由终审法院提请全国人大常委会对有关条款作出解释。如果全国人大常委会作出解释，特区法院在引用该条款时，应以全国人大常委会的解释为准。但在此以前作出的判决不受影响。

众所周知，1991 年 6 月 8 日，港英政府颁布《人权法案条例》，该条例把它凌驾于其他法律之上。此后，港英高等法院曾以抵触《香港人权法案》为由，对部分条例的若干条文作出废除的判决，开创了香港法院审查法律"合宪性"、宣布法律无效的先河。而这种所谓法律传统，在基本法的框架下是不适用的，《人权法案条例》并不在回归后继续适用的法律范围内。香港法院的法律司法审查权并没有得到确认，或起码要通过新的法律活动加以重新确认。应该说，全国人大常委会对基本法的解释一直本着极其慎重的态度。全国人大常委会对基本法的解释并不可能构成对香港所享有的高度自治权的不必要的干预，也不可能影响香港社会各界对香港实行"一国两制"的信心。有人认为，"全国人大常委会应尽量克制《基本法》解释权的主动行使。"[1] 笔者以为这是一种偏颇的认识。因为全国人大常委会行使《基本法》的解释权，不论是主动还是被动，都应该以实际需要为标准，以厘清《基本法》条文在实际运用时的真实含义为原则，无须克制，也无须区别主动与被动。

---

[1] 董茂云等：《香港特别行政区法院研究》，商务印书馆，2010，第 141 页。

1999 年的人大释法之后,关于基本法法律解释的研究成果非常之多,大家都希望从基本法的法律解释入手来解决基本法的问题。笔者认为,基本法的解释问题固然重要,但不是问题的全部。全面理解基本法,建立完善的基本法制度,需要香港与内地同心协力。而在学术意义上,形成基本法学科,深入研究基本法适用过程中的已出现的问题,并通过研究预见可能出现的问题,使基本法成为一部具有高度适用性的法律,也是当务之急。

(四) 调整社会心态,消弭对立,取得共识

香港与内地相比,不论地域、人口、经济实力等各个方面都属于弱小的一方;而在政治体制、经济制度、文化程度、专业修养等方面,香港社会又有明显的优越感,从而形成了香港的弱者心态与优越心态。在弱者心态下,其担心强权干预,担心改变现状。香港社会对改变十分担心。不但担心随时被强力干预,对"五十年"以后的改变也十分担心。从而,他们要寻求对自身利益的保障。有学者指出:

> (香港的民众)基于种种主客观的因素,不能接受内地社会制度和意识形态,甚至有所排斥和反对,而希望保持原有的既得利益格局并适用原有法律来保障其现实享有的权利和自由,无疑是可以理解的。[1]

总体而言,香港社会对司法更加信任(不太信赖行政权,特别在现状下),把其视为保护自己的重要手段。其认为,在捍卫"两制"的问题上,司法是最可信赖的。社会的政治心态也是一个不可忽视的问题。而所谓优越心态,是指香港社会普遍认为,香港的制度比较完备,专业化素质比较高。特别是其认为,香港的法治化程度远远高于内地,法律从业者的基本素质更是与内地不在同一水平线上。所以,凡涉及法律专业问题,往往有优越的心态。这种情况基本上不是没有根据的,但就个案而言,这种优越感往往无助于问题的解决。

---

[1] 杨允中等主编《特别行政区制度与我国基本政治制度研究》,中国民主法制出版社,2012,第 141 页。

香港社会对于重大社会事件难免会产生分歧。这种分歧，在新闻自由非常广泛的社会条件下，往往会被成倍地放大。对具体社会问题所持态度的不同，从而导致对立法和司法的认识不同；特别是司法传统的不同，产生了许多认识上的歧义。比如，在居港权案件中，如果依照香港终审法院的判决执行，香港在短时间内将增加 130 万以上的人口，① 这将对香港的社会利益造成极大的危害，而依照港英政府请求人大解释基本法的做法，可以有效缓解这一压力。

香港中文大学为此所作的民意调查，可以看出香港社会所遵循的法律理念与我们固有的观念有所不同。有近 50% 的社会民众认为，为了法律正义得到伸张，可以付出重大的社会代价。而且，这 50% 的民众集中于文化程度较高、年纪较轻的社会群体中。认同以法理原则（而非社会后果）来判决的人，仅及一半（49.9%）；而认同法律规定优于社会意向作为判决原则的香港人，亦仅及一半（49.2%）。教育程度愈高者愈认同司法的自主，他们都倾向认为，不应以社会大众意向作为判决的准则；也不赞同以"后果逻辑"来作为判决的准则。他们还是认为，判决不仅仅要满足形式上的正义，也要注重实际的社会效果。更确切地说，是注重与其本人相关的社会效果。还以居港权案件为例，大多数香港人不赞成终审法院的判决结果，实际上是从社会后果考量的。而这种实际后果与自己实际关系越大，其态度越坚决。我们看到，高收入阶层对社会后果考虑的相对要少。这或多或少是因为，这个判决的后果及大批的移民入港，对高收入阶层的影响比低收入阶层的影响要小。宪法的本质上是权力分配的原则表述，基本法也是权力与权利确立的法律依据：

> 从英人治港到"港人治港"预示的重新分配权力，无可避免地带来各种新旧政治力量的摩擦和对民主化步伐的争论，因是之故，权力的争夺与理念的冲突相互交织，构成了回归后的特殊政治景观。②

---

① 港英政府最初的统计为 167 万，以后经民间机构测算，大约为 130 万人。
② 刘兆佳、王家英、尹宝珊编《香港社会政治的延续与变迁》，香港中文大学香港亚太研究所，2004，序。

实际上，法律问题的背后也折射出权力的问题。朱国斌教授认为：

> 就"一国两制"下的京港关系而言，也许契约论不合时宜；但那种不承认权威、形式上表现为自由主义的观点更不能诠释京港关系所代表的政治现实。①

香港的回归，也是一个权力重新分配的问题。这种权力分配，在两个层次上进行。其一，国家间的权力分配，香港的主权从英国政府转到中国政府手中；其二，香港的治理权。这个层次的权力分配问题很多。港人治港是一项最基本的原则。在此前提下，香港的治理权在很大程度上是由英国管制下的港英政府将权力移交给特别行政区政府。在基本法框架下，行政主导的政治权力体系建立起来，行政、立法和司法权力都进行了明确的规定。但在民主化的过程中，政治权力的分配实际上不能完全体现社会权力的分配。如香港的"民主派"的自我定位就是"监察政府，对政府的所有行为或决策持质疑的、不合作的态度。这种传统在港英政府时代已经形成"。② 应该认识到，民主派在很大程度上代表了香港中产阶级的政治态度，而中产阶级占香港人口的比例达到70%，从而，这种态度就不仅仅是一种态度，而成为一种重要的社会评价机制，其在选举政治中甚至体现为一种重要的社会权力。

在前义曾提到，在民主制度下，你不但要准备赢，也必须准备输。只赢不输的心态是民主的死敌。所以，培养香港民众民主的意识、"服输"的心态是香港民主化建设的当务之急。而不断挑动社会民众躁狂的神经，把他们的心态鼓动得浮躁而过激，则完全有违建立民主制度的初衷。接受现实，努力争取每一个进步的机会；把握时机，争取把每一次来之不易的民主化进展彻底落实，将其打造成跨进下一步的立足点和坚实平台。当然，内地方面也要以这种精神去接受香港民主化过程中的现实问题。几个言语出位的议员没有那么可怕，有许多人不满意也没有那么可怕。整个社会成为铁板一块，社会民众都噤若寒蝉才真正可怕。

---

① 朱国斌：《香江法政纵横》，法律出版社，2010，第209页。
② 黎熙元：《香港的社会分层与社会流动》，北京大学出版社，2008，第213页。

同时，我们必须承认，内地现实的法治状况与香港社会相比，在制度层面上还是有很大差距的。许多在香港法治下不可想象的事件屡有发生，如近期发生的湖南曾成杰案，在该案中，案犯被依法执行枪决，但在执行前居然没有通知其近亲属，使得其子女未能在其临终前见上最后一面。这种情况在香港的法律制度下是不可想象的。内地法治的不健全，使香港民众对内地的法治环境产生相当多的质疑，由此也引发对处理基本法问题的质疑。

中国内地的法治化建设是实现"一国两制"的重要保障，是其基础。《基本法》不仅仅是针对香港的法律，作为一部全国性的法律，它需要所有的中国人都严格遵守，其中当然也包括中央政府和社会上的各党派、社会组织、团体和个人。在中国的法治化得以建立的时候，影响法律问题的其他因素（对抗的情绪、弱势心态、自大心态、优越感心态）才会消除，法律问题才能真正当作法律问题解决。如前所述，香港法律专业界普遍具有法制优越感，如法治传统的优越感，专业素质的优越感，专业群体的优越感，体制上的优越感，自由理念的优越感，等等。这种优越感既包括制度优越感，也包括专业优越感。导致这种优越意识的原因，有些是真实存在的，有些是虚幻的。而随着内地法治化进程的推进，这种优越感需要重新加以权衡。

应该承认，香港的法治水平已经达到一个较高的水准，但这并不意味着香港的法治没有提升的空间，没有与时俱进的必要。特别是在新的宪政框架下，香港的法治也要经历重新定位、重新识别、重新构造的过程。陈弘毅先生认为：

> 1997年香港回归中国时，其法制经历的便是一次根本规范的移转，亦即凯尔森意义上的法律革命：香港法制的根本规范从原有的、肯定英国宪法秩序为有效的（包括英皇特权立法和英国国会立法的不可置疑的效力）规范，改变为一个肯定《中华人民共和国宪法》的权威和效力的新的根本规范。①

在这种根本规范改变之时，香港必须根据时代的要求，创建新型的法

---

① 陈弘毅：《法理学的世界》，中国政法大学出版社，2003，第337页。

治。同时，香港的民主化的推进也需要其所依赖的法治有新的能力注入。如果只沉溺于以往的法治优越感中，以其固有的理念、单向度的思维要求香港民主化只能按照其指引的走向发展，则必然会出现不和谐的问题，这就要求：

> 香港特区全体市民、参政团体、立法会议员、香港特区政府和中央政府等各方面都能以政治智慧和勇气坚守和尊重"一国两制"的宪制秩序，持开放和宽容的态度对待在政制改革问题上发生的矛盾和冲突，用理性的方法处理法律问题和法律事件。[1]

香港回归的十余年间，我们看到，香港的民主化已经有了一些非常显著的发展。当然，有些人会质疑"非常显著"这种表达。但从客观上而言，通过16年的发展，香港社会的民主意识已经大大提高这一点是不容置疑的。同时，从中央而言，几乎香港每次进行选举之时都会释放更多的选举权。虽然有些由于民主派的争执而没有落实，但选举的格局还是发生了很大的变化。更为重要的成果是，已经确定了特首和立法会普选的时间表。有人认为，20年的时间是很长的时间段，但从架构一个社会的民主制度而言，20年确实不算缓慢。我们不能忘记，在人类历史上，追求制度层面的跃进，后果很少是正面的。

民主具有一定的抗争性。我们可以理解香港为了加快民主化进程所进行的抗争。如果没有抗争意识，民主化就难以成为为全社会所关注、所共知、所共同参与的事业。但过度的抗争意识并无助于民主化进程的推进。笔者认为，现在，促进香港民主化的首要之处是放下过度抗争的心态，努力确保民主化进步的既定成果。认真研究香港民主化的具体操作层面的问题。特别是在法治的层面上与时俱进，用制度设计来调和意识形态、法律理念上的分歧。我们知道，在理念相同的情况下，法律条文可以原则化，但如果理念不同，缺乏信任，则在立法层面上就应该尽快预见可能出现的分歧，甚至对立的局面，并通过立法手段加以预防，以减少法律适用中的不确定性。如关于特首提名程序，就应该在法律层面予以研究，提出明确的立法建议。政治博弈是一种互相妥协的艺术，

---

[1] 李太莲：《香港特区基本法解释法制对接》，清华大学出版社，2011，第212页。

如果双方都能容忍对方在自我体制下的合理行为，不触及对方容忍的底线，则可以创造一个新的共赢局面。作为香港民主化基础的新法治，绝对不是抛弃原有传统的法治，它是在传统香港法治中加入新的元素，尊重新的现实的与时俱进之产物。香港新法治的基础必须建构在"一国两制"这个根本性原则之上。

（原文载于《民主法制评论》2014年卷）

香港法律：在碰撞与挑战中延续创新

朱国斌[*]

"一个国家、两种制度"是中国政府为实现中国统一提出的基本国策，是史无前例的伟大构想。在"一国两制"之下，1997年7月1日，中国已经成功地恢复了对香港行使主权。香港特区政府正式成立，直属于中央人民政府（基本法第12条）；除国防、外交由中央负责管理之外，香港特区实行高度自治（第12、13条）。高度自治是主导特区政府成立及运作的宪法原则，在此原则之下，特区政府享有行政管理权、立法权、独立的司法权和终审权（第2条）。

一　法律制度：延续与创新

在"一国两制"原则之下，香港特区保留了原有的普通法制度（见基本法第8、19和81条），它从理念到制度都不同于中国内地实施的大陆法制度。基本法规定，香港原有法律（包括普通法），除同基本法相抵触或经立法机关作出修改者外，予以保留（第8条）。1997年3月，全国人大常委会根据《基本法》第160条的规定，对香港回归前的全部法律进行了处理，普通法原则和原来的600多条条例绝大部分得以继续适用于香港特区。

与此同时，1997年7月1日，香港特区立法会通过了《香港回归条例》，使法律、法律程序、司法体系、公务员体系、财产及权利和法律责任，得以顺利延续。随后的五年中，香港特区完成了法律适应化过程，使

---

[*] 朱国斌，法国埃克斯马赛大学法学博士，现任香港城市大学法律学院教授。

法律进一步符合中国特区的法律地位和身份。

自回归以来，根据基本法的有关规定（第18条），共有11件全国性法律被引进香港法律体系之中，其内容主要涉及国防、外交和主权事项。全国性法律的引入，丰富了香港特区的法律内容。

就司法机构而言，香港过去的司法机构基本得以延续。行政长官于回归之日根据独立的司法人员推荐委员会的建议，重新任命法官，当中包括外籍法官。基本法规定，原在香港实行的司法体制，除因设立终审法院而产生变化外，予以保留（第81条）。除此之外，特区法院法官可以援引其他普通法法域的司法判例进行断案（第84条）。还有，国际知名的属于普通法法院的法官作为非常任法官，参与终审法院的聆讯的数目有增无减（第82条）。这种实践无疑巩固了香港作为普通法法域的地位，也丰富和发展了普通法（判例法）本身，受到国际社会的肯定（如香港特区判例为其他法域所引用）。

除有关法例的过渡安排外，《中英联合声明》和《基本法》对于法制的延续作出了具体保证。这包括：（1）司法机关独立运作、法官地位得到保障；（2）法院兼用中英文进行诉讼；（3）援引其他普通法司法管辖区的判例；（4）刑事检控工作独立运作；（5）外国律师和外国律师行得以继续在香港执业；（6）由终审法院取代设在伦敦的枢密院司法委员会，作为香港的最终上诉法院；（7）规定适合于香港的《公民权利和政治权利国际公约》继续有效，并通过香港特区法律施行，等等。

二　市民有权在法院质疑政府施政的合法性

绝大部分香港居民对香港的法治传统充满信心和信任，这也是他们引以为自豪和区别内地之处。什么是法治？让我们借用特区政府律政司司长梁爱诗的看法。

法治有多重含义。简言之，法治就是必须依法办事，事事讲求合法的原则，无人能凌驾法律之上。就政府的运作而言，其权力必须源自法律，政府也必须依法行使权力。即使政府获赋予若干酌情权，也必须审慎行使这些权力，而法院可以阻止政府滥用这些权力。市民有权在法院质疑政府施政的合法性（包括法律的效力），有关争议须由独立的司法机关裁决。

此外，法院审理案件的时间和费用必须合理。如果法律程序既缓慢又昂贵，法治便会受损。法律应该公平对待政府和市民，既要维持公平有效的管治，又要维护个人可享有的权利。因此，要推行法治，便要有监察制度，代议民主是不可或缺的。坚守法治才可以建立一个法治而不是人治的政府。

香港法治概念明确，言明法治就是这样一些基本法律原则，以规制权力和权利行使的方式。港英政府的权力源自基本法，受制于基本法。基本法包含着规限政府权力和保障人民权利免遭政府公权力侵害的条款。如基本法规定，立法机关制定的任何法律，均不得与基本法相抵触（第11条）；香港特区政府必须遵守法律，对选出的立法会负责（第64条）；香港特区法院适用于香港特区的法律审判案件（第84条），有权就法律和政府行为的合法性作出裁决（第19条）；香港特区法院独立进行审判，不受任何干涉，司法人员履行审判职责的行为不受法律追究（第85条）；香港特区法院的法官，根据独立委员会推荐，由行政长官任命（第88条），任期受到保障（第89条）；香港回归前的法律制度维持不变（第8条），除全部或部分条文与《基本法》相抵触而被废除或修改外，香港原有法律包括普通法，被采用为香港特区法律（第8、160条）。基本法第三章订明香港特区居民的基本权利和义务，有法可依，由此可见，基本法确立了法治精神。

香港特区成立以来，政府的某些施政措施受到质疑，须诉诸法院解决。这包括以下方面：（1）临时立法会是否合法；（2）1997年7月修订的《入境条例》是否合法；（3）行政长官是否有权以行政命令规定公务员的服务条件；（4）立法会是否有权辩论罢免一名被裁定触犯刑事罪行而被判监但仍可循上诉途径提请上诉的议员；（5）禁止侮辱国旗区旗的法例是否合宪；（6）规定受资助机构只可聘请注册社工是否恰当；（7）乡村选举的规定是否生效；（8）解散两个市政局；（9）对某些发展用地征收差饷；（10）规定资助学校不得委任60岁以上人士出任校长；（11）纪律部门拒绝雇用亲人患有精神分裂症的申请人；（12）因男女生成长步伐不一而施行的学位编配办法。①

---

① 上述资料均源自香港特区政府律政司梁爱诗司长之讲辞。

将政府告到法庭这是当事人行使自己的宪法权利。另一方面，这也显示了在强大的公权力面前，政府和人民在法律面前人人平等。政府滥权或滥政应会受到法律的制裁，这是法治的基点；而政府一旦败诉则应采取补救措施，这是法治政府的体现。重要的是，在裁判政府或普通当事人谁是谁非的过程中，法官以独立的身份断案，这体现了司法独立的精髓。

三　吴嘉玲案：两种法律制度的碰撞与衔接

就吴嘉玲案而言，终审法院的判决被认为既不符合基本法的立法原意，又没有充分考虑两地法制之协调和整合（仅就法律解释而言），更没有考虑到判决可能造成的社会效应。该判决受到香港社会和部分基本法起草委员会及法律学界的严厉批评。于是，特区政府提请释法，全国人大常委会对基本法有关条款进行解释（第22条第4款，第24条第2款第3项）。

毋庸置疑，人大释法有别于普通法的实践，但它并没有动摇香港的法治根基：其一，人大释法并没有削弱终审法院的权力，终审权仍然为，也只能为终审法院所拥有，人大常委会有权释法但并不等于有权断案；其二，尽管人大常委会有绝对权力释法（基本法第158条第1款），这并不等于它可以随时就任何事项释法，它应同时受制于第158条第2款和第3款的制约；其三，终审法院在第3款规定的情况下，应该向人大常委会提交释法申请，片面地以司法独立来抗衡立法解释这一宪法体制，将可能引起新的冲突（有政治人物称为"宪法危机"）；其四，一旦人大常委会释法，特区法院应接受其权威，而不应以种种理论推却（事实上隐约已有这种倾向，参见庄丰源案）；其五，终审判决前释法是定制，但不能绝对排除判决后由政府提请释法。尽管特区政府一再表明它将不会轻易提请释法，但如果终审法院拒不按第158条第3款提出释法请求而断案，政府提请释法亦不失为一种救济措施。

除上述吴嘉玲案这一引人注目的案件外，著名的涉及基本法的诉讼还有"回归第一案"马维琨案（该案确认了普通法的延续性和临时立法会的合法性）、吴恭劭案（又称国旗区旗案，该案厘定了言论自由的界限及行使该权利可能受到的限制）、陈华案（平等选举权案，确立新界非原居民的平等选举权，从而深度地保障公民的人权）、庄丰源案（居港权系列案之一,该判决书认定中国公民在香港所生子女直接拥有居港权,尽管其父或母在其出生时并不享有居港权),以及吴晓彤案(居港权系列案之一,该案厘定了基本法第22条第4款和第24条第2款第3项的关系,认定香港永久性居民在内地所生子女的永久性居民身份,尽管该子女非法入境)。根据律政司的统计,共有38件与基本法直接相关的案例已经审理完结。

四 香港与内地的司法协助与合作

两地在商事仲裁方面的合作初见成效。自1999年6月起,两地互相承认对方仲裁机关的裁定,并根据各自的司法制度在两地执行。同年3月,两地司法机关也就相互委托送达民商事司法文书达成了协议。然而,民商事司法协助仍有待深化,并就民商事判决书的相互承认和执行达成谅解。

香港特区政府积极支持香港建设为亚太地区的仲裁中心,并且力争内地企业到香港仲裁。政府建议的原则是:用香港法律和在香港仲裁。在中国"入世"和经济全球化的大背景之下,港英政府希望在仲裁领域得到中央政府的支持,梁爱诗认为,"造就一个三赢的局面:对投资者、内地和香港成为亚洲金融贸易中心的目标都有好处"。

中国"入世"后,中国的法律服务业将会逐步对外开放。为此,作为中国一部分的香港特区的法律从业人员,非常渴望能进入神州大陆一展雄才。香港律师界希望,内地将来的政策会允许他们与内地律师合作,或在内地展开业务。近期以来,香港和内地有关政府部门正在磋商"更紧密经贸关系安排"。这是一种与自由贸易有关的合作措施。在这种安排实现之后,法律服务业务合作的可能性更大。特区政府希望中央政府能让香港律师在内地执业,可享有内地律师在香港所享有的相同的权利。这些权利包括:(1)参加全国统一司法考试,以取得执业资格;(2)香港律师与内地同行结盟;(3)香港律师受聘于内地律师行。事实上,特区政府已将上述内容纳入"更紧密安排"的框架之内了。

回归五年来,香港法制完成了平稳过渡,既经历了一些严峻考验,也取得了丰富的经验和成就。正如终审法院首席法官李国能所说:"在新的宪政秩序的初期,我们需要积累经验。"他说:"我期待着下一个五年的到来。"

构建特别行政区是一项史无前例的创举，它的存在本身就意味着开拓和创新。而特区的最高法律基本法又是普通法和大陆法两种法律理念和制度的交汇点，它既体现了政治家和立法者的智慧，又包含着某些制度性的矛盾和妥协。基本法作为特区宪制性文件，它不是死的文字的堆积，而是活的精神的体现。应该说，在基本法的统率下，特区法律制度一直在进步之中；同样在它的指引之下，法律制度将会迈向新的发展阶段。

　　香港法律界元老余叔韶在见证了香港和香港特区法制变迁之后说："你问我香港的法治情况和以往有没有区别？答案是'有'——比以前好多了。"

　　（原文载于《紫荆》2002 年 7 月刊，后收入朱国斌《香江法政纵横：香港基本法学绪论》，法律出版社，2010，第 42~47 页）

香港法律文化研究主要论著目录索引*

一　档案文献

1. 马沅编译《香港法例汇编》，香港华侨日报有限公司，1953。
2. 广角镜出版社编《香港与中国：历史文献资料汇编》，香港广角镜出版社，1981。
3. 科大卫、陆鸿基、吴伦霓霞编《香港碑铭汇编》，香港市政局，1986。
4. 杨柱才、李光文主编《香港法律通编》，广西民族出版社，1995。
5. 中国第一历史档案馆编《香港历史问题档案图录》，香港三联书店，1996。
6. W. Tarrant, *Digest and Index of all the Ordinances of the Hong Kong Government to the Close of* 1849, Hong Kong, 1850.
7. *The Ordinances of Hong Kong*, 1844 *to June* 1865, London, 1866.
8. *The Ordinances of Hong Kong*, *July* 1865 *to Dec.* 1870, Hong Kong, 1870.
9. *Report of the Committee of the Legislative Council to Consider Matters connected with the Police Force and Crimes*, Hong Kong, 1879.
10. *Hong Kong Telegragh*, Hong Kong, 1881–1900.
11. *Chinese Law and Custom in Hong Kong*, Report of a Committee appointed by the Governor in October, 1948.
12. *British Parliamentary Papers*, *China* 23, *Correspondence respecting Foreign*

---

* 论著依据首次出版年代排序，同一年份以著作权人姓氏拼音为序。

Concessions in China, 1898 – 1899, Irish University Press, 1971.

13. *British Parliamentary Papers*, *China* 24, *Correspondence relating to the Affairs of HongKong*, 1846 – 1860, Irish University Press, 1971.

14. *British Parliamentary Papers*, *China* 25, *Correspondences respecting the Affairs of Hong Kong*, 1862 – 1881, Irish University Press, 1971.

15. *British Parliamentary Papers*, *China* 26, *Correspondence relating to the Affairs of Hong Kong*, 1882 – 1899, Irish University Press, 1971.

16. *British Parliamentary Papers*, *China* 30, *Correspondence relative to the Opium War in China*, 1840, Irish University Press, 1971.

17. *British Parliamentary Papers*, *China* 31, *Correspondence respecting the Opium War and Opium Trade in China*, 1840 – 1885), Irish University Press, 1971.

18. 〔日〕佐佐木正哉编《鸦片战争研究（资料篇）》，近代中国资料委员会，1964。

二 中文编著

1. 赖连三：《香港纪略》，万有书局，1931。
2. 黎晋伟主编《香港百年史》，香港南中编译出版社，1948。
3. 丁又：《香港初期史话》，三联书店，1958。
4. 林友兰：《香港报业发展史》，台北世界书局，1977。
5. 鲁言：《香港赌博史》，香港广角镜出版社，1978。
6. 萧国钧、萧国健：《族谱与香港地方史研究》，香港显朝书室，1982。
7. 林友兰：《香港史话》（增订本），上海印书馆，1983。
8. 林天蔚、萧国健：《香港前代史论集》，台北商务印书馆，1985。
9. 李宗锷：《香港合约法与公司法》，香港商务印书馆，1986。
10. 萧国健：《清初迁海前后香港之社会变迁》，台北商务印书馆，1986。
11. 庄金锋等编《香港法律问题资料选编》，上海大学法律系，1986。
12. 港人协会编《香港法律18讲》，香港商务印书馆，1987。
13. 李泽沛主编《香港法律概述》，法律出版社，1987。
14. 刘泽生：《香港古今》，广州文化出版社，1988。
15. 金应熙主编《香港史话》，广东人民出版社，1988。

16. 丁焕春：《香港商事活动法概论》，中国政法大学出版社，1989。
17. 国安、春生主编《香港经济法律》，广东人民出版社，1989。
18. 庄金峰主编《香港法简论》，上海社会科学院出版社，1989。
19. 董立坤：《香港法的理论与实践》，法律出版社，1990。
20. 聂振光、吕锐锋、曾映明：《香港廉政》，香港中华书局，1990。
21. 肖蔚云主编《一国两制与香港基本法律制度》，北京大学出版社，1990。
22. 朱宗玉、杨元华、窦晖：《从香港割让到女王访华——中英关系1840-1986》，福建人民出版社，1990。
23. 李启欣主编《香港法教程》，中山大学出版社，1991。
24. 董立坤主编《香港法律和司法制度》，广东人民出版社，1992。
25. 李泽沛主编《香港法律大全》，法律出版社，1992。
26. 张学仁主编《香港法概论》，武汉大学出版社，1992。
27. 张增强主编《香港法制教程》，暨南大学出版社，1992。
28. 陈启能主编《香港与英国的殖民撤退》，中国社会科学出版社，1993。
29. 董伯先主编《香港法概论》，山东大学出版社，1994。
30. 黄名述、赵万一主编《香港法要论》，成都科技大学出版社，1994。
31. 徐克恩：《香港：独特的政制架构》，中国人民大学出版社，1994。
32. 许崇德、陈棠主编《香港法律与律师制度》，经济管理出版社，1994。
33. 杨奇主编《英国撤退前的香港》，广东人民出版社，1994。
34. 姚栋华：《法律原理》，香港中银集团培训中心，1994。
35. 余绳武、刘存宽主编《十九世纪的香港》，中华书局，1994。
36. 李曙峰、柳经纬：《中港房地产法律实务》，香港商务印书馆，1995。
37. 刘存宽编著《租借新界》，香港三联书店，1995。
38. 刘蜀永编著《割占九龙》，香港三联书店，1995。
39. 刘宪权主编《香港法律概论》，华东理工大学出版社，1995。
40. 罗德立、王贵国主编《香港合约法纲要》，北京大学出版社，1995。
41. 谭广奎、孙立文主编《香港法律浅谈》，中国经济出版社，1995。
42. 余绳武编著《割占香港岛》，香港三联书店，1995。
43. 余绳武、刘蜀永主编《20世纪的香港》，北京/香港，中国大百科全书出版社/麒麟书业有限公司，1995。

44. 陈穗勋：《香港杂记（外二种）》，莫世祥校注，暨南大学出版社，1996。
45. 洪金玉、关若文主编《历任香港总督与香港珍贵历史图片（1842-1997）》，香港荣誉出版有限公司，1996。
46. 梁福麟：《香港主权移交前后》，香港广角镜出版社，1996。
47. 罗德立、赵秉志主编《香港刑法纲要》，北京大学出版社，1996。
48. 马小玲编著《香港环境保护法制管理》，中国环境科学出版社，1996。
49. 年鹏、李鸣编《香江阴影：香港的黑社会与色情问题》，中国文联出版公司，1996。
50. 王家英：《香港政治与中国民主化》，香港田园书屋，1996。
51. 杨春洗等编《香港刑法与罪案》，人民法院出版社，1996。
52. 杨志主编《香港工商与法律指南》，企业管理出版社，1996。
53. 周毅之：《香港的文化》，新华出版社，1996。
54. 胡锦光主编《香港行政法》，河南人民出版社，1997。
55. 黄京平、姚辉主编《香港：刑事及民商法律制度》，中国人民大学出版社，1997。
56. 赖连三：《香港纪略（外二种）》，李龙潜点校，暨南大学出版社，1997。
57. 蓝天主编《"一国两制"法律问题研究（香港卷）》，法律出版社，1997。
58. 连继民：《别了义律公告：香港的法制与治安》，中国友谊出版公司，1997。
59. 龙翼飞：《香港家庭法》，河南人民出版社，1997。
60. 钱俊生主编《香港环境与环境保护》，中国环境科学出版社，1997。
61. 史际春主编《香港知识产权法》，河南人民出版社，1997。
62. 司法部法制司编《香港特别行政区基本法及相关法律政策汇编》，法律出版社，1997。
63. 汤华：《神圣的承诺——香港基本法的诞生》，人民文学出版社，1997。
64. 汤维建、单国军：《香港民事诉讼法》，河南人民出版社，1997。
65. 汤树梅、应苏萍：《香港货物买卖法》，河南人民出版社，1997。
66. 王庚武主编《香港史新编》，香港三联书店，1997。

67. 王康等主编《香港法律制度研究》，陕西旅游出版社，1997。
68. 严嘉、于静：《香港金融法》，河南人民出版社，1997。
69. 杨静辉、李祥琴：《港澳基本法比较研究》，北京大学出版社，1997。
70. 袁求实编《香港过渡时期重要文件汇编》，香港三联书店，1997。
71. 袁求实编《香港回归大事记（1979－1997）》，香港三联书店，1997。
72. 甄贞主编《香港刑事诉讼法》，河南人民出版社，1997。
73. 张顺洪等著《大英帝国的瓦解——英国的非殖民化与香港问题》，社会科学文献出版社，1997。
74. 赵秉志主编《香港法律制度》，中国人民公安大学社，1997。
75. 赵秉志主编《香港刑法学》，河南人民出版社，1997。
76. 赵秀文：《香港仲裁制度》，河南人民出版社，1997。
77. 朱国斌、黄辉等著《香港司法制度》，河南人民出版社，1997。
78. 许世芬主编《香港律师执业行为规范》，法律出版社，1999。
79. 张富强主编《香港律师制度与实务》，法律出版社，1999。
80. 张富强主编《香港律师法规资料编译》，法律出版社，1999。
81. 张鑫：《中港法制新论》，香港太平洋世纪出版社，1999。
82. 蔡荣芳：《香港人之香港史1841－1945》，牛津大学出版社，2001。
83. 刘曼容：《港英政府政治制度论（1841－1985）》，社会科学文献出版社，2001。
84. 刘义章、黄文江编《香港社会与文化史论集》，香港中文大学联合书院，2002。
85. 苏亦工：《中法西用——中国传统法律及习惯在香港》，社会科学文献出版社，2002。
86. 徐静琳：《演进中的香港法》，上海大学出版社，2002。
87. 徐静琳主编《中国入世与中国法治：内地、香港法制比较》，上海人民出版社，2002。
88. 沈乐平、雷兴虎主编《中国内地与香港民商法律问题之比较》，中山大学出版社，2003。
89. 袁求实编《香港回归以来大事记（1997－2002）》，香港三联书店，2003。
90. 卢永鸿：《中国内地与香港环境犯罪的比较研究》，中国人民公安大学出版社，2005。

91. 王慧麟：《阅读殖民地》，香港 TOM Publishing Limited 出版，2005。
92. 香港城市大学中国文化中心编《考察香港——文化历史个案研究》，香港三联书店，2005。
93. 萧国健等：《历史与文化：香港史研究公开讲座文集》，香港三联书店，2005。
94. 曾寿喜主编《香港和澳门审计的产生与发展》，中国时代经济出版社，2005。
95. 何亮亮：《解密香港廉政公署》，中信出版社，2006。
96. 张学仁主编《香港法概论》（第三版），武汉大学出版社，2006。
97. 周平：《香港政治发展：1980-2004》，中国社会科学出版社，2006。
98. 张连兴：《香港二十八总督》，朝华出版社，2007。
99. 张晓辉主编《百年香港大事快览》，天地出版社，2007。
100. 朱世海：《香港立法机关研究》，中央编译出版社，2007。
101. 朱兴有主编《香港的法制建设》，海天出版社，2007。
102. 陈友清：《1997-2007：一国两制法治实践的法理学观察——以法制冲突为视角》，法律出版社，2008。
103. 王仲兴、郭天武主编《内地与香港刑事司法合作研究》，北京大学出版社，2008。
104. 余绳武、刘存宽、刘蜀永编著《香港历史问题资料选评》，香港三联书店，2008。
105. 袁持平主编《港英政府行为研究》，北京大学出版社，2008。
106. 张炳良：《反思香港发展模式：张炳良论管治》，香港天地图书有限公司，2008。
107. 陈敦德：《香港问题谈判始末》，香港中华书局，2009。
108. 郭天武、何邦武：《香港刑事诉讼法专论》，北京大学出版社，2009。
109. 刘曼容：《港英政治制度与香港社会变迁》，广东人民出版社，2009。
110. 刘蜀永主编《简明香港史》（新版），香港三联书店，2009。
111. 刘智鹏、周家建：《吞声忍语——日治时期香港人的集体回忆》，香港中华书局，2009。
112. 刘祖云主编《香港社会的弱势群体及其社会支持》，北京大学出版社，2009。
113. 周建华：《香港政党与选举政治（1997－2008）》，中山大学出版社，2009。
114. 陈弘毅：《香港特别行政区的法治轨迹》，中国民主法制出版社，2010。
115. 戴耀廷：《香港的宪政之路》，香港中华书局，2010。
116. 董茂云、杜筠翊、李晓新：《香港特别行政区法院研究》，商务印书馆，2010。
117. 傅思明：《香港特别行政区行政主导政治体制》，中国民主法制出版社，2010。
118. 强世功：《中国香港：政治与文化的视野》，三联书店，2010。
119. 刘杏梅主编《香港法概论》，中山大学出版社，2010。
120. 刘智鹏主编《展拓界址：英治新界早期历史探索》，香港中华书局，2010。
121. 马岳：《香港政治：发展历程与核心课题》，香港中文大学香港亚太研究所，2010。
122. 倪延年：《中国报刊法制发展史·台港澳卷》，南京师范大学出版社，2010。
123. 朱国斌：《香江法政纵横：香港基本法学绪论》，法律出版社，2010。
124. 戴耀廷、罗敏威：《香港特区的法律制度》，香港中华书局，2011。
125. 郝建臻：《香港特别行政区行政与立法的关系》，法律出版社，2011。
126. 林峰：《香港地区行政诉讼：制度、立法与案例》，浙江大学出版社，2011。
127. 刘蜀永：《香港史话》，社会科学文献出版社，2011。
128. 刘智鹏主编《香港早期华人菁英》，香港中华书局，2011。
129. 洛枫：《流动风景：香港文化的时代记忆》，浙江大学出版社，2011。
130. 钱永祥总编辑：《思想19——香港：解殖与回归》，台北联经出版公司，2011。
131. 区志坚、彭淑敏、蔡思行：《改变香港历史的60篇文献》，香港中华书局，2011。
132. 翁静晶：《百年卖身的回忆——殖民地时代华人血泪史》，香港天地图书出版公司，2011。
133. 郑宏泰、黄绍伦：《一代烟王利希慎》，香港三联书店，2011。
134. 朱世海：《香港政党研究》，时事出版社，2011。
135. 白净：《中国内地与香港媒体诽谤问题比较研究》，中国政法大学出版社，2012。
136. 蔡思行：《香港史 100 件大事》，香港中华书局，2012。
137. 何亮亮：《零容忍：香港廉政公署 40 年肃贪记录》，中国友谊出版公司，2012。
138. 黄晓阳：《廉政 ICAC：香港反腐风云》，光明日报出版社，2012。
139. 李彭广：《管治香港：英国解密档案的启示》，牛津大学出版社，2012。
140. 吕大乐：《那似曾相识的七十年代》，香港中华书局，2012。
141. 阮志：《中港边界的百年变迁：从沙头角莲麻坑村说起》，香港三联书店，2012。
142. 王禹编《香港问题重要文献汇编》，澳门濠江法律学社，2012。
143. 陈敦德：《废约：中英香港问题谈判始末》，中国青年出版社，2013。
144. 尤韶华：《香港司法体制沿革》，知识产权出版社，2012。
145. 郭天武等著《香港基本法实施问题研究》，中国社会科学出版社，2013。
146. 郝铁川：《香港基本法争议问题述评》，香港中华书局，2013。
147. 王国华主编《中国地域文化通览·香港卷》，中华书局，2013。
148. 萧国健：《简明香港近代史》，香港三联书店，2013。
149. 叶灵凤：《香岛沧桑录》，江西教育出版社，2013。
150. 叶灵凤：《香港的失落》，江西教育出版社，2013。
151. 陈志勇：《香港申诉专员制度研究——以历史制度主义为视角》，新华出版社，2014。
152. 董立坤：《中央管治权与香港特区高度自治权的关系》，法律出版社，2014。
153. 何家骐、朱耀光、何明新：《谨以至诚：香港警察历史影像》，香港商务印书馆，2014。
154. 刘兆佳：《香港的独特民主路》，香港商务印书馆，2014。

155. 明柔佑、谢隽晔、陈天浩编著《香江旧闻：十九世纪香港人的生活点滴》，香港中华书局，2014。
156. 阮志：《入境问禁：香港边境禁区史》，香港三联书店，2014。
157. 孙扬：《无果而终：战后中英香港问题交涉（1945－1949）》，社会科学文献出版社，2014。
158. 薛求理：《城境：香港建筑1946－2011》，香港商务印书馆，2014。
159. 杨国雄：《旧书刊中的香港身世》，香港三联书店，2014。
160. 邹平学等著《香港基本法实践问题研究》，社会科学文献出版社，2014。
161. 陈海光主编《中国内地与香港司法制度比较》，法律出版社，2015。
162. 陈弘毅等编《香港法概论》（第三版），香港三联书店，2015。
163. 陈效能、何家骐：《香港女警六十年》，香港商务印书馆，2015。
164. 关礼雄：《日占时期的香港》，香港三联书店，2015。
165. 强世功编《香港政制发展资料汇编（一）：港英时期及起草基本法》，香港三联书店，2015。
166. 邝健铭：《港英时代：英国殖民管治术》，香港天窗出版社，2015。
167. 邝智文：《重光之路：日据香港与太平洋战争》，香港天地图书有限公司，2015。
168. 李浩然编著《行政长官产生办法考：基本法第45条起草过程概览》，香港三联书店，2015。
169. 梁美芬：《香港基本法：从理论到实践》，法律出版社，2015。
170. 刘兆佳：《一国两制在香港的实践》，香港商务印书馆，2015。
171. 刘智鹏、丁新豹主编《日军在港战争罪行：战犯审判记录及其研究》，香港中华书局，2015。
172. 王于渐：《香港深层次矛盾》，中国人民大学出版社，2015。
173. 萧国健：《探本索微：香港早期历史论集》，香港中华书局，2015。
174. 许锡挥、陈丽君、朱德新：《香港简史（1840－1997）》，广东人民出版社，2015。
175. 薛凤旋：《末代殖民地的香港》，香港南粤出版社，2015。
176. 薛浩然：《香港的郊野公园：发展、管理与策略》，香港新界乡议局研究中心，2015。

177. 姚颖嘉：《群力胜天：站前香港码头苦力与华人社区的管治》，香港三联书店，2015。
178. 袁求实编《香港回归以来大事记（2002－2007）》，香港三联书店，2015。
179. 张俊义、刘智鹏：《中华民国专题史第十七卷：香港与内地关系研究》，南京大学出版社，2015。
180. 郑宝鸿：《几许风雨：香港早期社会影像1911－1950》，香港商务印书馆，2015。
181. 周家建：《浊世消磨：日治时期香港人的休闲生活》，香港中华书局，2015。
182. 周家建、张顺光：《坐困愁城：日占香港的大众生活》，香港三联书店，2015。
183. 刘蜀永主编《简明香港史》（第三版），香港三联书店，2016。
184. 朱世海：《香港行政主导制研究》，法律出版社，2016。

三　中文译著

1. 〔英〕安德烈·费尔：《香港官场丑闻——韩德回忆录全文》，梁儒盛译，香港快报有限公司，1974。
2. 〔英〕季南：《英国对华外交：1880－1885年》，许步曾译，商务印书馆，1984。
3. 〔英〕迈因纳斯：《中国与香港的前途》，杨立信、李雁琳译，上海翻译出版公司，1984。
4. 〔英〕穆麦伦：《香港政务官阶层的构成》，杨立信、罗绍熙译，上海翻译出版公司，1984。
5. 〔英〕乔·英格兰、约翰·里尔：《香港的劳资关系与法律》，寿进文等译，上海翻译出版公司，1984。
6. 〔新西兰〕瓦莱里·安·彭林顿：《香港的法律》，毛华等译，上海翻译出版公司，1985。
7. 〔英〕戴维·弗勒克斯：《香港税务——法令与施行说明》，杨小佛等译，上海翻译出版公司，1986。

8. 〔英〕诺曼·J. 迈因纳斯：《香港的政府与政治》，伍秀珊等译，上海翻译出版公司，1986。

9. 〔英〕P. W. 史密斯：《香港法律制度》，马清文译，香港三联书店，1990。

10. 〔英〕伊恩·斯科特、约翰·P. 伯恩斯主编《香港公务员——人事政策与实践》，陆仁译，上海翻译出版公司，1990。

11. 〔英〕格拉汗·J. 格拉汗-格林、弗雷德里克·T. 赫恩：《英国律师制度和律师法》，陈庚生等译，中国政法大学出版社，1992。

12. 洪秉钺、关道培：《香港法律指南》，郑振武译，香港中银集团培训中心，1995。

13. 〔英〕彭定康：《东方与西方：彭定康治港经验》，蔡维先、杜默译，台北时代文化出版公司，1998。

14. 〔英〕钟逸杰：《石点头：钟逸杰回忆录》，陶杰译，香港大学出版社，2004。

15. 〔英〕布莱克：《港督话神州（外一种）》，余静娴译，国家图书馆出版社，2006。

16. 〔英〕杜叶锡恩：《我眼中的殖民时代香港》，隋丽君译，中国青年出版社，2006。

17. 〔英〕弗兰克.韦尔什：《香港史》，王皖强、黄亚红译，中央编译出版社，2007。

18. 〔英〕施美夫：《五口通商城市游记》，温时幸译，北京图书馆出版社，2007。

19. 〔美〕何伟亚：《英国的课业：19世纪中国的帝国主义教程》，刘天路、邓红风译，社会科学文献出版社，2007。

20. 〔英〕詹姆士·奥朗奇：《中国通商图：17-19世纪西方人眼中的中国》，何高济译，北京理工大学出版社，2008。

21. 〔加〕卜正民、若林正编《鸦片政权：中国、英国和日本，1839-1952年》，弘侠译，黄山书社，2009。

22. 〔美〕王栋：《中国的不平等条约：国耻与民族历史叙述》，王栋、龚志伟译，复旦大学出版社，2011。

23. 〔英〕J. F. 戴维斯：《崩溃前的大清帝国：第二任港督的中国笔记》，

易强译,光明日报出版社,2013。

24. 〔英〕高马可:《香港简史——从殖民地至特别行政区》,林立伟译,香港中华书局,2013。

25. 〔美〕郭思嘉:《基督徒心灵与华人精神:香港的一个客家社区》,谢胜利译,社会科学文献出版社,2013。

26. 芮安牟:《浅谈香港仲裁法》,陈星楠译,法律出版社,2014。

27. 〔英〕夏思义:《被遗忘的六日战争:1899年新界乡民与英军之战》,林立伟译,香港中华书局,2014。

28. 〔英〕蓝诗玲:《鸦片战争》,刘悦斌译,新星出版社,2015。

29. 〔美〕麦高登:《香港重庆大厦:世界中心的边缘地带》,杨玚译,华东师范大学出版社,2015。

四 外文文献

1. George Smith, *A Narrative of an Exploratory Visit to Each of the Consular Cities of China, and to the Islands of Hong Kong and Chusan, in the Years* 1844, 1845 and 1846, London, 1847.

2. J. F. Davis, *China: During the War and Since the Peace*, London, 1852.

3. W. Lobscheid, *A Few Notices on the Extent of Chinese Education and the Government Schools of Hong Kong*, Hong Kong, 1859.

4. G. J. Wolseley, *Narrative of the War with China in 1860*, London, 1862.

5. F. S. Turner, *British Opium Policy and its Results to India and China*, London, 1876.

6. J. Leach (ed.), *Ordinances of the Legislative Council of Hong Kong*, 1844–1890, Hong Kong, 1892.

7. E. J. Eitel, *Europe in China, the History of Hong Kong from the Beginning to the Year 1882*, Hong Kong, 1895.

8. J. W. Norton-Kyshe, *The History of the Laws and Courts of Hong Kong*, London, 1898.

9. C. Algood, *China War 1860, Letters and Journal*, New York, 1901.

10. Des Voeux, *My Colonial Service in British Guiana, St. Lucia, Trinidad, Fiji,*

Australia, Newfoundland, and Hong Kong with Interludes, London, 1903.
11. J. Sargent, *Anglo – Chinese Commerce and Diplomacy*, Oxford, 1907.
12. H. B. Morse, *The International Relations of the Chinese Empire*, vols. 1 – 2, London, 1910.
13. W. Feldwick, *Present Day Impressions of the Far East and Prominent and Progressive Chinese at Home and Abroad*, London, 1917.
14. H. B. Morse, *The Chronicles of the East India Company Trading to China*, 1635 – 1834, Oxford, 1926.
15. David Edward Owen, *British Opium Policy in China and India*, Yale University Press, 1934.
16. W. C. Costin, *Great British and China*, 1833 – 1860, Oxford, 1937.
17. E. V. G. Kiernan, *British Diplomacy in China*, 1880 – 1885, Cambridge, 1939.
18. Irving S. Friedman, *British Relations with China*, 1931 – 1939, New York, 1940.
19. Martin Wight, *The Development of the Legislative Council*, 1606 – 1945, London, 1946.
20. C. Collins, *Public Administration in Hong Kong*, London, 1952.
21. F. S. V. Donnison, *British Military Administration in the Far East*, 1943 – 1946, London, 1956.
22. Arthur Waley, *The Opium War through Chinese Eyes*, London, 1958.
23. W. V. Pennell, *History of the Hong Kong General Chamber of Commerce*, 1861 – 1961, Hong Kong, 1961.
24. G. B. Endacott, *A Biographical Sketch – book of Early Hong Kong*, Singapore, 1962.
25. S. S. Hsueh, *Government and Administration of Hong Kong*, Hong Kong, 1962.
26. Chan Mary Man – yue, *Chinese Revolutionaries in Hong Kong*, 1895 – 1911, Hong Kong, 1963.
27. G. B. Endacott, *Government and People in Hong Kong*, 1841 – 1962, Hong Kong, 1964.
28. J. P. Hennessy, *Verandah – Some Episodes in the Crown Colonies*, 1869 – 1889,

London, 1964.

29. Edgar Holt, *The Opium Wars in China*, London, 1964.

30. Grantham, *Via Ports, from Hong Kong to Hong Kong*, Hong Kong, 1965.

31. G. B. Endacott (ed.), *An Eastern Entrepot, A Collection of Documents Illustrating the History of Hong Kong*, London, 1965.

32. F. S. Taylor, *Hong Kong as a Factor in British Relations with China, 1834 – 1860*, M. Phil. Thesis, London, 1967.

33. J. P. Hennessy, *Half – Crown Colony, A Historical Profile of Hong Kong*, 1969.

34. G. C. Hamilton, *Government Departments in Hong Kong, 1841 – 1969*, Hong Kong, 1969.

35. L. K. Young, *British Policy in China, 1895 – 1902*, London, 1970.

36. K. Hopkins (ed.), *Industrial Hong Kong, A Political, Social and Economic Survey*, Hong Kong, 1971.

37. G. B. Endacott, *A History of Hong Kong*, 2nd, Hong Kong, Oxford University Press, 1973.

38. P. N. Chiu, *The Port of Hong Kong*, Hong Kong, 1973.

39. G. R. Sayer, *Hong Kong 1862 – 1919, the Years of Discretion*, Hong Kong, 1975.

40. Louis, William Roger, *Imperial at Bay, 1941 – 1945, the United States and the Decolonization of the British Empire*, Oxford, 1977.

41. N. Cameron, *Hong Kong, the Cultured Pearl*, Hong Kong, 1978.

42. G. B. Endacott, *Hong Kong Eclipse*, Hong Kong, 1978.

43. Peter Harris, *Hong Kong, A Study in Bureaucratic Politics*, Hong Kong, 1978.

44. H. J. Lethbridge, *Hong Kong: Stability and Change*, Hong Kong, 1978.

45. G. R. Sayer, *Hong Kong 1841 – 1862, Birth, Adolescence and Coming of Age*, Hong Kong, 1980.

46. Peter Wesley – smith, *Unequal Treaty, 1898 – 1997, China, Great Britain and Hong Kong's New Territories*, Hong Kong, 1980.

47. Rance P. L. Lee (ed.) *Corruption and its Control in Hong Kong*, Hong Kong, 1981.

48. M. J. Miners, *The Government and Politics of Hong Kong*, 3rd,

Oxford, 1981.
49. Edwin Ride, *British Army Aid Group, Hong Kong Resistance*, 1942 - 1945, Hong Kong, 1981.
50. Valerie Ann Pennington, *Law in Hong Kong*, Hong Kong, 1981.
51. C. N. Crisswell, and Watson, M., *Royal Hong Kong Police*, 1841 - 1945, Hong Kong, 1982.
52. Lau Siu - kai, *Society and Politics in Hong Kong*, Hong Kong, 1982.
53. James Hayes, *The Rural Communities of Hong Kong, Studies and Themes*, Hong Kong, 1983.
54. G. Benton, *The Hong Kong Crisis*, London, 1983.
55. D. Faure, Hayes, J. and Brich, A. (ed.), *From Village to City: Studies in the Traditional Roots of Hong Kong Society*, Hong Kong, 1984.
56. H. J. Lethbridge, *Hard Graft in Hong Kong*, Hong Kong, 1985.
57. C. T. Smith, *Chinese Christians: Elites, Middlemen, and the Church in Hong Kong*, Hong Kong, 1985.
58. Peter Wesley - Smith, *An Introduction to the Hong Kong Legal System*, Hong Kong, 1987.
59. Steve Yui - sang Tsang, *Democracy Shelved, Great Britain, China an Attempts at Constitutional Reform in Hong Kong*, Hong Kong, 1988.
60. K. C. Fok, *Lectures on Hong Kong History: Hong Kong's Role in Modern Chinese History*, Hong Kong, 1989.
61. V. A. Penlington, *Law in Hong Kong: An Introduction*, 2nd, Hong Kong, 1989.
62. Kevin Rafferty, *City on the Rocks, Hong Kong's Uncertain Future*, New York, 1989.
63. Ian Scott, *Political Change and the Crisis of Legitimacy in Hong Kong*, Hong Kong, 1989.
64. Joe England, *Industrial Relations and Law in Hong Kong*, 2nd, Hong Kong, 1989.
65. Chan Lau Kit - ching, *China, Britain and Hong Kong*, 1895 - 1945, Hong Kong, 1990.

66. Vanessa Stott, *Hong Kong Company Law*, Pitman, 1990.
67. Wallace, *Company Law in Hong Kong*, 2nd, Butterworth's, 1990.
68. Bernard Mellor, *Lugard in Hong Kong, Empires, Education and a Governor at Work* 1907-1912, Hong Kong, 1992.
68. Frank Welsh, *A History of Hong Kong*, London, 1993.
69. Jung-fang Tsai, *Hong Kong in Chinese History: Community and Social Unrest in the British Colony*, 1842-1913, Columbia University Press, 1993.
70. Peter Wesley-Smith, *An Introduction to the Hong Kong Legal System*, 2nd, Hong Kong, 1993.
71. Robert Cottrell, *The End of Hong Kong, the Secret Diplomacy of Imperial Retreat*, London, 1993.
72. Mark Roberti, *The Fall of Hong Kong, China's Triumph and Britain's Betrayal*, Yale University Press, 1994.
73. Michael J. Enright, Edith E. Scott & David Dodwell, *The Hong Kong Advantage*, Hong Kong, 1997.
74. Marcus Hung & Paul Kwan, *Guide to Hong Kong Law*, 3rd, Hong Kong, 1998.
75. Mario Murteira (ed.), *Hong Kong and Macau at a Time of Transitions*, Macau, 2000.
76. Vanessa Stott, *An Introduction to Hong Kong Business Law*, 3rd, Hong Kong, 2001.
77. Alice Lee SH Goo, *Land Law in Hong Kong*, 2nd, LexisNexis, 2003.
78. Steve Yui-Sang Tsang, *A Modern History of Hong Kong*, I. B. Tauris, 2004.
79. Cheng Po Wah, *Hong Kong Business Law*, Hong Kong, 2005.
80. John M. Carroll, *Edge of Empires, Chinese Elites and British Colonials in Hong Kong*, Hong Kong, 2005.
81. John Brewer, *The Law And Practice of Hong Kong Private Companies*, Hong Kong, 2005.
82. John M. Carroll, *A Concise History of Hong Kong*, Hong Kong, Hong Kong, 2007.
83. Ivan Tong et al. (ed.), *The Law Society of Hong Kong* 1907-2007,

Celebrating A Centenary, Hong Kong, 2007.
84. Yan Mei Ning, *Hong Kong Media Law*, Hong Kong University Press, 2007.
85. Ratrick H. Hase, *The Six - day War of 1899, Hong Kong in the age of Imperialism*, Hong Kong, 2008.
86. Mark Gaylord (ed.), *Introduction to Crime, Law and Justice in Hong Kong*, Hong Kong, 2009.
87. James Hayes, *The Hong Kong Region, 1850 - 1911, Institutions and Leadership in Town and Countryside*, Hong Kong, 2012.
88. May Holdsworth & Christopher Munn (ed.), *Dictionary of Hong Kong Biography*, Hong Kong, 2012.
89. Kwong Chi Man & Tsoi Yiu Lun, *Eastern Fortress, a Military History of Hong Kong, 1840 - 1970*, Hong Kong, 2014.
90. Arnold Wright, *Twentieth Century Impressions of Hong Kong, Shanghai and other Treaty Ports of China*, London, 2015.

编写说明

呈现在读者面前的这部香港法律文化专题，是编者执教澳门科技大学期间而以香港大学法律学院访问学者（Leslie Wright Fellow）身份从事学术研究的一项产品，亦是对兼以中国人民大学法律文化研究中心研究员身份参与学术活动的一份交代。

回首过往十年，受惠天时地利，编者一直关注港澳法政，前期研究侧重澳门法，近期研究转向香港法。议题切换之际，既是个人兴趣转向及境遇之使然，也可视为某种宿命或缘分之安排。背后因缘，略述一二，借此聊表对各方师友的诚挚谢忱。

最初与此议题发生关联者，因缘2013年在北京拜访法制史学界耆宿张晋藩先生。其时先生有意增补"中国法制史"教程体例，期望内容扩及台港澳地区法制史，遂叮嘱编者在该领域多多留意，分工撰写"香港法制史"及"澳门法制史"两节。此后几年时间辗转，编者虽知力有不逮，仍愿多方搜集资料，草成两万余字初稿。不无遗憾的是，增补事宜因故搁浅，此类文字随之蒙尘。但也正是此次浅尝辄止，让编者初次感受到香港法制史的独特魅力。

再度与此议题发生关联者，因缘2015年在广州幸遇香港史学界前辈刘蜀永先生。其时先生主持香港地方志研究，十分关注港史研究后继事业，对编者这类冒失闯入者不以为忤，反而赐以种种劝勉嘉许，并设法推荐编者结识良师，力促编者规划异日蓝图。正因先生如此厚爱，编者对香港法制史重新燃起热情。研习澳门法制史的心得体会，也在不期然间显隐起伏。原本休眠的自我挑战意识一旦被激活，湖湘子弟"耐得烦、霸得蛮"的秉性，便会使人焕然生机，期期奢望再造梦想。

进而与此议题发生关联者，因缘 2016 年在香港拜访香港知名法学家陈弘毅先生。其时先生鼎力关照各方来访学者，尤其重视牵涉香港的研究领域。编者最初怯怯致函，试探可否申请访学，即刻获得先生大力支持，并在最短时间费心筹划，相关事宜办理遂如神助，且有一笔基金可供贴补。既然蒙得如此提携，转战香港法史之路，便是纵有再多艰险，也不好意思抽身而退。于是由此起步，忐忑上路，未来数年皆可能在此跋山涉水。

　　此后一切，在在随缘。适逢马小红教授主持"法律文化研究"集刊，业已出版《中华法系专题》、《澳门法律文化专题》，正在征寻后续专题。编者不揣谫陋，以《香港法律文化专题》自荐，期望与前述各辑适成呼应。芮素平先生担纲项目统筹，既为专题策划筹谋，更为编校事宜费心。此事遂定，此愿亦圆。

　　编选工作看似寻常，个中琐碎不足挂齿，却是极费心思斡旋，来来往往尤多折腾。所幸缘在人心，编选工作不仅得到前述张晋藩教授（中国政法大学）、刘蜀永教授（香港岭南大学）、陈弘毅教授（香港大学）、马小红教授（中国人民大学）的勉励，更得到各界师友的热心支持。囿于篇幅及选材规则，本辑专题暂选华人学者著述 20 篇，其余文章另编出版。

　　"文章千古事，得失寸心知"。著述如斯，编选亦然。因经验不足而能力有限，此部专题并非白璧，难免出现编校疏漏，编者愿因之承担学术批评，并借此砥砺后续研究。惟愿方便同仁参考，共襄法律文化盛举。

何志辉　谨识
2016 年 11 月

编辑部章程

第一章　总则

第一条　《法律文化研究》是由中国人民大学法律文化研究中心与北京市法学会中国法律文化研究会组织编写、曾宪义法学教育与法律文化基金会资助、社会科学文献出版社出版的学术集刊。

第二条　《法律文化研究》编辑部（以下简称编辑部）负责专题的策划、征稿、审定、编辑、出版等事宜。

第三条　《法律文化研究》为年刊或半年刊，每年出版一或二辑。

第二章　组织结构

第四条　编辑部由编辑部主任一名、副主任两名、编辑若干名组成。编辑部主任负责主持编辑部的日常工作，统筹《法律文化研究》刊物的总体策划与协调。

第五条　《法律文化研究》实行各辑主编责任制，负责专题的拟定、申报（或推荐）和稿件编辑工作。每辑主编采取自荐或者他人推荐的方式，经编辑部讨论后确定。

第六条　编辑部成员须履行下列义务：1.遵守编辑部章程；2.积极参加编辑部的各项活动，连续两年不参加活动者视为自动退出。

第七条　编辑部每年召开一次编务会议，审议稿件并讨论第二年的工作计划。

第三章　经费使用

第八条　编辑部经费来源于曾宪义法学教育与法律文化基金会。

第九条　编辑部给予每辑主编一定的编辑费用，由各辑主编负责编辑费用的管理、支配和使用，并按照主办单位的财务要求进行报销。

第十条　本刊不向作者收取任何费用，也不支付稿酬。作品一旦刊发，由编辑部向主编赠送样刊30本，向作者赠送样刊2本。

第四章　附则

第十一条　本章程由《法律文化研究》编辑部负责解释。

第十二条　本章程自2014年4月1日起施行。

征稿启事

《法律文化研究》发刊于2005年，是由曾宪义教授主编，中国人民大学法律文化研究中心、曾宪义法学教育与法律文化基金会组织编写的学术集刊。自创刊以来，承蒙学界同人的支持，至2010年已出版六辑，并获得学界的肯定，在此向支持本刊的各位专家学者致以诚挚的感谢。

自2014年度起，本刊改版续发，每年年底由中国人民大学法律文化研究中心、北京市中国传统法律文化研究会组织，编辑部审议所申报的选题，并决定次年的出版专题。文集由曾宪义法学教育与法律文化基金会资助，社会科学文献出版社出版，每年出版一或二辑。选题来源于各位同人的申报以及编辑部成员的推荐，申报者自任主编，实行主编负责制。

改版后的《法律文化研究》，向海内外学界同人诚恳征稿。

注释体例

一 中文文献

(1) 专著

标注格式：责任者及责任方式，文献题名/卷册，出版者，出版时间，页码。

示例：

侯欣一：《从司法为民到人民司法——陕甘宁边区大众化司法制度研究》，中国政法大学出版社，2007，第24~27页。

桑兵主编《各方致孙中山函电》第3卷，社会科学文献出版社，2012，第235页。

(2) 析出文献

1) 论文集、作品集及其他编辑作品

标注格式：析出文献著者，析出文献篇名，文集责任者与责任方式/文集题名/卷册，出版者，出版时间，页码。

示例：

黄源盛：《民初大理院民事审判法源问题再探》，李贵连主编《近代法研究》第1辑，北京大学出版社，2007，第5页。

2) 期刊

标注格式：责任者，文章篇名，期刊名/年期（或卷期、出版年月）。

示例：

林建成：《试论陕甘宁边区的历史地位及其作用》，《民国档案》1997

年第 3 期。

3）报纸

标注格式：责任者，文章篇名，报纸名/出版年、月、日，版次。

示例：

鲁佛民：《对边区司法工作的几点意见》，《解放日报》1941 年 11 月 15 日，第 3 版。

＊同名期刊、报纸应注明出版地。

（3）转引文献

无法直接引用的文献，转引自他人著作时，须标明。

标注格式：责任者，文献题名，转引文献责任者与责任方式，转引文献题名/卷册，出版者，出版时间，页码。

示例：

章太炎：《在长沙晨光学校演说》（1925 年 10 月），转引自汤志钧《章太炎年谱长编》下册，中华书局，1979，第 823 页。

（4）未刊文献

1）学位论文

标注格式：责任者，文献题名，类别，学术机构，时间，页码。

示例：

陈默：《抗战时期国军的战区——集团军体系研究》，博士学位论文，北京大学历史学系，2012 年，第 134 页。

2）会议论文

标注格式：责任者，文献题名，会议名称，会议地点，召开时间。

示例：

马勇：《王爷纷争：观察义和团战争起源的一个视角》，政治精英与近代中国国际学术研究会会议论文，2012 年 4 月，第 9 页。

3）档案文献

标注格式：文献题名，文献形成时间，藏所，卷宗号或编号。

示例：

《席文治与杜国瑞土地纠纷案》，陕西省档案馆藏，档案号：15/1411。

（5）电子、网上文献

1）光盘（CD－ROM）图书

引证光盘文献除了标示责任者、作品名称、出版信息外,还应标示出该文献的出版媒介(CD‐ROM)。

2)网上数据库

标注格式:责任者,书名/题名,出版者/学术机构,时间,页码,数据来源。

示例:

邱巍:《吴兴钱氏家族研究》,浙江大学博士论文,2005年,第19页。据中国优秀博硕士学位论文全文数据库:http://ckrd.cnki.net/grid20/Navigator.aspxID=2。

3)网上期刊等

网上期刊出版物包括学术期刊、报纸、新闻专线等,引用时原则上与引用印刷型期刊文章的格式相同,另需加上网址和最后访问日期。

示例:

王巍:《夏鼐先生与中国考古学》,《考古》2010年第2期,http://mall.cnki.net/magazine/Article/KAGU201002007.htm,最后访问日期:2012年6月3日。

(6)古籍

1)刻本

标注格式:责任者与责任方式,文献题名/卷次,版本,页码。

示例:

张金吾编《金文最》卷一一,光绪十七年江苏书局刻本,第18页b。

2)点校本、整理本

标注格式:责任者与责任方式,文献题名/卷次,出版地点,出版者,出版时间,页码。

示例:

苏天爵辑《元朝名臣事略》卷一三《廉访使杨文宪公》,姚景安点校,中华书局,1996,第257~258页。

3)影印本

标注格式:责任者与责任方式,文献题名/卷次,出版地点,出版者,出版时间,(影印)页码。

示例:

杨钟羲：《雪桥诗话续集》卷五上册，辽沈书社，1991年影印本，第461页下栏。

4）析出文献

标注格式：责任者，析出文献题名，文集责任者与责任方式，文集题名/卷次，版本或出版信息，页码。

示例：

《清史稿》卷二三〇《范文程传》，中华书局点校本，1977，第31册，第9352页。

5）地方志

唐宋时期的地方志多系私人著作，可标注作者；明清以后的地方志一般不标注作者，书名其前冠以修纂成书时的年代（年号）。

示例：

民国《上海县续志》卷一《疆域》，第10页b。

同治《酃县志》卷四《炎陵》，收入《中国地方志集成·湖南府县志辑》第18册，江苏古籍出版社影印本，2002，第405页。

6）常用基本典籍，官修大型典籍以及书名中含有作者姓名的文集可不标注作者，如《论语》、二十四史、《资治通鉴》《全唐文》《册府元龟》《清实录》《四库全书总目提要》《陶渊明集》等。

7）编年体典籍，可注出文字所属之年月甲子（日）。

示例：

《清太祖高皇帝实录》卷一〇，天命十一年正月己酉，中华书局，1986年影印本。

＊卷次可用阿拉伯数字标示。

二　外文文献

引证外文文献，原则上使用该语种通行的引证标注方式。兹列举英文文献标注方式如下。

（1）专著

标注格式：责任者与责任方式，文献题名（斜体）（出版地点：出版社，出版年代），页码。

示例：

StewartBanner, *How the Indians Lost Their Land: Law and Power on the Frontier* (Cambridge: Harvard University Press, 2005), p. 89.

引用三位以上作者合著作品时，通常只列出第一作者的姓名，其后以"et al."省略其他著者姓名。

示例：

Randolph Quirk et al., *A Comprehensive Grammar of the English Language* (New York: Longman Inc., 1985), p. 1143.

（2）译著

标注格式：责任者及责任方式，文献题名，译者（出版地点：出版者，出版时间），页码。

示例：

M. Polo, *The Travels of Marco Polo*, trans. by William Marsden (Hertfordshire: Cumberland House, 1997), pp. 55, 88.

（3）析出文献

1）论文集、作品集

标注格式：责任者，析出文献题名，编者，文集题名（出版地点：出版者，出版时间），页码。

示例：

R. S. Schfield, "The Impact of Scarcity and Plenty on Population Change in England," in R. I. Rotberg and T. K. Rabb, eds., *Hunger and History: The Impact of Changing Food Production and Consumption Pattern on Society* (Cambridge, Mass: Cambridge University Press, 1983), p. 79.

同一页两个相邻引文出处一致时，第二个引文可用"Ibid."代替。

2）期刊

标注格式：责任者，析出文献题名，期刊名，卷册（出版时间）：页码。

示例：

Douglas D. Heckathorn, "Collective Sanctions and Compliance Norms: A Formal Theory of Group Mediate Social Control," *American Sociological Review* 55 (1990): 370.

（4）未刊文献

1）学位论文

标注格式：责任者，论文标题（Ph. D. diss./master's thesis，提交论文的学校，提交时间），页码。

示例：

Adelaide Heyde, The Relationship between Self－esteem and the Oral Production of a Second Language（Ph. D. diss., University of Michigan, 1979），pp. 32－37.

2）会议论文

标注格式：责任者，论文标题（会议名称，地点，时间），页码。

示例：

C. R. Graham, Beyond Integrative Motivation: The Development and Influence of Assimilative Motivation（paper represented at the TESOL Convention, Houston, TX, March 1984），pp. 17－19.

3）档案资料

标注格式：文献标题，文献形成时间，卷宗号或其他编号，藏所。

示例：

Borough of Worthing: Plan Showing Consecration of Burial Ground for a Cemetery, 1906－1919, H045/10473/B35137, National Archives.

C. R. Graham, Beyond Integrative Motivation: The Development and Influence of Assimilative Motivation（paper represented at the TESOL Convention, Houston, TX, March 1984），pp. 17－19.

图书在版编目(CIP)数据

法律文化研究.第九辑,香港法律文化专题/何志辉主编. -- 北京:社会科学文献出版社,2016.12
ISBN 978 - 7 - 5201 - 0219 - 3

Ⅰ.①法… Ⅱ.①何… Ⅲ.①法律 - 文化研究 - 丛刊 ②法律 - 文化研究 - 香港 Ⅳ.①D909 - 55

中国版本图书馆CIP数据核字(2016)第317166号

法律文化研究 第九辑:香港法律文化专题

主　　编 / 何志辉

出 版 人 / 谢寿光
项目统筹 / 芮素平
责任编辑 / 李　晨　尹雪燕　郭瑞萍

出　　版 / 社会科学文献出版社·社会政法分社(010)59367156
　　　　　地址:北京市北三环中路甲29号院华龙大厦　邮编:100029
　　　　　网址:www.ssap.com.cn
发　　行 / 市场营销中心(010)59367081　59367018
印　　装 / 三河市尚艺印装有限公司
规　　格 / 开　本:787mm × 1092mm　1/16
　　　　　印　张:25　字　数:402千字
版　　次 / 2016年12月第1版　2016年12月第1次印刷
书　　号 / ISBN 978 - 7 - 5201 - 0219 - 3
定　　价 / 98.00元

本书如有印装质量问题,请与读者服务中心(010 - 59367028)联系

▲ 版权所有 翻印必究